权威·前沿·原创

皮书系列为
"十二五""十三五"国家重点图书出版规划项目

中医药蓝皮书

BLUE BOOK OF
TRADITIONAL CHINESE MEDICINE

北京中医传承发展报告
（2017~2018）

ANNUAL REPORT ON INHERITANCE OF TRADITIONAL
CHINESE MEDICINE IN BEIJING (2017-2018)

主　编／王国玮　屠志涛

社会科学文献出版社
SOCIAL SCIENCES ACADEMIC PRESS（CHINA）

图书在版编目（CIP）数据

北京中医传承发展报告. 2017-2018 / 王国玮，屠志涛主编. --北京：社会科学文献出版社，2018.6
（中医药蓝皮书）
ISBN 978-7-5201-2182-8

Ⅰ. ①北… Ⅱ. ①王… ②屠… Ⅲ. ①中国医药学-产业发展-研究报告-北京-2017-2018 Ⅳ. ①F426.77

中国版本图书馆 CIP 数据核字（2018）第 016570 号

中医药蓝皮书
北京中医传承发展报告（2017~2018）

主　　编 / 王国玮　屠志涛

出 版 人 / 谢寿光
项目统筹 / 陈　颖
责任编辑 / 薛铭洁

出　　版 / 社会科学文献出版社·皮书出版分社 （010）59367127
　　　　　　地址：北京市北三环中路甲29号院华龙大厦　邮编：100029
　　　　　　网址：www. ssap. com. cn
发　　行 / 市场营销中心 （010）59367081　59367018
印　　装 / 三河市龙林印务有限公司

规　　格 / 开　本：787mm×1092mm　1/16
　　　　　　印　张：19　字　数：255千字
版　　次 / 2018年6月第1版　2018年6月第1次印刷
书　　号 / ISBN 978-7-5201-2182-8
定　　价 / 98.00元

皮书序列号 / PSN B-2018-722-2/2

本书如有印装质量问题，请与读者服务中心（010-59367028）联系

摘　要

　　北京自明清以来作为政治中心，在中医药学发展历史上占据重要地位，孕育产生了燕京医学流派，也有着享誉全国的北京四大名医。

　　在中医药发展的历史中，中医药的传承一直是关键。当前是中医药发展的历史最好时机。2015 年 12 月 22 日，习近平总书记致信祝贺中国中医科学院成立 60 周年时说，中医药学是中国古代科学的瑰宝，也是打开中华文明宝库的钥匙。2017 年 10 月 18 日，中共十九大开幕，习近平代表十八届中央委员会做报告，明确指出：坚持中西医并重，传承发展中医药事业。

　　为了更好地开展北京地区中医药传承工作，在 2016 年，北京市中医管理局委托北京中医药学会师承工作委员会立项《北京中医药传承发展报告》的编撰工作，耗时两年有余，将北京地区中医传承发展概况进行汇编。

　　本报告以中医传承为主线，既回顾了过去百年的传承发展情况，也展现了当前的传承现状，分为总报告、中医传承历史回顾篇、中医传承模式篇、学科建设篇、热点专题篇。从不同角度对当前北京地区的中医传承进行分析、探讨。在中医传承历史回顾篇中，重点介绍了燕京医学流派、北京四大名医、北平国医学院、华北国医学院等。在中医传承模式篇，分别以师承教育、院校教育、住培教育、"互联网＋"为主题，探讨了当前北京地区的中医传承模式。在学科建设篇，探讨了中医临床优势病种和中医濒危、特色技术、特色制剂的传承，分析了新形势下的中医学科建设和科研工作的思路。在热点专题篇，选取首都综合性院校中医药发展概况、北京地区百年中药店或企

业在中医传承中的现状调查、京剧传承对中医传承的借鉴、冯世纶经方师承班为例，从不同角度对中医发展提出思考。同时以当代著名中医家董建华院士、程莘农院士的成长历程为例，也对当前青年中医的成长提供借鉴。

本报告对北京地区中医药传承发展情况进行梳理回顾，并努力从多角度展现当前北京地区蓬勃发展的中医药传承工作，期望能够为今后中医药传承工作的开展提供有益的借鉴。

关键词： 北京　中医药　传承

Abstract

Since the Ming andQing Dynasty, Beijing, as a political center, has played an important role in the development of Traditional Chinese Medicine (TCM), which gave birth to Yanjing Medical School and Beijing Four Famous Doctor.

In thedevelopment history of TCM, the inheritance of TCM has always been the key point. Present is the best time for the development of TCM. On December 22, 2015, General Secretary, Xi Jinping, wrote to congratulate the 60th anniversary of the founding of China Academy of Chinese Medical Sciences, said Chinese medicine was the treasure of ancient Chinese science, also was the key to the treasure-house of Chinese civilization. On October 18, 2017, the 19th National Congress of the Communist Party of China opened, Xi Jinping, on behalf of the 18th Central Committee, made the report and cleared that we should attach equal importance to traditional Chinese and western medicine and carry forward the cause of Chinese medicine.

For better inheritance of TCM in Beijing, commissioned by the Beijing administration of TCM, Beijing Institute of TCM Division Work Committee set up the project—*Annual Report on Inheritance of Traditional Chinese Medicine in Beijing* (*2017 – 2018*), started compilation work in 2016. And spend more than two years compiling the development Profile of Heritage of TCM in Beijing into a book.

This reportclosely takes inheritance of TCM as the main line, not only reviews the development of inheritance in the past one hundred years, but also shows the current status. Concretely, the report is divided into General

Report, Review on History of TCM Inheritance, Inheritance Model of TCM, Discipline Construction and Hot Topics, analyzing and discussing the inheritance of TCM in Beijing from different perspectives. In Review on History of TCM Inheritance, the paper mainly introduces the Yanjing Medical School, the Four Famous Doctor in Beijing, etc. In Inheritance Mode of TCM, the inheritance modes of TCM in Beijing are discussed, with master-apprentice, college education, resident training education and "Internet +" as the themes respectively. In Discipline Construction, the author discusses the clinical dominant diseases of TCM and the inheritance of the endangered, special technology and featured preparations of TCM. In Hot Topic, selecting the capital comprehensive universities development situation of TCM, inheritance present situation investigation on Centennial TCM pharmacies or enterprises in Beijing, reference of the Peking Opera' inheritance to TCM, inheritance class of Feng Shiguan's Jing Fang as an example, think the development of TCM from different angles. At the same time, taking the growth experience of the famous contemporary Chinese medicine scholar, Academician Dong jianhua and Cheng Xinnong, as an example, provides reference for the growth of young Chinese medicine scholars.

The report reviews and combs the development of inheritance of TCM in Beijing, and tries to show the current booming inheritance of TCM from various angles, and expects to provide beneficial reference to the future work of inheritance of TCM.

Keywords: Beijing; TCM; Inheritance

前　言

　　中医药学，是中华民族优秀文化遗产中独具特色与优势的医学瑰宝。中医是传统的，也是现代的；中医是中国的，也是世界的。在五千年发展的历程中，以生命科学熔铸，以人文哲学渗透，形成了独特的医学体系。也是中国传统文化的重要组成部分。在历史的进程中，中医药学是中华民族与疾病做斗争的智慧结晶，是东方人文科技的杰作，为中华民族的繁衍昌盛做出了重大的贡献，对于人类健康事业和世界文明也产生了积极的影响。

　　北京，是举世闻名的历史文化名城。周口店"北京人"及其遗址的发现，足以说明北京是中华民族的发祥地之一。从西周初年燕国建都蓟城于此，迄今已有 3000 多年，后来又有燕京之称。历经金、元、明、清直至中华人民共和国成立，并定都于此，誉称为五朝故都，是中华民族政治历史文化的中心和首善之区。在近百年的世纪风云中，北京的中医事业同样经历了艰难曲折的道路，透过历史的烟云，可以清晰地看到先贤们不屈不挠、奋勇开拓的身影，燕京医学学派在这块古老而又沉淀着深厚文化的沃土上逐渐萌生、延续、发展。北京中医发展的历史，在一定程度上可以认为是全国中医学的缩影。研究与揭示北京中医传承发展的历史经验，可以窥一斑以见全豹，对全国今后中医学的发展，都有所借鉴。

　　2016 年，北京市中医管理局委托北京中医药学会师承工作委员会立项北京中医药传承蓝皮书的编撰计划，耗时 1 年有余，汇编成书。《北京中医传承发展报告》汇集了北京地区中医传承发展概况，强调传承对于中医药事业的发展重要性，并以史为鉴，传承创新，希望借此能够更好地展现当前的北京地区的中医药传承情况，也为今后更好地工作开展提供有益的资料借鉴。编委分别来自于首都医科大学附属北京中医医院，中国中医科学院医史文献研究所，北京中医药大学东直门医院，北京中医药大学东方医院等数家单位，包括民办的同仁堂中医院，北京四大名医之后等。也得到了在燕京医学流派研究上享有盛誉的高益民教授等悉心指导。《北京中医传承发展报告》编委会此前并无相关的工作经验，北京中医药学会师承工作委员会组织专家论证，先后召开 5 次编委会会议，确定编写提纲，反复讨论编写内容，邀请了相关专家指导，并多次听取北京市中医管理局领导及相关处室的意见。

《北京中医传承发展报告》重点回顾了既往北京地区的中医传承情况。自明清以来定都于北京，产生了燕京医学流派，也一直是中医药学发展的中心。燕京医学由宫廷医学派（御医派、太医院、宫廷医学发展体系）、师承派、学院派（北平国医学院、华北国医学院、北平国医讲习所）组成。各学派之间相互借鉴，取长补短，共同发展。新中国成立后中国中医研究院和北京中医学院的成立，推动了北京地区中医药高等教育事业的开展，同时中医药传承通过名老中医经验传承和新一代中医人才的培养，将院校教育与院校后的个人师承教育相互结合，有力地促进了中医药传承与发展。

传承的目的是培养出更多的中医临床人才，在继承的基础上有所创新、有所发扬，产生新一代中医大家。当前北京市中医管理局推动的"北京中医药薪火传承 3 + 3 工程"是在新形势下中医药传承模式的创新，建立起以名老中医为核心的传承室站，系统研究、总结名老中医的特色理论与临床经验，截至 2016 年底，北京地区已建立"薪火传承 3 + 3 工程"两室一站 138 个，基层老中医传承工作室 64 个，两室一站分站 21 个，其中河北、宁夏、天津等外省市建分站 7 个，对北京地区中医药的传承做出了贡献。为更好地推动北京地区中医药事业传承工作的开展，2013 年 10 月成立了北京中医药师承工作委员会。截至目前已经连续三年举办"中医传承北京论坛",也是着眼于此推动师承工作的开展。

中医药的发展,在传承名老中医经验、培养临床人才的基础上,应该更加关注传承模式的思考。自民国时期的华北国医学院、北平国医学院起,及新中国成立后中医药高等院校的建立,形成了以院校教育为主体的中医药人才培养模式。随着时代的发展与进步,院校教育也在不断创新教育模式,如北京中医药大学推出的实验班、岐黄国医班、卓越班,及与北京中医医院联合推出的京华班,还有中国中医科学院推出的传承博士后等,都是在中医教育方面的创新与发展。在国家层面上,也不断推出全国老中医药专家学术经验继承工作、全国优秀中医临床人才研修项目等培养计划,这些都是在探索如何更好地传承发展中医药事业,培养新一代人才。

北京中医药发展报告的出台,不仅仅是历史的回顾,现实的展现,更多的是让我们思考中医药的发展如何与时俱进?名老中医经验如何研究?新一代名中医如何培养?传承模式如何建立?这些都需要我们去思考。归根到底,是为今后工作的开展提供更好的帮助和指导。我们努力通过各个方面的总结,力求能够展现当前北京地区蓬勃发展的中医药传承事业,同时也能够为今后传承工作的开展提供有益的借鉴。

新中国成立后毛泽东主席指出,中国医药学是一个伟大的宝库,应当努力发掘,加以提高。2017 年 10 月 18 日,中共十九大开幕,习近平总书记代表十八届中央委员会做报告,明确指出,坚持中西医并重,传承发展中医药事业。中国中医药自汉唐以来遇到了最好的发展时机。站在历史的节点上,我们审视自我,以《北京中医药传承发展报告》为契机,总结过去,展望未来,不忘初心,牢记使命,努力从自身做起,做好中医药传承工作!

《北京中医传承发展报告》编委会

2018 年 1 月 18 日

目　录

Ⅰ　总报告

Ⅱ　中医传承历史回顾篇

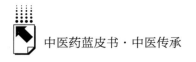
皮书数据库阅读**使用指南**

CONTENTS

I   General Report

II   Review on History of TCM Inheritance

III   Inheritance Mode of TCM

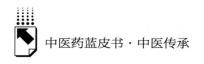
Ⅳ Discipline Construction

Ⅴ Hot Topics

总 报 告

General Report

B.1

北京百年中医传承的思考

摘　要： 本文分别从清末时期、民国时期、共和国时期，回顾
了北京地区近百年来的中医药传承发展情况，介绍了
北京地区中医学派特点，拥有丰富的中医、中药底蕴，
独具宫廷医学学术流派的传承。并重点介绍了近10年
来蓬勃发展的社会办学、国际化办学及互联网技术下
的中医传承，也对当前中医教育情况提出思考与建议。

关键词： 北京中医药　传承　社会办学

清末时期（1900～1911年）中医学处于最后一个封建王朝的短
暂过渡时期。北京作为清王朝的京都，在当时的政治文化背景下，其
中医学面临着西学东渐、中西医交汇、竞争图存的局面。但北京仍然

是沿袭元、明、清太医院和御药房掌管全国医药行政、医学教育及为皇室贵族提供医疗服务的传统，是北京独有的宫廷医学学派的传承。在这风雨飘摇的10年里清朝已趋衰败，预示着封建社会的末日即将来临，中医事业的发展也将会发生很大的变化。

民国时期（1911～1949年）西方文化猛烈冲击本土文化，形成了新旧并存、中西混杂的态势。在这种特殊的政治文化背景下，中医学的发展延续清末的宫廷医学传承。从北洋政府的"中医不科学，应当取缔"到南京政府的"《废止旧医以扫除医事卫生之障碍案》"，都激发了全国广大中医药界与国民政府的抗争。北京的中医药界更是空前团结、积极行动，并派代表参加抗议北洋政府的"医药救亡请愿团"，建立了北平中医公会，组织以孔伯华、施今墨为首的"华北请愿团"，汇同全国的同道南下抗争，最终取得了胜利。在医疗方面，虽然当时西医院远多于中医院，但中医从业人员明显多于西医（二者人数比例约为8∶1），担负着北平地区80%以上的医疗任务。在防治传染病中发挥着重要的作用，遏制了廊坊地区瘟疫流行。在临床内、外、妇、儿、正骨各科，都有杰出的临床中医学家出现。在中医药研究方面，也开始了新的探索，20世纪上半叶，麻黄素的研制成功就是当时具有代表性的科研成果。在中医教育方面，已实现从师承传统模式向正规化的学历教育转化。30年代初期，由当时名医耆宿兴办的北平国医学院、华北国医学院，都为培养高级中医人才做出了巨大的贡献。民国时期北京中医学是在极其复杂的环境形势下与艰难坎坷的道路上，仍然沿着自身的规律缓慢地向前发展，取得一定的成就。客观的事实修正了过去所谓的"中西抗争""灭亡边缘"等悲凄的历史观点。

直至中华人民共和国成立，北京的中医学事业和全国一样，在漫长的历史长河中，历经千年而不衰，几经曲折而不亡，显示了无限的生机。虽然此时西医学已经广泛传入中国并迅速发展，但中医仍然屹立于医学之林，并不遗余力地迎接新的机遇与挑战，靠的是党的正确中医政策领导和中医科学性的内涵、确切疗效与广大人民的实际需要。

中医药学具有科学与人文的双重属性，是科学与人文相结合的杰作。北京的历史文化具有全国各民族文化相互交融的多元性、巨大应变升华能力的包容性和高雅厚重的特殊性等，北京中医学的特点也是如此。北京中医药学概括起来有如下优势：北京占有中国历史文化与地理区位的明显优势；在学术上独具太医院宫廷医学学派的传承，并汇聚与培养多学派的名医群体和多学科的精英，人才济济，在延续燕京医学学派传统的基础上不断发展；以及从御药房到同仁堂丰厚的中药文化底蕴；在人才的培养上，在师承传统教育的基础上，孕育并创立了高等学历教育的新模式；在"西学东渐"的浪尖上，从中西医汇通转向中西医整合，创立与发展了中西医结合事业。中华人民共和国成立之后，由于北京处于全国的政治文化中心，势必成为贯彻执行党的中医政策的前沿，并力争成为落实政策的示范地区。从中华人民共和国成立初期，直至 20 世纪的末期，北京在医政管理、医疗事业、科学研究、各类型的中医教育等方面已经基本上形成独立的体系，在中西医结合、中医学术团体和出版事业等方面也都走在全国的前列，并成为对外交流与合作的重要窗口。

一　北京中医学的特点

北京中医经过百年的发展虽然历经坎坷，但仍取得较大的进步，并具有明显的京都特色。

1. 独占中国历史文化优势

北京既是举世闻名的历史文化名城，又是中华各民族文化、经济交流与融汇的中心。北京的文化与民族精神早已超出地域范畴，成为中华民族文化的结晶与代表。中华民族五千年的历史文化，在北京得

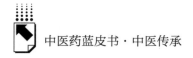

到集中和典型的反映，突出了历史悠久、绵延不断和多元化、包容、团结、开创性以及高雅厚重的特点。

2. 独具宫廷医学学术流派的传承

由于多个朝代建都北京，太医院中的御医多为全国各地的名医奉诏来京，代表着当时中医学的最高水平。他们既要伺奉皇室贵族的医疗、养生、美容、保健，又要定时向平民百姓施舍医药、防病治病，特别是荒灾大疫之际出宫治病灭灾。宫廷医学的特点是辨证严谨，务求实效，组方平和，用药轻灵和重视养生保健等。

3. 拥有从御药房到同仁堂丰厚的中药文化底蕴

北京同仁堂创建于 1669 年，是太医院御药房药材的专供药源途径，300 多年来积淀了丰厚的中药文化，严格遵守"炮制虽繁，必不敢省人力，品味虽贵，必不敢减物力"的规范。迄今为止，北京同仁堂集团仍然遵古至今，声誉名闻天下，对于北京中医学的发展影响也是很大的。

4. 汇聚与培育了多学派名医群体

北京是知名中医向往的宝地，是全国政治、经济、人文科技集聚之处，除了应召御医得以来京之外，更多的南派、北派众多医师，或经方派、时方派的名医高手，多聚集于京都，呈现出百花齐放、百家争鸣的态势。

近年来中医社会办学飞速发展，随着国家扶持中医药政策的贯彻实施、医改深入推进，以及社会民众对中医药认知的不断提升，社会办学迎来非常宽松的发展环境，也面临着比较广泛、迫切而又有差异的时代新需求。

这一时期，中医社会办学烙上了鲜明的时代印记：突出面向以实用性技术为需求导向的两类特定人群。

临床医生迫切需要提升自己的临床技能，社会大众迫切需要拓展自身的养生知识，这都是社会办学亟须面对并给以满足的现实需求，因此有了长足的发展。

以临床实用为导向，主要面向各层级临床医生，在技术种类上也非常丰富，如经方辨证、平衡针应用、实用灸法、经筋疗法等，也有以中医实用技术推广项目为参考开展综合培训。

以养生为导向，主要面向社会大众，形式也不拘一格，如厚朴中医学堂不但讲授站桩、静坐，书法、茶道、香道、古乐等修身养性类课程，还有中医文化类课程，比如小学（文字、训诂、音韵）、文言文古汉语、天文星象、历法历史等，甚至还拓展中医技术操作课程，如形体结构、砭石刮痧、针刺艾灸、导引按跷、丸散膏丹制作等。当归中医学堂还细分人群，有针对性指导，如指导育儿的"妈妈全攻略"，帮助女士养生的"健康才美丽"等。

二 与各类医药企业运营相结合为办学实体依托

这种合作实现了中医教学传承与企业经营的双赢，互为促进。如中国弘医堂医疗集团、北京弘医书苑、中国中医药信息研究会学术流派研究分会共同实施的中医药专家学术经验百师千徒传承工程，由北京弘医堂专家、北京中医药大学裴永清教授《详解伤寒论及临床应用》，其中第二讲170多位听课学员来自全国各地，他们中间有国家优才、省优才，有县市医院中医骨干，有来自社区卫生服务中心和村卫生室医师，有个体诊所执业医师。学员跟名师出诊与师徒传承工作同期展开。又如原卫生部中日友好医院贾海忠教授创办"慈方中医馆"并面向社会开讲《实用中医普及教程》等。

三 多为短期集中培训

社会办学与院校办学的系统性教学不同，基本上以"短平快"

的实用性导向为主，在有限的时间内让参与学习者有切实的收获，现场集中教学培训时间普遍在一周以内。

四 "互联网＋"为中医教育推波助澜

借助"互联网＋"，致力于中医教育传承的社会办学在当今突飞猛进，取得巨大成果。通过深度发掘医患双方的需求，将互联网与中医进行深度融合，中医传统教育模式出现革命性变化。如中医在线论坛联盟已集合中医论坛联盟 512 个，通过"原景重现"工具把微信讲课转变为可转发的课程，采集语音进行回放、推送，并将内容整理成文字，成卷立册，以可视化的成果加以保存和推广，使更多的人受益。此平台汇集了三万多中医医师，联络全国 IT 人才、管理精英、传播专家，为中医传承传播提供全方位帮扶。建立微信群/公众平台按不同的中医学科分属不同的"群"，建立管理、监督、运营机制，制定课程年度计划，邀请医疗技术过硬的医师定时、分期开设课程。中医在线论坛联盟的微信讨论群名家汇集，95% 以上为临床医生，70% 以上为本专科医生，50% 以上为副主任以上医师，另外 5% 为管理，技术人员及志愿者。目前已汇集免费公益课程 6800 小时，线下系列精品课程超过 1000 小时，讨论群每周都安排学术讲座活动，涌现了上百位讲者，现场听众超千人，经朋友圈、公众账号转发，影响遍及海内外。

五 国际化教学的新尝试

我国是中医药人才高地，北京更是高地中的高地，多年来由海外相关机构或个人邀请国内名医赴海外讲学活动络绎不绝，此类"往教"在 2016 年出现微妙变化，"来学"趋势愈加凸显。借助互联网，名医授课在线上进行，而集中答疑与实践指导在线下进行。如冯世纶经方医学传承班教学，每周六下午在线上为东半球学员讲课，每周日上午在线上为西半球学员讲课，学员们组织起来阶段性集中来华跟诊。通过这种线上学习线下跟诊的模式，2016 年该传承班共培养国际学员 5 期 75 名（以最终参加现场跟诊计数）。

六　现有机构的新拓展和新组织的大量涌现

现有中医药权威机构继续拓展和延伸社会办学，如中国中医科学院华佗学校依托中国中医科学院的科研教学资源，为基层各级医院和社会培养了大量的人才。北京中医药"薪火传承 3 + 3"项目之名老中医传承室站也纷纷举办名家学术传承培训活动，如国医大师贺普仁针灸培训班，集中讲授"贺氏针灸三通法"思想和临证经验；孔医堂（北京）科技有限公司筹建孔伯华学院，继承和发展四大名医之一孔伯华先生当年创办北平国医学院的教育精神，下设以国学精读为主的"紫禁学堂"，以中医教学为主的"国医学堂"，以儿童启蒙为主的"翰林学堂"和开展公益的"社区教室"。北京冯世纶经方中医医学研究院成立，并主办"冯世纶经方医学传承班"，系统推介经方六经辨证理论体系，精准深入传承经方大师胡希恕先生的学术思想，提升学员经方临证能力，培养一代经方传人！

七　政府、社会、学术良性联动

2016 年随着国家《中医药发展战略规划纲要（2016～2030 年)》和《中医药发展"十三五"规划》等支持和指导中医药事业发展战略性举措的发布，北京市亦推出相关配套办法，政府加强了对中医药事业发展的宏观调控和推动。上述纲要提出"强化中医师承教育"

等，对中医人才队伍的培养也有明确的具体要求，鼓励社会办医办学。比如由世界中联国医堂馆社区服务专委会、北京市华夏中医药发展基金会和汉典中医医院共同主办2016"大师讲经典"活动，北京汉典中医院被主办方授予了"大师讲经典"培训基地。又如北京中医药学会仲景学说专业委员会与北京康仁堂药业有限公司合作推进经方学术全国巡讲，2016年巡讲遍布大半个中国。

2016年社会办学在如火如荼展开的同时，也不可避免地暴露一些问题，亟待解决。

（1）名目繁多，新概念、新提法层出不穷，在丰富中医学术的同时也显得杂而不专，甚至混淆视听，有失中医学术的规范性。还有就是社会办学机构参差不齐，有的活动完全出于营利目的，乃至变相"兜售"资格证书，背离了传承中医学术的初衷。

（2）缺乏系统性和持久性，社会办学"短平快"与"一招鲜"的倾向比较突出，对于部分学术体系特别是名家思想缺乏深入的系统教授，多局限在片段式呈现。教学活动多局限在现场一次性，缺乏持久互动的机制和平台。

（3）线上与线下教学的良性互动不足，有的只有线上，有的只有线下，未能将两者很好地结合起来，特别是未能充分发掘和利用"互联网＋"的新媒介。

（4）院校教育与社会办学的交流有待加强，2016年北京中医药大学引入校外专家就是一个很好的尝试，院校教育与社会办学各有特色和优势，前者系统规范，后者个性灵活，不应"闭关自守"，而应互通有无，互为借鉴补充。

（5）国际化教育与知识产权保护，中医教育正在走向世界，越来越多的国际人士通过各种途径学习中医，在传承传播中医的过程中，我们应强化知识产权保护意识，为当事人提供规范、咨询、指导和必要援助，坚决避免中医药专利外泄之类的事件发生。

（6）政府应加强对社会办学的政策引导和法治规范，政策引导不是为社会办学设框框，而是将分散的社会办学逐步汇集到国家发展中医药事业的整体规划上来，实现力量整合。同时对于自发的多层次多样化的社会办学积极开展法治规划，扶正祛邪，保证社会办学健康发展。

2010年6月20日，时任国家副主席的习近平同志在澳大利亚墨尔本出席皇家墨尔本理工大学中医孔子学院授牌仪式时说：中医药学凝聚着深邃的哲学智慧和中华民族几千年的健康养生理念及其实践经验，是中国古代科学的瑰宝，也是打开中华文明宝库的钥匙。深入研究和科学总结中医药学对丰富世界医学事业、推进生命科学研究具有积极意义。

当前，中医药振兴发展迎来天时、地利、人和的大好时机，希望广大中医药工作者增强民族自信，勇攀医学高峰，深入发掘中医药宝库中的精华，充分发挥中医药的独特优势，推进中医药现代化，推动中医药走向世界，切实把中医药这一祖先留给我们的宝贵财富继承好、发展好、利用好，在建设健康中国、实现中国梦的伟大征程中谱写新的篇章。

2017年是中医药传承发展过程中至关重要的一年，我们有幸经历了中医药事业的重大变革，见证了《中华人民共和国中医药法》自2017年7月1日起施行。2017年10月18日，中共十九大开幕，习近平代表十八届中央委员会做报告，明确指出，坚持中西医并重，传承发展中医药事业。

中医药自汉唐以来遇到最好的发展时机。站在历史的节点上，我们审视自我，总结过去，展望未来，开拓一条中医药传承之路。

中医传承历史回顾篇

Review on History of TCM Inheritance

B.2
北京中医百年发展

摘　要：　本文回顾总结了近百年的北京地区中医发展情况，回顾了北京历史文化环境和燕京学派的形成，介绍了北京四大名医。通过学院派医家和宫廷御医学派医家为例，阐述了燕京学派的文化内涵与学术内涵。介绍了民国时期的"废止国医"事件，重点回顾了北京百年发展史上标志性的北平国医学院、华北国医学院的建立，培养了大批中医药人才，创新现代师承教育，展现了北京地区中医人的不懈努力。

关键词：　北京中医药　传承　宫廷御医

北京，又称燕京，是举世闻名的历史文化名城。周口店"北京人"及其遗址的发现，足以说明北京是中华民族的发源地之一。从西周初年，燕国建都蓟城（今北京），迄今已有 3000 多年，故北京后来又有燕京之称。历经金、元、明、清，直至中华人民共和国（以下简称共和国）成立，并定都于此，誉称五朝古都，是中华民族政治历史文化的中心和首善之区。在 20 世纪百年中，北京的中医发展更走过了艰难曲折的道路，铸就了百年北京中医发展的脉络，彰显了独特的燕京医学特色。

中国医药学，是中华民族优秀文化遗产中独具特色与优势的医学瑰宝。在五千年发展的历程中，以生命科学熔铸，以人文哲学渗透，形成了独特的医学体系，是中华民族与疾病做斗争的智慧结晶，是东方人文科技的杰作，为中华民族的繁荣昌盛做出了重大的贡献，对于人类健康事业和世界文明也产生了积极的影响。在近百年的世纪风云中，北京的中医事业更经历了艰难曲折的路程，透过历史的烟云，人们可以清晰地看到先贤们不屈不挠、奋勇开拓的身影，燕京医学学派即在这块古老而又沉淀着深厚文化的沃土上逐渐形成、延续、发展。北京中医发展的历史，可以认为是全国中医药学发展的缩影。

一 清末时期（1900~1911年）

清末时期，中医学处于最后一个封建王朝的短暂过渡时期。北京作为清王朝的京都，在当时的政治文化背景下，中医学面临着西学东渐、中西医学交汇、竞争图存的局面。20 世纪最初的 10 年，医学界最有影响的大事是光绪新政的医学机构改革。但这次改革总体上仍然是沿袭元、明、清太医院和御药房掌管全国医药行政、医学教育及为皇室贵族医疗服务的体制。虽几经酝酿整顿改良终究未果。另外，建立官医院也是新政改革的措施之一，到 1910 年官医院被划为民政管理，均为免费诊察投药，虽有一定慈善机构的性质，但仍具有公立常设医疗机构的特质，开创建公立医院之先河。总之，进入 20 世纪，无论是新政改革，还是中医学术均无多大建树。由于时代环境的改变，民众的健康谱和疾病谱也发生了巨大的变化，北京中医进入新的选择和发展时期。

图 1　1920 年北京皇家太医院的太医

二　中华民国时期（1912～1948 年）

1911 年辛亥革命爆发，1912 年中华民国成立。中国社会发生了巨大的变化，西方文化猛烈冲击中国本土文化，医学界形成了新旧并存、中西混杂的态势。北京中医在当时特殊政治文化背景下，为了生存和发展进行了激烈的斗争，更面临着北洋政府"中医不科学，应当取缔"的错误决定。对此北京中医药界空前团结和积极行动，并派代表参加抗议北洋政府的"医药救亡请愿团"。经过抗争活动的洗礼，北平中医公会建立，组织了以孔伯华、施今墨为首的"华北请愿团"，汇同全国的同道南下抗争，最终取得了胜利。随后中医考试制度也逐渐得以恢复。1929年南京政府提出"废止国医扫除医事卫生之障碍案"，激发了全国广大中医药界的强烈抗争。1929年10月29日，当局下令核准《北平市卫生局中医士考试委员会简章》，其他有关营业章程、暂行规则等均被迫公布实施。

北京中医发展脉络主要从三方面体现。

1. 医疗方面

虽然西医医院多于中医医院，但中医从业人数明显多于西医师（约为8∶1），中医师担负着北平地区80%以上的医疗防病任务，在传染病的防治中也发挥了积极的作用。比如杨浩如、张菊人等于1911年在晋绥地区及廊坊一带组成防疫医疗队，遏制了当地瘟疫的流行。此时，中医临床医学方面发展迅速，内、外、妇、儿、正骨等科均有杰出的医学家出现。比如温病方面有袁鹤侪、汪逢春；疑难杂症方面有萧龙友、孔伯华、施今墨，其中萧、孔、施、汪还被尊称为"北京四大名医"，享誉全国。外科方面如丁庆三、段馥亭、房兴桥等名家各有千秋，另外上驷院绰班处、少林派的正骨推拿均独具风格。

2. 教育方面

从师承家传、自学成才等传统模式，向正规化学历教育转化（名医学院派）。20世纪30年代由当时北京四大名医创办了北平国医学院（1930年）、华北国医学院（1932年），均为北京培养高级中医人才做出了巨大的贡献，建立了较为完整的规章制度和中医教育模式。1939年汪逢春还开办了具有继续教育性质的业余夜校"北平国医讲习所"。

3. 科研方面

曾引进一些西方对于药用植物研究的思路和方法，进行广泛的探索。20世纪50年代在陈克恢、赵橘黄教授等科学家的勤奋努力下，研制成功麻黄素，这是当时具有代表性的科研成果。

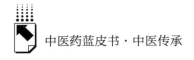

4. 中医药学术团体方面

也自发地成立了一些学术组织，如"北平中医学社"，同时创办《中国医药月刊》杂志，编著中医药文献；成立"中国医药研究会"以及"北平国医职业分会"等，也曾创办过《北平医药月刊》《国医砥柱》等杂志。也曾办过中医讲习所、研究班、中医诊所，在发展北京中医事业方面起到巨大的作用。

总之，民国时期北京中医药学在极其复杂的环境中与坎坷的道路上，仍然缓慢地向前发展。在艰难之中寻找着新的生机。

三 中华人民共和国时期

1. 医政管理方面

在中西医两个医学体系并存的前提下，中华人民共和国成立初期的重点是中西医团结合作，目标是把中医中药知识和西医西药知识结合起来，创造中国统一的新医学新医药，继承与发扬我国医药学遗产，为社会主义建设服务。1965 年毛泽东发出"把医疗卫生重点放到农村去"的号召，为农村开展初级医疗保健服务指明了方向。党的十一届三中全会以来，在中西医并重方针的指引下，北京中医发展又获得新的机遇。1978 年邓小平指示："要为中医创造良好的发展与提高的物质条件。"1982 年《宪法》又明确要求"发展现代医药和我国传统医药"。1986 年国家中医药管理局成立，1988 年北京中医管理局成立，开展了继承老中医经验和名医带徒工作，北京均走在全国的前列。1996 年，全国卫生工作会议确定了新时期卫生工作方针，并在《中共中央国务院关于卫生改革与发展的决定》中明确提出要"正确处理继承与创新的关系……实现中医药现代化"。2001 年 3 月 4 日，江泽民同志在全国政协九届四次会议教育医药卫生联组会上讲话时，再次强调中西医并重、继承创新、推进中医药现代化等问题。近百年来，特别是在共和国成立以后，即以党的中医政策为指导，在各项工作中，按照中医学科自身的独特规律发展中医药事业。

2. 临床医疗方面

北京中医药事业的发展，主要体现在医疗机构的发展和临床业务水平的提高。除了政府兴办的医疗机构外，1949~1955年，是个体开业、联合诊所及门诊部发展阶段；1956~1966年是中医医院组建的奠基阶段，北京开始建立国家所有制的北京中医医院、中医研究院·西苑医院和广安门医院、北京中医学院附属东直门医院、门头沟中医院等；1967~1978年是中医机构的缓慢发展阶段；1979~1989年，是全面发展阶段。其间新建了6所区县级中医院，多数综合医院建立了中医科，中医个体开业也进入规范化的轨道；1990~2000年是持续发展与专科医院建设的新阶段，在医院管理上开展了医院等级的确定与示范中医院、中医科的建设。独立的中医医疗机构体系与网络已初具规模。

北京的中医临床医学也具有其特点，既有宫廷医学学派的传承，有师承家传派的独特技艺，又有高等院校学院派的正规学历毕业生，以及南派、北派、经方派、时方派均汇集于此，形成了百花齐放、百家争鸣的态势，中西医相互采纳、包容，营造继承与创新交织的学术氛围，孕育着"燕京医学"学派，临床医学水平居于全国的前列。

3. 中医教育方面

1949~1965年陈慎吾创办了私立北平中医研究所（私立汇通中医讲习所），以及民间自发的师承教育模式。1950~1951年，北京先后创办了两所中医进修学校，开始中医进修教育（属于继续教育性质），其中北京市属的中医进修学校，是新中国成立后北京中医人才培养的摇篮。

1955年中国中医研究院首次举办了全国西医学习中医研究班，带动了北京市及全国的西学中教育。1956年及1968年卫生部颁发了

《关于开展中医带徒工作的指示》和《关于继承老年中医学术经验的紧急通知》，北京市认真地贯彻这两项政策，取得显著效果，曾在全国中医工作会议上介绍经验，另外还开办过中医中专学校及中医护士学校等。

1966～1976 年中医教育同样经历了停滞状态。1977～2000 年恢复高考制度，北京中医学院（后改名为北京中医药大学）恢复正常工作，北京第二医学院和北京市中医学校联合举办了一届中医本科班。1978 年 11 月北京中医学院分院成立，曾更名为北京联合大学中医药学院（2001 年并入首都医科大学），均为北京培养了大量高级中医药人才。1977 年中医研究院首次举办了中医研究生班，招收硕士生。1983 年和 1985 年开始招收博士研究生，随后又建立了博士后流动站，在学校布局和专业设置方面更为合理。北京基本上形成较为完善的中医教育体系，培养了大批各级、各类中医药人才。

4. 中医科研方面

20 世纪二三十年代较为突出的是协和医学院药理室、北平研究院药物研究所、北京大学医学院中药研究所等一大批科学研究单位，奠定了中医药的科研基础，成为中医药学研究的先驱。

1954 年 6 月毛泽东指示："即时成立中医研究机构，罗致好的中医进行研究，派好的西医学习中医，共同参加研究工作。"1955 年卫生部直属中医研究院成立，标志着中医科研地位的确立。1959 年中医药科研工作列入我国 12 年科学发展远景规划，1959 年 10 月，北京市中医研究所成立，也成为卫生部在全国建立的科研基地之一。

1977～1985 年，中医科研选题已从中药临床扩大到中医诊断、针灸、仪器等多学科，从多侧面多方向入手。党的十一届三中全会以后，又有部分企业创办民办中医科研机构，各级政府坚持"中西医并重，发展中医药"的方针，加强对中医药科研工作的宏观管理，改变了以往重临床轻基础研究的状况。在心脑血管病、脾胃病、肝病、多脏器功能衰竭、恶性肿瘤、皮科、针麻以及青蒿素、人工麝香等研究方面均取得突出的成绩。北京基本上已成为中医药科研机构密集、设备齐全、科研队伍完备、人才济济的城市。各大中医院校也承担了多项科研任务，形成了多个中医药科研的"国家队"。

5. 中西医结合事业

自 16 世纪中叶，西医开始传入中国，在相互的影响下，中西医汇通的思想应运而生。至 19 世纪中期，西医学大量进入中国，在中国医学史上形成了中西医汇通的思潮。早在 1928 年国内战争时期，毛泽东也曾提出过：对于伤病员要用中西两法治疗。抗日战争时期，中共边区政府也曾组建"国医研究会"等学术团体。1955 年北京市第一届西医离职学习中医研究班结业报告中，毛泽东批示："中国医药学是一个伟大的宝库，应当努力发掘，加以提高。"并强调"就医学来说，要以西方的近代科学来研究中国的传统医学的规律，发展中国的新医学"。随之北京市政府制定了相应的中西医结合方针，组织西医学习中医（以下简称西学中），开展中西医结合研究工作，在科研队伍中以高级"西学中"为骨干，在诸多名老中医亲自参加与指导下，先后取得了一大批令人瞩目的科研成果。

由于北京地理区位优势，中外学术交流活动日益频繁，大批科研成果不仅在国内影响巨大，在国际学术交流上也是主要的焦点。1981 年中国中西医结合研究会成立（后改名为中西医结合学会），形成了全国中西医结合学术交流的系统，有力地促进了中西医结合学术的发展。另外，还创立了《中国中西医结合杂志》《中国骨伤》《中国中西医结合耳鼻喉科杂志》等，举办过多次中西医结合国际学术会议，在国内外产生了深远的影响。从 20 世纪 80 年代开始又培养了中西医结合硕士、博士，他们成为中西医结合研究的新生力量，同时也造就一批高明的理论家和知名的专家。

1. 中医药学术团体

其历史可以追溯到明·隆庆二年，由在京的徐春甫等人发起创办民间医学学术团体"一体堂宅仁医会"（1568年），这是世界上最早建立的医学学术团体。清末维新派康有为等曾提出，仿西学、建学会、广人才、振中国的主张。当时由太医院组成"北京中医学社"。民国时期，中医学会和学术团体日渐增多，如神州医药总会、中国针灸学研究社、中西医学研究会、中西医学研究社、中国科学研究社等。1947年施今墨等人发起的"中国医药学会"（最后挂靠在"世界科学社"名下）等，对于中医药学术的研究与发展均起到一定的作用。

中华人民共和国成立后，中医药学会迅速发展。1950年创办了北京中医学会。1979年中华全国中医学会（后更名为中华中医药学会）成立，相继成立的还有中国中西医结合研究会（后更名为中国中西医结合学会）、中国针灸学会、世界针灸学会联合会、北京针灸学会、中国民族医药学会等。到2000年北京中医学会建会50周年，连同北京中西结合学会和北京针灸学会共拥有会员10243人。4个国家级的学会联系着全国19万名会员，对中医药学术发展起到巨大的促进作用，北京已成为中医药学术团体的中心并且辐射全国。

2. 中医药出版事业

中华人民共和国成立前夕，中医药相关的出版单位只有上海的千倾堂、锦章书局、广益书局、大东书局等。出版图书的种类和发行数量都很有限。1953年，人民卫生出版社正式成立，开始选择一批经典名著如《素问》《灵枢经》影印出版，也出版了《黄帝内经素问解释》等白话文译本，20世纪60年代以后该社开始对一些重要巨著如《本草纲目》重新标点排印出版。为适应高等中医教育，人民卫生出版社也组织编写出版《中医内科学概要》等系列高等教材。其次是中医药期刊，在第三届全国卫生行政会议上通过了关于"改进和提高中医药刊物"的决议。其间有十余种相关期刊出版。随后有《中华医史杂志》《中医杂志》《北京中医》等,《中医杂志》于 1981 年之后创办 7 个语种的外文版,其影响波及海外。其他尚有《中药通报》《北京中医药大学学报》《中国医学文摘——中医》等,有几十种之多。相关的报纸如《健康报》,1983 年 3 月 8 日开办"传统医药"版,1989 年 1 月 2 日,中国中医药行业唯一的国家级报纸《中国中医药报》在京创办,另外《中国医药报》也建立了传统医学版。有些非中医专业报纸《北京卫生报》《健康咨询报》《保健养生报》等也刊登中医中药的文章,丰富了中医药出版内容。北京中医药出版事业的发展,主要取决于人们对健康保健知识的需求和中医政策的推动。北京逐渐成为全国中医药出版事业的中心。

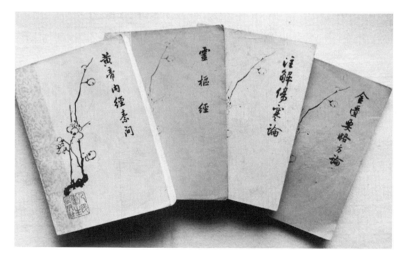

图2 人民卫生出版社出版的《黄帝内经》等

3. 对外交流与合作方面

新中国成立初期,北京中医对外交流合作主要表现为专家互访与交流,向第三世界国家派遣医疗队,以及名中医援外或出国会诊。1956 年 7 月,苏联曾派遣由 3 名专家组成的针灸考察小组来华。在

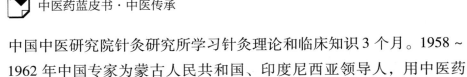

中国中医研究院针灸研究所学习针灸理论和临床知识 3 个月。1958～1962 年中国专家为蒙古人民共和国、印度尼西亚领导人，用中医药诊治疾病获得良好效果，受到赞扬。

1962 年 3 月 6 日由北京、上海、天津、湖北、湖南、江苏、辽宁、长春等地的 24 位医务人员组成第一支援外医疗队，派往阿尔及利亚，履行国际人道主义的救援义务。此外，北京中医药大学 1975 年就开始接收外国留学生，成为全国 40 所大学中最早接收外国留学生的中医高校。

1972 年第 25 届世界卫生大会恢复了我国的合法席位，我国相继与世界各国的卫生组织重新合作。1975 年受世界卫生组织委托，经国务院批准，中国中医研究院针灸研究所创办"外国医生培训班"（后更名为"中国北京国际针灸培训中心"），专门从事对外培训工作。1980 年经市政府批准，北京中医医院也成立了北京国际针灸培训中心。

改革开放三十多年以来，北京除了援外医疗、召开国际学术会议以外，还联合办学，合办中医医院等，如北京中医药大学与英国 Middlesex 大学合作开办了 5 年制中医高等学历教育。北京中医药大学东直门医院与德国合办的魁茨汀中医院是我国成功地在国外创办中医医院的典范。此外，中国中医研究院与坦桑尼亚政府合作，在防治艾滋病方面获得成功，向世界展示了中医药在防治危重传染病中的优势。

B.3
北京特色医学流派形成与发展

摘　要： 本文通过对汪逢春、袁鹤侪、魏龙骧、赵心波、赵绍
琴等医家为例，展现了燕京学派在学术上的博采众长、
研习经典、重视传承，同时注重高尚医德等学派特点。
以文献研究方法，对"燕京学派"五位名老中医学术
经验传承体系进行研究，提出燕京学派梳理与传承体
系的归纳明显不足，尚未形成完整的研究体系，继承
有待深入。

关键词： 北京中医药　燕京学派　传承体系

一　北京历史文化环境与"燕京学派"的形成

（一）北京历史文化环境对北京地区中医的影响

北京历史悠久，它作为城市的历史可以追溯到 3000 年前。秦汉
以来，北京地区一直是中国北方的重镇，名称先后为蓟城、燕都、燕
京、大都、北平、顺天府等。北京有 850 余年的建都史，元、明、清
三代均定都于此。1949 年 10 月 1 日，中华人民共和国成立，北京成
为新中国的首都。北京建城至今三千多年，自辽金以来，即为历代的
政治文化中心，有着深厚的历史文化积淀，中华各民族各地区文化与
北京的高雅文化及民俗文化，在这里交汇融合，逐渐形成独具特色的

北京文化，并对中国文化的发展产生重要影响。中国的传统医药是中国文明发展史中一颗璀璨的明珠，显示了东方文化底蕴的深厚。作为世界著名文化古都的北京，受皇家文化的影响，其中医药水平及其文化都代表了国家的最高水平。

金元时期虽然战争频繁、疾病流行，但政府对医药的关注与重视，为中医学发展提供了必要条件，使中医学的发展出现了质的飞跃，迈上了一个新台阶。金朝和元朝都建立了较为完善的中医管理机构，以加强对全国中医药的有效管理。金朝首设太医院，兼管教学。元朝太医院成为独立的最高医事机构，掌管全国医事；御药院掌管各路及藩国进贡药品、药物的制剂和煮药事务。

朱元璋于 1368 年灭元建明，定都南京，元至正二十四年（1364），朱元璋称吴王时就在南京"置医学提举司"。吴三年（1366）改称太医监。吴四年（1367）改太医监为太医院。第二年即 1368 年灭元正式建立明朝，太医院已在一年前改定称谓。明永乐十九年（1412），明成祖迁都北京后，又在北京设立一所太医院。这样形成南北两所太医院并存的局面且一直持续至明亡。在管理体制上，南京太医院受北京太医院节制，其具体措施是：北京太医院设正职称院使，同时下设副职称院判；而南京太医院则仅设副职，也称院判，受北京太医院院使管治。

明代中央没有专设医学教育机构，医学生的培养任务也由太医院兼管完成。但此时太医院医学生数量远比不上唐宋时期，且其主要目的是为太医院培养医生，而为社会培养医生的任务主要由地方来承担。

因为北京是清王朝首都，清宫内除设有固定的御医外，每在帝、后有疾时，还招聘全国名医进宫诊治，偶获殊效，则滞留左右。比如江苏无锡名医薛福辰应诏入宫为慈禧治病，新病治愈后，还需医治旧恙，即所谓请太平脉。甚至在其家乡疾疫流行、次女夭亡的情况下也不准其返乡。这样一来，宫中便逐步增加编外医生。全国饶有名气被召进宫中看病者不胜枚举。京城内以皇宫为重点聚集的中医人才自然比其他省城多。

（二）北京历史与"燕京学派"的发展

燕京医学作为一种具有明显地域特点的医学派系，就有地域划分的特性。燕京医学，起源古老，但真正形成和发展是在民国时期。从北洋政府到中华民国时期，北京虽然数度从首都地位滑落，但在文化教育方面仍具有明显优势，被国际人士称为"中国的波士顿"。这也吸引了众多中医精英汇聚于此，促进了行业的繁荣。

早在1912年，北洋政府教育总长汪大燮等人就曾提出了废弃中医中药的主张。后因全国中医药界奋起反对，才不了了之。在国民党统治时期，废弃中医的主张也曾喧嚣一时，1929年2月，国民党中央卫生委员会提出废止中医药案，内容包括停止中医登记、禁止中医开设学校、禁止中医宣传等。这一提案激起了全国中医界的公愤，孔伯华等医家挺身而出，参与组织了与国民党政府的斗争。"废止中医药案"提出后，上海各中医学术团体率先通电全国，表示反对。在北京，施今墨、孔伯华等医家四处奔走，呼吁各界人士支持中医界的斗争，并组织了华北中医请愿团。由于全国中医界的努力，终于迫使当局收回成命。"3·17"之后，国民党政府迫于各界压力，批准设立了中央国医馆，施今墨担任国医馆副馆长。但国民党政府仍百般刁难，使国医馆形同虚设。施今墨先生不久即辞去国医馆副馆长职务。得不到政府的支持，中医界只能自强自立，自谋生路。当时，中医界的许多有识之士不约而同地认识到发展教育是振兴中医的必由之路。北京的四大名医先后兴办了中医院校。这一时期，燕京学派的"四大名医"享誉京城。

1949年10月1日，中华人民共和国定都北京。新中国成立伊始，党和政府提出"团结新老中西各部分医药卫生工作人员，组成巩固的统一战线，为开展伟大的人民卫生工作而奋斗"、"中国医药学是一个伟大的宝库，应当努力发掘，加以提高"等精神，为中医发展提供了宝贵机遇。1950 年 5 月 30 日，北京中医学会成立。1955 年 12 月 19 日，中医研究院在北京正式成立，直属卫生部。这是一所集中医科研、医疗、教学为一体的综合性研究机构。1956 年 9 月 1 日，国务院批准建立北京中医学院。这是新中国最早成立的高等中医院校之一。同年，北京中医医院成立。此外，北京原有的各大综合医院也都开始创建中医科。这些新兴机构中的中医工作人员既有来自北京当地，包括宫廷医学和四大名医传人在内的名家，更有从全国各地抽调的精英。他们在中医临床、教学、科研方面都做出了突出贡献，可以作为一个群体，称为"医教研名家"。从此，北京地区的中医学进入一个全面快速的发展阶段。当代的燕京医派主要是由三部分人构成，他们分别是宫廷医学、四大名医、医教研名家的传人。活跃于当今北京中医界的闻人贤达，大多出于这三大门户。

由于这一历史时期提倡西学东渐，燕京医学形成了新旧并存的态势。燕京医学还具有明显的地域特征，包括师承家传、宫廷医学、名医学院和中西会通等。燕京医学还具有海纳百川、集天下之大成的特性，其中北京"四大名医"的形成和发展历史是燕京医学体系中学术史、教育史和文化史的重要组成部分。燕京医学以北京"四大名医"及其学院派门生学术经验为核心，同时将众多学派融合为一体，整理挖掘一批代表首都中医药学术成就的学术思想与治学经验。

（三）"燕京学派"的发展——学术传承

1. 宫廷医学的学术传承脉络

宫廷医生，是一个以宫廷为服务对象的医生群体，也称太医或御医。据《周礼》记载，周朝已经开始设置专职的宫廷医生。两汉时期，宫廷医事制度开始形成。与民间医生相比，宫廷医生拥有更加优厚的物质条件，在中医发展进程中也发挥着更加重要的作用。

宫廷医生中不乏饱学力行之士。他们善于学术自觉，长于著书立说。很多百科全书式的中医力作均出于他们之手，如王叔和著《脉经》、杨上善著《黄帝内经太素》、巢元方著《诸病源候论》、苏敬著《新修本草》。有人认为，《黄帝内经》《神农本草经》等中医经典也是由宫廷医生集体完成的。同时，宫廷医生还重视人才培养，为中医学术传承做出了突出贡献。

从 1127 年到 1911 年，金、元、明、清四个封建王朝均定都北京。长达七百八十余年的都城地位，为北京宫廷医学的形成创造了外部条件。宫廷医生沿袭前辈的传统，编纂了许多彪炳史册、影响深远的著作。元代，忽思慧编成营养学专著《饮膳正要》。明代，薛己编成《内科摘要》等各科专著，李时珍编成《本草纲目》《濒湖脉学》，龚廷贤编成《万病回春》《寿世保元》，陈实功编成《外科正宗》，傅仁宇编成《审视瑶函》，杨继洲编成《针灸大成》，王肯堂编成《证治准绳》。另外，徐春甫编成《古今医统大全》，辑录了 230 余部医籍。清代，吴谦编成《医宗金鉴》，被作为医学教科书。

1912 年，清帝退位，宫廷医学机构随之解体，宫廷医生开始走入民间，与北京地方医家一道，共同承担起北京医疗和学术发展的历史重任。赵文魁、韩一斋、袁鹤侪、瞿文楼、赵树屏是这一时期前宫廷医生的代表人物。赵文魁对外感温病辨证论治颇有体会。其子赵绍琴得家学传授，学验俱丰，1957 年入北京中医学院执教。韩一斋在京城颇负盛名。门人刘奉五得其真传，被誉为"中国当代妇科八大家"之一。袁鹤侪对"天人相应"观点及燮理阴阳问题均有独到的见解。其子袁立人继承其业。瞿文楼曾受聘为北平国医学院、华北国医学院讲授《儿科学》等课程。赵树屏于 20 世纪 30 年代初任教于北平国医学院，亲自编写并讲授《中国医学史纲要》，于 1950 年筹组北京中医学会，当选为主任委员，并创办《中医杂志》，后担任过卫生部中医司副司长[1][2]。

2. 四大名医的学术传承脉络

"四大名医"是近代北京中医界民间医生的代表人物。20 世纪初，面对废止中医的浪潮，北京中医界众志成城，奋起抗争。前宫廷医生赵文魁、袁鹤侪与南方中医界的恽铁樵、杨则民遥相呼应，撰文强调《黄帝内经》是中医学不可动摇的根基。"四大名医"则发挥了更大作用，他们先后创建了北平国医学院（1930～1944）和华北国医学院（1932～1950）。这两个学院从学制、教师、课程、管理、制度等方面均称得上是正规化中医高等教育机构，已经具备高等教育的特点。两个学院培养了大批优秀中医药人才，为中医药教育和中医药事业的发展做出了巨大贡献。

事实上，"四大名医"正是时代的产物。1936 年 1 月 22 日，国民政府颁布《中医条例》，规定对所有中医实行考核立案。在北京进行第一次中医考试时，当局挑选了医术精湛、颇负盛名的萧龙友、孔伯华、施今墨、汪逢春四人作为主考官，负责试题命题与阅卷。他们自此有了"北京四大名医"的美誉。两所中医学院的创建也使这一称号更加深入人心。新中国成立后，他们仍然专注于中医教育。1952年，孔伯华曾专门给中央政府写信，建议大力培养中医人才。1954年，在第一届全国人民代表大会第一次会议上，萧龙友积极提案设立中医专科大学。这一提案后被中央政府采纳，于 1956 年在北京、上海、成都、广州各成立了一所中医学院。

"四大名医"不仅是中医教育家，也是中医临床家。萧龙友主张形神并治，重视后天脾胃，白啸山、杨润芳等为其传人。孔伯华重视

---

① 陈萌、张冬梅、李翠：《燕京医派概览》，《中医教育》2013 年第 2 期，第 65～67 页。

② 徐江雁、谢阳谷、鲁兆麟：《20 世纪北京中医学术发展述略》，《中国医药学报》2004 年第 2 期，第 76～78 页。

肝脾关系，擅长治疗外感热病，因喜用石膏而有"石膏孔"之称，屠金城、姚五达、宋祚民、刘春圃、步玉如等为其传人。施今墨精于组方配伍，创施氏对药，治外感热病注重解表清里，祝谌予、哈荔田、李介鸣、董德懋、翟济生等为其传人。汪逢春重视脾胃，擅长治疗湿温病，赵绍琴、李鼎铭、谢子衡等为其传人。

二 "燕京学派"的文化内涵与学术内涵

学术的流派是中医学发展史上的鲜明特色，从《黄帝内经》诞生时，就开始形成，但这种流派的形成有一定的特点，中医的流派有按疾病划分的，比如伤寒派、温病派；有按学术思想划分的，比如温补派、攻下派；有按人名划分的，比如丹溪学派、施今墨学派；有按地域划分的，比如孟河医派、新安流派，等等。

"燕京学派"是作为北京地区的近代中医医家主要学术流派融汇而成的地域性中医学体系，是以师承家传群体医术为基础，以北京"四大名医"及其学院派门生学术经验为核心，以宫廷学派为亮点，同时融合中西医结合等众多学派的中医流派。

（一）文化内涵

北京为六朝古都，一方面，自汉武帝"独尊儒术"以来，儒家思想就成为中国社会的主流思想，更是被统治阶级所推崇。皇城脚下，北京向来受儒家思想影响最深，在北京生长发展起来的燕京学派自然也就深深地打上了儒家思想的烙印。而另一方面，北京长期作为全国经济、政治、文化中心，各种思想文化在此不停地碰撞、融合，也使土生土长的燕京学派有了其独特的文化内涵。主要有以下几个方面。

1. 大医精诚

"凡大医治病，必当安神定志，无欲无求，先发大慈恻隐之心，誓愿普救含灵之苦。"这是药王孙思邈《大医精诚》中的一句话，这也是燕京医派广大医生医德的一种写照。"名医"的"名"，一靠医术，二靠医德，只有两者兼备，才堪称名医、大医。燕京学派中，向来是名医荟萃，从清代的御医到民国时期的"京城四大名医"再到现在的各位医学名医，每位名医都是名副其实。比如清代御医赵文魁先生在20世纪30年代初京都痧疹（猩红热）暴发之时，日夜应诊，出入病家之中，不幸身染疫疾，以致早逝。

2. 包容精神

北京作为全国政治和文化中心，有着很强的凝聚力，吸引着全国的中医精英。燕京学派则迅速地将其融合吸收，使医术得到交流和融合。20世纪50年代，新中国在北京成立了中医研究院、北京中医学院、北京中医医院等一批医教研的专业机构。这些机构不仅吸收了北京当地的中医精英，还从当时的中医强省如江苏、浙江、四川抽调了蒲辅周、董建华等许多中医名家。他们的到来为北京中医界注入一股新鲜血液。这些权威性的医教研机构造就了一个时代的中医名家。依托这些平台，很多名家得以施展才华，成为现代中医各个学科的奠基人，其学术影响力不仅辐射全国，而且远播海外。蒲辅周、王文鼎、赵锡武、岳美中、方药中、唐由之等名家为中医研究院的临床各科与研究生教育打下了坚实基础。北京中医学院的名家为现代中医课程体系的建立做出了巨大贡献，如秦伯未、王玉川、程士德的《内经》与《中医基础理论》，颜正华的《中药学》，王绵之的《方剂学》，陈慎吾、刘渡舟的《伤寒论》，赵绍琴的《温病学》，任应秋的《中医各家学说》、董建华的《中医内科学》，都在行业中有口皆碑。在2009年评出的首届"国医大师"中，王玉川、王绵之、陆广莘、贺普仁、唐由之、程莘农、路志正、颜正华均为20世纪50年代抽调来京的医教研名家。这些医教研名家还培养出一大批硕士、博士生等高层次人才。时至今日，虽然他们大多数已经故去，但其传人继承他们的历史使命，成为各个学科的领军人物或学术骨干，引领着中医学的发展。

3. 创新精神

创新精神是一种勇于抛弃旧思想旧事物、创立新思想新事物的精神，它是一个国家和民族发展的不竭动力，也是一个学派不断发展壮大的动力。燕京学派的医家们从来不缺少创新精神。比如清代御医赵文魁精研李时珍脉学，以表、里、虚、实、寒、热、气、血八纲统领27脉，并创造性地提出了浮、中、按、沉诊脉四法，突破古之定见。民国时期的"京城四大名医"，在西医传入中国，而中医却因此被不断质疑、否定的时候就创造性地提出中西医结合的思想，努力探索中西医理论的结合，提倡中医西医互补，促进中西医交流。

（二）学术内涵

根据"核心分类模式"划分20世纪北京中医学术流派，可以清晰地看到：御医群构建的清宫医学流派，使北京中医学术独具特色；师承授受所形成的传统医学流派，反映出北京中医学术发展的悠久历史，以及师承教育在传承中医药学术过程中占有不可或缺的地位；北平国医学院和华北国医学院孕育的名医群体，由此构成的学院派，更体现出面向大众的中医学校教育，在推动中医学术发展方面发挥出历史性作用。

1. 御医学派的学术思想

御医派既是宫廷医学的产物，又是宫廷医学的有机组成部分。"中国宫廷医学从我国古代至近代，始终代表着传统医学发展的方向和各朝代当时所达到的最高的医学水平"。又因独特的医家群体、患者群体和诊疗体系，御医派在近代北京中医学术发展史上占据重要的地位。

（1）辨证严谨，务求实效

由于清朝帝王多知医药，辨证、处方也多察究竟，并且对所谓疗

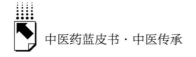

效不佳的"庸医"责罚严厉，因此，御医皆须饱读经典，学验俱丰，审慎周全。御医学派的辨治思想形成以下特点。

①四诊合参以脉为主的辨证体系。皇宫内所诊者常为帝王后妃，察色尚且不易，身为御医，出入宫内，诊脉论疾，多以脉诊论病。清朝后期御医赵文魁提出了"诊脉八纲"，"浮、中、按、沉四部诊法"和"诊察兼脉分主次"等崭新学术观点，发展了脉学理论，形成了极具特色的辨证体系。

②注重立法严谨组方。御医派在临床立案时，在四诊清、辨证确的基础上尤重立法，其法明确严密，与病机治合，与处方呼应，可以说以法统方，或用古方加减，或自出机杼，皆与病机相符。

③用药轻灵追求道地。清宫御医的治疗对象是皇帝后妃等"至尊至贵者"，其体稍有违和即召医就治，且服药亦多不喜进苦辛味重之品；加之温病学到清代，无论在理论上或具体治疗上都有了飞跃的发展，形成了具有丰富内容和独立系统的学科。其治疗重在存津保胃，用药多轻灵精巧，御医处方遣药亦多宗之。于是，代茶饮应运而生，并迅速地在皇宫内流行开来，成为一种突破传统服药理念，颇具特色的新型治疗方法。

④强调选用道地中药材。清朝朝廷明令禁用针灸，则中药几乎成为太医治病的唯一手段。清廷采取"各省例贡"和"给同仁堂下达购药任务"的两种方式，来获取足够的道地中药材以满足皇室需求。此举，不仅确保了处方的应有疗效，而且促进了宫廷与民间对中药种植、采集、炮制等诸方面的重视与研究，促进了方药学的发展。

（2）养生学的丰富发展

健康长寿是历代帝王的永恒追求，但是清朝帝王后妃的养生方法与实践最具特色。清朝乾隆皇帝创下了年纪最大（89岁）、在位最久（64年）、身体最健康、足迹最远、知识最广泛等十项纪录。清代宫廷医学养生方面的特色如下。

①综合养生思想的形成：经过康熙、乾隆、慈禧等帝后的实践，以围猎、旅游、游园、坐汤等为主要方式的运动养生方法，爱好广博、巡游畅志等的精神颐养方法，百味御膳式的饮食调养方法，经常服食药酒、各种类型的保健药物以及外用各种类型的药物保养等丰富多彩养生方法逐步形成。

②养生美容理念的创新：由于清朝乾隆、光绪皇帝和慈禧太后等多位帝后对美容养颜的重视，促使御医从理论到研制以及对帝后们应用后效果反馈等各方面，详加探究、逐步积累，客观上促进了养生与美容的有机结合，在传统的中医衰老学说的指导下，养生美容的学术思想付诸实践，与清宫众多的养生美容方剂一同构建了御医派独具特色的学术体系。

③药食结合养生的升华：先食后药，药食结合的养生思想古已有之。但是，自《饮膳正要》"首次为健康人膳食标准立论"并明确记述"膳食避忌"以来，清宫御医"崇尚实效，反对方术"，围绕帝后的饮食习惯、身体状况等，对药食养生进行了富有成效的探索，总结出一套药食养生的有效方法。

（3）独具特色的中药外治法

清朝是中药外治法在以往基础上得到较大发展并趋于成熟的时期，中药外治法理论和实践的广泛发展，对清代宫廷医学产生显著影响。御医为帝王后妃治病，必须既安全稳妥，又确有疗效。外治法用之得当，确能适应宫廷医疗的这种要求。此外，清朝在太医院禁止了针灸并取消了按摩科，诸多主客观因素促使中药外治法成为清廷广泛使用的一种治疗方法，又因为在独特环境中应用于特别的受治对象，所以，御医派的中药外治法自然特色别具一格。其特点主要有以下方面。

①兼蓄古今，化裁求实。清宫御用外治医方的来源：一是由古方的应用与化裁而来。有的原方应用，有的适当加减化裁，且以后者为多。二是清朝成方应用与化裁。清宫中很多外治医方都是清朝外治专

著及其他著作中的外治内容。三是御医从实用出发,将流传于民间的效验方用于宫中临证,如盐葱熨法、足跟痛便方、山栀外敷药方等,均属民间验方。四是御医经验方。清宫外治方中既未见于以往医籍方书,也非民间验方,而属御医在临证实践中摸索运用的外治经验方,宫中脉案记载的临证辨证施方多属此类。

②组方严谨,用药独特。清宫外治医方用药的特点是:首先,突出特效药的使用以期获得好的疗效。其次,惯常使用一些稀有、贵重药物,除确因病情需要外,尚有体现患者的尊贵地位的原因。再次,多用血肉有情之品以求达到滋补强壮之作用。总之,均以满足帝王后妃的高标准需求而精心选用,并且炮制极为考究,使用方法繁多,讲究宜禁。

(4)按摩对象的拓展与按摩术的发展

①正骨按摩的融合共生清朝后期。随着清王朝政治衰微,经济拮据,宫廷医学也不景气,按摩科被取消,迫于客观现实,按摩与正骨进行单科结合。同时由于两者有着注重手法的共同之处,按摩与正骨很快地实现了有机结合,以致达到后来的融合,共同创立了新的手法,正是所谓"正骨八法",拓展了受术对象。时至今日,按摩与正骨仍保持着密不可分的关系,产生了学科交叉的共生带。

②从多科渗透到独立发展。御医孙仲选及其传人曹锡珍在大量临证实践的基础上,汲取明代薛己注重脏腑、经络、气血理论指导的学术思想精髓,又克服其轻手法之偏颇,总结出以中医整体观念、脏腑经络气血等理论为指导,对内科、外科、骨伤科等各科病证进行辨证施术的独特学术思想和辨治经验。曹氏按摩成为众多按摩流派中的一派。按摩科在艰难的学术发展环境下,走出了一条由多科渗透到独立发展的崭新之路。

(5)方药学的发展

御医派医家在尊经法古与追求良效的思想指导下,努力实践着包括方药学在内的中医学理论，因其治疗对象的特殊而使经验与学术思想呈现出以下特色。

①药证相关，辨证施药。御医们对时方的运用几乎没有按原方、原量照搬的，即便是固化的丸、散、膏、丹也多与汤剂配合或相间而用，以至于在尊经之风浓厚的宫廷内使用了种类繁多、药物味数不等的药引，突出了药引的传统使用范围和方法，体现了简洁明快且有效的辨治思路，为理论界解决法有定法、方有定方、证无定证，与法随证立、方随法出的矛盾提供了实践与理论的依据。

②病位归经的概念与三焦归经说。陈可冀等阐述"清代宫廷医疗经验之特色"时提出了病位归经的概念，并表述为："除了按脏腑经络归经选用引药外，对于不同的病位，根据中药升降浮沉，性味归经的理论，选择引药，直达病所，可收到更好的效果"。还根据清宫脉案中应用引药的实例，总结归纳出清扬治上、平和温中和通利治下的选择原则。这是对御医选择和运用引药经验的概括，而视其所举案例，均不离吴鞠通三焦的概念范围，也不含四肢病位，故称其为"三焦病位归经说"，正如三焦辨证与脏腑辨证的异同相类，三焦归经所要揭示的是，与传统引药依据药物的特殊效能而定有着理论意义上的差别，它所强调的是药物的一般功能与其性味、作用趋向的整体。在这一理论指导下，可以灵活选取与病证相宜的引药，扩大了引药的应用范围，也增强了组方用药的灵活性，又体现了药证相对、辨证施药的原则，充实和发展了方药学理论。

2. 学院派

学院派是指以北平国医学院和华北国医学院的名医群体为基础，主要研讨中医继承与创新的理论与实践而形成的中医学术流派。其主要学术特点如下。

（1）对传统理论的继承

学院派医家面对西医学的强大冲击，顽强地坚持用传统的中医理论指导临床实践，最大限度地保证了中医学术按照自身的规律发展。

①施今墨"十纲辨证，气血为要"的临证思想

施今墨认为"辨证施治为中医特点之一，八纲辨证为其主要者，历代医家均有发展，以余之体会，气血在辨证中亦属重要。阴阳应是总纲，表、里、虚、实、寒、热、气、血为余临床所用之八纲。"他创立了十纲辨证体系并广泛地应用于临床各种疾病。

②孔伯华"纲领辨证"和培元固阴思想

孔伯华通过多年的临床经验，认为传统的"八纲辨证"不适合临床应用，提出了辨证论治的"两纲六要"：阴阳为两纲，表、里、虚、实、寒、热为六要。孔伯华认为："人之疾病，千变万化，但总不外乎阴阳。故医者临证，必须先审阴阳，因证脉与药皆有阴阳，阴阳既明，治自无差。"孔伯华还特别强调"元气"在人体所起的重要作用，认为病邪之能使人体发病，都是由于人身元气不足的缘故，若人体本身自卫的元气很充足，病邪就不足为患。孔伯华提出了疾病发生的体质差异观点。孔伯华对朱丹溪"阳常有余、阴常不足"之说，深为折服，应用于临床皆灵验。但他认为，必"先有阳常有余，阴常不足之人"，而后"方能发生阳常有余，阴常不足之病"。

③萧龙友、汪逢春二者注重脾胃的学术思想

萧龙友以擅长治疗虚怯之症而著称，他遵循"过中者不治"之古训，辨治虚损病症多收满意之效果。在具体的辨治中尤重后天之脾胃，尝云："得谷者昌，若致土败，虽卢扁复生，亦难为力矣。"

汪逢春则认为：脾胃乃气血化生之源，五脏之精气皆赖脾胃运化、转输，皆需脾胃化生后天水谷精微的补充，若脾胃化源乏竭则灾害至矣。尤其是一些时令病或胃肠病，多因劳倦过度、饱饥无时、贪凉饮冷、恣食肥甘、过嗜辛辣、食饮不洁所引起，因此，他在辨治时令病和胃肠疾病时，非常重视对脾胃的调理与固护。

④对温病学理论的继承

以汪逢春、孔伯华为代表的学院派医家，在认识和运用温病医家有关学说指导临证方面颇多独到之处。比如汪逢春在辨治湿温病时，承继薛雪辨湿重、热重之思想，结合临证实际，得出"始终不离芳香疏化，通腑泄热"的独特治法与用药原则。

孔伯华则博采诸家之长，认为：脾湿与肝热是湿热病的主要病理基础，形成了"湿热彰盛"的湿热病说。临证治疗外感温热病时，继承"伏气温病"思想。孔伯华还提出了"郁热伏气轻""郁热伏气盛""邪为湿固"三证的独特观点。长于使用鲜药，取其轻清效捷，湿热为病时用之，热病津亏时用之，杂病痰浊时亦用之。尤擅长使用石膏，孔伯华指出"石膏是清凉退热、解肌透表之专药，一般皆谓其味辛凉，实则石膏是咸而兼涩；一般皆认为其性大寒，实则石膏之性是凉而微寒。凡内伤、外感、病确属热，投无不宜"。他认为："石膏一药，遇热证即放胆用之，起死回生，功同金液"。因而有"石膏孔"之美誉。

（2）实践中西医结合，创新中医药学术

20世纪三四十年代，西医学传入中国，其传播对中医构成了严峻的挑战。中西医学虽然知识体系和思维模式与之不同，但二者研究领域则同属生命科学。具有创新精神的学院派医家，以科学的态度，在对中西医学进行比较研究的基础上，为使中医学免遭"取缔"之灾，汲取西医学的养分，克服门户之见实行中西医结合，尽力推进中医药学术创新的共识，为现代中西医结合医学的创立奠定了基础。

①西医理论的完整接纳与研究

以"北京四大名医"为代表的理智的学院派医家，在对中西医学进行较为全面的分析研究后，认识到两门科学的共同点与差异，积极倡导与践行中西医学的结合。萧龙友在论及中西医之间的关系时，认为："医药为救人而设，本无中西之分，研此道者，不可为古人囿，不可为今人欺，或道或术，当求其本以定……"萧龙友还开创了中医进入西医院用中药治病的先例。其与孔伯华、汪逢春创办了北平国医学院，所开设的课程除中医经典科目外，"还有解剖学、细菌学、内科学"等西医学课程；施今墨创办的华北国医学院也开有各种西医课程，该学院的学生在实验课方面还参加北大医学院的生理病理幻灯教学、尸体解剖等。其中，中医西医的课程比例大致为 7：3，并同时编写了一套完整的中医、西医教材。

②"辨病与辨证相结合"的学术思想

施今墨是最早提倡辨病与辨证相结合的中医学者，他把西医的一种疾病分成几个证型，并且在不同的证型之间寻找普遍规律。在他的这一学术思想影响下，中西医结合的理论与临床实践在 20 世纪 60 年代以后取得了长足发展。30 年代施今墨先生即把西医病名引入祖国医学领域，1954 年曾撰写《编辑中医统一标准用书》，提倡简化中医病名，引用西医病名。

③对传统方药学的创新

凝练创新传统方剂。施今墨、汪逢春、祝谌予等医家可谓创新传统方剂学的代表医家。施今墨在处方用药时，每两两并书，或同物分部而施，或同类相聚而用，或性味和化而治，或相反相成而佐，总以气血升降、四气五味为要旨，后世称为"施氏对药"。其药对的基本类型分为相辅相成、相反相成、固护卫气汪逢春在用药剂型方面，继承古人的各种用药方法，尤其是丸剂，有时也把散剂放到汤剂里。

学院派医家对传统方剂的凝练与灵活运用，对现代方剂学关于方证对应、药证相关以及方药的靶点假说均产生了重要影响。

拓展药物的炮制方法。汪逢春认为："自古医药不分家，医生必须识药，必须明了炮制（方法）。明乎此，临证时才能得心应手。用药如用兵，即此意也。"汪逢春在汲取古人已有经验的基础上，积极探求适应临床治疗需要的药物炮制方法，总结出颇具特色的中药炮制经验。这种配伍炮制方法与实践经验，与施今墨的对药有异曲同工之妙，继承并创新了中药炮制学理论。

④提出新的治疗原则和方法

《施今墨药对》对施今墨辨治外感、肠胃病、高血压等病证的原则和方法进行了较为系统的总结。比如他在"清解为法治外感"一篇中总结道："由于表、里症的比重不同，以及邪正交争、进退发展状况有异，从而确定了'七解三清''五解五清''三解七清'等治疗大法"，朝着量化、标准化方向迈进了一步。

对"降压十法"等的概括更体现了中西医结合的诊治思路。首先，施今墨以西医之病为诊断结论和辨治主线，横跨中医之"眩晕""头痛"两病。其次，以中医学、西医学两种理论阐释病因、病机，治法的确立既体现了中医论治的传统思维，也体现了近现代西医治疗学的思维。这种中西医结合的诊治模式，至今仍在中医与中西医医疗单位中广泛应用，揭示了近现代中医临证医学的崭新模式，也推动了中西医结合临床学的发展与形成。

3. 师承派的主要学术思想

这里所言的师承派，是指在燕京民间由直接师承授受的名医群体所形成的，以研究与传承传统中医学术为特点的学术流派。20世纪的燕京民间，由于南北医家汇聚而呈现中医学术的繁荣景象，百年中通过单一师承和多重师承的继承和发扬，燕京医学的百花园绽放异彩，对经典理论的阐发，临证辨治方法的总结与创新尤具特色。

（1）辨证论治理论的阐发

辨证论治，是后世医家对张仲景临证医学思想的高度概括和凝练，并一直作为中医理论的核心而指导着中医的临证医学实践。以岳美中、秦伯未为代表的燕京医家在运用辨证论治理论的同时，结合具体的诊疗实践对辨证论治理论进行了阐发，丰富了辨证论治的理论

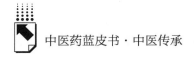

内涵。

①病性基本论的提出。这种理论认为任何一种疾病必定有它一种起决定性作用的基本矛盾。基本矛盾在一种疾病的所有矛盾中，具有决定性意义，并贯穿在该疾病从产生到消灭的整个过程之中。一种疾病的基本矛盾都有其特殊性，根据这种特殊性就很容易把此种疾病与其他疾病从根本性质上区别开来。这种基本矛盾是客观存在的。以矛盾规律为指导，形成了以疾病的性质进行分类的思想。它的实践意义在于首先将疾病进行定性，把握大的原则，在此原则下选择适当的方法进行辨证论治。它的理论意义是揭示了张仲景"病脉证并治"的完整思想，充实和丰富了辨证论治的内容。

②疾病发展的阶段论。这一思想着眼于解决疾病发展过程中某一阶段的"主要矛盾"。每种疾病，在其自身发展的全过程中，会经历几个不同阶段，各阶段决定于它所包含的主要矛盾。主要矛盾决定着和标志着疾病发展的阶段性。区分疾病发展中的阶段，必须以其主要矛盾为依据。

③辨证论治统一论。这一思想将中医的辨证论治视为一个完整的整体，既不孤立地辨证，又不孤立地论治，两者要结合得恰到好处。它要求方药必须反映辨证，如治阳黄用茵陈、栀子，阴黄用矾石等，都是针对特殊疾患基本矛盾的特效药。茵陈是解决基本矛盾的，但证不同，也有不同的配伍，热盛与黄檗、栀子同用，寒则与四逆辈同用，这又是解决主要矛盾的。在解决主要矛盾时，处处都要照顾到基本矛盾。伤寒是寒邪，所以在太阳则用麻黄、桂枝，在阳明必待寒邪化热，热结在里时方用白虎、承气，纵然如此，还提出了"下不厌迟"（温病则相反，是"下不厌早"）的原则，以防里热不实，下之过早，导致伤阳。所以辨证与论治既要服从于疾病的基本矛盾，又要注意阶段性，侧重在主要矛盾上，才能急其所急，缓其所缓，恰合分际，不失机宜。

④辨证三项原则。师承派医家还总结辨证经验，提出了病因辨证、脏腑辨证和五行辨证三项基本的辨证原则，使辨证论治的抽象理论变得具体化。

a. 病因辨证原则与十四纲辨证。秦伯未系统提出十四纲要辨证，即风、寒、暑、湿、燥、火、疫、痰、食、虫、精、神、气、血。十四纲辨证，以病因为横向排列，八纲为纵向联系，把八纲、六淫、三焦、卫气营血、气血津液辨证兼收并蓄，融为一体，执简驭繁，深入浅出。

b. 脏腑特征辨证原则。秦伯未提出了特征的概念，这是他辨证的新思维，在很大程度上能避免脏腑辨证的重叠现象。十四纲辨证是侧重病因，联系脏腑；脏腑辨证是侧重脏腑，联系病因。二者相辅相成，成为病因病位辨证的基本原则。

c. 五行关系辨证。秦伯未对五行生克规律进行发掘与整理、吸收与扬弃，详细论述了两种病因、两个脏腑发病的病因病机，归纳出内容简练、条理清晰的十六个证候。这项对于复杂病证从五行间的相互关系切入进行辨证的原则，起到辨证的准绳作用，是与上述病因辨证和脏腑辨证相联系而又相互补充的复杂辨证模式。

⑤辨证论治程序，即辨证论治的具体方法和步骤。第一步是理，先辨主证，后辨兼证；第二步是法，根据诊断定出治疗方针；第三步是方药，从论治的结果先选方、后议药。而对于辨证论治的第三步，绝不是选一个成方，进行一番加减就可以了。秦伯未提出处方公式，即（病因 + 病位） + 症状。因为处方的目的是治病，必须从疾病的病因、病机、症状下药，所以处方的组成包括这三个方面。

上述五个方面，从对疾病性质和疾病变化规律的认识、把握，到辨证原则和具体方法步骤的确立，将辨证论治的运用经验升华为具有普遍适用性和可操作性较强的模式，阐发了医圣的辨证论治思想，丰富和发展了辨证论治理论。

（2）伤寒、温病的争鸣与实践

①对伤寒理论的阐发。明清两朝为伤寒学派的成熟时期之说法已为学术界所公认，但是对伤寒理论的研究却在不断深化，燕京医家中尤以师承派陈慎吾、刘渡舟等伤寒大家的理论阐发最为突出。

a. 揭示六经及六经辨证实质。对伤寒六经辨证的实质的探讨，历代医家虽多有论述，但燕京医家结合临证实践，进行了多年的研究，对伤寒六经辨证的实质问题，做出了独特的诠释。

陈慎吾、刘渡舟均从考察伤寒理论的学术渊源切入，论证了六经及六经辨证的实质。刘渡舟认为：六经是以经络学说为基础的，来源于《黄帝内经》，张仲景是在此认识基础上继承和发展，使六经不但能辨热证、实证，而且扩大到辨阴证、虚证与寒证。揭示出六经是脏腑、经络、气化的统一体这个实质，并具有整体观和辨证观的特点。陈慎吾认为：《伤寒论》虽宗《素问》六经之名，实括《难经》外感热病之实。六经辨证从中医理论体系来看，则是《黄帝内经》《难经》基本理论阴阳、藏象、经络、运气等学说的综合体现。同时它将基本理论，通过六经脉证并治的具体形式予以创新性地表达，从一个方面、一个角度揭示疾病辨治的规律，发展了《黄帝内经》《难经》的经典理论。

b. 复杂病变辨治法则的确立。陈慎吾认为："张仲景以伤寒病为例，列举正治、失治、误治、传经等复杂病变，而定出相应的治疗准则，验之临床，不仅可以指导治疗外感热病，同时也可指导治疗内科、外科、妇科、儿科杂病，突出了'辨脉证并治'的方法。所以，才有后世医家较为一致认识，即六经辨证为中医辨证施治奠定了基础。"

此外，陈慎吾的"用方应有'方证'，方证就是用方的证据，证据既包括病机，又包括病机反映在外的证候"；刘渡舟的"方证相对论"的学术思想，则阐释了张仲景有关证、方、药三者之间的关系，为现代方剂学理论奠定了基础。

c. 正气自疗，两方为要。陈慎吾认为《伤寒论》"全论 398 条，脉证千变，治法万殊，一言以蔽之，曰：正气自疗。正气生于胃气，经云'有胃气则生'，胃气能自疗其疾也。明乎此，则全书大旨自得"。在正气自疗思想的指导下，陈慎吾借鉴孙思邈"方证同条，比类相附"的研究方法，总结伤寒方剂加减变化的规律，进一步研究方剂的功效。较之"三纲鼎立"之说陈慎吾的观点更能反映张仲景治疗学思想的本意，对于临床更具实际指导意义。

d. 临证实践经验的升华。刘渡舟在张仲景"水气凌心"的理论基础上结合自己的临床经验，将此证命名为"水心病"，并总结出"水舌""水色""水脉""水症"，以补充仲景叙述之略，发展"水心病"的诊断，将苓桂术甘汤灵活运用于临床，并在此方基础上创制治疗水气上冲证的系列方剂，丰富了张仲景有关水气为病的理论，同时扩大了经方的使用范围；根据现在火热证临床多见的事实，并结合自己的临证经验，提醒人们对火热证要给予足够的重视。在其晚年著述"火证论"中，提出许多新的火热论观点。其他医生在此指导下，治疗多种疾病，常获捷效。刘渡舟还创制了许多治疗肝胆疾病的方剂，不但丰富了方剂学的内容，而且极大地提高了中医治疗肝胆病的临床疗效。

②对温病理论的发展

a. 刘春圃"下虚"内因说。刘春圃提出了"温病偏死下虚人"的独特观点，下虚即指肾虚。此外，刘春圃对肾虚之人因温病初期失治、误治所致重证温病也进行了总结和论述，对重证温病的成因提出了新的观点，弥补了明清温病学家外因为主论的不足，为辨治重证温病提供了理论依据，发展了温病学理论。

b. 产后温病的特点与治法方药。刘春圃通过实践总结大量的病例后得出经验，"产后温病在病因、传变、伤津方面同于一般温病，所异之处即产后气血两虚，阴津亏耗，对温邪抵抗能力薄弱，因而证候严重，传变迅速。再者，对恶露之通与不通，瘀血之有无尤当审辨详细，若不问气血，不问恶露，一味清凉滋腻，势必损及冲任，寒凉凝瘀，腹中胀痛不堪，正气衰惫而致不救；若只知大补气血，蛮用温燥，则内闭温邪得补而炽，极易高热烦躁，谵语神昏，口唇焦裂，甚则痉厥动风，气败津竭而殆"。

c. 小儿温病的特点与治疗。师承清朝宫廷御医李春沂和张贵廷的儿科名医金厚如，总结其辨治温病的独到经验，提出了小儿温病具有易感多发和传变快的特点。而治疗上宜扶正祛邪，金厚如认为："在选方用药时无论选用经方或时方总应以保护胃气、固护阴津为要旨，不应大剂寒凉，更不应重剂温补。"

③伤寒温病融合学说

自明清以来，随着温病学派的创立，温病治疗日趋完善，形成了外感病证的一大法门。然而伤寒、温病同属外感六淫疾患，其传变途径和某些病理机制等必然存在着一定的共同之处。故历代不少医家认为，伤寒之法可用于温病，温病治法能补伤寒之不足。燕京师承派医家结合各自的临证经验，勤求古贤之训，博采众家之说，形成了伤寒温病融合学说的独特学术特点。

a. 沈仲圭伤寒温病一体论。沈仲圭认为："温病学说，导源于《黄帝内经》《伤寒论》，经历代医家尤其是清代叶天士、薛生白、吴鞠通、王孟英诸家的大力发展，温病学说自成体系，蔚为大观。由于伤寒家运用《伤寒论》的方法，治疗某些热病，亦有疗效，因此，对温病学说仍持异议"。他认为："伤寒、温病，本是一体，不应另立门户"，产生了著名的伤寒温病一体论思想。

b. 冉雪峰伤寒温病融汇论。冉雪峰认为："矫枉过正反生隔阂"，力主伤寒、温病"整个会通"。所以冉雪峰在诊治症状复杂、病情严重的外感证时，常常将二者融会贯通，既遵温病大法，又渗伤寒原理，机圆法活，每每使患者脱险而愈。

c. 时逸人时令病学说。时逸人突破历代医家已有的成见，将伤寒与温病中非传染性病证进行了整合，提出了"时令病学"的新命题。

时逸人采取比较研究的方法，对伤寒与温病的异同进行了分析。他认为："伤寒与温病原属同一性质之病症，惟有单属风寒感冒，及兼有伏热之不同，无门户之争执，此其一。初、中期之病情传变，不出三阳经范围，末期间有三阴经之症状，伤寒温病，莫不如是，此其二。温病系属感冒性病症兼有伏热者，如发现肺系病状，则为肺系温病，发现胃系病状，则为胃系温病，再经过上言之，初期多发现肺系病状，失治或误治，方始发现胃系病状，是肺、胃之争，在病机上仅属先后之分，此其三。古医皆以伤寒为新感，温病多伏邪，或疑温病有伏邪，又有新感；余则以为新感、伏邪二项，为四时六气所同具，正不必以伤寒温病限之，此其四。"

时逸人根据病邪性质进行重新分类、归纳比较，提升出时令病学说，实为近代伤寒学与温病学研究的创新性成果。

（3）发微运气学说

任应秋在精研《黄帝内经·素问》七篇大论的基础上，旁参宋朝刘温舒所著《黄帝内经·素问·入式运气论奥》和明朝张介宾之《类经图翼》，结合己见，阐发"大论"旨意，著《运气学说》一书，首次提出了中医运气学说。

a. 界定运气学说的概念。任应秋将运气学说的概念表述为："运气学说，是中医学在古代探讨气象运动规律的一门科学。五运，是探讨一年五个季节（春、夏、秋、冬、长夏）变化的运动规律。六气，是从我国的气候区划、气候特征来研究气旋活动的规律问题"。

b. 揭示运气学说的理论基础。任应秋认为运气学说，基本是以阴阳五行学说为基础的，甚至可以说是以五行生克制化的思想为基础

的。

c. 提升大系统思想。任应秋认为:"运气学说立足于全局,把涉及生态系统的广大复杂多变量的诸因,根据整体观、动态观和互相联系的观点,结合六气发病的因果关系,都作为一个大系统来统筹考虑。又根据比较的原则,分为木、火、土、金、水五个子系统和六种致病情况,通过'五六相合'的谐调原则,抽象推演,由博返约,把六气直接伤人和六气相兼致病,导致人体脏腑经脉病变的情况,包括内科、外科、妇科、眼科、口腔和耳鼻咽喉等各科四百多个病证的关系综合起来,概括出六气致病的模型,最后定出病机和治则,把系统的最优化落实到疾病的诊治上"。

近现代燕京中医学术流派是时代的产物,也是都城特有政治、经济、文化和科技古今东西交相融合的学术复合体,与激荡、奔腾的百年燕京历史一样,使沉寂的中医学术呈现出波澜壮阔的景象,在中医学术发展处于承前启后、继往开来的关键时期,成为中医学术向前发展的象征。

三 北平国医学院、华北国医学院,
创新现代师承教育

1912 年 11 月 22 日,北洋政府颁布《中华民国教育新法令》第 25 号令《医学专门学校规程》,具体学科设基础医学以下并设临床各科及实习科目共 48 门,《中华民国教育新法令》第 26 号令《药学专门规程》学科共计有德语等 31 门,两令医、药各课程均将中医中药完全排斥在医学教育系统之外。

1913 年 10 月,北京开业中医派以易炳如、全诚斋等为代表向北洋政府教育部申请准予北京中医学会注册,教育总长汪大燮等以"吾国医无科学概要根据"为由,决定废止中医开业和废除中草药,不予准许，北京中医药界对北洋政府的废止中医药政策举行了抗议活动，并迅速将教育部漏列中医事件传布到全国其他地区中医药界同道，使这次活动变成了全国性的运动，1913 年 11 月 23 日全国 19 省市的中医药请愿代表到京。经过北京及全国代表的请愿抗议活动，1914 年 1 月 8 日，北洋政府在北京及各地中医药界抗议活动的压力下，函复"医药救亡请愿团"的请愿书，基本答应了全国"医药代表请愿团"的要求，1925 年 10 月全国教育联合会在长沙决议：将中医划入学校系统。这些事实表明，北京和全国中医药界的请愿和抗议获得了阶段性的胜利。

（一）南京政府时期北京中医药界反对"废止国医"的斗争

1923 年 2 月 23 ~ 26 日南京政府卫生部第一届中央卫生委员会会议上，余岩提出《废止国医以扫除医事卫生之障碍案》，1923 年 3 月 2 日，余岩主编的《社会医报》刊出中央卫生委员会特刊，正式公布"废止中医案"，1929 年经国民党政府通过。北京及全国中医药界发出了极为强烈的抗议。北京中医代表组织了"华北请愿团"，以施今墨、孔伯华、左季云、赵树屏、张菊人等为主要请愿代表，1929 年 3 月 9 日，施今墨、孔伯华率领的华北请愿团带着北京中医界人士奔赴南京，在全国中医界的请愿抗议下，南京政府不得不在强大的舆论压力下让步，将"废止中医案"搁置起来。

（二）1920年杨浩如成立第一家北京私立中医院

1920 年，任外城官医院医长的杨浩如针对"官医院服务对象是富民阶层，广大劳苦大众得不到医疗服务"的情况，创办了北京地区的第一家私立中医院，又名"养浩庐中医院"，主要服务于贫民，设住院床四十余张，工作人员三十余人，是民国最具规模的中医医院。杨浩如任院长，张菊人任副院长，王乐亭任针灸大夫，李云亭任外科大夫。医院还设专门煎药室，供患者使用。开诊后除正常门诊外，每天发放平民号，不收诊费，很受贫苦市民拥护。医院以医治癫狂病见长，中西医结合诊疗疾病，注重药物的配伍与提炼。养浩庐中医院是民国时期北京地区最大的中医医院，开办历时二十多年之久，在北京地区产生了较大的影响。

（三）萧龙友、孔伯华、施今墨创办北平国医学院

1930 年，以萧龙友、孔伯华、施今墨为首的北京地区享有崇高声望的老中医联合京都中医界名流共同倡议设立"国医学院"，最初命名为"北平医药学校"，创办的学校设址在宣武门外永光寺中街西单辘轳把胡同，后迁至红庙胡同，最后搬至丰盛胡同阜成门内巡捕厅 14 号。1931 年南京中央国医馆成立，焦易堂任馆长，来北平视察后建议改名为"北平国医学院"，此后即改名为"北平国医学院"。至此，中华民国时期北平地区的第一个中医高等学校宣告创办成功。学院在中央国医馆备案，萧龙友任董事长，董事有杨浩如、张菊人、金书田、左季云、汪逢春、韩一斋、刘松云（一峰）等。公推孔伯华为院长。后来萧龙友任院长，孔伯华、施今墨任副院长。

该学院实行多层次办学，因人施教，招收的学生分研究班、医科班、预科班 3 种班次。学制 4 年，学员毕业后跟师学习 1 年。1934 年是北平国医学院的鼎盛时期，新生入学达 130 人，学院另租辘轳把胡同某房开办了北平国医学院第一分院，1935 年为了扩大中医药的影响，该学院联合天津医药界增设天津分院为第二分院。学院建立了完备的教学制度，多层次办学、因人施教，聘请一大批知名中医人士任教，课程设置突出中医特色，并有少量的西医课及专题讲座，学院历时 15 年，共计招生 13 班（届），毕业 11 班，学员来自北京、天津、上海以及河北、察哈尔、山东等地，计 700 余人，培养了大批高级中医人才。1944 年因日伪政府的干预学院停办。

由于学院是首创，缺乏成熟的经验，但是其办学、入学、讲课、考试等教学程序，都按正规化大学要求。首先，必须是高中毕业或同等学力，经考试合格后方能入学。学制为四年，毕业后跟师实习一年。每天上午四节课、下午三节课，一节自习，每星期六下午由名中医讲授临床经验。每学期有期中、期末两次考试，均记入成绩册，并公布评分结果。毕业时每科通考，及格后发给毕业证书。每年的前三名学员可以部分减免学费，以资鼓励。

为了保证教学质量，学院聘请当时在京名医耆宿为师。课程设置比较完善而且突出中医特色。先后曾在该校任教者有：赵树屏讲授《中国医学史》；孔仲华讲授古文课；周福堂、韩纪元、李卓如、任广毅讲授《伤寒论》《难经》；任广毅、宗馨吾、潘蔼阳、左季云曾讲授《金匮要略》；曹养舟、殷佩之、韩一斋曾讲授《内经》；金书田系清皇族后裔，不但通晓《内经》《难经》，更擅长温病，曾讲授《中医诊断学》，南派名家张菊人、刘润甫也曾讲授《温病学》；孟仲三曾讲授过中药学、法医学。临床科的教师有儿科名家瞿文楼，妇科姚季英，针灸科焦永云、马龙骧等名医，均曾在校任课。

从历史文献记载看，课目还有西医的解剖学、细菌学、内科学、日语、书法课等，据早年学员们回忆："当时有解剖学和内科学，但不是主科，以学中医为主。"此外还开设过名医专题讲座，如马龙骧主讲中风，类中风；姚英广主讲中医杂病治疗经验等，都比较受欢迎。

1. 注重中医传统的教学体系

学院的课程设置、教学内容，特别是孔伯华、萧龙友两位大家的教育思想，从总体上突出中医学术体系和注意传统的教学思想。所使用的教材都是根据中医经典著作，由各位教师编写，校方铅印，发给学员，其他参考资料《千金方》《本草备要》《医宗金鉴》等由学员自购。从收集到的教材分析，其中以孟仲三编写的《药物学讲义》

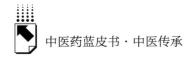

为代表，全书约 16 万字，分总论、分论。

总论阐明药能治病之原理、辨药先须辨性、药之入气分与入血分，以及药之气味色和其部位的关系。对每味药的论述也较详细，如甘草，先述其在《神农本草经》中分类为上品、别名山草；继述其产地、气味、主治，并选录各家对甘草的论述摘要称"学说"，再列宜忌、炮制、用量及处方举例，最后列甘草梢、甘草头分别叙述，约计 2500 字。侧重于实用性与理论性的结合，在讲课时还出示实物标本。除了讲述中医基础理论外，对于临床教学更为重视，萧龙友、孔伯华均亲自带学生实习。萧龙友曾言："非学校医院并设，使学习与临床互有经验不易取得良好效用。"由于当时曾招收少量外地学员，可以住校，实习时孔伯华待学员如亲人，对待诊者到时留饭，体现了"师徒如父子"的亲密关系，具有浓郁的传统师承教学的色彩。

2. 多层次办学、因人施教

由于当时社会需要，学院采取多层次招生方式因人施教。共分为三种班次，即研究班、医科班、预科班。研究班又称速成班，招生对象为曾学过中医（或自学），对中医理论知识有一定的基础，年龄偏大，学制为二年；医科班（相当于现在的医疗系本科班），学员文化水平较高，年龄较轻，学制四年；预科班即专修班，学制也是四年，但其文化水平偏低，未达到医科班要求。上课时间同级混班上课，但对各种班次要求不同，特别是在考试命题上难易有别。全校共招收过 13 个班。根据收集到的 1937 年《同学录》所载学员名单，共计有 748 名学员。年龄分布在 15～39 岁。有详细分班记载者 320 名，其中研究班 155 人，医科班 132 人，专修班 42 人。

3. 重视医德、善于启发教育

萧龙友、孔伯华均为京都名医，医德高尚，深受同道与患者爱戴。萧龙友诊病心正意诚，以治病救人为己任，为人正直，不图私利，谦虚耿直，尊重同道，为学院师生称道。

总之，北平国医学院是京都首创的中医高等学府，从学制、教师、课程、管理等方面，称得上是一所民办的正规化中医高等教育机构，在中医高等教育史上占有重要的地位。该学院的开办打破了中华民国时期北平没有高等中医学府的局面，在全国产生了较大的影响。学院历时 15 年，培养出了一大批优秀中医药人才，积累了丰富的中医药教学经验和管理经验，为中医药的发展做出了应有的贡献。北平国医学院的开办在北平是一种创举，虽然以前北平地区有私立中医药学校，但难与北平国医学院相提并论。学院早期的许多学生成为后来华北国医学院及共和国成立后开办的中医药学校的骨干。而今健在的北平国医学院学生已进入北京乃至全国最有名望的中医耆老之列。

（四）施今墨创建华北国医学院

施今墨因办学方针与萧龙友、孔伯华有分歧，故辞却副院长职务，于 1932 年选北京宣外盆儿胡同岳云别墅为院址开办了华北国医学院。从此京都有两所高级中医学府，并驾齐驱造就中医药人才。1933 年华北国医学院迁至宣武门内大麻线胡同 8 号，同年秋天成立附属诊所，1940 年迁至宣武门外西砖胡同 36 号；学院学制 4 年，主张要用现代科学方法整理中医理论，培植中医人才；提倡中西医结合、中医标准化、规范化；重视中医经典，主张采各家学说之长，重视德育，提倡德、智、体全面发展；聘请一大批知名的中医药人士任教。

华北国医学院主要成就是：编撰了大量实用的中医教材，创立了较完备的规章制度和教学模式，提供了宝贵的中医教学经验。学院入学人数约 636 人，因为战乱、饥荒等各种因素，毕业人数约 347 人，加上新中国成立后的一年（1950），总计历时 18 年，招生 20 班，为北京地区培养了一大批中医高级人才。

B.4

"燕京学派"中医传承

摘　要：　北京地区孕育产生了燕京学派，涌现了一批著名医家。本文通过当代著名医家王鸿士先生的成长历程，也展现了近代医家的成长经历和精研中医经典著作、勤于临床实践治学特点，也对当前中医教育的进行了探索和思考。也介绍了 1962 年"五老上书"，即秦伯未等五位老先生针对高等中医药教育初期出现的西化偏差，写下包括培养目标、教学方法、课程设置、基本功训练等内容在内的《对修订中医学院教学计划的几点意见》。本文回顾这一事件，并附《对修订中医学院教学计划的几点意见》全文，期望对当前中医药高等教育仍有所借鉴。

关键词：　北京中医药　传承　王鸿士　五老上书

一 燕京学派治学特点

综观历史上的名医，其成名除了自身天资聪颖外，大多还靠勤奋努力及名师指点；燕京名医也不例外，虽然他们有不同的学术思想，但是他们却有相近的治学特点：一是淹博古今，研习经典；二是博采众长，严谨自守；三是维护中医，重视传承；四是高尚的医德。燕京名老中医治学精神，值得青年中医学习发扬。

1. 淹博古今，研习经典

燕京医家均有较高的文化素养，不仅淹博古今，而且研习中医经典。他们与后来的各阶段人才相比，最突出的就是中医理念坚定、中医功底深厚、中医临床经验丰富，即真正地保持了中医特色。他们的医术受到社会高度赞扬，获得人民群众的高度信任。

汪逢春出身吴门望族。博学多才，善书能文，勤学苦读，毅力过人。他平时严于律己，应诊之余，勤于读书，虽忙不乱。汪老主要讲授《金匮要略》《温病条辨》及《医案分析》等。他最佩服清朝徐灵胎，认为其文笔犀利，脉案清爽，可师可法。其弟子赵绍琴言其师汪逢春："精究医学，焚膏继晷，三更不辍，洎卒业，复博览群籍，虚怀深求，壮岁游京，述职法曹。"

袁鹤俦其父为前清昌平学正，1885～1893年袁鹤俦随父居于昌平学正官署，习读经史诗文。袁鹤俦因家境贫寒，以书为师，一边在富家学馆任教，一边自学中医。初学之时，将父母生前服用之药方带在身边，四处询求。后听说父母所患热病属伤寒之类，即奔走索寻有关伤寒之医书。每借到一部医书，攻读尚嫌不足，还用蝇头小楷抄录于粗绵纸上。袁先生治学，法度严谨。对后学循循善诱，诲人不倦；对自己严格要求，身体力行。他常说：初学入门，可以选读诸如陈修园的《伤寒论浅注》《金匮浅注》《医学从众录》《医学实在易》，吴鞠通的《温病条辨》及《濒湖脉学》《本草备要》等书，如此在医理上虽未深通，而在临床应用上，苟能灵活运用，亦颇小道可观。然欲达到精通医理，则相去尚远。仍须溯本求源，从根本做起。要认真研讨《内经》《难经》《脉经》等经典。此后，宜进一步学习《伤寒论》《金匮要略》《千金方》《外台》《本草经》《本草纲目》等，参以金元四大家及各种医籍。这样才能较全面、系统地掌握中医理论。此须假以时日，方能得其精髓，明其灵活变通之妙。以上表明燕京医家在自己研读经典的基础之上，对后学也循循善诱，诲人不倦。袁鹤侪先生就指出了学习中医应该研习的中医经典之作。

魏龙骧其父为一介寒儒，他7岁从父学习经史子集，打下扎实的传统文化根基。后曾入补习学校读书。在其前15年从医生涯中，他潜心研读经典专著，博览历代名家医论，特别对张仲景的《伤寒论》研读颇深。他不尚空谈重实践，终日致力临床诊病，不知救治了多少危重病人。

赵绍琴自幼熟读《内经》《难经》《伤寒论》《金匮要略》《温病条辨》《温热经纬》等经典著作。对叶天士之学颇有心得，在学习的同时，对前人所讲有自己的见解。例如，在温病治疗上，赵绍琴善于运用叶天士"透热转气"法救治高热不退、昏迷等危重病证。他把透热转气法广泛地应用于温病卫、气、营、血各个阶段的治疗，以透邪外出为指导原则，取得了很好的治疗效果，大大地发展了叶天士的温病辨治理论。

2. 博采众长，严谨自守

燕京医家多数并非拘于一家之学，而是博采众长。有家传、有师承、有医学院校的系统学习。他们多反对门户之分，并重视中西医结合。

汪逢春在学术方面反对门户之分，他强调学医就要博览群书，博采众家之长。他说："医者以治病救人为目的，惟有恪遵仲景之言，勤求古训，博采众方，以充实自身，始能济世活人。"他认为中医是以中国古代的哲学思想为依存的，西医是建立在现代科学基础上的，虽然两者发展的基础不同，但是目的都是治病救人，他提出要用西医之长来补中医之短，这样才能促进医学发展。平时应诊，凡遇疑难之证，汪逢春也邀著名西医刘士豪、方石珊、汪国桢一起讨论研究。汪逢春很能接受新事物，平时妇科会诊常请林巧稚、田凤鸾，皮肤科会诊请赵炳南，外科会诊请哈锐川共同交流诊断经验，尝谓医者如囿于一家之言，则孤陋寡闻矣，学问以互相切磋为要义。他常教育学生既要明医理，又要明药理。

赵心波父亲是中医，1915年曾在安定门余庆堂药店学徒，继拜北京儿科名医王旭初为师，师从针灸名医刘睿瞻学习针灸，后又入京兆医学讲习所。赵心波身为中医，尊重西医，主张中西医结合，取长补短。他赞同中医辨证与西医辨病相结合的形式。这样，在辨病的基础上进行辨证论治，不仅着眼于消除症状，还要从根本上把病治好。他认为任何疾病的发生发展都有一个主要矛盾，都有其发生、发展、演变的规律。

魏龙骧主张中西医结合，不但虚心汲取西医之长，而且应用现代科学方法检查治疗疾病，以提高对疾病的认识，以补中医之不足；同时也发挥中医辨证论治的优势，以补西医之短。他主张辨证辨病相结合，辨证必须识病，识病当要辨证。临床诊治，多以中西医互参，病证结合。每诊一病，魏龙骧首先借助于现代医学的诊察手段，明确诊断结果，同时运用中医学理论，遣方用药，既不以某些实验室指标作为辨证依据，又不单靠三指诊脉决断，对不同疾病，运用不同的诊治方法，予以合理的治疗。

赵绍琴学医师从多家、尽得真传。赵绍琴出身于三代御医之家，其曾祖父、祖父和父亲均在清太医院供职做御医。其父赵文魁公曾任清末太医院院使（正院长），领衔头品花翎顶戴，中华民国初年出任北京中医学社名誉社长。赵绍琴自幼熟读医学典籍，得家学传授，后又拜师于太医院御医韩一斋、瞿文楼和号称北京四大名医之一的汪逢春，于1934年继承父业悬壶北京。在此期间，赵绍琴一边应诊，一边跟随三位先生临床学习，尽得三家名医之真传。其治学态度严谨，集各家之所长，医术精湛。在学习中赵绍琴总结了勤于读书、不断实践的真言。

3. 维护中医，重视传承

燕京名医多数身处"废止中医"之说的时代，他们为中医代言，用实际行动捍卫中医，他们把中医事业的振兴看作自己的生命，为此一直在做着不懈的努力，并在中医教育传承上贡献了力量。

汪逢春毕生热心公益事业，尤其注重培养人才，提倡在职教育。1938年国医职业公会成立，汪逢春被选为公会会长，同时筹备《北京医药月刊》，于1939年1月创刊，先生亲自主持笔政，并为该刊撰文，以示号召倡导。1942年汪逢春曾创办国药会馆讲习班于北京天安门内侧朝房，为中医药界培养人才，虽属短期培训性质，但邀集的同道多数是有真才实学的前辈，如瞿文楼、杨叔澄、赵树屏等都是主讲教师，近代名医郭士魁、王鸿士等就是当时的学员。汪逢春还严格要求学生，有的虽已考取行医执照，仍不许其挂牌开业，需要再观察一段时间，并嘱其小心从事，遇有疑难多向别人请教，千万不可粗心大意。汪逢春定期指导学生，讨论病例，不分中西。在西河沿行医时，每逢月之初一、十五则停诊，大家共同讨论病例。定期举行同砚小集，地址在椿树三条荀慧生宅。每周一、三、五讲课，听讲者达二十余人。汪逢春指导学生到西鹤年堂看标本、实习制药过程；到窑台去看锯鹿茸、天坛复泰参茸庄去看制茸。他常说，自古医药不分，医生必明药物制法，这样才能心中有数。什么叫酒炒当归、吴萸制黄连，前胡为何用麻黄水炙等，明乎此，临证时才能得心应手。

袁鹤侪在培育中医人才、开展中医教育方面，付出了很多的心血。早年他在清朝太医院医学馆担任教习，辛亥革命后，任中医学社社长，1933 年任华北国医学院教授。新中国成立后，他以古稀高龄，投身新中国的中医教育事业，应聘担任北京市中医进修学校教授。多年来，袁鹤侪致力于伤寒、温病的教学工作，还曾多次为西医专家讲授中医理论、做学术报告，受到称赞。及至晚年，在中医建设和中西医结合问题上，袁鹤侪发表了至今看来仍有参考价值的意见。他主张中医建设首先抓好三个环节：一是整编古典医籍，二是搜集中医人才，三是筹办高等中医院校及医院。对中西医结合则应分两步展开：于医术上，可谋速成结合；在学术上，则从根本理论上做起，乃是长期艰巨的工作。前者可收速效，后者可达融会贯通。二者结合，方可奏效。这些建议当时均被政府采纳并贯彻实施。

赵心波非常注意培养中医儿科人才，先后指导学生数十名，其弟子已遍及全国各地，在中医儿科学领域占有一席之地。其哲嗣赵璞珊，为医史学家；弟子在科研医疗方面有较为突出的贡献。其弟子李连达，作为中国工程院院士首次建立中国中药药效学评价标准及技术规范，得到学术界及官方认可，并在全国推广应用；揭示"血瘀证"科学内涵，阐明"活血化瘀"治疗的基本规律与作用机理；首创"中药与自体骨髓干细胞经心导管移植治疗冠心病"新疗法，解决了供体困难、排异反应、开胸手术风险、费用高昂及伦理道德等难题。他为继承发扬中医药学、促进中西医结合、推进中医药学现代化及中医事业的发展做出了积极的贡献。

4. 经验丰富，医德高尚

燕京名医临证经验丰富都具有高尚的医德，这是有口皆碑的，高尚的医德也正是他们备受尊敬的原因之一。

汪逢春非常注重医德，对于同道从不贬低、攻击。尝遇病人经前医治疗不效者，也积极想方设法扭转病势；一旦无望，也不发怨言，从不找借口推卸责任。他常说，如怨天尤人，自我吹嘘，等于自我报复，结果必将一败涂地。他从来不宣传自己，即使《泊庐医案》之刊行，其也是"务求其实用，毋事虚饰"。汪逢春将"普通门诊所录方案之有效者，略分为内、妇、儿三科，简单分类，以便仿阅"；"意在存真，非为立言著说"（见《泊庐医案》序）。他还每日黎明即起，亲笔书写前一日所诊疑难病证，数十年如一日。他从不登广告，曾有一学生发布汪逢春去某地出诊的广告，他知道后非常恼火，对该生严加申斥，并告之以后绝不可如此，他说"医家之技术如何，病家自有公论，何用自我吹嘘"。汪逢春在北京前门外河沿五斗斋巷内开业行医，为使无钱就医者能够得到治疗，规定每日门诊前五名不收诊费，实在贫困者，还酌赠药资；在门诊中经常备有药品，如通关散、妙香丸等，视需要免费赠送。汪逢春淡泊名利，不尚虚荣，对当时医生以患者赠匾数多为荣，颇为反感，凡有赠送匾额者，其皆婉言谢绝，不容推却者，亦从不悬挂。他说："医者以治病救人为目的，惟有恪遵仲景之言，勤求古训，博采众方，以充实自身，始能济世活人。联匾等踵事增华之物，不过一宣传品耳，于学问何补哉。"故在京行医40年，西河沿191号门前，虽患者车马盈门，而门旁仅有一小木牌。

袁鹤侪先生辛亥革命后悬壶京门。不图名利，不事逢迎，不投机钻营，以"医技精良，品端术正"而享誉一时。其间，先生曾任京都内城官医院内科医长，每日求诊者盈门。但先生并不自恃骄矜，依然虚怀若谷，精益求精。对许多疑难大症，袁鹤侪积累了丰富的经验。袁鹤侪一生清贫简朴，虽历经坎坷，仍以济世活人为宗旨，不为恶势力所屈服。民国期间抗争"废止中医案"时，他毅然联名请愿，振臂高呼，奋力抗争。抗日战争期间，他隐居寓所，不愿为日寇诊病，多次引来当局的刁难。每当无米就炊之时，其即静坐吟诵古人诗词歌赋，用来振奋精神，抒发爱国情怀。

赵心波临证近六十年，对儿科癫、狂、惊风、痿症等均有独到见解，20世纪30年代便享誉京城。擅治小儿麻疹合并肺炎、病毒性脑炎、痢疾、猩红热、白喉、癫痫等病，疗效颇佳。此外，他对脑炎、小儿麻痹、脑病后遗症、大脑发育不全等疑难病的治疗，也取得了不同程度的效果，尽心为病者解除病痛。

魏龙骧不尚空谈重实践，终日致力临床诊病，不知救治了多少危重病人。魏龙骧对患者无论达官贵人，还是普通百姓均一视同仁，对贫病交迫的劳动人民尤为关切，施诊送药，视为亲人。因此，每天清晨，他先给贫困百姓免费施诊10名，而对达官贵人则有病治病，从不奔走豪门，阿谀奉承。因此，他的高超医术为同道和病人所称颂，医德风范更为时人所景仰，被群众称为京城"四小名医"之一。

赵绍琴先生医德高尚，心存仁慈，以普救生灵为己任，时刻把病人的疾苦放在心上。先生常常教诲弟子：病人是我们的衣食父母，作为医生应以真情相待。凡有病痛前来求治者，先生不问贵贱贫富，一视同仁，精心调治。每逢先生应诊，慕名而来的患者蜂拥而至，候诊费时颇多。遇有急、危、重病患者，或老、弱、残、幼者，先生必定关照他们提前就诊；时有腿脚不便、高龄老人，或病重不能上楼者，先生必亲自下楼为其诊脉；遇有重病患者乘坐出租车前来，或适逢雨雪天气，先生唯恐患者受累而致病情加重，总是让病人在车中静候，自己则顶风冒雨到车中为其诊治。其传承人彭建中先生言："先生用自己的一举一动彰显了一位苍生大医的风范。"

二 "燕京学派"五位名老中医学术经验传承体系研究

对上述燕京名医生平与传承脉络进行系统梳理，我们得到如下启示。

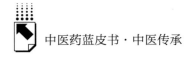

（1）深厚的国学积淀

汪逢春出身于一个世代以读书为业的家庭，自幼随诸兄长一起学习"举子业"，光绪末年自苏州进京参加科举考试，恰逢科举废止，偶遇精通中西医的御医力钧而尽得其传。魏龙骧其父为一介寒儒，他7岁从父学习经史子集，打下深厚传统文化根基。袁鹤侪其父为前清昌平学正，1885～1893年袁鹤侪随父居于昌平学正官署，习读经史诗文。

（2）燕京医家从学多样化

燕京医家中有家传，有拜师且有的名医师从多家，有院校教育，亦有以上的结合者，如拜师与学院派的结合、家传与拜师结合。赵绍琴出身三代御医世家，自幼熟读医学典籍，得家学传授，后又拜师于太医院御医韩一斋、瞿文楼和北京四大名医之一汪逢春，跟随三先生临床学习多年，尽得三家名医之真传。拜师学医的有汪逢春、魏龙骧。接受学院教育的同时均拜名医为师的有袁鹤侪、赵心波。

（3）对中医的热忱之心

诸位燕京医家，正是有对中医的热忱之心，所以悬壶济世，钻研医学，造诣极深；又正是有对中医的热忱之心，所以在当局欲废止中医时，他们为中医极力呐喊奔波；又正是有对中医的热忱之心，所以他们除了悬壶济世、治病救人之外，还传道授业，为中医继承做出了自己的贡献。

（4）弟子对其师学术传承与发展

一些燕京医家的传人已经成为相应领域的学科带头人，从而推动了中医在相应领域的传承与发展。他们中的一些人已经成为中医领域的佼佼者。

例如，很多传人凭借治疗某类疾病的显著疗效而声名鹊起，他们在继承老师的诊疗经验基础上，与临床实践相结合，将其创新发展为独具特色的学术思想。比如阎孝诚，早年拜北京儿科名医赵心波为师。多年致力于研究中医脑病学，尤其擅长治疗癫痫病，先后著有《赵心波神经系统疾病验案选》《小儿癫痫证治》《实用中医脑病学》等多部专著；杨连柱，1986年从师于全国著名中医温病学专家、三代御医之后赵绍琴教授，对肾病的治疗，突破了传统的"肾无实症"与"以补虚为主"的观点。总结出以清热化湿、凉血化瘀为基本大法的中药辨证施治，以忌食蛋白为主的饮食调控和以徒步行走为主的运动锻炼的一整套独特的综合治疗方法，并具有用药轻、花钱少、疗效好、易于接受之特点。

亦有专于整理其师学术思想以供后人学习者，如彭建中教授作为赵绍琴名家研究室的负责人，编著《赵绍琴临证验案精选》《慢性肾病新论》《赵绍琴教授辨治慢性肾病心法述要》《运用师传经验辨治慢性肾病的临床体会》等著作。

亦有在传承基础上有个人特色，结合实践，勇于创新的传承者。比如李连达院士，拜著名中医儿科专家赵心波为师，从师学艺的过程中，西医出身的李连达渐渐对祖国医学有了深刻的理解，他体会到中医的优越性，也认识到中西医结合的必要性。他从事医疗工作47年，是首位建立中国中药药效学评价标准及技术规范的人，得到学术界及官方认可，并在全国推广应用；揭示"血瘀证"科学内涵，阐明"活血化瘀"治疗的基本规律与作用机理；首创"中药与自体骨髓干细胞经心导管移植治疗冠心病"新疗法，解决了供体困难、排异反应、开胸手术风险、费用高昂及伦理道德等难题。他为继承发扬中医药学、促进中西医结合、推进中医药学现代化及中医事业的发展做出了积极的贡献。

三 从期刊文献看燕京学派经验传承发展

以中国中医药期刊文献数据库、中国生物医学文献数据库

（CBM）、中国期刊全文数据库（CNKI）为检索源，去重后笔者分别从发文年代、作者、期刊来源、基金资助和研究主题等方面进行文献计量分析，结果发现，1956～2012年共有389篇与燕京医家相关的文献发表于期刊上。载文最多的10种期刊集中了全部文献量的41.90%，主要作者14人，主要研究热点名医经验、临证辨治和医案。最终得出结论：对燕京学派梳理与传承体系的归纳明显不足，一些燕京医家经验后继乏人，对燕京学派经验传承相关方面研究的基金项目支持力度有待加强。

"燕京学派"名老中医学术经验传承能够显现北京地区乃至全国中医学术发展规律和特色，具有重要的里程碑意义。通过对近年来国内期刊发表的有关北京名老中医传承文献进行计量分析，分析有关京城名老中医传承相关文献的年代、作者、区域及主题词等分布特征，探讨燕京学派经验传承的研究现状，为临床及科研工作者进一步研究提供参考。

（一）资料与方法

1. 文献检索

笔者以中国中医药期刊文献数据库、中国生物医学文献数据库（CBM）、中国期刊全文数据库（CNKI）为检索源，以"魏龙骧、袁鹤侪、汪逢春、赵绍琴、赵心波、北京名医、京城名医、燕京学派"为标题、主题词、关键词检索入口，不设检索年限，检索时间为2012年12月。

2. 文献纳入与排除标准

本研究主要纳入以名医魏龙骧、袁鹤侪、汪逢春、赵绍琴、赵心波为代表的与燕京学派名医继承相关，发表在我国国内期刊的相关文献，包括综述、理论、临床报道。检索结果进行合并后，排除标题重复的文章，下载检索文献全文，人工判别排除筛选非相关文献。

3. 数据统计与分析

基于检索结果，提取文献的题名、发表年代、作者、机构、期刊名称及主题词等内容，录入 Excel 软件，并进行相关统计分析。

（二）结果与分析

共检索到 633 篇文献，排除重复性文献，人工排除筛选非相关文献，共纳入文献 389 篇。

1. 年度发表量

1956 年第 10 期《中医杂志》首次发表了北京医院内科曾昭耆《胆石症——通过中医治疗排出结石之一例》一文，记载袁鹤侪老先生在院工作期间辨证治疗胆石症一例的全过程。此后，文献量逐年上升，2006 年发文量最高，达 26 篇；2008 年次之，发文量 22 篇；1998 年和 1999 年发文量为 18 篇。文献量呈显著增加趋势（见图 1）。

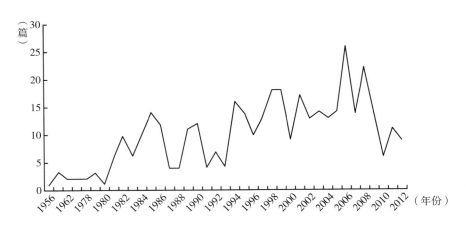

图 1　年度论文发表量

2. 基金资助情况

纳入的 389 篇文章中有 52 篇文章由基金资助，资助比例占总发文量的 13.37%。看基金分布，主要来源于省部级或省部级以下的基金项目资助，无国家级资助项目，资助项目从 2002 年开始。资助基金名称及发表论文篇数见表 1。

表 1　1956～2012 年发表文献基金资助情况

序号	基金资助名称	发表数量
1	北京市中医管理局"20 世纪北京中医发展史研究"（课题编号：02 - 03JP07）	22
2	北京市中医药"薪火传承 3 + 3 工程"赵炳南名家研究室（2007 - SZ - A - 15）	5
3	北京市"十一五"中医药 51510 科技工程项目（JJX - 2006 - 8）	5
4	北京中医药大学自主选题项目"汪逢春学术思想及临床经验研究"（项目编号：2009JYBZZ - JS012）	5
5	首都医科大学校长基金资助项目（NO：JG070515）	2
6	北京中医药"薪火传承 3 + 3 工程"王鸿士名医研究室［项目编号：京中科字（2007）96］	2
7	北京市中医管理局"科技推进北京名老中医学术思想传承和文化传播主题计划"资助项目（JJ - 2006 - 12）	1
8	北京市中医管理局 51510 工程"科技推进北京名老中医学术思想传承和文化传播主题计划"资助项目（JJ - 2006 - 63）	1
9	北京市中医管理局北京中医药薪火传承"3 + 3"工程资助项目（2007 - SZ - A - 10）	1
10	北京市中医管理局课题（项目编号：JJ2003 - 21）	1
11	北京市中医药科技发展基金项目（20031010）	1
12	北京市中医药科技项目（JJ2006 - 50）	1
13	北京中医药管理局课题	1
14	首都医科大学校级自然科学基金资助项目（2004ZR16）	1
15	首都医科大学哲学社会科学科研基金"近现代京城名医史料的收集整理"（项目编号：2010SK01）	1
16	中国中医科学院基本科研业务费自主选题项目"历代名医传记资料调研与编纂"（Z02010 - 21）	1
17	中央保健专项资金科研课题（2010 - 022）	1

3. 作者分析

389 篇燕京名老中医相关研究的论文中，标明具体作者的共有 377 篇，涉及作者 355 名，其余文献因年代久远或集体合著未标注具体作者姓名。其中，发文量排名前 3 位的作者分别为：彭建中、赵绍琴、徐江雁；排名前 3 位的论文发表机构分别为：北京中医药大学（北京中医学院）、中国中医科学院中国医史文献研究所、中国中医科学院西苑医院。作者及发文机构见表 2、表 3。

表 2　1955～2012 年发表文献作者名及发文量（发文量≥5 篇）

单位：篇

序号	作者名	发表数量	序号	作者名	发表数量
1	彭建中	24	8	孙晓光	6
2	赵绍琴	23	9	郑建功	5
3	徐江雁	22	10	赵文远	5
4	袁立人	12	11	张仕玉	5
5	杨连柱	11	12	吴中云	5
6	赵 艳	6	13	邱模炎	5
7	谢 路	6	14	艾 军	5

表 3　1955～2012 年发表文献机构名称及发文量（发文量≥3 篇）

单位：篇

序号	机构名称	发表数量
1	北京中医药大学（北京中医学院）	57
2	中国中医科学院中国医史文献研究所	25
3	中国中医科学院西苑医院	11
4	北京医院	6
5	浙江省中医药研究院（浙江省中医研究所）	5
6	首都医科大学附属北京中医医院	5
7	广西中医学院	5
8	中国中医科学院望京医院	4
9	首都医科大学中医药学院	4
10	广州中医药大学	4

续表

序号	机构名称	发表数量
11	中国中医科学院	3
12	郑州河南中医学院	3
13	首都医科大学附属北京同仁医院	3
14	湖北省咸宁市麻塘风湿病医院	3
15	河南省平舆县人民医院	3
16	河南省南阳市中医中药研究所	3
17	北京华威大厦医务所	3

4. 文献期刊分布

389 篇文献分别发表于 130 种期刊（本文统计时，未将更名杂志合并，将其视为不同种期刊发表），其中北京中医、中医杂志、北京中医药以 43 篇、37 篇、14 篇分列前 3 位。排名前 10 位的 10 种期刊，收文量≥8 篇，共载文 163 篇，占总文献量的 41.90%。文献发表期刊主要是中医类刊物（见表 4）。

表4 1955～2012 年发表文献期刊名称

单位：篇

序号	期刊名称	发表数量	序号	期刊名称	发表数量
1	北京中医	43	9	首都医药	8
2	中医杂志	37	10	新中医	8
3	北京中医药	14	11	北京中医学院学报	7
4	浙江中医杂志	13	12	科技潮	6
5	辽宁中医杂志	12	13	山西中医	6
6	河南中医	10	14	中国医药学报	6
7	家庭中医药	10	15	中国中医药信息杂志	6
8	国医论坛	8	16	中医药学刊	6

5. 主题词与关键词

通过观察高频主题词和关键词，笔者发现主要涉及文献内容包括名

医诊治某疾病经验、名医个人生平事迹、名医医案、遣方用药及治则治
法特点等方面。主题词共计388个，频次分列前3位的主题词分别为：名
医经验、辨证论治、综述；关键词共计1382个，频次分列前3位的关
键词分别为：赵绍琴、京城名医、临床经验。具体情况见表5、表6。

表5　1955～2012年发表文献主题词统计

序号	主题词	频次	序号	主题词	频次
1	名医经验	14	12	辨证论治	3
2	辨证论治	13	13	升降散	3
3	综述	11	14	病例报告	3
4	中医师	9	15	补气药/治疗应用	3
5	慢性病	8	16	补阴药(剂)/治疗应用	3
6	中医师	6	17	凉血	3
7	医学家	5	18	清热药(中药)/治疗应用	3
8	北京	5	19	清热燥湿药/治疗应用	3
9	医案	4	20	升降散/治疗应用	3
10	急性病	4	21	湿热/中医药疗法	3
11	医学家	4	22	温病/中医病机	3

表6　1955～2012年发表文献关键词统计

序号	关键词	频次	序号	关键词	频次
1	赵绍琴	78	12	升降散	14
2	京城名医	31	13	医案	14
3	临床经验	22	14	治疗	14
4	名医	21	15	中医治疗	14
5	名医经验	21	16	慢性肾病	12
6	医史	21	17	学术思想	12
7	施今墨	19	18	御医	12
8	孔伯华	16	19	中医药疗法	12
9	汪逢春	16	20	辨证论治	11
10	教授	15	21	太医院	11
11	名老中医	15	22	中医药学	11

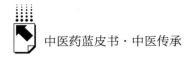

（三）讨论

1. 文献量呈上升趋势

文献量的分布特征和变化趋势显示，与燕京名老中医研究相关的文献量呈逐渐上升趋势。20世纪90年代以前此类文章发表数量相对较少，至90年代中期此类文章发表数量逐渐增多，这与随着时代发展随着期刊种类增多，从事中医医疗人员增长以及近年来相关基金的资助有一定的关联，但与中医类其他研究领域相比此类的文献增速缓慢。

2. 主要研究者与研究机构

发文量最多的作者是北京中医药大学彭建中教授，他于1990年在北京人民大会堂正式拜师燕京名医赵绍琴并成为其学术继承人，是赵绍琴名家研究室的负责人，近年来他与工作室人员发表了多篇北京名老中医治学及临床经验的论文，并整理赵绍琴教授的手稿、讲义等，出版多种相关图书。排名第二位的是燕京名医赵绍琴，他出身于三代御医之家，又拜师太医院御医韩一斋、瞿文楼和号称北京四大名医之一的汪逢春，他所发表的文章大多为总结其师的临证经验，同时也有自己在继承基础上的创新，赵绍琴后来成为燕京学派名医代表人物之一。

从发文作者及研究机构可以看到，作者群存在单一化现象，相关研究机构较为集中。作者集中于名医再传弟子或其哲嗣，发文机构集中于中国中医科学院二级单位及北京中医药大学，刊载的期刊来源以北京地区为主。燕京名医有益的学术思想在整个中医学界占有一定地位，后世学者及临床医生应予以吸纳，其影响波及区域亦不应局限于北京地区。

3. 基金资助情况分析

近些年，在中医药科研组织、人力物力及经费等方面国家有关部门都给予了充分的支持。文本检索结果显示文献资助项目从 2002 年开始，说明相关政府已经开始重视医家经验的传承发展，正在由寒散自发的研究，逐渐转变为专项课题的研究。所有纳入文献中由基金支持的有 52 篇，资助比例占总发文量的 13.37%，且均由北京市级或以下基金项目资助，并无国家级资助项目，可见相关研究的课题申报及批复均较少，国家相关部门应加强对此方面的重视。

4. 研究热点

从高频主题词和关键词分析研究热点，可以发现目前研究主要集中在以下方面：生平事迹、学术思想、临床经验、医案及其他类。虽笔者未对上述分类分布进行具体统计，但通过总体观察估算学术思想、临床经验与医案方面的研究论文占据总发文量的 80% 以上。学术思想往往与临床经验一并出现，讲述燕京名医治疗某一疾病、某一证候，运用某个方剂、运用某几味或是单味中药的经验，从经验中提炼医家学术思想。应对其临证经验和医案采取多种途径、多种形式进行重点研究和深入挖掘，可为后世诊治提供借鉴。

本文通过统计选取代表性五位医家相关研究的发文量，依次为魏龙骧 19 篇、袁鹤侪 16 篇、汪逢春 33 篇、赵绍琴 81 篇、赵心波 16 篇。统计分析发现关于上述五位医家的研究存在不平衡性，赵绍琴与汪逢春的相关研究文献较多，而另三位医家则相对较少。对医家赵绍琴研究相关的发文作者较为分散，而对医家袁鹤侪研究发表的 16 篇相关文章中，其哲嗣袁立人发表了 12 篇且发表时间均为 20 世纪 90年代以前，对医家赵心波的研究文献发表年代亦如上，可见对一些医家的继承有待加强。

（四）小结

基于对近 60 年来燕京医家相关研究的文献计量分析我们可以发现，对燕京医家的研究集中于学术思想、临床经验、医案等"点"

的研究上，缺少"面"上的研究，如对燕京学派梳理与传承体系的归纳明显不足；对点的研究亦不够深入，如医案研究，应不仅是单纯记述治疗某病的诊治过程，有待与现代科学技术的结合；关于学术思想及经验方面的研究仍处于零散的状态，未形成完整的研究体系，研究有待深入。

中医学术的发展与进步，无不凝聚着历代医学流派及著名医家的学术经验传承与创新。当代中医学者要进一步系统、深入地整理"学派"及"医家的学术思想"，在学术争鸣与学术创新中，促进中医学术的充实与进步。

三　从王鸿士名医之路看中医传承

王鸿士先生（1919～1985），是诊治肝病和临床杂病的著名中医专家，生前曾任北京市中医研究所副所长，北京中医医院内科副主任、主任医师，北京第二医学院教授，北京市卫生技术干部科研职称评定委员会委员，中华全国中医学会理事及北京市分会理事，中国红十字会北京分会理事，人民卫生出版社中医图书编辑，中医书籍整理委员会委员，光明中医函授大学顾问，《北京中医》杂志顾问等职。王老在学术上具有很高的造诣，在中医肝病、眼病、杂症的诊断治疗方面积累了丰富的经验，对当代中医理论的发展产生了深远的影响。

王老从医半个世纪，经历了新旧两个时代。在学术体系变更、中西医学思想交融的特殊环境里，他结合自身学术体会和临床实践经验，总结出了一整套辨病辨证、科学用药的体系规律，形成了自己独特的学术风格。

（一）家学启蒙与学院经历

王鸿士先生1919年出生于天津武清一个世代行医的家庭，他的祖辈七代为医，其祖父、父亲都是当地有名的老中医。家庭的氛围潜移默化地影响着年幼的王鸿士，也在他幼小的心灵里播下了扶伤济困、行医治病的种子。15 岁的王鸿士就已经随父应诊看病，侍奉左右。这段时间他在家庭的熏陶下、父亲的指导下，主攻岐黄之术，而这也为他日后的行医之路打下了坚实的基础。

1912 年，中华民国刚刚成立，当时的北洋政府在新颁布的学制和学校条例中只提及西医学校，而将中医排除在外，制造了著名的"教育系统漏列中医案"。1913 年，北洋政府的教育总长汪大燮进一步提出，要废除中医中药，并在教育部公布的教育规程中弃置中医教育。1929 年，汪精卫就任国民政府行政院院长，2 月召开中央第一次卫生委员会议。会上余云岫①抛出《废止旧医以扫除医事卫生之障碍》的提案，说"旧医一日不除，民众思想一日不变，新医事业一日不能向上，卫生行政一日不能进展"。他还提出要停止中医登记，禁止开设中医学校，禁止宣传中医等。这样的一个提案在会上居然通过，随即当局做出"取缔中医"的决定。三次政令让全国医界仁人志士感到愤慨，先后有扬州中西医学研究会创始人袁桂生、上海"神州医药总会"会长余伯陶、华北中医请愿团代表孔伯华等老中医发表言论，或组织请愿、抗议活动，坚决反对这种不符合历史事实的举动并据理力争②。

在这样的社会背景下，中医在艰难地跋涉、发展，而对于一个青年医者来说是沿着前人的足迹迎难而上，还是顺应时代大潮，放弃从医，成为王鸿士不得不面对的问题。也许是家庭教育的熏陶，也许是七代行医的家族使命的召唤，也许是对中医学的无限热爱，也许是对民族文化的坚守和执着，王鸿士毅然决然地迎难而上，选择了一条注

---

① 余岩（1879～1954），字云岫，曾任国民政府卫生部中央卫生委员会委员，是我国近代"废止中医派"的代表人物。

② 徐怀谦、李四平：京城四大名医，当代中国出版社，2007，第 11～12 页。

定艰难的行医之路。1940 年，他考入北京国医学院，开始了 4 年中医的学院教育生涯。

北京国医学院是王老一生学术事业真正开始起步的地方。他从这里开始了真正的儒医之路，他以良心、良知为立身处世的准则，以仁心、仁术为医家之本，从此开始了将近 50 年的从医之旅。

从王老日后的行医历程看，在国医学院的 4 年，他系统地学习了中医基础课程，阅读了大量的中医典籍、医案，严谨、勤奋刻苦的治学作风，使其学识渊博，具有了较高的中医理论素养和深厚的临床实践功底。同时，他也深得孔伯华先生治疗温热病和危急重证之真传，这些都为他日后成为全国知名的中医学者打下了坚实的基础。

（二）拜师之路

中国传统文化与学术，大多讲究学有所依、学有所承。也就是说，任何学问、技能都应有师承、学派。这一方面源于传统文化产生的时代土壤，另一方面也源于历代学者长期精深钻研的经验体会。中国古代传统艺术、工艺、技能传承无一不是如此。医学当然也不例外，每一位从医者都需有拜师求学的经历，而王鸿士先生的两名恩师就是大名鼎鼎的孔伯华先生和瞿文楼先生。

王鸿士先生的医学思想，很大部分来源于孔伯华先生的治病理念和精髓，虽然早年王鸿士跟从孔伯华先生学习的情况我们现在已知之甚少，但通过王老与自己学生的言谈话语我们可以了解到他对恩师孔伯华先生的敬重和传承。王老的弟子姚淑香女士就曾直截了当地指出"王老的学术思想是与孔伯华先生的思想一脉相承的"。试想在国医学院的 4 年，当是王老医学思想成长最为迅猛的一个时期，而此时恰是其与孔伯华先生接触最为密切的时候，4 年的师生情造就了王鸿士一生的追求和信仰。

1944 年，王老以优异的成绩从北京国医学院毕业，同年他又拜著名中医瞿文楼为师。瞿文楼先生出生于 1891 年，来自中医世家。他的父亲瞿子安是清宫廷御医，光绪三十年（1904）前后曾在太医院供职，为慈禧太后、光绪皇帝诊病。瞿文楼自幼受到家庭的熏陶，修习中医，有家学根底，后考入当时的太医院医学馆。在 4 年的学习中，瞿先生精修《黄帝内经》《难经》《伤寒论》《金匮要略》等经典医学著作，学习温病、大方脉、小方脉、妇人病、痘疹科、外科、针灸、推拿诸科，并于光绪三十四年（1908）以第一名的成绩从太医院毕业，并历任恩良、医士，升至八品吏目。

辛亥革命后，瞿先生在北京行医，至 20 世纪 30 年代，已成为京城名老中医，曾先后任北京国医学院、华北国医学院教授。瞿文楼先生勤于钻研，毅力过人，治学谨严，博学多才，他对中医经典名著相当熟悉，倒背如流，不仅如此，在内容探究上他也细致入微，多有所获。在日常诊病中，瞿先生强调细心、全面。瞿先生经常说："治病不辨标本，不分层次，粗论病机，草草拟方，何以言疗效，必误病杀人。"由此足见其医者之仁心。

瞿文楼先生在温病的诊疗上成果丰硕，独成一派。他认为，温病当宣畅气机，不可一派寒凉。他曾说："温虽热疾，切不可专事寒凉。虽卫、气、营、血阶段不同，方法各异，但必须引邪外透，透邪外出，气机开畅，热郁开，肺气宣，热自减。若不治邪，专事寒凉，气机闭遏，何以透热于外，又如何转气，轻则重，重则不治矣。"瞿文楼先生的治疗总是能够寻病探源，求本务实，缓急得当，最终治愈。在 20 世纪 30 年代初北京暴发瘟疫的那段时间，病人多有烂喉痧之症。当时很多医生都采取了普济消毒饮、黄连解毒汤等方治之，可病人多因过度服用寒凉药物而导致坏病。瞿文楼先生见此说道："过于寒凉，气机闭遏，三焦不利，势将内闭至厥，必先用温开通阳之药，俟三焦气机通畅，可有生机。"后有一病人高热不退，口干渴饮，便结溲少，面目青暗，气息粗促，甚至四肢不温，神志昏迷。对此患者医生们都束手无策，瞿先生则用升降散佐以通阳之药，疏解肺胃之闭郁，1剂服后青紫暗渐消解，再疏解气机，以开为务，寒则当温，郁则以开，邪自消退，病疾当愈。由此可见先生医术之高明，理论之深刻。

王鸿士拜瞿先生为师，汲取了瞿先生为人、为医、为学多方面的经验、长处与精髓。他跟随瞿先生侍诊抄方，刻苦攻读，每有不解均登门拜访，且每次瞿先生都一语道破症结，使王鸿士豁然冰释。一次，王鸿士诊治了一个患水肿病的患者，开了药可是效果不大。王鸿士前去请教瞿先生，瞿先生问了一下病人的情况，看了一下药方，回头告诉王鸿士，去自己书柜看第几排、第几本书、第几页到第几页，并告诉他看完了就知道了。果然，看完书王鸿士茅塞顿开，依此下方不久病人就好转了。瞿文楼先生深厚的中医功底由此可见一斑。王老由此感慨，中医确实深奥，不可预测。瞿先生家中满书架全是书，他深谙古医书。这不是一般的功夫，瞿先生钻研刻苦程度令后人望尘莫及。正是基于此，王鸿士深受启发和教诲，跟随老师读书实践，以老师为榜样，他经常对子女说，自己的老师就是这样告诉他如何学习的，和瞿先生相比，自己差得很远。

还有一次，王鸿士诊病，开的方子不错，可就是疗效不很理想。他把这个方子拿给瞿先生指教，瞿先生告诉他，将其中的一味药由二钱改成三钱（一钱相当于3g）就可以了。果然一钱之差效果马上出来了。通过这件事王老认识到中医的所谓辨证论治，它实际的要求是相当精确的，并不像有些人认为的那样：多一点，少一点无所谓。这种认识实际是不了解中医的科学性和严谨性，觉得中医吃不好也吃不坏，这是对中医的亵渎。

在瞿文楼老师潜移默化的影响下，王鸿士一步一步认识到中医诊病之诀窍和理念。对于中医的钻研他也是从不停歇，就是到成为全国名老中医的时候他也是如此，因为他心中永远铭记老师的谆谆教诲，永远保有着对中医的不懈追求。据王老的家人说，直到老年王鸿士每天还会拿出 1~2 小时看古医书。人们都说王老并不是十分聪明的人，但在瞿文楼先生众多弟子中，他却是最用功的一个，正是凭借着这种功夫，王老辛勤耕耘 50 载，成为一位名医。

王鸿士虽然名义上只拜孔伯华、瞿文楼两先生为师，但实际上他的老师很多。按今天的话说，王鸿士走的是一条多元化成才之路。他既有家学根基，又有师承之学。同时也受过学院派的正规教育，从他的身上可以看到中国近现代教育在中医领域的有益尝试。也正因为如此，王老根底深厚，同时又具有开放的视野，勇于创新，不抱残守缺。王鸿士的成才之路也给当代中医教育提供了有益的启示。

（三）医家生涯

王鸿士先生作为职业医生，其大部分时间是在新中国成立以后度过的。在新社会他以饱满的热情投入社会主义建设之中。新中国成立初期，王鸿士就和当时的中医界同仁一起组织起来，积极创办地区中医联合诊所，并主持衙门口中医联合诊所的工作。1956 年前后，由北京市卫生局牵头组建北京中医医院和北京市中医研究所，王鸿士从最初就开始参与到建院和建所的工作中。从 1956 年到王老去世的 1985 年，王老将他的后半生全部奉献给了北京中医医院，奉献给了他的病人。

在北京中医医院，王鸿士前后担任了主任医师、内科副主任、北京中医研究所副所长等职务。王鸿士工作十分投入，从不马虎，他把自己大部分时间用在了治病、查房和阅读医书上，以至于对自己的孩子和家庭有所忽视。在他看来，所谓"医者父母心"，就是要全身心投入医学工作中，珍视每一个生命。王老的子女回忆幼年生活，常说父亲对于病人、对于工作特别认真，很少见他有空闲时间，每天看他回到家就自己躲在书房里，那一定是他在研究医书，探讨

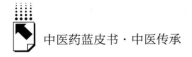

病情。

王老对中医一直保有十分虔诚的学术信仰，他在自己的行医生涯中总是不失时机地宣传中医的妙用和奇效。在他看来中医的思想正体现了中华民族的聪明才智和独到思维方式，在他的心中中医的妙诀就是 8 个字：辨证论治，用当通神。这不仅是他对孔伯华、瞿文楼两位先生医学思想的高度概括，也是自己行医 50 年的体会。这一思想对于中医科学阐释和现代化的意义是不同凡响的，它既体现了医者的民族自信，同时也证明了中医的科学性。

对中医的信心并没有使王鸿士故步自封，忘记革新发展、追求创造。王鸿士的思想是与时俱进的，在他从医的后几年，他一直在努力研制中药针剂和注射液。当时他不仅反复思考配方、制作工序，而且也进行动物实验和活体实验。研制的初步结果很是理想，制造出的肝炎 1 号、2 号、3 号方药不仅治疗效果明显，而且价格相当低，很适合大众使用。

王老的这种尝试，表面上看是技术的变化、方式的改变，而实际是蕴涵了医者仁心的良苦用意。治病救人，以最低廉的花费治疗伤病，让患者不用付出太高的代价就能取得极好的疗效，不禁使人想到杜甫的"安得广厦千万间，大庇天下寒士俱欢颜"的词句。体恤民生，以民为本，自古就是中国传统知识分子的高尚情操、品德。王老从医一生，他一直怀揣着这一朴素的感情和执着的信念，大医精诚的理念在他的身上得到极好的诠释。

1985 年 9 月 7 日，王老走完了他 66 年的人生之路，悄然离开了我们。他的一生是那样的平凡，没有什么惊天动地的壮举，然而他妙手回春，挽救过无数人的生命，创造许多奇迹。他给我们留下了太多的对传统医学的思考。"辨证论治，用当通神"这 8 个字虽然简单，却足以概括王老医学思想和他精湛的医术。他的朴实为人，他的不断奋进都是后世医者当继承和学习的宝贵财富。

附：王鸿士先生所创制的肝炎 1~3 号方药

肝炎 1 号：主要用于急性黄疸型肝炎、急性无黄疸肝炎和迁延型或慢性肝炎。湿热较重且热重于湿。处方：茵陈、蒲公英、金钱草、板蓝根、小蓟、丹皮、炒栀子、川军。方中茵陈、金钱草清热利湿，且能清肝利胆。栀子清三焦之热。板蓝根、川军清泄肠胃积热。蒲公英清热解毒。小蓟、丹皮清热凉血。

肝炎 2 号：主要用于肝肾阴虚的迁延性或慢性肝炎，麝香草酚浊度试验较高者。处方：女贞子、枸杞子、白芍、五味子、陈皮、青皮。方中女贞子、枸杞子、五味子能滋补肝肾之阴，白芍敛阴柔肝，青皮、陈皮疏肝理气。

肝炎 3 号：主要用于肝肾阴虚余毒未消的迁延性或慢性肝炎。处方：女贞子、枸杞子、白芍、黑桑葚、板蓝根、丹参、黄檗、陈皮。方中女贞子、枸杞子、黑桑葚滋补肝肾之阴，白芍敛阴柔肝，黄檗、板蓝根清热解毒，陈皮祛痰降逆和胃，丹参活血。

（四）从成才之路探索思考当前中医教育

王鸿士先生是 20 世纪北京地区名老中医，著名肝病和杂病专家，长期从事临床、教学工作。王老一生，以治疗肝病、研究肝病为重点，他的独特的学术思想和丰富的诊疗经验以及对肝病治疗方面的独到之处，使之在北京地区中医学界占有重要的学术地位，具有很大的社会影响力。他热爱中医事业，"勤求博采"，兢兢业业，为中医事业的发展传承贡献了毕生的精力。他所取得的学术成就及在肝病领域和临床各科的显著地位，与其成长经历、求学过程有着密切关系。

（1）求学之路多元化

王鸿士先生出身于世医之家，他 15 岁即随父应诊看病，侍奉左右，攻学岐黄之术，家庭的熏陶、自幼的成长环境为其日后成医打下了坚实的基础。1940 年正值青年时期的他就学于萧龙友、孔伯华共同创办的"北平国医学院",接受为期 4 年的正规学院式教育,系统学习中医基础课程,大量阅读中医经典医籍、病案,严谨、勤奋刻苦的治学作风,使其学识渊博,具有较高的中医理论素养和深厚的临床实践功底。1944 年他又拜前清御医瞿文楼为师,随医侍诊,开课听讲,刻苦攻读,细心揣摩得其真传。王老成医之路系统而丰富,具有多元化的特征,是其日后成为中医名家的重要条件之一。

(2)精研中医经典著作,勤于临床实践

王鸿士一生勤奋,重视中医经典,精研历代中医古籍、文献,带着问题学习,从临床实际出发,志在不断提高临床疗效,解决临床诊断治疗中的难点,以求更多更好更有效地解除病人之疾苦。从医半个世纪,王鸿士重视理论研究,功底扎实,在长期的学术生涯和临床实践中积累了丰富的经验。他在肝病领域中对急性、迁延性肝炎及慢性活动性肝炎、肝硬化等病从脏腑气血阴阳变化的生理病理规律及相互制约相互滋生的关系出发,遣方用药,随证加减变化,形成了自己的学术风格和用药特点。他的成功与他勤奋学习勤于实践是分不开的。他提出做学问要有严谨执着的治学态度,要尊古读经,苦练望、闻、问、切基本功,功底要扎实,要活到老学到老。具体讲来就是"不薄今人厚古人";勤求《内经》《难经》《伤寒论》《金匮要略》《温病条辨》以及历代医学名著中的"古训";贵在学有渊源,"源"和"流"明晰;贵在结合自己的临床实践,有的放矢。王老主张"学不厌精",要不断地提高辨脉、辨证辨病的诊断能力,不断地推敲遣方选药之妙。

王鸿士医学知识体系系统而丰富,具有多元化的特征,他学术功底深厚扎实,是日后其成为中医名家的重要条件之一。王鸿士善于继承不断创新,这也是他成为京城名医的重要因素。王对现代中医教育具有启发和借鉴作用。

（3）对当前中医教育的探索与思考

在中医数千年的发展过程中，中医的人才培养，自古以来，形成了以师传、家传、自学为基本形式的体系。中医实际上是一门完全不同于西方医学的哲学性、实践性、经验性、综合性很强的人文性学科，对于学习者的个体素质如悟性灵气要求也很高。现代大学教育是在西方形成的一种独特而成功的教育体系。事实证明，它对于西方近现代科学文化的发展和社会进步，产生了巨大的作用。但现代的中医大学教育，恰巧在这些方面暴露出薄弱点。回顾过去名医的成长历程，无论是自学还是随师学习，他们经历的都是传统中医培养的模式，接受的基本内容就是中医四大经典、古代中医文献以及古代哲学、历史和古文知识。传统模式培养的医生经过长期的跟师学习、苦读医典临床实践和体会领悟，而后得以成才。引进西方的大学教育培养中医人才，初衷是应该肯定的。

中医的大学教育，可以在传统的模式之外，建立新的体系，进行有益的尝试。社会需求直接影响着中医的培养模式，不同时代背景下人们的社会需求是不一样的。伴随中国社会由封闭发展走向开放发展，现代文明对中国大众产生了巨大影响，他们的文化素养也在传统与现代的撞击中发生着变化，由此也在改变着他们对中医的需求。特别是年轻一代，接受的主要是现代科学和现代文化，而传统文化和古代哲学对他们的影响甚少，他们对事物的认识更习惯于直观和客观，习惯于逻辑分析，他们对中医疗效和作用机制限于阴阳层面的解释，感到既难懂又笼统。

四　北京中医学院五老上书

北京中医学院成立于 1956 年，中医系学制六年，到 1962 年第一届学生毕业。毕业前夕，1962 年 7 月 16 日，针对高等中医药教育初期出现的西化偏差,在学校任教的秦伯未(时年62岁)、于道济(时年68岁)、陈慎吾(时年63岁)、任应秋(时年49岁)、李重人(时年53岁)五位教授心急如焚,担忧中医传承偏离正轨,以强烈的责任感和主人翁意识联名向卫生部党组递交了包括培养目标、教学方法、课程设置、基本功训练等内容在内的《对修订中医学院教学计划的几点意见》,呼吁中医教育要坚持中医主体,中医学院要培养高级中医师,应当强化中医和传统文化教育。这一事件在当时的教育界和学界引起了重大反响和热烈讨论,也得到国家的极大重视和肯定,史称"五老上书"。

可悲的是此事不仅没有给中医教育带来任何改进,反而让五位老师在"文革"中遭受残酷迫害和打击。"五老上书"体现了老一代治学严谨求实、为学坚忍不拔的精神。中医药是一门传承了几千年的学问,而高等教育则是现代社会培养人才的手段。北京中医药大学的先贤们,当仁不让,以坚定意志和创新精神,探索符合中医人才成长规律的现代高等教育培养模式。"五老上书"正是这一历史进程的初步思考、总结和建议,既做到传承不断,也做到创新不断。

1982年,时任卫生部部长崔月犁批示:五点意见很好,可以解决中医后继乏人乏术问题。如果召集全国中医学院教改会议,应当把这篇建议发给大家参考讨论。

附:对修订中医学院教学计划的几点意见

秦伯未　于道济　陈慎吾　任应秋　李重人

我院五六年级学生即将毕业了。这是我国第一批中医正规大学的毕业生,是中医教育的一件大事,是贯彻执行党的中医政策的又一次胜利。无疑地他们将负担起继承和发扬祖国医学的重大任务。唯这批毕业生的质量,虽然看来基本上能够达到培养目标的要求,但如果严格说起来,特别是在中医学术水平方面,(他们)还有不足之处,还不够理想。因此我们认为有必要吸取几年来的教学和临床实践过程中的一些经验加以改进，使今后更为符合要求，培养出质量更高的中医后继人才。

据我们了解我院这批毕业生的中医学术水平，对常见疾病一般说可以独立诊治，对某些疾病已达到一定的疗效，对中医理论、概念虽然较明确，但能熟读熟记的较少；掌握的方剂、药物也还不够。特别是阅读中医古书尚有困难，运用理法方药、辨证施治处理疾病尚欠正确，看来基本功打得非常不够。

似乎用成为一个"高级中医师"的标准来衡量，还嫌不足。这班毕业生在毕业实习和写毕业论文时，自己感到空虚，一再要求补课，并提出补课的具体内容，如《内经》需要讲某些篇的原文，在写论文时，提纲拟好了，文献资料的搜集还不熟悉；有的想到某一理论，但不知出于何书，感到似是而非，在毕业实习时，有时老师说一方剂，学生开不出药味，甚至连方名还不知道等等。总的看来中医理论和临证还学得不深不透。

根据以上情况，中医学院教学计划，实有讨论修改的必要。为了培养质量更高的中医后继人才，为了对党和人民负责，根据几年来我们在教学和指导临证实践中的经验，结合个人的一些看法，提出下列意见和建议。

1. 过去的一点经验

据我们了解，过去从师学医，老师选择对象，首先要求（其）文章要通顺。拜师以后，头两年学习内容主要是诵读，如《内经》（多数读《内经》节本）、《伤寒论》、《金匮要略》，以后《脉诀》《药性》《汤头》等书读得烂熟，甚至要求某些注解都要能记住，同时为老师抄方；第三年以后，老师重点讲解和指出必读书籍，一面钻研，一面为老师做助诊工作，一般是半天临症半天读书，五年期满，老师认为有足够自行开业的能力时，才同意出师。如没学好，也可能要更长时间才出师的。出师以后有个别家庭经济好的，并不积极挂牌开业，还要从名中医"参师"，这种参师学习，时间不是太长，三个月或五个月，以能接受老师独特的学识经验为主。清代著名医学家叶天士，曾从十七位老师学习，就是采取的这种方法。这是过去中医带徒弟的一种较好的方式。这样带出来的徒弟质量较高，将来的成就也较大。

总之，学中医要有相当的中文水平，这就对钻研医学文献打下了基础。有二、三年的诵读功夫，使中医的一些基本理论和具体方药皆能烂熟于胸中，应用起来就能左右逢源，得到豁然贯通之妙。这种诵读的基本功，如果建立得深厚，将终身受用无穷。再有二三年时间的半天临证和半天读书，有较长的临证时间，对四时多变的多种疾病，都有机会接触和亲手诊治的经验。一些真才实学的中医都是这样学习来的。

从上述经验来看，中医学院的毕业生，主要是学习中医的时间太短，六年制的中医学院，实际上学习中医只有三年。用三年多的时间要求学好中医，时间上显然是不够的，此其一；在教学方法上，中医学院是按照现代正规大学的办法，实践证明优点很多，但忽略了过去教学的某些优点，如要求学生背诵和指导读书方法等，因之，学生没有练好基本功，此其二；高中生的古文程度太差，医古文仅数十学时，又未尽要求背诵，是以不可能突破文字关，此其三。

2. 培养目标问题

中医学院培养目标是高级中医师，学制是六年。这两点应该肯定，不可动摇。政治、体育课不在讨论范围。主要问题在于中医、西医课的对比和内容的具体安排，普通基础课，生理、化学课是为西医课服务的，医古文课是为中医课服务的。中医院校加西医课，其目的在于：使现代的中医师，具备一些自然科学和现代医学的基本知识，为将来医学科学研究工作打下基础，这是必要的，也是可以理解的。

但必须在保证学好中医的前提下加西医课。过去的教学计划，两年半学完中医课，两年半学完普通课和西医课。中西课时数（不包括临床）的对比是1∶1，这似乎是培养中西兼通的教学计划，因而西医没学好，中医也没学深透，因此培养目标就需重新考虑了。

我们意见：用一年半时间学习中医基本理论和临床，用三年的时间学习中医临床，各科结合实习。共四年半学习中医，另一年半学习普通课（包括古文）和西医学课。这样大体上可以保证学好中医。课程具体安排另作讨论。

原订的中医学院教学计划培养目标："具有现代医学知识"建议改为"具有一般的现代医学基本知识"，对学生专业具体要求仅"能解决工作中的实际问题"一句，不够具体，需再讨论补充。

3. 中医课程内容安排问题

中医学院现行教学计划所设置的15门中医专业课程，通过六年来的教学实践还是适合的。尤其是卫生部直接领导的五个中医学院所编的讲义，有系统有条理，简明扼要，文字浅近，对目前一般高中生水平来说，还是适合的。因此我们认为这15门讲义，基本上还可以用。不过为了不断提高教学质量，并与教学时数的增加相适应起见，都有重新安排补充教材的必要。例如增加到488小时，是不是原来的《内经讲义》不适用了呢？我们认为原讲义仍然适用，因为它简明浅近，新入学的高中生容易接受，可以在70~80小时内讲授完毕，使学生对《内经》有了一个总的概念，也是对祖国医学理论有了一个大概轮廓。然后再精选《素问》《灵枢经》两书里的原文（也可删节）100篇左右，在300小时左右精讲，务必将每篇大的原则，细的节目解释得清清楚楚，解释的深度应按各篇具体情况而定，它可以适当地详细、足够的理解到彻底分析每个前缀、后缀、单词、术语、思想或思想群。通过这样较精确的深度，（学生）从而获得中医学术基础理论的实质。其他各科也可以按此类推，适当地选授一些与该科有关的原文。这样讲义和补充教材相辅而行的优点有三：首先是充实了讲义的内容，大大加强了讲义的深度。其次是增强了学生阅读古代著作的能力，给他们今后钻研（医学）的一把钥匙。再次真正保证了教学质量，使教与学方面都获得不同程度的提高。现在北京中医学院毕业班学生，脑子里装有不少似是而非、似懂非懂的东西。例如他们经常讲"肝肾同源"，问他如何同源？没有一个同学能在基本理论中找到答案。有的看到"肝为妇女之先天"一语，竟以为妇女身上真有个与男子不同的"先天"似的。所以最近绝大部分学生提出补讲《内经》原文的要求，甚至有的还提出具体要讲《至真要大论》《调经论》《灵兰秘典论》。这就是他们最近在临床上深感理论不多，理论不深，联系不起来，解释不下去，因此才提出这种急不可待的要求。根据这种情况，如果不采取讲义与教材相辅而行的办法，很难设想今后学生的质量是否可以提高。

4. 大力提倡（包括背诵的）读书风气，练好基本功

根据中医学习的特点，单靠课堂讲授还不能解决问题，课堂讲授的时间加得太多也不是最好的办法。最好是除课堂讲授以外要有充分的时间由老师带领指导学生读书，把"指导读书"一项正式列入教学计划的时数之内，只有课堂讲授与指导读书并重，才能学得更深更透。

中医学院应大力提倡读书风气。当然，在学校学习期间，都可以叫作读书，这是广义的。我们所要提倡的读书，不仅可以帮助记忆，还可以帮助理解，许多不懂的东西，可以读之使懂，不通的可以读之使通，"熟读唐诗三百首，不会作诗也会吟"，就是这个道理。从语言发展史讲，人类是从口头语到书面语，这是丰富知识最有效的办法。中医学院究竟该读些什么书呢？除15门讲义以外，我们认为各科都应增授"原文"的补充教材，这些教材一般是可以读的，例如精选的《内经》原文百篇，《伤寒论》原文，《金匮要略》和本草原

文等，均可以读。读书的内容，应分做精读和泛读两种，精读不仅要求背诵，要读得深，读得细，读得透彻，还要翻来覆去地玩味，深思研究，甚至包括批注、做笔记等。泛读在一定程度上不要求那么深透，或者读懂了，或者能背诵了，或者是有一个较深的概念就行了。这两种读法可以相辅而行。只有精读没有泛读，所见者少；只有泛读，没有精读是无根之木没有基础。有了精读在语言文字方面下了功夫，便具有最基本的阅读能力（例如词汇量，语法现象等），才可以进行泛读，精泛并举，是完全必要的。因此读书虽是一种方法，是学生自己的事，但一定要有安排和指导，我们所指出的新的学时计划，其中就安排了指导读书的时间，在这时间内教师要去亲自指导，主要指导学生如何读，包括选材料、个别讲解、组织讨论、做笔记、背诵等。因此，指导读书的重要性，并不次于课堂讲授。强调这个时间（指导读书）的重要性，明确地列入教学计划，不能为任何时间所占有，才能保证练好"基本功"。

5. 怎样突破文字关

中国文学与中国医学向来有密切的联系，历代的医学家大多是具有很好的文学修养，因而他们的著作能流传于后代，而文学家也必然阅览过医学书籍。如《黄帝内经》是当作"子"书读的。远的例子不举，近年医家如曹家达、陈无咎、恽铁樵和陆士谔等，他们在中国文学方面均有著作。学习中医，不突破文字关，必不可能深造。"医古文选"这门课，就是为提高阅读中医古书水平而设立的，其用意甚善。唯过去课时太少，所选内容有局限性，而又没有要求精读背诵，因之达不到要求。我们建议，医古文选的内容须大大扩充，可选100篇左右的古文和60篇左右的医古文。其中还要包括一部分音韵学常识，熟悉和掌握一些词汇、意义等，同时要求学生在课余时间写些毛笔字，以便养成书写端正的习惯。

其他如：体育活动最好安排太极拳，如有条件，气功课可提前

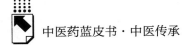

上，使学生在长时期锻炼过程中，既有深刻的体会，又可达到强身保健作用。

最后，建议在卫生部领导下，召集全院教师和学生代表开一次较长时间的教学会议，共同讨论。以上意见，仅供参考。

1962 年 7 月 16 日

B.5
当前北京地区中医传承现状

摘　要：　本文回顾了北京市中医管理局自 2007 年启动的"名老中医药专家学术思想抢救挖掘与优秀传承人才培养联动工程"（简称"薪火传承 3 + 3 工程"）十年来的建设情况和积累的传承工作经验，也对当前存在的问题做出了分析。介绍了当前蓬勃发展的中医住院医师规范化培训，对首都医科大学附属北京中医医院的住培医师及部分传承导师展开了中医住院医师规范化培训与中医传承现状相关的调查研究，并结合北京中医医院呼吸科的住陪工作实践进行了讨论。并分别通过施今墨学术三代百年传承、孔医堂模式、北京中医医院传承历史、互联网 + 时代背景下的中医现代传承模式等角度，展现了北京地区当前的中医传承现状。

关键词：　北京中医药　薪火传承　住培工作　施今墨　孔医堂

中医药是中国人民在几千年生产生活实践和与疾病做斗争中逐步形成、不断丰富发展的医学科学，为中华民族繁衍昌盛做出了突出的贡献，对世界文明进步产生了积极影响。随着经济、社会的发展和人们健康观念的改变，疾病谱的变化以及老龄化社会进程的加快，现代医学模式由生物模式向生物、心理、社会和环境相结合模式转变，中医药的理论思维和辨证论治方法的生命力进一步凸显。中医药具有"简、便、廉、验"特点和集预防、医疗、保健、康复于一体的功能，受到广大人民群众的重视和欢迎，具有广泛而深厚的群众基础。中医药疗效可靠，价格低廉，发挥中医药的优势，对增进居民身体健康，缓解过快增长的医药卫生费用与居民经济承受能力的矛盾，实现人人享有初级卫生保健目标，具有重要的意义。合格的中医药人才是中医药服务发展的关键。老中医的学术经验与技术专长是中医药理论与其临床实践相结合的结晶，是中医药学科的宝贵财富。老中医在中医思想理论上造诣颇深，有丰富的临床经验，对疾病有着相当的认识，也有自己的一套治病方法，他们多年的医疗经验本身就是宝库。

党和政府一贯高度重视名老中医药专家的学术继承工作，从 20 世纪 50 年代起，先后组织了多种形式整理、总结老中医药专家学术思想和独到经验工作。1956 年 1 月全国卫生工作会议决定采取中医带徒弟等方式来培养新中医。同年 4 月，卫生部颁发了《关于开展中医带徒弟工作的指示》，就开展中医带徒弟工作的方式、师资、学习对象、学习要求、学习时间及经费等问题做了指示及规划。1958 年 2 月，卫生部发出《关于继承老年中医学术经验的紧急通知》，要求各地抓紧继承老中医的学术经验："卫生行政部门应立即着手研究各地有学术有经验的以及对某一种疾病有独特疗效的老年中医（包括参加工作和私人开业）的具体情况，在自愿的基础上动员一批品质优良，能刻苦钻研的中医西医，或者其他具备适当条件的人，拜他们为老师，虚心学习，坚持到底，务求将老师的学术和经验继承下来。"1990 年 3 月，人事部、卫生部和国家中医药管理局共同颁发了《关于采取紧急措施做好老中医药专家学术经验继承工作的决定》（人职发〔1990〕3 号），明确指出鉴于当前有独到的学术经验和技术专长的老中医药专家年事已高，必须采取紧急措施予以继承，否则，这些经验和专长将会失传，从而造成不可弥补的损失。

目前为止，相关部门已先后分五批对 2837 名老中医药专家配备了继承人进行学术思想和临床经验继承，第一批继承工作着眼于抢救年事已高的老中医药专家学术经验和技术专长；第二批继承工作调整为在继承整理老中医药专家学术经验的同时，侧重于培养高层次中医临床和中药技术人才；第三批继承工作要求学术继承人不仅基本掌握指导老师的学术经验和技术专长，基本达到指导老师的临床疗效和技能技艺水平，还要求能按照中医药学术发展规律，结合指导老师的学术经验，对本学科领域的某一方面提出新的见解和新的观点，具有一定的创新意识和能力。但是，全国各地都对老中医的传承工作重视不足，直到 2012 年 2 月，卫生部印发《2012 年卫生工作要点》，首次指出，开展基层老中医临床经验继承项目，加强中医药职业教育以及中医药重点学科建设。同年 6 月，国家中医药管理局颁布了《中医药事业"十二五"规划》，指出以城乡基层为重点，加强中医医疗服务体系建设；加强中医药人才队伍建设，实施基层老中医药专家师带徒工作。北京市作为首都，对老中医药专家的学术继承工作一直很重视，先后于 1958 年、1964 年、1975 年、1979 年、1990 年、1997 年、2003 年、2009 年八次确定了国家、市、区（县）级继承重点老中医药专家，并分别配备了徒弟助手，通过实践，相当一部分徒弟助手已成为中医医疗、教学、科研工作的栋梁之材。北京市从 20 世纪 50 年代到 70 年代末，以传统的继承方法为主，主要是配师徒对，徒跟师学习，继承老师的学术经验，并发表论文、著书立说。70 年代末至今，在发挥传统继承方法优势的同时，遵循中医基础理论体系，保持老中医药专家经验特色，采用现代科学技术和方法对老中医药专家学术思想进行研究继承。

目前名老中医的经验传承工作主要从以下几个方面展开。

1. 名老中医药专家传承工作室建立现状

近年来中医药事业的继承和发展得到国家卫生部、中医药管理局和各地方中医药管理局空前重视，2005年和2007年，科技部先后启动了"十五"国家科技攻关计划——"名老中医学术思想、经验传承研究"课题以及"十一五"国家科技支撑计划——"名老中医临床经验、学术思想传承研究"课题，对名老中医经验的总结与继承起到良好的促进与推动作用，为名老中医药专家传承工作树立了典范。2010年国家中医药管理局首次审批通过30位国医大师和159位中医药专家成立全国名老中医药专家传承工作室，此后每年都批准建立一批名老中医药专家传承工作室，至2014年，国家中医药管理局共审批建立国家级名老中医药专家传承工作室858个，其中山东49个、广东48个、上海45个、河南40个、浙江39个、北京38个（不包括中国中医科学院和北京中医药大学所成立的名老中医药专家工作室）。国家投入大量精力、人力、物力、财力支持和规范中医传承工作，为名老中医传承工作室制定明确任务书，包括跟师出诊、病案管理、科研基金项目、继续教育、学术论文撰写、出版著作、新药研发等方面，使名医传承工作做到统一规范和工作室建设落到实处，避免流于形式。

2. 名老中医药专家经验传承方法和传承模式

（1）系统、综合性传承为主要方法。名老中医经验传承方法包括传统的学习方法，如门诊跟师学习、病案讨论及学术交流，听名老中医学术讲座、研读中医经典古籍及名医论著、书写论文及读书报告、观看名老中医诊疗录像、探索名老中医成长成才轨迹、实验研究，以及应用现代信息技术系统、快速地总结名老中医学术思想和临床经验。以不同形式保留名老中医诊疗过程和经验，为今后的中医药理论学习奠定了基础。

促进名老中医学术传承，培养新一代名医，首先传承者应熟读名老中医推崇的经典著作及其自身的著作，把握其学术渊源；其次应熟读医案，定期跟诊，组织科内病例讨论，总结名老中医临证经验，凝练其学术思想，通过科研立项、专题研究的形式，开展名老中医的临床经验和学术思想研究工作；最后可以借助计算机技术、信息技术和数据挖掘技术等方法建立病历数据库，挖掘新知识，提出新理论，继承和发扬名老中医学术经验，从多学科、多角度、多层次去挖掘、探索。张伯礼院士认为名老中医的学术思想和经验的传承有 3 个步骤，首先是要原原本本地把他们的经验、学说以及案例等保留下来；其次是结合实践，再验证、再评价，去理解、思考、研讨；再次是从中总结出规律，抽提出理论。

中医传承主要包含三个层次：①传承医术，即指继承老中医行之有效的临床疾病诊治经验（实用医疗技术）。②传承医学，即指继承老中医学术思想体系和衣钵，成为老中医学术思想继承者和传人。③传承医道，即指不但能够继承老中医学术思想，成为学术继承者，而且可以创立新学说，形成自己的理论体系，成为一代宗师。

课题组通过问卷调研、实地考察等形式全面、客观调查名老中医的学术传承情况，认为现在名老中医学术思想传承主要有名师带徒、研究生教育、家传三大传承形式，名师带徒是中医学最独特、最直接、最有效的继承方法。但也存在着诸多问题，如师带徒方式单一，继承者的选择存在问题，名师带徒时间偏少，高徒没有亲自跟师。研究生教育培养的人才数量较多，是名老中医学术传承的最重要形式，但由于批量培养的研究生跟师时间有限，存在继承不足、难以传承导师鲜明的学术思想的现象。家传教育习医者大多从小即接触临床，耳濡目染，反复经历理论与实践的相互印证，最终才独立行医。但由于过去政策管理长期存在缺陷，即便是名中医之后，若没有正规学历而仅靠家传几乎不可能获得行医资格，"求证无门"的现实使有着悠久历史的家传中医无法得以延续。

中医药植根于中华传统文化的沃土，兼有自然科学与人文科学的双重属性，在研究与继承名老中医的临床经验和学术思想过程中，不仅要继承中医理论体系，而且要重视继承中华文明的传统，尤其是人文科学。重视将名老中医学术经验与儒家精神和易经相结合，做到医儒双修，爱民济世，医易相通，知常达变。中医凝聚了中华民族几千年的防病治病的实践经验，在形成和发展过程中深受中国传统文化的指导和影响，它源于中国古代哲学思想，中华文化是中医药传承的一个引擎。

（2）结合现代科学实验研究提炼总结出的名老中医的学术思想和临床经验后，可以借助现代化的实验研究进行进一步的验证总结，参照国际统一的标准进行严谨的科学实验，为今后的临床经验推广提出充分的理论依据。应用严谨的科研设计能进一步验证名老中医的学术思想，在传统经验传承方法的基础上，高效、有序地挖掘和传承名老中医学术思想和经验。基于信息和数据技术的名老中医临床诊疗经验研究思路与方法促进了中医"经验"向"知识"的转化，引入循证思想有助于中医传承"知识"向"证据"的转化。

（3）以构建个性化平台为手段。数据挖掘是从数据库中识别出有效的、新颖的、潜在有用的并且最终可理解的数据信息，也称数据库中的知识发现。采用数据挖掘技术对名老中医学术思想和临证经验进行研究，可以对名老中医的辩证思维方法、用药经验、组方特点、经验方应用、学术思想进行归纳，全面剖析其中的规律，萃取个体化诊疗信息特色，提炼临证经验中蕴藏的知识。有学者将数据挖掘的概念以及数据挖掘的方法引入名老中医经验传承中，从信息学的角度观察，通过采用数据挖掘技术，对收集到的名老中医临床经验和病案信息进行科学的加工，全面剖析其中的规律，分析名老中医个体化诊疗信息特征，实现名医经验的有效总结与传承。将数据挖掘技术应用在名老中医医案分析中，通过病例组群体的信息寻找其治疗的规律，成为使中医学隐性知识显性化的一个重要手段。

基于信息和数据技术，将名老中医临床诊疗经验证据化，强化"证据"概念，引入"循证"思想，通过文献调查、病例回顾、访谈研究、信息采集、数据挖掘、机器学习、专家反馈、证据体形成等探索方法实现从"经验"向"知识"再向"证据"的转化，在中医传承发展中发挥促进作用。其中数据挖掘技术即通过病例组群体的信息寻找其治疗的规律性，以便更全面准确地把握名医的临床经验，成为传承名老中医临床经验研究的重要方法之一。面向循证传承的名老中医个人医案数据挖掘研究过程需要大量的人力、技术和时间支持，可以先从小范围试点探索做起，不断积累经验。

通过构建综合信息管理平台，对名老中医临床经验学术思想进行采集、储存、挖掘、管理，有效地提高了传承研究的效率，带动和推进了全国的名老中医传承和学术创新工作。

3. 名老中医药专家传承工作存在的问题

名老中医的思想和经验继承工作存在许多不足，如临床实践跟诊、抄方、总结病案的方式，具有较强的主观性，容易影响继承名老中医经验的客观性，普遍缺乏规范与量化这两个科学尺度。在跟师随诊过程中，对于名老中医的学术思想和用药经验总结，主要是老师言传身教，倚重学生的个人主观理解和领悟力，可能会对名老中医学术思想和经验总结的继承造成偏差。中医高等院校培养大批的中医药毕业生，他们跟随名医学习的时间有限，难以继承中医药精华，传承中的隐性知识是导致传承障碍的重要原因，隐性知识是在某种环境下，人们所知道的、所意识到的东西与他们所表达的东西之间存在着隐含的未编码的知识。中医药隐性知识不能像显性知识那样被编码，因而难以表达、传播和沟通，也难以共享。我们可以引入隐性知识管理，充分挖掘、合理配置和使用各类隐性知识资源，将名中医的隐性知识转化为显性知识共享传播。比如中医中的切诊与药物组成、计量，有时只可意会而很难言传，很大一部分依靠临床医生自己的悟性，这使脉诊在传承过程中遇到很大的阻力。现在中医学生的培养以院校教育为主，仅有少部分为传统师带徒的传承模式，但师带徒有其受众较少的局限性，现今名老中医数量相对较少，这种供不应求的现状无法满足一对一的教育模式，只能做到遴选少数医生跟师学习。由于名老中医继承人的选择范围和方法局限，导致只有少部分人能继承他们的学术思想和经验，享有盛誉的中医大家都年事已高，或由于健康原因，不可能有更多时间和精力参与配合继承人的培养工作，许多真正有志于中医事业的年青一代学生却苦于没有机会接触到这些中医名家。

中医创新的严重不足是中医所要面对的一个致命弱点，中医现代化相对滞后，国际上中药的现代化与中医的现代化是不同步的，中药的现代化缺乏中医药理论指导，几乎没有中医药的优势与特色；目前我国还没有完善的评价中医药疗效的办法和指标，而国际上则大多借鉴西医的评价体系，这不符合中医的治病原理，也不能充分体现中医药的特点和优势。由于中药方剂中药物组成计量变化较大，实验研究是一项长期而艰巨的任务，名医工作室可以收集整理名医的典型经验方进行实验研究，不断完善中医药疗效评价体系。

总之，中医药文化的传承任重而道远，当今名老中医经验传承不能仅停留在师徒之间的口传亲授和总结名医经验撰写几篇学术论文，名医工作室建设也不能流于形式，名医工作室的建立为中医药事业的传承搭建了一个好的平台，虽然目前各中医药传承工作室建立的起点和高度不一，但我们应充分利用现代计算机技术、信息技术和数据挖掘技术等，加强工作室之间相互交流，寻找更好的传承方式，为中医事业传承、发展和创新贡献自己一分力量。

一　北京中医药薪火传承3+3工程介绍

2007年，为深入贯彻落实吴仪副总理在2007年全国中医药工作会议上的重要讲话精神，大力实施"名医、名科、名院"发展战略，进一步做好首都名老中医学术思想抢救、整理和挖掘工作，选拔培养一批中医药优秀传承人才，北京市中医管理局启动了"名老中医药专家学术思想抢救挖掘与优秀传承人才培养联动工程"（简称"薪火传承3＋3工程"），即建立三类室（站）：已故"中医药名家研究室（宣传陈列室）"、80岁以上老中医药专家"名老中医工作室"和70岁以上老中医药专家"名医传承工作站"；选拔培养三类中医药优秀传承人才："优秀中医药传承临床人才""优秀中医药传承科普人才"和"优秀中医药传承研究人才"，以三年为一个建设周期，滚动建设"两室一站"，使首都名老中医学术思想和临床经验的传承工作取得实效。2009年，为推进区县基层中医药事业的发展，北京市中医管理局在"薪火传承3＋3工程"的基础上，又启动首批基层老中医传承工作室建设项目，遴选在区县具有一定知名度的老中医药专家，建立基层老中医传承工作室，在老中医的指导和配合下，以整理、凝练和传承其学术思想和临床经验为主要任务，以培养中医药传承接班人为目标，推动区县基层中医药诊疗水平的提高。

截至2016年底，已建立"薪火传承3＋3工程"两室一站138个，基层老中医传承工作室64个，两室一站分站21个，其中在河北、宁夏、天津等外省市建分站7个。2016年，为贯彻落实"京津冀一体化"战略部署，推动廊坊市与北京中医药事业协同发展，已建立"薪火传承3＋3工程"传承室站的贺普仁、王玉章、刘弼臣、程莘农、陈彤云、武维屏、魏执真、薛伯寿、黄丽娟、冯建春、王珂、邓贵成等12位中医药知名专家在廊坊市8家中医医院建立了12个学术传承推广基地，采用远程会诊、老中医药专家或主要继承人到廊坊出诊带教、学员来京进修、跟师学习、举办学术讲座等方式进行学术传承和推广，推进了京廊两地中医药共赢发展，对于提升廊坊医疗卫生水平，实现北京优质资源向廊坊转移具有重要的战略

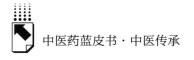

意义。

2016 年，北京杏园金方国医医院施今墨名家研究室、祝谌予名家研究室联合萧龙友名家研究室、李介鸣名家研究室、刘渡舟名家研究室、印会河名家研究室、陈可冀名老中医工作室、吕仁和名老中医工作室、肖承悰名医传承工作站、鲁兆麟名医传承工作站、姜良铎名医传承工作站、冯建春名医传承工作站共 12 家"薪火传承 3＋3 工程"传承室站共同成立传承教育联合体。联合体将深入挖掘研究室站学术特色，跨越门户藩篱，建立横向交流机制，共制传承谱系、共建传承基地、共享传承资料、共研传承方法、共培中医人才。

为提高传承的效率，扩大学术影响，2010 年，北京市中医管理局组织开发了名老中医典型医案、影像资料、继承工作成果及资源网络共享平台——北京国医网。该平台集交流、展示、服务、管理于一体，各传承工作室站均有自己个性化的网页和空间，并参与网页内容上传和管理，从医者可应用该网站进行学术交流、成果展示、发布信息等，促进了名老中医学术思想的共享和传承，也便于管理部门对名老中医室站信息的收集与统计。

为发挥中医药传统技能的特色优势，推进中医药传统技能的传承与发展，北京市中医管理局于 2015 年启动首批中医药传统技能传承工作室（以下简称"技能传承工作室"）建设工作，分为两个类别进行申报：①传统中药技能传承工作室：包括传统种植、鉴别、炮制、调剂、制剂等技能。②传统中医技法传承工作室：包括推拿类、骨伤类、刮痧类、拔罐类、灸类等传统技术。对被传承人的要求与以往不同，不要求有高级职称和执业医师资格，要求被传承人在中医药行业某一领域具有特殊技能，在该技能领域具有较高的知名度和较大影响力，从事该项中医药传统技能工作 30 年且在带徒传技方面经验丰富，能够承担技能传承工作室日常工作。2016 年，经过申报与遴选，对方土福、王国宝、杨志勋、刁文鲳等 4 个首批中医药传统技能传承工作室正式立项，为民间医药的传承与发展开了先河。

经过近 10 年的传承室站建设，系统地整理、继承、推广了名老中医药专家的学术思想和经验，探索了学术经验和思想传承及推广的有效方法和创新模式，培养了一批高层次的传承人才，建立了由名老中医药专家本人、工作室负责人，中医临床、中西医结合等多学科工作人员组成的工作室团队，人员年龄、专业和职称结构相对合理，规模适当，这些均为中医药传承、中西医结合事业的持续发展打下了坚实的基础。工作室开放度高，名老中医药专家的学术思想传承不仅面向北京市中医药人才队伍，还面向全国各省市，形成了以北京市为核心，面向全国的传承团队，对名老中医学术思想的传承和发扬起到很好的作用。

（一）初步形成了首都特色的名老中医学术传承体系

一是形成了分类学术传承体系。共建立了针对已故名医名家的研究室 53 个，80 岁以上的名老中医工作室 32 个，70 岁以上的名医传承工作站 53 个，以及针对各区县基层医疗机构的基层老中医工作室 64 个，对不同的老中医药专家学术思想和经验实现分类传承。二是形成了统一而广泛的学术传承平台。室站建设遍布北京各类机构，既有中央单位又有军队系统，还有民营机构，最大限度整合了北京老中医药专家的资源，其中依托中央单位的有 78 个、军队系统 4 个、市区两级机构 50 个、民营医疗机构 6 个，尤其基层老中医药专家工作室遍布 12 个区县。三是传承的学术经验内涵深厚。从生于 1870 年的萧龙友名家研究室到当代名中医，专家学术经验积累时间跨度长达近一个半世纪，众多专家在学术上各擅专长，涵盖了临床各个学科，学术流派纷呈、学术内涵十分丰富。初步构建了数量规模适当、区域分布合理、学术经验突出、平台作用明显的北京老中医药专家学术传承体系。四是形成良好的学术氛围。各室站纷纷定期开展各种学术活动，如各室站各医疗机构定期举办室站或机构内部的名医讲堂活动，全市也形成了统一的网络直播的名医大讲堂，由名医进行伤寒和温病、经方讲座，将名老中医的学术思想和临床经验辐射全市，促进了全市良好学术氛围的形成。

（二）老中医药专家学术继承速度显著加快

做好学术继承工作是室站建设的核心内容和主要目标。一是老中医药专家学术思想和临床经验得到系统深入的整理和发掘。仅以第一批验收的 58 个室站为例，截至 2010 年，整理出版名老中医经验汇编丛书或出版学术专著 165 部，约每个室站 2.8 部；建成老中医药专家经验数据库 32 个，整理完成医案 30950 例，约每个室站 534 个医案；发表总结名老中医学术思想和临床经验学术论文 874 篇，其中在核心期刊发表论文 721 篇，约每个室站 15 篇；中标局级以上课题 206 项，约每个室站 3.6 项。与既往相比，无论在经验性专著整理、医案收集，还是论文发表等方面均取得明显成绩，学术传承速度明显加快。二是逐步厘清首都中医药学术源流。厘清每个室站名老中医学术思想的渊源，概括最具特色的临床经验，形成各名老中医学术传承的脉络图，100% 室站整理形成了名老中医学术传承谱系，为体现中医药学术北京特色、促进燕京学派形成奠定了基础。

（三）老中医药专家学术传承范围明显扩大

一是明显扩大了学术传承人员范围。多数室站把老中医药专家不同时期、不同单位的传承人以及有代表性的研究生、博士生吸纳到传承团队中，使老中医药专家学术经验传承不局限在本单位或本学科，而是能在更大地域和更多学科范围内广泛传承。比如王永炎工作站组建了一支上百人的来自全国各地的、多学科协作的老中青结构合理的、团结协作的、富有创新精神的人才队伍。二是人才培养平台作用突出。各室站在培养继承人的同时，积极吸引优秀中青年人才进入室站学习、研究和交流，成为人才培养的有效平台。比如在教学医院的室站积极承担临床带教工作，带教对象包括本科生、研究生（硕士和博士）、各类进修生、外国留学生等；部分室站成为医学院校独立的临床研究与教学基地，为硕士生、博士生的培养和学习提供良好平台。截至 2011 年 6 月，58 个室站培养传承人 891 名，其中硕士研究生 443 名、博士研究生 248 名，接受传承团队外人员进站学习 1784人次。三是探索了多种中医药学术传承的有效形式。各室站广泛探索形成了适合自身室站的多种有效传承形式，如临床跟师、临床医案收集、专题讲座、病例讨论、专家查房、学术周、名老中医学术思想交流会、室站之间的学术交流会、著作撰写等进行学术传承，丰富了传承形式，提高了传承效率。四是积极探索学术传承与人才培养相结合的新模式。各室站采用多名学术继承人跟随名老中医出诊学习的方式开展传承，并适时采用"一代带二代"、隔代传等模式进行阶梯式传承。孔伯华名家研究室还依托孔医堂科技有限公司下属的两家医疗机构，设立了孔伯华国医学堂，开设了温病与伤寒临床实践课程，使学术传承可以在实践临床中得以落实。

（四）促进了学术交流的繁荣和学术传播北京品牌的形成

一是建成了众多室站内部学术交流新平台。各室站通过建立网络医案数据库、创办室站专题刊物等方式，形成了交流学术、信息成果共享的新平台。二是室站之间的交流日益频繁。各室站充分利用全市"两室一站"的丰富学术资源，积极以学派渊源、同学科、同类室站等为切入点，开展各室站之间的横向学术交流。比如本市中医儿科四个室站联合举办中医儿科名医讲堂，互动互学、相互交流，促进了中医儿科学术的发展；魏龙骧名家研究室长期与刘渡舟、陈慎吾等名家研究室及李文瑞名老中医工作室保持密切联系；陈彤云工作室与赵炳南研究室共同搭建皮外科学术继承平台。三是北京中医药学术影响力进一步扩大。各室站举办参加不同类型的学术活动，广泛传播名家名医的临床经验和学术思想。王永炎名医传承工作室以创新的理念连续开展了"传承与创新"系列论坛，举办全国学习班，在全国引起较大反响；鲁兆麟名医工作站举办国家中医药发展论坛讲座《学术流派传承与发展》《中医哲学基础的理论研究》，并出访马来西亚进行学术交流；《东方思维与中医十讲》通过中央电视台"健康之路"等栏目播出，成为王琦名医传承工作站的一个特色传播品牌。

（五）促进了中医药服务特色、优势、内涵的深化

工作室站宣传名老中医独特的临床经验，突出了中医诊疗特色，扩大了社会影响力。一是中医药特色病种优势日益突出。各室站纷纷将名老中医的治疗经验转化为专病临床诊疗规范，加强了临床服务的特色、提高了临床疗效，第一批验收的 58 个室站共总结出名老中医特色诊疗项目 131 项，约每个室站 2.3 个；筛选出优势病种 238 种，约每个室站 4.1 种。二是中医药服务特色手段增加。各室站还积极参与名医验方的开发，为特色服务增加了新手段。比如许润三工作室治疗痛经的经验方——"益坤内异丸"已通过北京市药监局的审核；赵荣莱工作室开发院内制剂苍脂颗粒，张淑文工作室开发院内制剂芪参活血颗粒及通腑颗粒，金世元工作室开发院内制剂抗瘤丸，王宝恩工作室开发出验方"复方清热颗粒""芪参活血颗粒"，国医大师颜正华工作室献出治疗冠心病的胸闷气短心绞痛方等，成为十病十药入选项目。三是成为中医药特色服务的优秀平台。各室站由于临床疗效突出，充分发挥中医药服务的特色作用，成为北京中医药服务的优秀窗口。比如唐由之工作室 2010 年累计开放 180 天，累计接待病人 8200 余人次，其中常规病种诊疗达 3200 人次，特色病种诊疗数 5000

余人次，开设了中医眼科适宜技术门诊；刘弼臣工作室成为北京市中医儿科诊疗中心的主体，2010 年门诊量突破 10 万人次。

（六）成为北京中医药文化建设和展示的主体平台

各室站广泛开展的文化建设正成为北京中医药事业发展新的亮点。一是文化建设扩大了室站的影响力。各室站紧扣中医药文化传承这一主线，在场所安排、环境布置、物品摆放、工作程序以及网站门户和板块设计、专题刊物的总体风格等各个方面，都注重挖掘中医药文化的深厚内涵。比如广安门医院在业务用房非常紧张的情况下，将院内室站统一安排在门诊 11 层，墙壁上配有反映中医文化的国画、书法等作品，形成了良好的中医传统文化氛围；魏龙骧名家研究室和李文瑞名老中医工作室已经成为北京医院一个代表性建筑，曾接待多批院内外、国内外参观团，来访者对该研究室产生了浓厚的兴趣，并给予了高度的评价。二是各室站正在记录北京中医药的新历史。78% 的室站都采用现代声像采集技术，以记录名老中医工作、生活、学术生涯及成长历史背景和过程，各室站还收集、充实与名老中医相关的书法、绘画、诗歌、散文等艺术作品，如路志正名老中医工作室已收集路老字画照片 100 余幅，各室站正在丰富北京中医药的新历史。各室站已形成如下工作经验，但也存在一些问题。

1. 工作经验

（1）领导重视，形成有效管理体系

"薪火传承 3 + 3 工程"室站建设项目得到各工作室依托单位领导的高度重视，制定了相关管理制度，形成了有效组织实施体系。各单位都有专人和专门的机构对项目建设进行管理。实现院级、职能部门、工作室三级管理，由主管院长主抓项目建设管理，科研处、教育处或办公室具体负责本项目运行的协调、督导、管理、经费使用审核

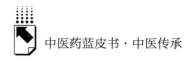

等，工作室负责项目的具体实施。

（2）制度完善，保证项目有效实施

各室站依托单位均由主管领导牵头负责，制定了室站建设和经费管理制度，室站还制定了传承工作室建设的具体工作计划和相关管理制度，如工作室站岗位职责、会议制度、进室站工作人员岗前培训制度、名老中医定期小讲课制度、定期自查评估督促制度，档案管理制度、奖励制度、经费使用制度、信息网络建设维护制度及安全防范措施制度、保密制度等。

（3）分工明确，形成良好运行机制

各室站实行目标管理，按照管理方案对建设任务进行分解，对工作室团队中的研究人员进行分工，各岗位职责明确并落实到人，分别承担了具体项目的计划制定和实施等工作，实现了工作室的网络化管理，工作室成员团结协作，形成了认真负责、积极向上的工作氛围和良好的运行机制。

（4）开放公开，提高传承发展影响力

各室站全部对外开放，面向全国接收学术继承人，开展拜师传承、进修学习，组织国内有影响力的学术传承活动，扩大名老中医药专家学术思想的影响力。

2. 存在的问题

室站建设虽然取得了一些成绩，但也存在一些问题。

（1）室站之间存在明显的不均衡

室站之间在依托单位重视程度、房屋等硬件条件、配套经费投入、传承团队建设、管理制度形成、开展学术交流、文化建设意识、传承效果等各方面均存在着明显的不均衡。

（2）室站的总体影响力有待进一步扩大

各室站传承人员均是北京老中医药专家中的优秀者，是北京中医药的核心和脊梁，在促进中医药学术进步、理论创新和临床实践等方面负有重要的责任，但目前他们对行业的引领作用尚未能很好体现，有待继续扩大影响力。

（3）学术内涵的挖掘和传承规律总结普遍不够

由于传承人员均为医教研的骨干，"工学矛盾"相对突出，学术内涵的深入挖掘和传承规律的有效总结仍显不足。大多数工作室尚未积极梳理老中医经验继承中的科学问题，并进行深入的挖掘，未针对提高临床疗效、节约资源、减毒增效等其他有利于中医药学术水平的提高和推广中医方面做深入的科学研究。

（4）个别老中医由于健康原因导致学术传承活动不能正常进行

老专家多数年事已高，受健康因素影响，有的很长时间无法到医院进行门诊带教、现场指导和查房，一些学术和临床传承工作都受到不同程度的影响。

（5）传承成果转化面临困难较大，名医验方难以开发成院内制剂

近年来，药监部门对院内制剂的开发持谨慎态度，从临床验方到制成院内制剂时间较长，成本较大，工作室站难以独立完成。有的工作室对院内制剂开发的政策和流程了解不够，难以完成从名老中医验方到院内院剂的转化任务。

（6）人员与时间配置不足

由于中医药高层次人才培养的周期较长，短期内难以培养出足够数量的高级人才，尤其是中西医结合的理论和实践水平需要长时间的培养才能提高，在一定时间内还需要老专家的传帮带。而传承工作室的成员中，中青年工作人员均为医疗、教学、科研的骨干，在医疗方面工作量很大，用于传承工作室的工作时间相对较少，所以人力和时间均显得不足，难以保证学术传承的质量。工作室要取得好的研究成果，需要投入的时间较多；要出精品著作，撰写、出版周期也比较长。

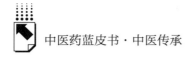

（7）室站人才培养功能需进一步加强

个别室站没有建立多级传承的梯队，同时弟子中传承的内容和主攻的方向没有侧重。虽然工作室对外单位开放，但是来自外单位到工作室进修、研修的人员还是不成规模，还没有真正形成培养中医药传承人才的流动站，仍需在更大范围进行老中医学术经验和思想的传承推广。

（8）资金使用和支持问题

个别工作室资金使用不够规范，有的单位自筹资金投入不足，匹配经费不到位，影响建设进展。

二　中医住院医师规范化培训中的中医传承现状

中西医医学理论体系的不同决定了中医住院医师规范化培训（以下简称住培）工作具有各自的特点，中医不能完全照搬西医的培养方案，应更加注重中医临床思维的培养。目前临床多强调中西医结合，但住培医师初入临床，尚不具备妥善处理中西医结合的临床能力，科室在住培工作中，对住培医师的中医临床思维、西医临床思维应分开培养，不能盲目结合，重点培养具有能够解决临床问题能力、具备独立的中西医临床思维的合格临床医师。与此同时，应当强调对中医药的传承，新一代的中医学生担负着传承中医、复兴中医的使命，单纯的住培也许能快速地增强其临床处理问题的能力，但是对于中医的传承主要通过跟随名老中医查房、认真研读经典医籍来实现。

（一）中医住院医师规范化培训背景

住培作为医学教育的一个重要组成部分，是培养合格临床医师的必由之路，对于保证临床医师专业水准和医疗服务质量具有不可替代的作用。中医住培是中医药人才培养的重要组成部分，是提高中医药服务能力和水平的重要举措，其中的中医传承部分更是提高中医药人才质量和凸显中医药临床特色的重要内容，是我国中医药事业发展的重要战略之一。

2010 年，《国家中长期人才发展规划纲要（2010～2020 年）》规定"开展住院医师规范化培训工作，支持培养 5 万名住院医师"。住院医师规范化培训成为一种国家半强制性的继续教育培训。

培养住院医师的临床思维及诊治能力是住培工作的核心。美国、英国等国已经建立起了较为完善的住培制度，住院医师在培养的过程中，标准系统的考核与评估贯穿始终。住培医师进入临床前均经过基础理论和临床知识的学习，但是各种知识都是相对独立的，相互间缺乏联系及系统性，住培是院校教育和继续教育的衔接，通过住培迅速将院校教育的理论知识转化为解决临床问题的能力。

祖国医学与现代医学具有各自的特点，其发展也具有各自的特征。中医药自古以来在发展中都极其重视师承教育，在中医住培当中融入中医传承部分，不仅丰富了中医住培内容，也是为规范培养中医医师专业素养提供绝佳条件，更是对中医药的传承发展添砖加瓦。

2016 年北京市中医住院医师规范化培训工作总结报告指出：2017 年将进一步完善中医传承机制。目前中医住院医师规范化培训的中医传承主要由两个部分组成：跟从固定中医传承导师学习中医临床技能（跟师中医传承）与轮转在各中医住培基地科室学习中医特色（轮转中医传承），两者互相结合，贯穿中医住院医师规范化培训始终。鉴于此，及时了解规范化培训医师对规范化培训中医传承的认识与态度，及时发现中医传承模式存在的问题，改进中医传承模式，对较好地传承中医及有效地提高中医住院医师规范化培训质量具有积极的意义。

（二）中医住院医师规范化培训与中医传承现状调研分析

为了解目前中医住培中医传承现状，本课题组于2016年1月对首都医科大学附属北京中医医院的130名住培医师（含并轨研究生）及部分传承导师展开了中医住院医师规范化培训与中医传承现状相关的调查研究，采用不记名调查，并发放电子调查问卷。调查问卷分为住培医师问卷与导师问卷，数据统计均为问卷网后台数据统计，结果显示共回收130份住培医师反馈问卷，38份传承导师反馈问卷。住培医师调查问卷内容涉及目前个人跟师中医传承情况（跟师时间、跟师质量、跟师形式、传承导师教授情况等）、住培中医传承情况（在各科室轮转过程中学习情况、基地中医优势特色传承情况等）及对目前中医传承现状的建议。传承导师调查问卷涉及目前跟师传承情况（传承导师帮带时间长短、对住培医师学习要求、学生学习情况等）以及传承导师对于目前住培中医传承的相关改进建议。

（三）中医住院医师规范化培训现状

在北京市中医住院医师规范化培训基地，课题组以首都医科大学附属北京中医医院为例，针对目前中医住院医师住培中医传承情况进行调查。通过对130位在首都医科大学附属北京中医医院进行规范化培训的医师与38位导师问卷调查后，课题组将反馈结果进行整理、统计，得出了以下结论。

1. 中医住培医师的跟师中医传承情况

大部分中医住培医师对于跟师中医传承具有相对高的积极性，在接受调查的130名住培医师中，59.23%的住培医师会至少1个月整理一次传承导师的医案，80.77%的住培医师至少2个月整理一次传承导师的医案。76.15%的住培医师总结过传承导师的中医临床学术思想，66.15%的住培医师会至少半年总结一次。56.15%的住培医师至少3个月与导师探讨一次中医临床体会。71.54%的住培医师会在业余时间继续钻研传承导师教授的相关学术内容。对于传承导师经常使用的治疗方法（中药方剂、针灸穴位、推拿手法等），56.15%的住培医师可以熟练应用其一半以上。

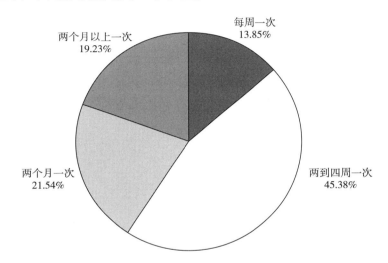

图1 受访者整理跟师医案的频率

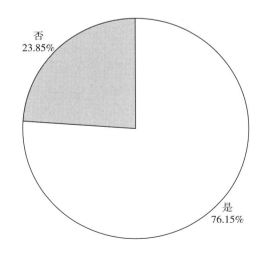

图2 受访者整理传承导师中医临床学术思想体系比例

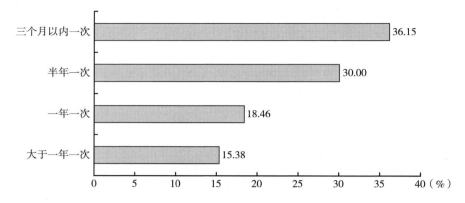

图3　受访者整理传承导师中医临床学术思想体系频率

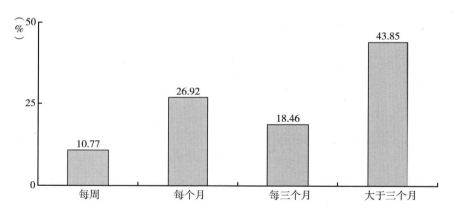

图4　受访者与传承导师讨论中医临床体会频率

2. 中医住培医师的轮转中医传承情况

在住培轮转过程中，72.31%的住培医师认为可以学习到相应科室的中医临床特色，排在前4位的分别是针灸科的贺氏火针、疮疡科的外用药、皮肤科的外用药及中药浸浴疗法、儿科的小儿推拿，仅有27.69%的住培医师表示科室临床带教会经常教授中医知识。66.92%的住培医师认为在住培过程中西医学习比例大于中医学习比例，对于这样的学习比例60%的调查对象表示不满意。在住培轮转辅助诊治

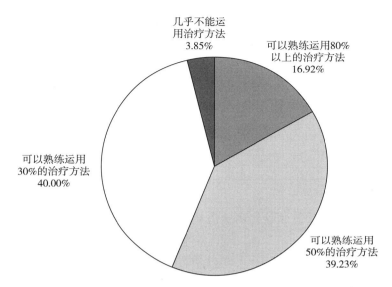

图 5　受访者对于传承导师经常使用的治疗方法掌握情况

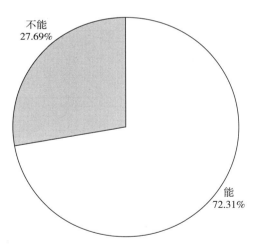

**图 6　受访者认为住培轮转中可以学习到
相应科室的中医临床特色比例**

病人的过程中，仅有 18.46% 的住培医师时常具备中医诊疗思维。对于北京中医医院的名老中医、院内制剂及院内经典方剂，大多数住培医师对此了解程度一般。

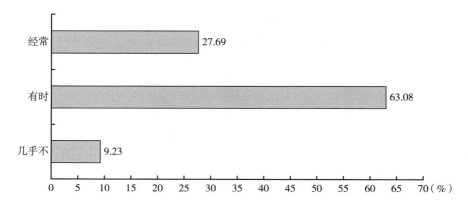

图7 受访者反映轮转科室带教教授相关的中医临床知识情况

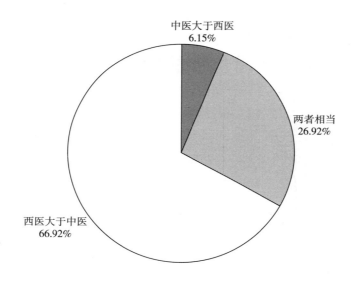

图8 受访者认为在住培过程中中西医学习比例

3.中医传承导师对住培医师教授情况

除了跟随传承导师门诊学习外，60％的住培医师还参与其他形式的中医学术活动，最常见的形式是小组会议和小讲课。68.46％的住培医师认为，除了向传承导师学习中医学术思想之外，还会学习到传承导师的人生观、价值观等内涵。62.31％的导师会时常与学生探讨

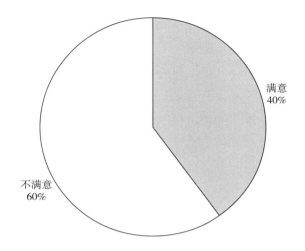

图9　受访者对住培轮转中西医学习比例的满意程度

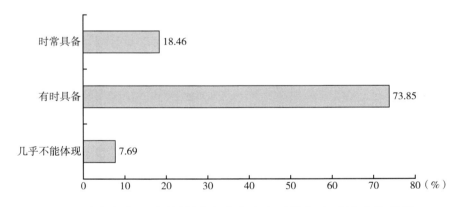

图10　受访者在住培轮转辅助诊治病人时具备中医诊疗思维情况

自己的中医学术思想与临床经验，52.31%的导师会至少3个月评阅一次学生总结的医案。60.77%的传承导师会推荐学生学习相应的中医经典书籍，63.08%的传承导师要求学生背诵相关经典书籍。76.92%的传承导师会推荐学生参加相关的中医学术会议。

　　4.其他问题

　　对于业余自学中医知识的时间，70%的住培医师每周仅有6小时

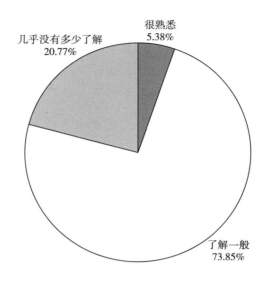

图 11　受访者对院内的名老中医了解情况

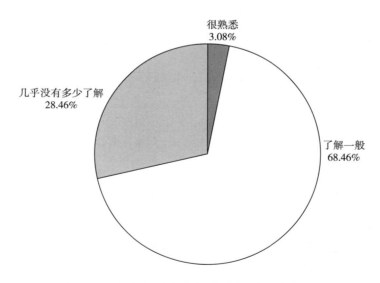

图 12　受访者对院内经典方剂的了解情况

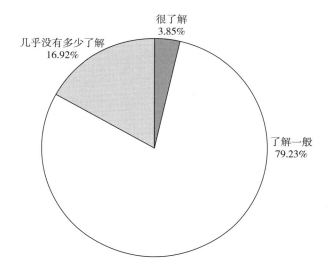

图 13　受访者对院内制剂的了解情况

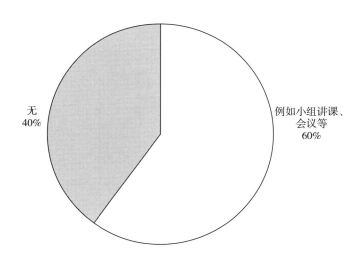

图 14　受访者传承导师除门诊带教形式外的其他传授形式

以内的中医自我学习时间，每天平均不足 1 小时，有些人表示由于临床轮转工作繁重而没有足够的精力业余自学。对于跟师时间，69.23% 的住培医师认为每周 2 个半天及以上最合适，但是目前

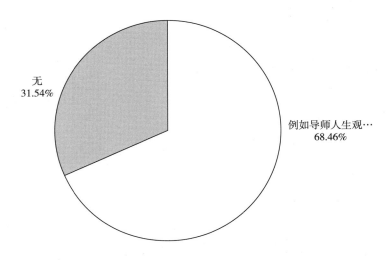

图15　受访者除与传承导师学习中医思想外是否学习到其他内容

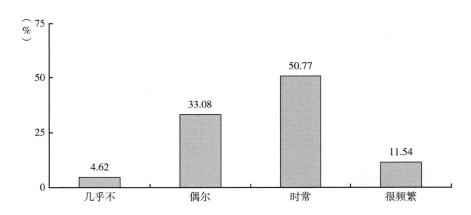

图16　受访者传承导师主动讲授个人临床经验频率

77.69%的住培医师每周跟师时间为1个半天，且有接近1/5的人无法保证每周1个半天的跟师时间，原因亦是科室轮转的工作过于繁重，导致无法保证最低的跟师时间。接受调查的38位传承导师中，一半以上人认为每周1个半天的跟师时间不能学习到足够的中医知识，47.37%的传承导师认为每周2个半天的跟师时间最为合适。住

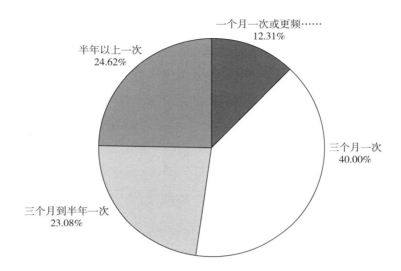

图 17 受访者传承导师对其整理医案评阅频率

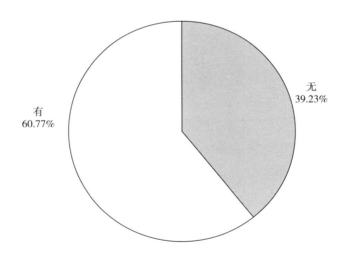

图 18 受访者传承导师是否对其推荐中医学习书籍

培医师对于中医学习积极性较高，有 48.46% 的住培医师希望每位住培医师配置 2 名或 2 名以上所学专业内的中医传承导师以满足其多元的学习需求。

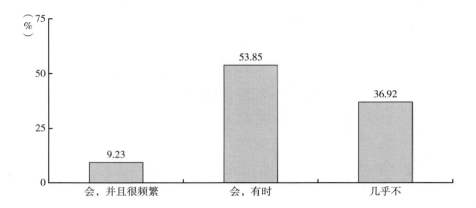

图 19 受访者传承导师是否要求其背诵相关中医经典

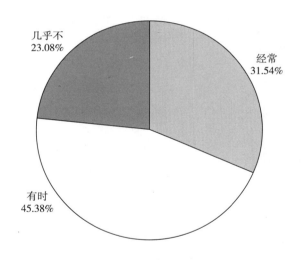

图 20 受访者传承导师是否推荐其参加相关学术会议

根据此调查结果，可以大体推测目前北京市中医住院医师规范化培训中医传承的现状以及存在的问题，根据不同基地的实际情况，个别方面稍有不同。针对住培中医传承的现状及可能存在的问题分析，进行一下讨论。

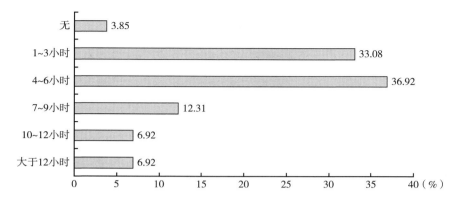

图 21　受访者每周业余自学中医知识时间情况

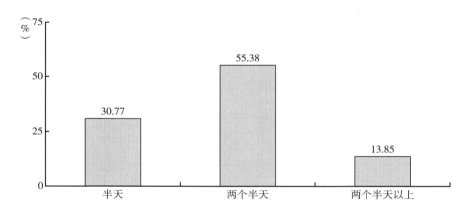

图 22　受访者希望每周跟师时间

（1）规范化培训中医传承现状

①规范化培训医师中医学习积极性普遍较高

以上调查结果显示，大部分住培医师希望有更多的跟师时间，同时还希望有更多的传承导师学习。多数住培医师定期整理临床医案、与传承导师探讨中医学术问题、利用业余时间研究相关问题。

在跟师传承方面，住培医师期望更多元、更丰富的中医学习机

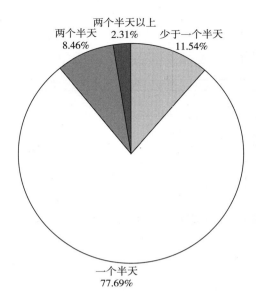

图 23 受访者每周实际跟师时间

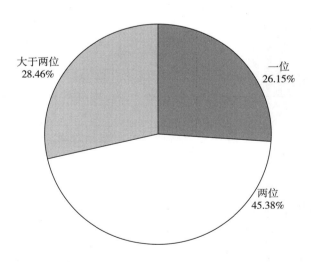

图 24 受访者每周半天跟师时间落实情况

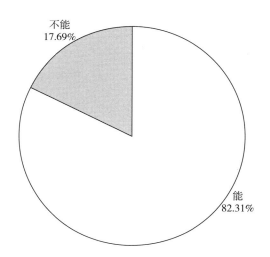

图 25　受访者每周半天跟师时间落实情况

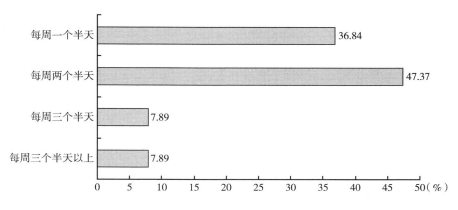

图 26　传承导师认为每周最合适的跟师时间

会，包括更多的跟师时间、更多的跟师对象等，可见住培医师普遍具有较高的学习积极性。

②住培医师中医传承质量较高

调查结果显示，过半的住培医师可以熟练应用传承导师常用治疗方法的 50% 及以上，过半的住培医师可以在短于 3 年的时间学习到

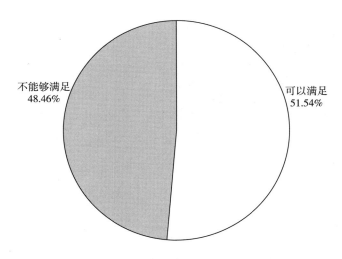

不能够满足
48.46%

可以满足
51.54%

**图 27　每位学生安排一位传承导师
是否可以满足其学习需求**

传承导师 50% 及以上的常用治疗方法，已经可以算作取得较好的学习效果。经常与传承导师讨论学术问题、传承导师定期评阅整理医案、轮转科室教授中医诊疗特色等工作，一定程度上保证了住培医师中医传承的较高质量。更重要的是，课题组在本次调查中发现，大多数住培医师不仅学习到传承导师的中医学术思想，而且还学习到传承导师的优秀内在品质，包括对患者的态度、科研学术精神、人生态度等方面，实现了对中医药人才德与智全面且高质量的培养。

③中医传承导师认真负责

大部分接受调查的住培医师经历过除跟诊以外的学习方式，各个传承导师采用丰富的中医传承教授模式，包括讲课、小组会议、中医辩证思维查房等方式，多方位教授学生中医临床技能与经验。大部分传承导师会及时评阅学生整理的医案，并且推荐学生学习专业相关书籍与中医经典，部分传承导师要求学生背诵相关中医经典。传承导师会推荐学生参加相关中医学术会议。传承导师会在多方面提供学生学习相关中医知识的条件，体现出中医传承导师的认真与负责的态度，是提升中医住院医师规范化培训中医传承质量的重要手段。

④住培轮转过程中可体现中医临床诊疗特色

在住培轮转过程中，各科室承担对住培医师中医与西医双重临床技能训练的重任，住培医师在规范化临床诊疗流程的同时，亦可了解到各个科室的中医诊疗特色及其临床疗效。各个临床基地由于中医药历史与文化发展的不同，其中医临床也各具特色，各个临床科室亦是各不相同，在轮转住培中保证对住培医师中医诊疗特色的传承是中医传承的重要保障。

（2）规范化培训中医传承目前可能存在的问题

①跟随中医传承导师学习条件受限制

部分临床基地由于科室轮转工作繁重，导致住培医师难以保证足够的跟诊时间，从而影响其学习质量；部分临床基地由于传承导师数量较少，导致跟随一位传承导师的住培医师过多，以致影响学习质量；部分中医传承导师由于身兼数职，工作繁忙，没有足够的时间与精力更好地教授住培医师，以致影响住培医师学习质量等。

②住培轮转中医传承过程中西医比例不协调

由于目前主流医学为现代医学，各科室诊疗过程中西医占有一定的比重，中医诊疗特色不够突出，再加之中医诊疗知识教授不够全面、临床带教中医知识水平有限，均可成为轮转过程中中医传承的阻碍。

③部分临床轮转带教意识薄弱

部分带教由于中医知识水平有限、工作时间过短、临床经验尚不丰富，加之临床工作繁重、带教意识缺失，导致对住培医师中医知识教授的欠缺，影响住培中医传承质量。

对分析中医住院医师规范化培训工作及中医传承现状及可能存在的问题，有利于我们在未来的时间进行改进，例如在条件允许的情况下尽量满足住培医师中医学习的需求，继续激发住培医师中医传承学习的积极性，督促中医传承导师的中医传承工作，加强各临床基地科室中医知识教授，提高中医临床带教质量，可根据情况建立相应的带教评价体系。

中医住院医师规范化培训工作是一项浩大的工程，其宗旨在于培养高质量的中医药人才及传承中医药文化与内涵，是促进中医药学术进步的重要途径，为我国人民健康生活提供基本保障。培养中医药人才始终是中医药事业发展的重要任务，只有做好中医传承部分，才可以促进中医药事业快速发展。

三　北京中医医院呼吸科住院医师
规范化培训的实践及探索

住院医师规范化培训是医学教育的一个重要组成部分，是培养合格临床医师的必由之路，对于保证临床医师专业水准和医疗服务质量具有不可替代的作用，也是国家提高临床医师的业务素质和医学长期发展的需要。在住院医师规范化培训实施过程中，尤其是中医住院医师规范化培训实施过程中，存在诸多问题，如强调对临床三基的训练，对住院医师临床思维的培养重视不足等。

医学是一门需要将理论与实践密切结合、实践性极强的学科。临床思维是临床工作的灵魂。临床思维是根据医学基础知识和原理、结合患者的临床信息（病史、体征、实验室检查及治疗反应）鉴别诊断，做出临床决策的过程。临床思维是一种基于医学理论的思维活动，临床诊疗活动的开展受到临床思维的影响，可以说临床疗效取决于临床思维。

住院医师规范化培训的目的在于培养合格的临床医师，鉴于临床思维的重要性，因此科室把培养具备临床思维、以提高临床诊治能力的医师，作为科室住院医师规范化培训工作的核心。通过 2 年来的教学实践和积极探索，呼吸科已建立起一套相对合理、系统、目标明确的住院医师规范化培训体系，讨论如下。

1. 住院医师规范化培训工作应以临床思维为重要评价指标

美国、英国等国已经建立起较为完善的住培制度，其在住院医师培养的全过程中，标准系统的考核与评估贯穿始终。在我国住院医师规范化培训实施中，有学者认为住培的关键是对其技能的培训，提倡以考促训，认为制定有效、合理的量化考核指标是对培训效果的重要评价措施。

住培医师的培养涉及多方面，如住培医师的三基、临床思维能力、临床实践能力、解决问题的能力、医患沟通的能力、职业道德修养、综合人文素养和创新能力的培养等。在住培实施过程中，科室多次研讨，并访谈相关专家，讨论在住培实施中面临的主要问题、需求与任务，分析住培医师最需要什么，怎样才能最有利于今后其临床的长期发展。

课题组认为住培工作根本目的在于培养合格的中医临床专业人才。合格住陪医师的评价，技能只是一方面，更看重其是否具有解决临床问题的能力，是否具有能够指导解决临床问题的临床思维。故科室根据住培工作的宗旨和要求，按照临床实践的规律，把临床思维的培养作为主线，以达到提升临床诊疗水平、培养合格临床医师的目的，使住培医师在面对患者时，知道该做什么（发现问题、分析问题）、怎么做（解决问题）以及为什么这样做（临床思维），在临床思维指导下进行具有主观能动性的临床工作。

2. 将临床思维的提升作为培养住培医师的主线

住陪医师进入临床前均经过基础理论和临床知识的学习，但各种知识都是相对独立和分散的，相互之间缺乏联系。住培是院校教育和继续教育的有机衔接，通过住培迅速将院校教育所获得的理论知识转化为解决临床的能力。住培医师临床思维的培养，有利于促使其将院校教育转化为临床实践能力。如何在住培工作中尽快提升临床思维能力，是做好住培工作的关键。

在院教育处、医务处整体住培工作安排的基础上，结合呼吸科临床情况，以临床思维为住培工作的重要评价指标，把理论引入实践，将基本理论向临床实践转化、基本知识向临床思维转化、基本技能向临床能力转化。将三基与临床实践密切相结合，始终以临床思维的培养为主线。强调发现问题、分析问题与解决问题能力的培养。通过三个转化、三个对接，解决临床问题的能力逐渐形成，使住培医师得到全面的培养与锻炼，形成临床思维，使其真正成为有用、可用、好用的中医临床专业人才。

中西医学理论体系的不同决定了中医住培工作具有自身的特点，不能完全照搬西医的培养方案。辨证论治与整体观念是中医学最基本特点，也决定了中医住培工作更加强调中医临床思维的培养。目前临床更多强调中西医结合，但住培医师初入临床，尚不具备妥善处理中西医结合的临床能力，科室在住培工作中，对住培医师的中医临床思维、西医临床思维分开培养，不盲目结合，而是重点培养出具备能够解决临床问题能力的医师。

3. 制度保障下的临床三基三严训练是临床思维形成的基础

参加住培的人员层次不同，有本科毕业、硕士毕业、博士毕业，还有专业学位和科学学位之分，住院医师之间的培训经历和临床能力差异大，临床思维和技能彼此间存在显著差距，培训通常需要从头开始。因此，如何合理地安排、制定住培制度，如何保证住培质量就显得格外的重要。

目前医学界普遍认为临床基本技能训练是培养实际工作能力的重要环节，如王宇等认为临床实践能力是培训内容中的重中之重。在住培实施中，诸多科室在培训内容的安排上，不仅忽视临床思维能力的培养，对医学三基的训练也重视不够。"三基"即"基础理论、基本知识、基本技能"，三基是临床思维的基础，缺乏必备的三基，临床思维无从谈起，因此科室在住培工作中，在注重临床思维培养的同时，首先强调三基的培训。高丹红等对160例住培医师调查研究结果显示，90.67%的人认为自身的学习主动性是影响住培效果的重要因素，同时62.67%认为管理制度是重要影响因素。因此相关部门宜制定相关住培制度，严格要求、严密方法、严肃态度，通过"三严"来促"三基训练"，夯实提升住培医师的专业理论及技能，为临床思维的培养打下坚实基础。

科室利用晨交班前15分钟，持之以恒地举行科室内部学习培训，并在每周五定期举行业务专题学习，更多的是运用启发式问题教学，促使住培医师思考，培养其解决临床问题的能力，而不是简单的理论学习。科室通过早晚交班、危重症患者床旁交班制度，将临床思维贯穿到交班中（规定交班时长控制在2分钟内），并贯穿到教学查房床旁汇报病例、疑难病例讨论中，促使住培医师高度凝练整理所管患者情况，潜移默化中逐渐提升临床思维水平，将临床思维的培养贯穿始终，达到培养合格临床医师的目标。

4. 引入临床教学路径，自编教材提升住培效率

临床路径（Clinical pathway，CP）是指针对某种疾病的监测、治疗、康复和护理所制定的一个有严格顺序、有准确时间要求的诊疗计划。将CP理念引入临床教学，通过CP平台进行临床教学，医学界称之为临床路径教学法。研究证实CP教学法引入住培教学实践，培养了住院医师正确的临床思维方式，训练了临床实践能力，有利于住院医师规范化培养。以呼吸科为例，科室将CP教学法与其他教学方法结合，对呼吸科常见疾患如AECOPD、支气管哮喘急性发作、支气管扩张、CAP、IPF进行CP教学，由于CP方案有明确的针对性、目的性和规范性，避免了呼吸科基本教学内容出现漏缺现象，提高了临

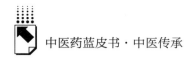

床培养效率。

同时科室组织编写了《呼吸科医师手册》《呼吸科医师229问》，住陪医师人手一本，便于携带、查询、日常学习，使住培医师在临床中遇到的常见问题能够迅速得到解答，提高临床工作效率，并通过规范的指导，形成临床思维和治疗策略。

通过CP教学、自编教材等，住陪医师在短时间内便可适应呼吸科的工作，尽快掌握常见病、多发病的诊疗，了解临床常见危重急症的抢救措施，使其三基更为扎实，也提升了临床思维指导下的住陪效率。

5. 在临床带教、病例讨论、名老中医教学查房中培养中医临床思维

在三基三严培训学习的同时，如何尽快将理论转化为临床能力，也一直是科室在住培工作中探讨的关键问题。

（1）在临床带教中培养临床思维

住院医师规范化培训的特点是在实践中学习，但在无上级医师指导的实践中获得的培训是不规范的，效果也不理想。因此科室坚持三级医师查房制度，坚持教学查房，在上级主治医师的指导下，承担科内住院医师职责，全程、全面对病人负责，通过这种严格、高强度的训练，年轻医师将知识转化为临床思维、动手操作、人际沟通等方面的能力，达到住培目的。

（2）通过病例讨论提升临床思维

临床病例讨论是医疗工作中不可缺少的重要环节，在住培工作中进行临床病例讨论，可提升住培医师分析病情、归纳病例特点、总结诊断依据、辨析鉴别诊断及制定诊疗计划等能力，使其掌握正确的临床思维方法，提升其临床思维能力。坚持对疑难病例进行讨论，通过大量的病例讨论，住培医师的临床思维无形中得到提升。

（3）通过名老中医教学查房提升临床思维水平

经验传承贯穿于中医发展史，也是提高中医临床水平的捷径。开

展名老中医教学查房也是关键。在名老中医教学查房及讨论中,将经典应用于临床,在临床中反证经典疗效,学术临床紧密融合,潜移默化中培养并提高青年医师的中医临床思维,也是举办名老中医教学查房的意义所在。

在教学查房的同时,邀请中西医方面顶级专家以会诊形式对疑难重症进行教学查房。住培医师近距离接触顶级专家、名老中医,有利于提高其中医临床思维和解决疑难病证的能力,有利于其在临床工作中形成正确的临床思维,培养应用知识综合分析的能力。

总之,在临床带教、病例讨论、名老中医教学查房中,培养临床思维作为主线贯穿其中。

6. 通过《伤寒论》《金匮要略》等经典的重温提升中医临床思维

纵观古今,贤哲名医均熟谙经典,勤于临证,因此年轻医生应多读经典医籍,在深厚理论内涵指导下临床实践,才能提高诊治水平。王永炎院士在人民卫生出版社出版的《中医临床必读丛书》序言中谈道:中医治学当溯本求源,古为今用,继承是基础。同时认为经典医籍所提供的科学原理至今仍是维护健康防治疾病的准则,至今仍葆其青春,因此"读经典做临床"是中医住培医师成长的捷径,具有重要的现实意义。

经方源远流长,早在《汉书·艺文志》中就有医经、经方的医学分类。目前经方一般被认为是指以张仲景《伤寒杂病论》为代表的六经辨证体系。经方的贡献不仅在于给我们留下了百余个临床常用而疗效确定的方剂,更在于确立了一套辨证体系,即六经辨证理论体系。因而历代医家对仲景学说倍加推崇。

经方体系的学习有利于临床思维的培养。如柯韵伯说:"仲景之六经,为百病立法,不专为伤寒一科,伤寒杂病,治无二理,咸归六经之节制。"俞根初说:"以六经钤百病,为确定之总诀。"陆九芝说:"学医从《伤寒论》入手,始则难,继而大易;从杂症入手，始则易，继而大难。"南京中医学院陈亦人教授曰：《伤寒论》的辨证内容极为丰富，既有辨"病所"与"病性"的共性辨证，又蕴涵各种个性辨证精神，是辨证理论的基础，对临床各科都具有指导意义。

鉴于经方对临床思维的培养具有重要意义，因此科室选定经方体系为理论指导思想，选取与呼吸科密切相关的《伤寒论》相关条文和《金匮要略》四篇《肺痿肺痈咳嗽上气病脉证治第七》、《胸痹心痛短气病脉证治第九》《痰饮咳嗽病脉证并治第十二》《水气病脉证并治第十四》，作为住培中医经典学习内容，并将经典条文的背诵、理解作为出科考核内容。通过经典条文的学习，建立整体六经辨证体系，提升中医的经方临床思维。

7. 体会与未来展望

住培工作是全面、整体的，最终目的是培养合格的临床人才。住培工作目前仍处于探索阶段，住培医师临床思维的树立与提升，是中医住培工作成功的关键。

各科室在承担住培工作中，应以培养住培医师临床思维为主线，营造浓郁的学术氛围、实施严格的制度要求，通过三基三严，在临床带教、病例讨论、名老中医教学查房中培养住院医师中医临床思维。另外指导其通过经典学习，将经典与临床紧密结合，以培养出具有中医临床思维的中医临床医师。

建议在每一批住培医师结束轮转并出科后，各科室通过问卷形式采集住培医师意见。问卷调查结果显示，轮转住培医师对科室制度、教学满意度高，尤其感受到科室把临床思维能力的培养与提升作为培养主线的重要性。在今后的科室住培工作实施过程中，制度管理将进一步加强，将临床思维有机贯穿于整个住院医师规范化培训工作，优化流程，提升效率，以培养合格的能够在临床思维指导下解决问题的中医临床医师。

四 中医传承应以名老中医传承为核心

名老中医经验传承关系中医药事业的发展和未来，国家"十二五"科技支撑计划名老中医特色治则治法传承研究课题组，通过探索与对前期工作的总结，认为名老中医的经验传承，绝非一方一药的传承，而在于方药背后临床思辨体系的传承，在于临床思维的传承，即治则治法的传承。中医传承应以名老中医特色治则治法传承为核心。

1. 中医传承的是名老中医临床思维

中医人才培养周期较长，在继承前人思想的基础上，须历经数十年的临床磨砺，从临床实践中总结经验，方能在学术上有所建树。因此名老中医是最能体现中医临床特色的一批人，名老中医丰富的临床经验是宝贵的，需要后学者传承的恰恰是名老中医的宝贵临床思维。临床思维是决定临床疗效的关键，而创新的临床思维又是中医理论发展的基础。中医临床思维贯穿于整个诊疗过程中，分为临床诊断、辨证思维、临床治疗（处方用药）思维，可以概括为理法方药。

中医传承的并不仅仅是名老中医的具体临床经验，而是临床经验、一方一药背后所蕴含的辨证论治体系，即临床思维。在临床过程中，需根据辨证论治的结果确定不同的治则治法。法随证立，因此通过治则治法可以反推出证。如寒者热之、热者寒之，通过清热法可以反推出是实热证，从温阳法可以反推出是虚寒证。辨证是基础，而最终落实到处方上的是具体的方、药。治则治法承前启后最为关键。因此治则治法在中医辨证论治的理法方药过程中，起着承上启下的作用；上承辨证以确定治则治法，下统方药以指导遣方用药。在正确辨证的前提下，治则治法确定得恰当与否，直接关乎处方用药的方向，关乎临床疗效的优劣。正所谓失之毫厘、差之千里，故临床上治则治

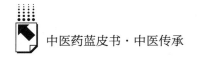

法直接决定着临床思路、决定着临床疗效。

方药灵活加减在于对治则治法的充分理解，名老中医、流派名家的著述、医案也无一例外地体现出治则治法的临证指导作用，因此在传承过程中，应该注意对治则治法的归纳总结，传承者若不能充分理解治则治法而仅专攻具体一方一药，缺乏治则治法的"圆机活法"指导下的处方用药，则只能成为"下工、医匠"，也谈不上对学术的传承与发展。

2. 临床思维体现在治则治法上

治则治法是建立在整体观和辨证的基础上，对疾病进行全面的综合分析和判断，从而确定不同的临床治疗原则和治疗思路，所以治则治法的确立体现了临床思维。治则治法的重要性毋庸置疑，正如第五版《中医基础理论》教材指出：对临床立法、处方、用药具有普遍指导意义的治疗规律。

历代名家独特的学术思想，多来源于独特而创新的临床思维，具体表现在特色的治则治法理论体系中。同时这些创新的治则治法又都促进中医理论的发展与进步。比如张仲景的《伤寒论》确立的六经辨治体系，其中太阳麻黄汤的辛温解表，桂枝汤的调和营卫，大青龙汤、小青龙汤的表里双解，小柴胡汤的和解少阳等，都是以治则治法开创新的治疗法门。而后世张景岳的"善补阳者，必于阴中求阳，则阳得阴助而生化无穷；善补阴者，必于阳中求阴，则阴得阳升而泉源不竭"，更是被后人在补益阴阳时所遵从。而温病学派叶天士提出的"在卫汗之可也，到气才可清气，入营犹可透热转气，入血就恐耗血动血，直须凉血散血"的治则治法，直接指导了卫气营血的辨证治疗。

因此，中医传承的是能够指导临床实践并取得显著疗效的临床思维。治则治法上承诊断、下启处方，是最具有中医思维的核心理论知识。特色治则治法是从名老中医数十年临床经验总结而来，源自其对病因病机独到的认识，源自对一般治则治法的升华，故而特色治则治法的传承为名老中医经验传承的重点和关键。名老中医经验传承首先传承治则治法，通过治则治法，上可推及病因病机，下可指导其具体方药的临床加减应用。如此方可最大限度地传承其学术理论体系。

3. 治则治法有理论源流

中医治则治法学源远流长，肇始于内难。《素问·移精变气论》称治则为："治之大则"。《黄帝内经》"运气七篇"以"至真要大论"为代表，提出了诸多的治则治法，已经渗透在整个中医学治疗体系中。比如《素问·至真要大论》提出的"谨察阴阳所在而调之，以平为期"，为医家所重视，被放在整个中医治则的最高层次，概括为"平调阴阳，以平为期"，即调理阴阳。《素问·六元正纪大论》"用寒远寒，用凉远凉，用温远温，用热远热"的论述，归纳为"因时制宜"，后世发展为"三因制宜"。因此有学者认为治则治法理论与中医学理论的形成与发展是同步的。

如当今所论的治病求本、标本缓急、扶正祛邪等治则，皆可在《黄帝内经》中找到原貌。治则治法理论是由《内经》《难经》奠基的，后两者为其形成的标志。自《黄帝内经》起，历代医家已经对其形成和发展做出了卓越的贡献，并使其成为体系。

4. 治则治法自成体系

从中医发展史来看，治则治法一直在中医基础理论中占据重要地位。治则，是治疗原则的简称。《辞海》称治则是"治疗疾病的总原则"。治则是整个中医治疗学的根本原则和指导思想，具有适用于治疗任何疾病和任何治疗手段的普遍意义。可以说凡是涉及中医的临床决策、治疗等，皆受到中医治则治法的指导。治法是治疗疾病的具体方法或手段，方、药、针、灸、取穴等则是具体的手段。

治则、治法是建立在中医发病观基础上的，常合称治则治法，也泛称为法。比如"方随法出，法随证立"的法，即指治则治法。二者虽统称为法，但前者为原则性，后者为具体体现，故不可混淆。对于治法，临床中多加以分层，法当有大、中、小之分。又或称之为治疗大法、基本治法、具体治法。尽管某些治法带有法则性的指导作用，可以适用于多种疾病，但是仍缺乏普遍性意义。

大法或治疗大法首推"八法"。八法的内涵在《内经》《伤寒论》《金匮要略》等书已有论述，历代均有所发挥，使之成为系统则出现在程钟龄的《医学心悟》，将其归纳为"八法"，即汗、吐、下、和、温、清、补、消。因八法为治法的高度概括，故属于治疗大法。中法或基本治法为针对某一类具有相同病机或病性的疾病或病证而确立的治疗方法，如"病痰饮者，当以温药和之"；"诸病黄家，但利其小便"；"诸有水者，腰以下肿，当利小便；腰以上肿，当发汗乃愈"等。小法或具体治法是指针对具体病证而设立的具体的治疗方法。比如在"病痰饮者当以温药和之"的基本治法指导下，具体而言又有温阳化饮、行气化饮、芳香化饮、淡渗利饮等不同，即是针对临床具体病证的具体治法。具体举例而言，如汗法当属大法；而汗法又可分为辛温解表、辛凉解表的基本治法，为法中之法，属中法；具体而言，辛温解表中又有麻黄汤的直接辛温发汗解表、桂枝汤的调和营卫解表的具体治法，即小法；辛凉解表则可细分为辛凉平剂的银翘散法、辛凉轻剂的桑菊饮法等。

从治则到治法，从大法到中法、小法的过程，是辨证论治的具体体现。在治则治法的指导下完成方药的选择，也是中医临床思维的过程。

5. 治则治法源自病证、病机的独特把握

"法随证立"，只有证的确定，方能提出法来。故特色治则治法的提出源于对核心病机的把握，源于对病机关键环节的认识，如此才具备提炼特色治则治法的背景，如王永炎院士的化痰通腑法源于中风病急性期的常见证候痰热腑实证，抓住中风急性期发生发展的关键环节，故而针对性地提出化痰通腑法，从而显著提高中风病的治疗效果；国医大师李士懋教授认为寒凝证临床广泛存在，通过把握寒凝证的指征（痉脉、疼痛、恶寒），从而创新性地提出汗法可用于里证、虚实相兼证、阳虚阴凝证等，也拓展了既往汗法只适用于表证的认知；国医大师夏桂成教授的调周法源于临床，认为月经规律性来潮与阴阳消长转化的周期节律有关，与整个自然界包括体内的圆运动生物钟节律有关，并将之拓展到女性不孕症、痛经病症、功能性子宫出血病症的治疗。周平安教授运用表里和解法治疗流行性感冒，认为北方外感的特点是表寒里热，从而提出表里和解法治疗流感，将和解法拓展到外感疾病的治疗上。

从上述名老中医特色治则治法的形成过程来看，特色治则治法源于临床经验的总结升华，源于对疾病病因病机的独特把握，并通过临床对其深化、凝练，最终形成特色治则治法，并对临床治则治法体系有所补充，也是临床客观发展的需要。

6. 治则治法构建了中医临床治疗体系

临床思维即是在辨证论治的基础上，随证而逐层确定治则治法，继之确定具体处方用药的过程。犹如方剂有单方、复方之分，而法亦有单法、复法之分。由于临床症情千差万别，证候不一，所以临床上辨证处方用药的过程蕴涵的往往不是单一的治则治法，而是二法或数法合用。在单一治则治法的基础上，合法方能合方，以此解决复杂临床疑难问题。以《伤寒论》为例，六经辨证的体系中，解太阳表、清阳明热各为单一治法，合起来就是表里双解法的复法；而表里双解法又可分为解表清热的大青龙汤法、解表利饮的小青龙汤法等。而猪苓汤可谓一方三法，将育阴、清热、利水三法融为一体。八法之中，百法备焉。

医者临床中根据复杂证候，需要合理搭配选择不同的治则治法，法与法的联合应用，更为恰当地适应了复杂的临床病证变化。在逐层深入确定的治则治法指导下，将法与法配伍组合，从而构建了整个中医临床治疗体系。

7. 结语

王永炎院士在人民卫生出版社出版的《中医临床必读丛书》序言中谈道："中医治学当溯本求源，古为今用，继承是基础。"韩愈《师说》曰："古之学者必有师。"数千年来的中医发展离不开中医传承，传承是数千年来推动中医不断进步发展的动力，历史上璀璨如星河的中医经典著作承载着传承使命，又在不断创新发展，从而形成百家争鸣的学术流派，可以说传承与创新是中医药事业发展的永恒主题，也是推动中医药事业前行的动力。传承也是中医发展的关键。辨证论治和整体观念是中医的基本特点，疗效是中医存在的基石，而在辨证论治中，"方随法出、法随证立"是关键，治则治法上承辨证，下启处方用药，处于关键核心环节。

如何把名老中医经验更好地传承下去，也是目前中医传承的关键。在前期研究基础上，课题组认为名老中医临床中凝练形成的特色治则治法是中医传承的核心，特色治则治法是名老中医经验传承的关键，也是课题研究方向。原因有五方面：①中医传承的是名老中医临床思维；②临床思维具体体现在治则治法中；③治则治法有理论源流及体系；④治则治法源于独特的病因病机认识；⑤特色治则治法对临床实践有重大指导价值，并能够被后人传承发展。今后将在名老中医特色治则治法传承中进一步研究，以更好地推动名老中医经验传承工作。

五　施今墨三代百年传承回顾及启迪

在 20 世纪 20 年代就已闻名遐迩的北京四大名医，为施今墨、萧龙友、孔伯华、汪逢春。这四位医家不仅医术高超，而且对近百年来中医界风云变幻的历史进程产生了举足轻重的影响。他们的人生历程，恰是一部中医百年兴衰史的缩影。20世纪初，在中国社会大动荡的时代背景之下，多位杰出的中医学家崛起于华夏大地。在北京、上海等大城市，名医荟萃的局面逐渐形成。北京四大名医就是在这一时期相继悬壶京城的。在四大名医中，后人对其研究最多的就是施今墨。

施今墨为中国著名医学家。字奖生，祖籍浙江萧山。因其祖父曾在云南和贵州任官，他于1881年3月28日生于贵州贵阳，取名施毓黔。他年幼时，母亲多病，遂立志学医。其舅父李可亭是河南安阳名医，故施今墨13岁便随舅父学习中医，20岁时已熟习中医理论，开始独立行医。

然而施今墨之父施小航认为通过读书踏入仕途才是正道。于是1902年就送施今墨进山西大学堂（今山西大学）读书。在这所近代新型大学，施今墨不断受到进步思潮的影响，逐步产生了民主与革命的思想。后因其不满并反对学堂西斋主持人、英人李提摩太的专制，受到校方处理，才不得已中途转读山西法政学堂。不久又以优异成绩被保送京师法政学堂。在这里，他结识了黄兴，由其介绍加入同盟会，从此开始了革命生涯。以后，施今墨便以医疗为掩护，随黄兴奔走革命。1911年辛亥革命推翻了清封建王朝，施今墨曾作为山西代表，在南京参加了孙中山就任大总统典礼。以后施今墨一度在陆军部协助黄兴（任陆军总长）工作，主要协助其制定陆军法典。在《陆军刑法》《陆军惩罚令》《陆军审判章程》的原稿中都留有施今墨的手笔。袁世凯篡权后，孙中山出走，黄兴病故，施今墨应湖南督军谭延闿之聘，出任湖南省教育厅厅长。不久又应直隶水利督办熊希龄的邀请，出任北京香山慈幼院副院长，希望在此创造一个充满自由、平等、博爱的理想环境，但因社会腐败，壮志难酬，施今墨愤而辞职，决心弃政从医。1921年，他遂改名为"今墨"。取义一为纪念诞生地"黔"；二为学习墨子，行兼爱之道，治病不论贵贱，施爱不分贫富；三为医术上勇于革新，要成为当代绳墨。

这时，施今墨经多年诊疗实践，且本人一直刻苦研习，医术已有相当水平，在京师名声大噪，深得民众赞誉。1925 年孙中山在京卧病，施今墨曾应邀参加会诊。1929 年国民党政府一度拟决议取消中医，中医生存岌岌可危。施今墨遂联合同业，成立中医工会，组织华北中医请愿团，数次赴南京请愿，以求力挽狂澜。此时正值汪精卫主持行政院，其岳母适患痢疾，遍请西医未见奏效，生命危在旦夕。无奈之下，根据他人建议，汪精卫就请施今墨试诊。施今墨凭脉诊断病情，每言必中，令汪精卫岳母心悦诚服。后施今墨为她开具处方，并嘱"安心服药，一诊可愈，不必复诊"。后据此处方仅服药数剂，病即痊愈。汪精卫由此信服中医之神验，并给施今墨题"美意延年"字匾相送。由此也使其撤销了取消中医的议案，并批准在南京设立中央国立中医馆，任命施今墨为副馆长。1930 年杨虎城将军患病西安，施今墨又出诊千里，药到病除，载誉而归。从此其名声大振。1935年，国民党政府颁布了中医条例，规定对所有中医实行考核立案。于是在北京进行第一次中医考核时，当局挑选了医术精湛、颇负盛名的施今墨、汪逢春、萧龙友、孔伯华四人作为主考官，负责试题命题与阅卷。从此他们四人即有了"北京四大名医"之誉称。

施今墨对中医理论有很深的造诣，他认为，辨证施治，是中医特长。但传统理论中的八纲辨证并不完善，气血是人体的基础，气血辨证应补充到八纲辨证之中。他提出了"阴阳应为总纲，表里、虚实、寒热、气血为余辨证时之八纲"。他对中医基本理论有了创新性的想法。他还把兵法用于医疗实践，指出，"临床如临阵，用药如用兵，必须明辨证候，详慎组方，灵活用药。"并创立了治疗外感热性病的"七清三解、五清五解、三清七解"（清理与解表药味之比例为 7∶3、5∶5、3∶7）诸法。

施今墨又是进行中医革新和中西医结合的先驱。早在 20 世纪 20年代，他就开始应用西医病名，曾提出"中医现代化，中药工药化"

的口号。他认为，医学是和死亡做斗争的科学，应该与时俱进，精益求精。他主张中医与西医并存，最早提倡中西医互相结合，取长补短，提出"学术无国界而各有增长。""诊断以西法为精密，处方以中药为完善。""无论中医西医，其理论正确，治疗有效者，皆信任之；反之，摒弃不可用也。"

施今墨还十分重视和关心中医人才的培养和中医学术思想的传播，为我国中医事业的长足发展做出了重要贡献。1932 年他在北京创办了华北国医学院，讲授中西医课程，是中国近代史上第一所新型医学院。他还创办过中医学校、中医讲习所和中医研究所等。1954年，施今墨在受到周恩来总理的接见时，还提出建议，成立中医科学研究院、中医医院、中医医学院。在一次中医中药展览会上，施今墨曾提出了治疗胃溃疡、十二指肠溃疡、高血压、神经衰弱、肝硬化、肝脾肿大、气管炎等病的十大验方。据此制成的"高血压速降丸""神经衰弱丸""感冒丸""气管炎丸"等曾畅销海内外。

新中国成立后，施今墨曾任北京医院中医顾问、中医研究院顾问、中华医学会副会长等，被邀请担任第二、三、四届全国政协委员。"文革"期间，施今墨也遭到迫害。在他极为困难之时，周恩来总理让邓颖超亲自过问，解除了他的饥寒之危。1969 年春，他自知不久于人世，写下一首小诗："大恩不言报，大德不可忘。取信两君子，生死有余光。"并嘱家人在他死后上呈周总理。1969 年 8 月 22日，施今墨于北京病逝，享年 88 岁。临终前他还一再叮嘱其子女："我虽今后不能再看病，而我的这些经验，对人民是有用的，一定要整理出来，让它继续为人民服务。"根据其遗愿，由祝谌予、翟济生、施如瑜（施今墨之女）、施小墨（原名施如雪，施今墨之子）修编的《施今墨临床经验集》一书于 1982 年由人民卫生出版社出版；吕景山编《施今墨药对临床经验集》一书于 1982 年由山西人民出版社出版。

受西方医学的影响，在 19 世纪末、20 世纪初中国出现了主张中医科学化的医家，其代表人物如陆渊雷、施今墨、谭次仲、张赞臣、余无言等，他们均主张中西医学融会贯通，成为中医近代史上著名的中西医汇通医家。

施今墨一生诊务繁忙，无暇著述，所以他的学术思想主要在其弟子著述的书籍和文章中体现出来。施今墨认为中医学是不断发展的，不能"各承家技，始终顺旧"，要在贯通前人理论的基础上勇于突破，才能推陈出新。施今墨早在 20 世纪 30 年代就倡导中医、西医要互相学习，融会贯通，他认为中医要改革，不能故步自封，而中西医汇通就是促进中国医学向前发展的一个很好方式。他曾写道："吾以为中医之改进方法，舍借用西学之生理、病理，以互相佐证，实无别途。"（见《华北国医学院第三届毕业纪念刊序言》）。施今墨认为，疗效是检验医学理论是否正确的标准，学术是无国界、无中西之分的。既然中医、西医都能治好病，就都具有科学性，也就同样应受重视。1937 年他在为《中医半月刊》所写的序言中明确指出："无论中医、西医，其理论正确、治疗有效者，皆信任之。反之，摒弃不可用也"。他认为中医和西医都是治疗疾病的一门科学，两者具有结合的基础，所以他一生孜孜不倦地探索中西医汇通的新道路，毫不动摇。实践证明，施今墨的中西医汇通思想即现代的中西医结合思想，代表了 20 世纪中医药发展的主流，也为中医药事业的发展做出了巨大的贡献。

施今墨认为中医病名较为繁杂，不利于中医的标准化和规范化；并认为中医的标准化首先要从教材做起。他曾写道："复兴中医有三大重点，即编书、办医院、开学校，三位一体。三者之中，尤以编书为先决问题。"因此早在他任中央国医馆副馆长之时，就有关于统一中医病名的提案。他打破传统，率先把西医病名引入祖国医学领域。施今墨认为，运用中医学理论，以西医学疾病分类学为纲，总结西医学各种疾病的证候规律和特点，是临床中西医汇通的一条值得探索的途径。这种方法，既可保持和发扬中医特色，又可促进中医的规范化和中西医汇通。朝此方向不断努力，逐步总结出西医学中每一种疾病的证候规律特点，中西医之间的共同语言就会越来越多，编辑中西医通用的标准用书的目的才能实现。施今墨临证常参考西医的诊断，对于西医诊断的某种病，他则根据这种病临床最常见的症状和体征，运用中医的理论和方法，归纳出主证和主方，在辨病（西医学疾病）的基础上，再针对每个病人的具体情况辨证施治，其主要有三个步骤：①以病分证：以西医学疾病分类学为纲，根据各种疾病的临床表现，运用中医理论，总结出疾病的主证，作为西医学某种病的证候提纲。②循病求方：在以病分证的基础上，根据这种病的主证，拟订出治疗的主方。③病证结合：临床上遇到患有这种疾病的病人，要结合每个病人的具体情况进行辨证，对主方进行补充或修正，做到病证结合。施今墨运用这种辨病与辨证相结合的方法，不断探索西医学中各种疾病的中医治疗规律。经过长期的临床实践，他对于西医学中的一些常见病，如高血压、支气管炎、糖尿病、肾结石、胃溃疡、肝硬化等，在找出主方的基础上，进一步总结发展为治疗这些疾病的验方，并将其中有卓效者制为成药，而且此成药直接采其所治疗的病名命名，如气管炎咳嗽痰喘丸、高血压速降丸、神经衰弱丸、感冒丹等。施今墨开创以西医病名命名中成药的先河，现在许多中成药的命名都采用这种方法。

施今墨在治疗疾病时，以使用中药为主，但必要时亦劝病人用西药，如静脉输液、肌肉注射西药等。他绝无门户之见，主张只要对病人有利，中医、西医都可使用。施今墨主张中西医汇通必须从培养新一代入手，所以在设置华北国医学院的课程时，他主张中西医课程都要设置，如除了设置中医的《内经》《难经》《伤寒论》《金匮要略》《温病条辨》及本草诸课程外，还设置了解剖学、组织学、生理学、病理学等西医基础课程，中西医授课比例大约是7:3。施今墨将中西医汇通的思想贯穿到中医教学中，培养出大批新型的中医人才，为新中国成立后中医学的发展做出了巨大贡献。

施今墨是中西医汇通的先行者，他一生都在探索如何用现代科技手段和西医学的方法来研究中医、发展中医，并取得了很好的成绩。正如他在总结自己的一生时写道："我本是中医的革新者，不革新便无进步、无进步便不存在的定论者。"1969年施今墨病逝，他留下遗嘱：将遗体解剖，供医学研究，表达出一位老中医的唯物主义精神和他对于中医革新不可动摇的决心。

正是在施老与时俱进，敢于创新，融汇中西的学术思想影响下，其培养的名医是最多的。在中医教育方面，虽学自家传，但施今墨尝试以师承教育与院校教育相结合的方式传承中医。施老传家学予子嗣施如瑜、施如雪，收首徒祝谌予。在中医院校教育方面，施老曾明确提出："复兴中医有三大重点：编书、办医院、开学校，三位一体之事也。"1931年筹办华北国医学院，施今墨在课程设置上，以中医理论为主，设立《内经》《伤寒论》《金匮要略》《难经》《温病条辨》等课程，聘请当时的国学大师及名医进行教学；又以西医理论为辅，设立生理、病理、解剖、药理等课程使学生紧跟当时医学发展的步伐。从施今墨先生的中医教育经历来看，施今墨接受的是家传式的师承教育，虽未经正规的中医专业院校教育，但其革新中医的理念促其尝试开办国医学院，教学方式采用中医与西医相结合的课程安排，从"四大名医"各派的传承效果看，此种教学理念及方式较为成功，施今墨先生可谓中医院校教育的启蒙者。

其传人祝谌予教授也继承了施今墨的治学思想，中西医并重，成为我国著名的中西医结合临床家、教育家。施今墨与祝谌予先生实践中医教育的共同点在于：①均学自师承教育，主张以中医师承教育与院校教育相结合的方式传承中医。②课程安排以中西医并重为主。③中西医教学均由知名专家授课。"施门祝氏"传承，对于现代中医教育有所裨益。施今墨学术思想的传承主要有以下方面。

施今墨倡导中西医汇通,临床辨证准确,善调气血、脾胃,精于组方用药,创造"施氏对药"。施今墨的学术思想对他的学生弟子们产生了较大的影响,下面简述之。

1. 祝谌予对施今墨学术思想的继承与发展

祝谌予是施今墨正式收的第一个徒弟,他继承了施今墨中西医汇通的思想,并在中西医结合治疗糖尿病方面有较大的突破。他将糖尿病分为5个类型:气阴两虚型;阴虚火旺型;阴阳两虚型;气虚血瘀型;燥热入血型。其中以气阴两虚型为最多见,祝谌予创降糖方进行治疗,方用生黄芪、生地、玄参、丹参各30克,苍术、葛根各15克。该方能益气养阴活血,主治气阴两虚型糖尿病。生黄芪配生地降尿糖,是取生黄芪的补中、益气、升阳、紧腠理与生地滋阴、固肾精的作用,防止饮食精微的漏泄,使尿糖转为阴性。许多人认为治糖尿病不宜用辛燥的苍术,而施今墨用苍术治糖尿病是因其有"敛脾精"的作用,苍术虽燥,但配伍玄参之润,可制其短而用其长。祝谌予在临床中发现,不少糖尿病人同时患有血管病变。通过血液流变学研究发现,糖尿病患者血液黏稠度多有增高,如气阴两虚型糖尿病患者常见舌质暗,舌上有瘀点或瘀斑,舌下静脉怒张等血瘀征象,故而加用葛根、丹参两味药通脉活血。实践表明,加用活血药后,疗效增强了。祝谌予临证时,在降糖方的基础上还可随证加减。如尿糖不降,重用花粉30克,或加乌梅10克;血糖不降,加人参白虎汤(人参可用党参10克代替,知母10克,生石膏重用30~60克);血糖较高而有明显饥饿感者,加玉竹10~15克、熟地30克;尿中出现酮体,加黄芩10克、黄连5克、茯苓15克、白术10克;皮肤瘙痒者,加白蒺藜10克、地肤子15克、白藓皮15克;下身瘙痒者,加黄檗10克、知母10克、苦参15~20克;失眠者,加首乌10克、女贞子10克、白蒺藜10克;心悸者,加菖蒲10克、远志10克、生龙骨30

克、生牡蛎 30 克；大便溏薄者，加薏苡仁 20 克、芡实 10 克；自觉
燥热甚且有腰痛者，加肉桂 3 克以引火归元；腰痛、下肢痿软无力
者，加桑寄生 20~30 克、狗脊 15~30 克。

另据祝谌予回忆，他刚开始看病时都是把施老那一套现成的东西
拿来，但总是知其然不知其所以然。他就问施老，为什么这样，为什
么有效，是怎么回事。譬如咳嗽，老师讲肺气不宣便生痰，生痰为什
么会咳嗽？当他向施老请教时，施老说你最好看看西医的生理、病
理、解剖学，看后有好多东西就明白了。在祝谌予的记忆里，施今墨
是最早要求他掌握西医理论并应用于临床的人。1939 年，施今墨还
送他去日本留学，系统地学习了四年的西医理论。当祝谌予用西医再
来审视中医并应用于中医临床时，他对许多问题又有了新的认识。所
以祝谌予说他看病是两种思路，既不是单纯中医，也不是单纯西医，
而是将这两种思路很自然地结合起来。比如说看糖尿病，中医就讲症
状，就是三多一少这些现象；可是西医呢，它就讲血糖、尿糖，检查
这些东西，把这两个合在一起，就提高了认识。

祝谌予在六十多年的行医生涯中，不仅在临床上躬身实践中西医
结合，而且在学术上也大力提倡。1956 年，国家筹建北京中医学院，
急需既懂中医又懂西医的人才，于是祝谌予成了北京中医学院的第一
任教务长。他还在中国医学科学院主持开办了 10 期西学中班，为国
家培养了大批中西医结合的骨干力量。祝谌予开创了用活血化瘀治疗
糖尿病的新途径。他说，我对糖尿病有一个特别看法，就是（一般
人）舌头下面静脉、舌股静脉，一般挺细，有两根，看得不清楚，
可是糖尿病人的却又粗又黑，又青紫，这表示瘀血；还有一种最厉
害，舌头瘀斑，一块一块瘀斑，那更厉害了。祝谌予就是从这点发
现的糖尿病血瘀现象，并用活血化瘀药治疗，取得了较好的效果。
祝谌予常常教育他的学生，对待中医遗产要有分析地继承，不能循
规蹈矩，思想不能束缚在本本里，要有创新精神，否则中医就很难

发展。

祝氏后人在北京顺义开设有北京杏园金方国医医院。北京杏园金方国医医院始建于 1986 年，创建人薛钜夫先生受其恩师祝谌予先生嘱托，秉承解决京郊农民看病难问题的宗旨，执恩师亲笔书广邀京城名医，组建中西医专家门诊部，后三年更名为顺义国医医院，再历十七年，于 2006 年更名为北京杏园金方国医医院。国医医院建院之初便确立以"省疾问病、传承衣钵、发扬中医"为办院使命，以"老老实实做人、认认真真看病"为办院宗旨，以"明医真药"为经营准则。目前拥有一批以薛钜夫院长、祝肇刚院长（祝谌予之子）、李银山院长、王道瑞教授等为首的知名中医专家团队及优秀的青年中医药人才团队，相继成立了"施今墨医药学术研究中心""千金方糖尿病研究所""祝谌予名家研究室"，并自发设立"金方书院"，成立中医师承教育基地，倡导经典研读、跟师临床，广泛接收医学院校见习生，为中医的教育和传承做出了贡献。

2. 李介鸣对施今墨学术思想的继承与发展

李介鸣拜施今墨为师，在其门下侍诊学习，数载寒窗，尽得真传。1935 年，李介鸣取得北平行医执照，奉施今墨之命，与师兄祝谌予等人组成中医联合诊所，开创了中医联合应诊之先河。施今墨亲笔题词："天助自助人助互助"八个大字以示勉励。1937 年七七事变后联合诊所被迫解体，他又至南京、苏州、蚌埠等地行医。中华人民共和国成立后，李介鸣 1951 年到卫生部中医司工作，1956 年调至北京中医学院，参与创建和教学工作，兼任《金匮要略》教研室讲师。后调到中国医学科学院阜外医院中医科任主任。李介鸣学识渊博，医术精湛，医德高尚，他在学术上继承了施今墨的"阴阳为总纲，表、里、虚、实、寒、热、气、血为八要"的辨证理论，在这个基础上又有所创新，更提出"气血"在人体的重要性，认为人之一身离不开气血，气血不调则百病丛生。他在治疗心血管病时，深感气血与心脏关系至为重要，发表了"关于胸痹的治疗""心肌炎的中医治疗"等几十篇论文，受到医学界的好评。

3. 董德懋对施今墨学术思想的继承与发展

董德懋1937年毕业于华北国医学院，拜施今墨为师，后历任华北国医学院副院长，颇受施今墨的器重，尽得真传。中华人民共和国成立初期，响应中央"医疗卫生面向农村"的号召，董德懋白手起家组织起永定门联合诊所，任所长，1956年调至中国中医研究院广安门医院任主任中医师。董德懋在长期的临诊实践中，在继承施今墨学术思想的同时，形成了自己独特的学术思想。他擅长治疗脾胃疾患，尤其推崇脾胃学说，认为：李东垣"治脾胃以安五脏"和张景岳"治五脏以安脾胃"，两者结合相得益彰。人以水谷为本，以胃气为本，治病必求其本，认为脾胃为后天之本，气血生化之源，是全身气机升降的枢纽，脾胃维系升与降、化与纳、燥与湿的平衡，故而对《慎斋遗书》中"治病不愈寻到脾胃而愈者颇多"的论述领会得十分深刻，形成了其以调理脾胃为中心的临床特点。董先生临证擅长应用健脾和胃、理气燥湿、升清降浊诸法。

4. 翟济生对施今墨学术思想的继承与发展

翟济生1935年毕业于华北国医学院，拜施今墨为师，曾创办华北国医学院察哈尔分院（张家口），任院长兼教职。中华人民共和国成立后，翟济生任北京市房管局医务所所长，1974年调入北京市同仁医院工作，任中医科主任。翟济生继承了施今墨的学术思想，擅长治疗内科杂病，尤其对呼吸系统、消化系统、心血管系统疾病以及老年病有较深的研究，并一生致力于中医改革事业，著有《中医临床理论与实践》《论中医药改革》两书，参与整理编写《施今墨临床经验集》一书，为主要撰稿人。

5. 李辅仁对施今墨学术思想的继承与发展

李辅仁，出身中医世家，中国近代四大名医施今墨的嫡传弟子，素有"中医泰斗"之盛誉。从事高干医疗保健和临床工作六十多年，因长期负责中央领导的医疗保健被誉为"当代御医"。2009 年，李辅仁被评为首届"国医大师"。他早年以擅治妇、幼科疾病而闻名。1954 年，参与中央领导同志的医疗保健工作后，李辅仁主治和研究方向也转为以诊治老年病为主。

李辅仁认为，人体的衰老是一个必然过程，盛极始衰是无法抗拒的自然规律。因此老年人的生理特点就是正气渐衰，维持生命活动的各种物质与功能都在全面衰退，五脏功能日益低下，生命状态处于较低水平的、很不稳定的平衡中，同时高度强调了肾与衰老和常见老年疾病的密切关系。

顾护正气，留人而后治病，是李辅仁诊治疾病的特点。他强调治疗老年病，用药补勿过偏，攻勿过猛，用药要平和。老年人正气匮乏，五脏俱虚，故时刻注意顾护正气，即使要攻邪，也要攻补兼施。李辅仁较少使用龙胆草、黄连、栀子、大黄、附子、川乌、草乌、细辛、乳香、没药、地龙、全蝎等过于苦寒辛热或腥臭碍胃、损肝伤肾之品，即使使用也必是中病即止，或同时佐以和胃解毒药物，以防发生毒副反应。对于大苦大寒、大辛大热、峻猛攻伐及有毒之品，如麻黄、芦荟、芒硝、木通、二丑、大戟、甘遂和虫类药，则根本不用，恐老年人难以承受而发生各种严重的毒副反应。李辅仁在抢救危重症时，尤重扶助正气，固本培元。临证时独参汤、生脉饮、十全大补汤是李辅仁常选的方剂。

李辅仁临证中还特别注意固肾和脾胃。他经常询问患者食欲如何、排便是否正常、有无腰腿酸痛、行动坐卧是否便捷等，以了解肾和脾胃的状况。他治疗时常加入和胃健脾、补肾填精之品。

李辅仁反对门户之见，主张中西医精诚团结，取长补短，在医疗实践中发挥中医优势。他力倡辨证与辨病相结合。他认为中西医结合之关键，在于辨证与辨病相结合，而不在于理论体系之争鸣。医生治病辨证的关键不在大同，而在小异。他主张，临床上要抓住主证、断然处方。对于疑难重证，要有"药到而立起沉疴"的胆识，对"经方与时方"要灵活化裁运用，在制方用药上要做到不求标新立异，唯疗效必须出奇制胜。

六　孔医堂模式对当前中医传承的启示

孔伯华先生不但是公认的温病大家，也是杰出的伤寒巨擘。《中医各家学说》通常把中医学术分为"七大流派"，即伤寒学派、河间学派、易水学派、丹溪学派、攻邪学派、温补学派、温病学派。孔伯华先生的学说以"伤寒温病融会贯通"为突出特色，并兼参"河间丹溪之说"。

1. 倡导六经辨证与仲景大法

孔伯华先生的学术思想以继承经典为核心，并且能够创新，与时俱进。他提出如下学术论断。

病有千端，治法万变，莫不统寓于"六经"之中。

《伤寒杂病论》不但是方法具备之全书，而且法外有方，方外有法，统赅百病，是一切疾病辨证论治之总则，此乃仲景立法垂教之本旨也。

《伤寒杂病论》一书所体现的辨证论治理论，以及所收载方药，不仅将中医学历来之病因学说、脏腑学说、经络学说，以及四诊两纲六要之辨证方法，统统联系起来，并且总结出汗、吐、下、和、温、清、补、消八种治疗方法，使中医学辨证施治的理论得到较完整的体现，时至今日，仍具有现实意义和良好疗效。

当然，亦有受时代和一方之隅的局限及世态、居民有变等古今之异，倘不知有变，原方照搬，而出现古方今病之不相能者，是咎在后人而无关仲景也。

《伤寒杂病论》之内容，主要为立六经提纲，分证候归类，亦即将病的证候分为太阳、阳明、少阳、太阴、少阴、厥阴六大类，便于辨证，决定治疗，如论中所指太阳病、阳明病之类，即此义耳。但仲景所称之病，实际乃证候之类群也，此皆《伤寒杂病论》之特点，为后世著作之所不能及者。

叶天士之卫气营血辨证施治，乃说明温病之轻重浅深所表现之阶段有别，并非病邪之真入卫入气、入营入血也。吴鞠通之三焦分证，亦说明温病之轻重浅深，而并非病邪果真据于上焦、中焦、下焦之意。皆足以羽翼仲景者，此等处慎勿拘执。

2. 兼参"河间丹溪卓论"

孔伯华认为：刘河间提出"六气皆从火化"之卓论，从而将《汉书·至真要大论》病机十九条中之火与热两病的范围大力地精辟阐发（见《汉书·玄机原病式》），指出火与热为导致多种证候的原因（从六气皆从火化推演而出），总结出有关热性病的治疗原则。其用心亦良苦矣。后世尊其为寒凉派之倡导人。说者多认为刘氏之立论，是为了矫正当时医者滥用辛燥温补而实施无效产生流弊的医疗作风。但余则曰未必尽然，主要是在于此公洞烛病机，为解除民众疾苦，有不得不如此者，观其自述"余非自炫，此一时，彼一时……"一语，则显然明矣。

孔伯华说，河间学术成就影响了朱丹溪，"阳常有余、阴常不足"，是朱丹溪提出之高论。他以"人受天地之气以生，天之阳气为气，地之阴气为血"等论点，与人身阴阳男女之常相联系，与人身脏器阴阳心肾之常相联系而创立，他还发现了"相火"的根源，谆谆教导人们勿妄动相火。余从医多年，颇有同感，并且临证应用，行之有效，窃喜古人先获我心。

3. 发现"今人体质之变"

孔伯华根据自己数十年来阅历所见，提出"湿热何其多"的论点，他如此阐释："数十年来，阅历所见，病人中湿邪兼热致病者，十常八九，此非所谓温病中之湿热证，乃湿热合邪所致之其他疾病也，如外感者，发热头疼，身重而痛，渴而不喜饮，多饮便欲呕，胸脘痞闷，杳不知饥，小便减少，色呈黄赤，苔色黄腻或白腻，脉象弦数或濡数，不必悉具，则湿热之征了如指掌。内伤者，无论何病，每皆兼有，脘闷胸痞腹胀，渴不引饮，难思食，四肢倦怠不举，头昏目蒙耳聋，小便量少黄赤，大便溏薄或秘燥，肝脾二经见症尤多，脉息微而缓或者弦而数，略加掇举，则湿热之象毕具。治病之法，总视目前之现证现脉，所见皆湿热，此即不能不令人引起注意之，至于纯由湿热引致之湿热发黄，湿热下痢，湿热痿躄，湿热遗精，湿热眩晕，湿热带下等，则更无论矣。

湿热何其多，殆天地之气运使然欤？按今之甲子，运行后天，四序反常，阳亢阴虚，湿热弥盛，亦或有之，故辛温滋腻之品，用之在所必慎，抑或'世态居民有变'，阴常不足，阳常有余，火热交并之体，湿从阳化使然欤？尝究心此道。"

1. 孔医堂介绍

孔医堂前身为以京城"四大名医"之一孔伯华先生名号命名的孔伯华医馆，始创于 2005 年 7 月。后经资源整合，于 2009 年 12 月更名为孔医堂。设中医医疗、文化教育、投资管理和创新产品四大业务板块。下设六家传统中医医馆，一家投资管理公司，一家教育学院、一家健康管理公司和一家 IP 密集型文化公司，从而形成以中医医疗为基础，文化教育为核心，现代科技（互联网）为平台，健康服务为延展，创新产品为规模的发展纲领，初步形成小型集团化发展雏形，于 2006 年和 2007 年先后入选朝阳区和北京市非物质文化遗产名录，是北京市中医药薪火传承工程项目首批建设单位之一，中华孔子学会孔子后裔儒学促进会常务理事单位。

孔伯华先生为孔子第七十四代孙，是我国近代一位杰出的、具有民族气节的中医学家和中医教育家，也是孔子后裔中的杰出代表人物之一。孔伯华先生之子孔祥琳、孔嗣伯、孔祥琦、孔少华，嫡孙孔令诩均为当代名医，他们均秉承孔伯华先生遗志，数十年来如一日，奋战在医疗临床和中医教育一线，获社会各界赞许和好评。孔伯华先生之孙孔令谦先生创办孔医堂，秉承先人"办诊务以求实效，兴教育以继传承"之遗志，师古而不泥古，在继承基础上，有所创新，守规矩，不失发展，没有盲目追求资本，要求生存发展有所创新，探索出一条符合当今中医发展的道路。

2. 依托诊疗平台，临床与教学密切合作

孔医堂创办之初，就将临床与教学密切合作这一理念深深贯穿于孔医堂下面各诊疗平台。对年轻医师的培养，首重医德医风之传，通过建立师承关系，将尊师重道落在实处，而非简单地停留在口号上，同时为年轻医师搭建施展才华的平台，树立其信心，取得很好的效果。具体体现在如下方面。

（1）尊重人格，尊重知识

医为生人之学，又为世亲之道。这是当年孔伯华先生创办北平国医学院的办学宗旨，也是对学生、弟子们的教导。医为生人之学，就是指医学是救命的学问，而非用来营利，这句话直接道出了医学的实质，尤其是在当今商品大潮社会中，此话更显重要。因此孔医堂在创办伊始，即在制度中明文规定：有病则药当之，什么病，开什么药，不鼓励医生开大方，也无药品提成，从而减轻患者负担，但可以适当提高医生的门诊挂号收入，以体现医生的知识价值。这项举措直接获得了广大医生的拥护，有些医生甚至感慨道：在孔医堂看病无任何心理负担和压力。同样，患者也理解了医与药的价值分别，更加尊重医生，医生也赢得口碑。

（2）在科室设置上，处理好整体与局部的关系

众所周知，长期以来，受近现代医学之影响，医院在科室设置上大多已经完全按照现代医学思维和建制设置科室，在医疗机构的审批

147

量化要求上,同样是按照这一思维审核中医医疗机构建制的。在管理上,这样的建制确有其管理规范,但在业务上,实际是将中医的整体观优势打得支离破碎,束缚和禁锢了中医整体观与个性化诊疗的中医学术特色。

鉴于上述,孔医堂在科室设置上,既要考虑行政管理法规,又要兼顾中医特色,因此没有按照现代医学的建制设置,依然采取中医整体观的思路,使年轻医生在跟师学习及门诊实践中,将原有的僵化思维逐渐清除,回归中医之传统思维。

(3)无门派之别,打造学习型平台

孔医堂创建之初,名老中医比较集中,汇聚了京城四大名医及众多名老专家的后裔及传人,譬如孔伯华之子孔嗣伯教授,孔伯华之孙孔令诩教授,陈慎吾之子陈大启教授,孔伯华弟子刘孝威、徐宏勋;著名妇科专家柴松岩教授;四大名医之一汪逢春弟子谢子恒以及著名中医大家蒲辅周之女蒲志兰;宫廷医学学派袁朱静修传人张敬东,国医大师贺普仁传人,中国中医科学院刘洋教授、张雪亮教授、徐世杰教授等孔门传人。因此,依托名老中医药专家经验和孔医堂各地诊疗平台,在临床实践中培养年轻医生,成为孔医堂始终一贯坚持的准则和重点。十余年来,通过师承教育,孔医堂陆续培养出二十余名青年骨干,使之在当前岗位上,在不同病证方面,取得突出成绩。

多年来,这些年轻医师,每月集中一次,每次一个病证,一个主讲,进行广泛讨论,相互学习,相互交流,相互沟通,允许提出不同意见,共同进步,并将每次讨论或讲解记录或录音,整理成册,以便出版。十年来,由孔伯华名家研究室、孔医堂出版的专业书籍已不下二十部,不仅总结了经验,更是广为传播的学习参考。

在孔医堂,不存在门派之见,无论伤寒、温病,都是中医的思想精髓,也无论孔门、陈门,均有各自擅长;于分歧中见共通,这与时代之发展、行为之持续、病证之变化等紧密相关，实际折射出的是我们的一种历史精神。因此，只要方与证合即是好方，只要突出疗效，无所谓寒热温凉学派之争，体现的恰恰是在学术上有所创新、有所发展。

（4）儒学与中医融合

倡导公益，医者仁心。在孔医堂，有条明文约定，凡在孔医堂门诊之年轻医师，建议每人每次门诊拿出一个号做公益，由孔医堂统计每月公益数，取得地方政府支持，由地方政府按照约定，分发到真正需要的困难人群手中，多年来，以这样的形式在孔医堂公益门诊看病人次共计两万余，获得广大患者好评。这也是秉承孔伯华先生免费为穷苦百姓治病的传统，体现大医精诚之精神，并在看似简单的行为中，陶冶情操，净化心灵，养浩然正气，也是将儒家文化与中医文化密切融合。

（5）重健康医学模式，设立学科带头人机制

中医治病的精髓在于辨证施治，因人而异。因此在中医门诊中，须建立贯彻始终的辨证思路，现代医学的疾病医学模式容易影响中医之思维，因此要重视中医的象思维，并在此基础上重视四诊的基本功夫，建基在以中医阴阳两纲六要，六经、脏腑、三焦及卫气营血辨证综合诊断，参考现代医学检验及影像检查，在继承的基础上发挥，而非以现代医学指导中医之临床辩证思维。同时，选择年轻医师，依托北京市中医药薪火传承项目，在各馆设立学科带头人机制，极大调动年轻医师的主观能动性，激发其学习热情。值得强调的是，在学科术语命名上，也是采取了或以时令（温热疾病）命名，或以外感病证、脾胃病证等命名，尽可能贴近中医整体观的思维，或以经典（譬如《伤寒论》《温病条辨》）兼顾现代医学分科的命名（譬如高血压，据其临床表现，相当于祖国医学文献记载之眩晕、肝阳范畴；胃、十二指肠溃疡，相当于祖国医学文献记载之胃脘痛范畴），以处理好整

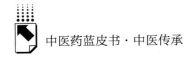

体与局部、宏观与微观、功能与物质、动态与静态间的关系。

（6）正确理解中医药

医就是医，不是神鬼，不可能包治百病。纵观历史发展，虽然中医存在来源于巫的说法，但世界上任何医学，包括现代医学，其最初皆是源于人类对大自然的最初认识。

3. 中医无界，知识共享

中医学绵延数千年且不断创新发展，早已经成为一种思想留存于广大民众脑海中，无论科技、创新如何发展，在现实中我们总会看到上一代思想之历史痕迹，而中医更加彰显这一特征，在渊源、线索和条理中得以体现。因此，我们可以认为，中医是无界的，其知识作为一种思想指导下的思维，本该是我们人类共通共享的。

早在 2012 年初，孔伯华名家研究室、胡希恕名家研究室，发起创办了全国首家公益中医学堂，面向中医医师和普通百姓两个层面提供免费中医专业教学和健康知识普及，多年来共义务培训数百名临床医生，举办面向百姓的公益中医讲座四十多场，受益者不计其数。孔伯华与胡希恕先生均为全国著名中医临床家与教育家，生前分别创办北平国医学院和北京求实中医学校，为新中国中医事业培育出多批高级人才。由北京市中医管理局评审确定的"胡希恕名家研究室""孔伯华名家研究室"，汇集了两代中医名家的学术传人和医师团队。两家名医研究室联合创办的"公益中医学堂"，通过开放共享的"网络课堂"新形式，每周以网络视频、网络音频的直播方式进行教学和普及，并在网络上和学员进行即时互动答疑。

公益中医学堂分为两大部分：一是面向基层医师进行中医师承教学，并建立"帮教诊所"示范点。针对一位名老中医通常只能培育十多位骨干弟子，而没有精力亲自培养上百上千学术传人的现状，胡希恕名家研究室创办人、卫生部中日友好医院冯世纶教授在弟子的支持下，专门创办了面向全国中医医生的"公益师承班"，每周抽出一个下午的时间，通过"网络视频课堂"向全国的中医医生授课，专门讲授中医经典课程《伤寒论》及临床心得。这样，一个老中医"三年不间断的每周带教"，所费精力只相当于亲自带教三个、五个人。而大量耗时间耗精力的烦琐工作，比如，宣传招生、网络维护、疑问收集等具体事务，则由冯世纶教授的骨干弟子承担。从2007年中医师承课程开讲至今，已经有来自全国各地的七百多名中医医师报名学习，很多学员通过学习已经能够将经方熟练运用到诊疗之中。由于经方价格低廉、疗效显著，尤其适合社区、乡村医疗需求。来自基层医疗机构的学员们感触最深："我们做梦也没想到，来自北京的著名老教授，能够让我们免费成为他亲自带教的弟子，真是给我们基层医生送来了及时雨啊"。

2015年，为了更有针对性地帮扶基层医生，激发年轻学生的学习兴趣，从娃娃抓起，孔医堂与曲阜中医药学校联合建立了孔伯华中医传承班和孔子中医学堂，定期选派中医专家，针对常见病、多发病的实际治疗结合经典，进行示范教学，两年来，共培养学生三百余名，还选择部分偏远贫困地区的诊所，作为"带教诊所"示范点。研究室骨干人员对参加传承班学习的医师开展"一对一"的帮教，特别是通过分析、讨论他们实际碰到的疑难病例，来为偏远地区的基层医生进行"案例式"互动教学和具体帮教。同时，曲阜市中医药学校充分利用孔医堂旗下中医传统门诊机构平台，作为其临床教学实践基地，培养了一批年轻骨干中医师。

二是面向普通百姓及中小学进行中医入门教育，重在体验示范服务。除进行中医专业教学外，孔伯华名家研究室还积极举办中医入门公益教育。孔伯华名家研究室主任孔令谦先生是全国知名中医文化学者。从2008年以来，他带领他的讲师团队，先后在中央电视台、北京电视台等全国二十多个电视栏目传播儒学和中医文化，并应邀在全国几十家单位进行数百场中医文化演讲。孔医堂还计划建立面向大众的中医学堂网络版，通过现代网络和技术，开发教学类产品，供大众免费下载观看，为广大中医及中医爱好者提供学习中医的方便快捷途径。

4. 继承与创新

围绕中医学传承两个重要载体——中医古籍文献和名医名家开展保护、继承性研究，将传世典籍中所蕴藏的中医经典理论和技术转化为中医原始创新的知识源泉，将口传心授的心得经验提升为学术思想和理论，为中医科研、临床、教学和产业开发提供支撑和指导。由此导出两个研究方向，也是当下普遍依据的，其分别为：

研究方向一：中医古籍整理与知识服务（今日中医问题基本可在古籍中找到相关记载，因此中医是具有历史传承特色的）。

研究方向二：名老中医临床经验与学术思想传承（所谓临床经验整理就是医案，实乃前人试验之记录，且直接以人为试验对象，而非猫、狗、耗子等）。

5. 孔伯华传承教育

孔伯华先生是我国近代杰出的中医学家和教育家，是伤寒温病学派的重要代表人物，生前创办北平国医学院，培养学生七百余人，新中国成立后孔伯华历任全国政协委员、中华人民共和国卫生部顾问、中国医学科学院学术委员会委员、中华医学会中西医学术交流委员会副主任委员等职，著有《时斋医话》，撰写《传染病八种证治析疑》，其后人及弟子整理有《孔伯华医集》一书。

1929 年，国民党政府提出"取缔中医"的议案，孔伯华先生被推选为全国医药团体联合会临时主席，率领代表团前往南京汪精卫国民党政府请愿，敦促汪精卫政府撤销了"取缔中医"的提案。新中国成立后，孔伯华对毛泽东主席等中央首长的医疗保健工作，关怀备至，多所建树。周总理曾当面表扬孔伯华先生："孔老不高谈空理，务求实干。"

孔伯华先生于 1954 年给毛主席的一封信，论述中医教育的重要意义。

使病者有所依，必先从教育人才始——致毛主席的一封信

人生于天地之间，受时气之侵，感情欲之触，不能无病。病则赖之以生者，医也。是以古今中外当国者，莫不重之。医之活人，何分中西，其存心一也，第其理法不同耳。中国医学相传始于岐黄，见诸《黄帝内经》，凡疾病之情理悉备，迄今数千年，无出乎《黄帝内经》之外者。余少习医学，数十年未能穷其理，可以见古人之哲理竟不能背，而治法未备。自伊尹作汤液，以后历代相发明，方药始备。人寿几何，虽行其道，终身未能尽，遂时遂事，遂用遂学，靡有底止，是中国之文化无旧而日新。

自清末欧风东渐，中国数千年之文化丧失殆尽，而不能亡者，其理其法，用之得当，功效立见。然学者喜新弃旧，实则中西皆未达也。中国医学岂不危乎！

今逢毛主席洞察其旨，将发扬数千年之文化，幸何如之，愿努力发挥，以期理法臻于至善，达于全球，使病者有所依，然必先从教育人才始。

6. 孔医堂的核心价值观

孔医堂是北京市中医非物质文化遗产传承的重要机构，文化建设与核心精神是支撑孔医堂未来发展的不竭动力。对孔医堂文化的核心价值观进行总结凝练，以更好地促进传承，是我们的文化责任，也是社会责任。孔医堂继承北平国医学院的办学传统，在曲阜中医药学校开办"孔伯华中医传承班"，旨在在新时期培养纯正的中医，传承中华医道。

合德：道法自然，天人合德；

仁立：仁善立业，自觉自信；

尚道：尚道明理，传承薪火；

容新：兼容并包，融汇新知。

为了促进近代名家临床经验总结，孔医堂先后成立了孔伯华名家研究室、陈慎吾名家研究室、孔嗣伯名医传承工作站、陈大启基层老中医工作室等传承机构，保护和传承好这些非物质文化遗产，护佑人类健康。

近九十年前，京城名医萧龙友、孔伯华联合开办北平国医学院，百年树人，培养了数百名中医栋梁，为中医传承和新中国中医药事业发展做出了卓越贡献。

雄关漫道真如铁，而今迈步从头越，今天，孔医堂秉承合德、仁立、尚道、容新的核心价值观，传承中医，发展中医，为中医现代化、时尚化、国际化做出新贡献。

七　北京中医医院传承历史回顾

1956年4月25日，《北京日报》刊登出一则消息"本市将成立中医医院"。60年前，这则不足200字的消息看似简单，却意义非凡。它标志着北京第一家中医院从此诞生。

北京中医医院始建于1956年，是新中国成立以后，北京成立的第一家中医医院。建院之初，医院云集了京城及华北地区燕京医学师承家传派、名医学院派、宫廷医学派等学术流派诸多名医大家，可谓名医荟萃、流派纷呈，使之成为全国拥有名医最多的中医医院。师承家传派如赵炳南师承丁德恩，关幼波师承关月波，贺普仁师承牛泽华，王嘉麟师承陈慎吾，孙伯杨师承宗维新，王应麟师承王鹏飞等。名医学院派如王鸿士、宋祚民师承孔伯华，王大经师承施今墨等。宫廷医学派如柴松岩师承刘奉五，刘奉五师承韩一斋；藤宣光师承周慕新，周慕新师承赵文魁等。

北京中医医院历来重视名老中医学术经验的传承工作，1959年开始多次组织集体拜师活动，经半个多世纪的发展，薪火传承、名医辈出，当年老中医的弟子们也陆续成为首都国医名师、国家级和北京市级名老中医，成为燕京医学学术流派传承体系的重要组成部分。如皮外科泰斗赵炳南的学生王玉章、陈彤云、张志礼、陈美等先后成为国家级和北京市级名老中医，王玉章学生吕培文、陈美学生王莒生等也已成为国家级名老中医，培养了大批再传弟子，创建并发展了燕京医学中医皮肤科和中医疮疡外科两大学科体系，目前均已成为卫生部重点专科、国家中医药管理局重点学科和重点专科。

北京中医医院建院之初，汇集了京城及华北地区御医派、师承派、学院派等各派名医七十余人。此后，又吸纳了一批身怀绝技的名医。他们不仅把大量秘方和珍贵药材贡献给国家，同时打破门户之见，把身怀的绝技毫无保留地传授给年轻的弟子，形成了名医荟萃、流派纷呈的局面。20 世纪 50 年代末、60 年代初，"中学西""西学中"以及一大批正规大学院校毕业生陆续加盟，他们遍访名家、跟师学艺，总结名老中医经验，将现代科学理念引入中医，取得丰硕的临床和科研成果，成为医院发展史上一道璀璨的星光。

根据名老中医贡献出来的家传秘方及一大批科研专家的验方、科研成果研制出院内制剂 192 种。其中，红纱条等一批制剂早已成为西医专家推荐、受到患者青睐的良药。

2014 年 4 月 2 日上午，汇集了八十多位名老中医的北京中医医院"明医馆"正式运行。关幼波教授生前多次对"明医"进行过诠释："儒乃达儒，医是明医"。意思是医不在"名"而在"明"。行医要明医理，明人心，明人情。院长刘清泉表示，要将明医馆打造成一颗璀璨的"明珠"，成为北京市名老中医争相出诊的地方，成为全国名老中医向往出诊的医馆，搭建全国名老中医对疑难杂症会诊的平台，打造南北中医学术交融、培养后学的平台。

明医馆位于北京中医医院正门南侧约 80 米，占地 2000 多平方米。正式运行后将由过去的 13 个特需门诊诊室增加到 25 个。在挂号方式上，实施预约挂号制，包括现场预约和登录北京中医医院微信公众平台进行微信挂号预约登记，避免号贩子倒号行为。另外将实施限号，以保证医生有充分的时间进行检查和问诊，确保就医质量。在服务时间上，明医馆早6：30开始挂号，早8：00到晚7：30为就诊时间，将来会延长到晚上9：30，从而满足上班族和学生的就诊需求。

明医馆实为北京中医医院师承楼，内有17个全国名老中医药专家传承工作室、16个"薪火传承3＋3"工作室站。在服务百姓的同时，明医馆旨在大力培养人才以及传承中医学术和临床技术。明医馆正式运行后，医院为每位名老中医配备了两到三名学生陪同出诊，向老专家学习并做好传承工作。名老中医的专家级弟子们也可在传承工作室出诊。目前，有国家级名老中医（三十多位）、市级名老中医、首都国医名师以及退休主任医师和外聘专家等，共计八十余名老中医在明医馆出诊，是目前北京市出诊老中医最多、学术流派最多、名医徒弟最多的医馆。在明医馆"仁术勤和"大药房，中草药饮片实行小包装。这样运输更方便，计量更准确，药材质量更高，药房工作环境更整洁，管理更规范，患者在核对时更方便。另外，各种化验送检、取药等服务，全部由医辅公司人员承担，患者只需在明医馆等候，即可享受到优质高效的医疗服务。

60年后的今天，北京中医医院拥有国医大师2人，国家级非物质文化遗产针灸类传承人1人，全国名中医2人，国家级指导老师30人，市级指导老师23人，首都国医名师24人；拥有关幼波、贺普仁、柴松岩等21个全国名老中医药专家传承工作室及22个北京中医药薪火传承"3＋3工程"建设项目。成为全国中医传承最具活力的中医医院，是中医博士、硕士学位授予单位，首都医科大学博士后分站。

60年的风雨沧桑，一甲子的岁月轮回。60年前，北京中医医院打响了振兴中医的前哨战；60 年后，抖擞精神、传承创新、迈向新征程，向着"行业首善、国内一流、国际知名"的现代化智能化新型综合性中医医院不断努力、奋发前进，在建设健康中国、实现中国梦的伟大征程中谱写新的篇章！

八 "互联网＋"时代背景下的中医现代传承模式

中医学已有数千年的历史，是中华民族在长期的生产与生活实践中认识生命、维护健康、战胜疾病的宝贵经验总结，是中国传统文化的结晶。几千年来，中医学以口传心授等形成了颇具特色的师承方式。现代中医传承中，随着教育规模的扩大，师承和学院教育并列成为两种主要形式。但在信息化高度发展的今天，特别是互联网的兴起与广泛应用，中医传承处境却令人担忧，不足之处更加明显，传统传承方式日渐乏力，处于一种尴尬境地。如何认识中医传承存在的问题，如何在新的环境下应用新的技术条件传承中医，借助互联网传承路又在何方，成为我们必须面对的问题。像互联网改变其他行业一样，"互联网＋"也将深刻改变现有的中医传承模式。本文以中医在线为例，"对互联网＋"形势下中医传承做一积极探索。

（一）中医传承现状

1. 中医传承教育整体规模日趋扩大

统计数据显示，我国高等中医院校从 1956 年的 4 所发展到今天的 42 所，还有 102 所高等西医院校也开设了中医药专业，中医学习者发展到现在 70 多万人。师承学习者数量仍相当大，但随着学院教育的迅速扩张，师承学习所占比重整体下降。相应的，公立中医医疗机构数量和病床数量增多，医院规模扩大，服务能力增强，从业人员增多，达到 50 多万人。国家统计局数据显示，我国中医药企业数量

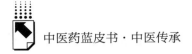

也逐年稳步增长，2006～2014年年均复合增长率在15.8%，2014年我国共有60987家中药企业。

随着当下中医热的兴起，可以预计，在相当长一段时间内，中医行业整体规模还会进一步扩大。

2. 中医现代传承中存在的突出问题

（1）传统文化底蕴及中医文化基础的缺失

中医学以阴阳五行为理论基础，研究人体生理、病理，以及疾病诊断和防治，是在古代朴素的唯物论和自发的辩证法思想指导下，通过长期医疗实践逐步形成一套独特的医学理论体系。中医学是中华文化的重要组成部分，其理论模式、思维方法、诊疗手段、价值取向等与中国传统文化一脉相承，可以说是文化的一部分。中医学的传承必须有中国传统文化背景作支撑，才能使其在历史发展中保持稳定性、整体性和延续性。随着科技发展、西方文化的冲击以及媒体对于传统文化不正当的解读，年青一代学习传统文化意识薄弱，学习内容较为浅薄，导致传统文化底蕴缺失。现代中医教育很大程度上脱离了传统文化的必要支撑，中医学子思维模式的培养与其中医理论体系的把握方面问题越来越多，进而影响现代人对中医的传承与发扬。加上中医经典以文言文形式撰写，散佚颇多，如果没有深厚的传统文化素养，理解中医经典古籍必将十分困难，学好中医也是不可能的。

（2）学院教育存在的问题

今天，各高等中医院校的学院教育成为中医传承发展的主要方式，尽管其发展时间尚不足百年。而在此之前，中医在其发展过程中，形成了其独特的传承特点，即以师徒传承为特征，以口传心授、跟师临证、理论与实践相结合，并尤其注重临床实践为主要学习特点的传统中医教育方式。由此产生了医学世家，比如著名的上海青浦何氏家族，自南宋时期从医至今已历八百余年。在目前学院教育模式下，由于规模较大，不可能完全参照师承模式，但老以现代医学模式为标准，则会导致中医教育越来越肤浅，效果也不尽如人意。加上中医内部理论观点不同，分门别派，学院教育多是折中而取，难免会遗失一些独特的诊疗用药方法经验。相比其他学科，中医学院教育投入多但收效不明显，成为一名中医需要数十年的培养，即使相较于西医，中医教育收效也不明显。相比于师承方式，学院教育规模大但培养质量参差不齐。院校教育一直存在课程安排不合理的问题，教学难以深入，中医经典以应试的方式教授，所占比重较轻；传统文化课程不受重视，往往被作为公共选修课或者网络通识课。在教学上对传统中医知识和文化的忽视，无形之中增加了学生学习中医的难度，导致学生对中医学习兴趣不高，培养出来的中医学生，也越来越与西医相似。

（3）医学生培养过程中流失率居高不下

关于中医人才培养问题，王永炎院士曾提出过"读经典做临床"。事实上，中医传承也是依靠经典，而中医文献，浩如烟海，需要花费大量时间精力阅读钻研，需要积累丰富的临床经验，才能真正成长为一名合格的中医医生。漫长的中医成才之路，有多少学生能坚持下来？这是值得思考的一个问题。

（二）"互联网＋"的提出

1. 互联网的发展

互联网是信息社会的主要标志，具有快捷性和普及性，也是现今最流行、最受欢迎的大众传媒之一。经过多年的发展，互联网已融入普通百姓的日常生活之中，成为其每天工作、生活的重要内容。据中国互联网络信息中心（CNNIC）统计，截至 2016 年 6 月，我国网民规模达 7.10 亿，互联网普及率为 51.7%；通过手机上网的网民比例为 92.5%，规模达 6.56 亿，网民上网设备进一步向移动端集中；各类互联网公共服务类应用均实现用户规模增长，在线教育用户规模突破 1 亿，服务朝着不断细化、多样化、用户边界扩大化的方向发展，同时移动教育提供的个性化学习场景以及移动设备触感、语音输出等功能性优势，促使其成为在线教育主流。这些都为以互联网为平台特别是移动端的科学传播和科学普及活动提供了必要条件。

2. 互联网与中医

中医传承的目的在于提高中医药临床诊疗水平，提高中医药防病治病和养生保健的能力，满足人民群众的健康需求，造福于社会、造福于人民。在 2015 年全国两会上，国务院总理李克强在《政府工作报告》中首次正式提出"互联网+"行动计划，要求利用互联网技术、工具、应用，将传统产业升级创造新的业态，更指出不仅在第三产业，还要向第一产业农业和第二产业工业渗透，并寄希望以此来引导第三次工业革命。2016 年 2 月刊发的《国务院关于印发中医药发展战略规划纲要（2016～2030 年）的通知》明确指出推动"互联网+"中医医疗，大力发展中医远程医疗、移动医疗、智慧医疗等新型医疗服务模式，利用互联网提供在线预约诊疗、候诊提醒、药品配送等便捷服务。"互联网+"概念的提出为网络上学习中医、推广中医、传承中医提供了强有力的支持。

中医学是我国在生命科学中最具自主创新能力的领域。数十年来，中医学出现了服务领域缩小、优势特色淡化、本体传承危机等倾向和问题，而最为紧迫的战略问题就是薪火相传的问题。因此，"互联网+中医"的方案可推动中医的传承和发展，利用"互联网+"信息技术与中医学巧妙有效地结合起来会改变传统中医学发展的形态和特点，从而加快中医学发展的步伐。本文从讨论"互联网+"的技术开始，基于对中医学的传承发展特点及传承问题与面临新挑战的分析，对如何利用互联网推动中医传承的问题提出了有效建议。

3. 互联网中医领域之应用

随着国家对中医药事业的发展提出要求，《中医药发展战略规划纲要（2016～2030年）》提出，到2020年，实现人人基本享有中医药服务，到2030年，中医药服务领域实现全覆盖。促使中医药产业人才需求量增大，而面对2050年中国60岁及以上人口数将增至近4.4亿、占全国总人口数的34%，中国全面进入深度老龄化阶段，中医药在"养生""治未病"及常见病、多发病、慢性病、疑难杂症、重大传染病防治中的作用将逐渐凸显，中医药行业发展须与时俱进，因此，当前做好中医药传承工作必须得到重视。

如今"互联网＋中医药"已出现线上健康教育、电子病历、医疗信息查询、疾病风险评估、电子处方、远程治疗等多种形式的医疗健康服务。互联网平台上现有的中医医疗平台大致可分为四类模式：O2O模式、在线就诊以及咨询模式、线下中医馆结合线上移动端模式、致力中药制作的企业利用互联网发展模式。当下亟须解决医院服务效率低、服务环节割裂、中医药资源分布不均匀等问题，改善患者就医现状，提高中医药使用效率。

通过互联网的直观形式，初学者可以正确理解中医文化中难懂的专业术语，将信息化覆盖整个中医行业，将信息技术向中医药行业渗透并推动中医药事业持续发展。结合信息技术、数据库技术、网络技术、通信技术等现代技术，对中医药各领域资源进行更深层次的收集、加工、存储、处理、传输和交换，将中医药信息转换成文字、数字、图像、声音、视频等来表现其内容和特征，使之成为中医药事业发展的动力源泉，促进中医药信息高效交流与共享，推动中医事业的传承与发展。

4. 利用互联网促进中医传承存在的主要问题

我国关于利用互联网推进中医传承的研究还不够全面、不够系统，具体体现在：第一，利用互联网传承中医的可行性研究较少，且多为描述性和理论性分析，缺少实证。第二，现有研究对中医的传承多采用整体研究，对中医药文化的不同内容类别不予区分，其所提出的传承手段具有普适性，但同时也缺乏个性化和精准化。极少数学者提出了应区分中医显性知识和隐性知识不同的特点而采取不同的传承方式。第三，现有关于利用互联网传承中医药技术如针灸技术、炮制技术等中医特色疗法的研究较少，更多的则是研究利用互联网对普通中医理论知识及名老中医经验的传承。第四，现有研究多为利用互联网传承中医药文化的方法学理论研究，如平台建设方案、辅助软件开发及模式构建设想等，缺乏对各方法的实例验证与方案效果评估。

（三）整体构想

1. 中医文化经典与学术思想的推广

中医经典理论曾招致社会个别人攻击，很多人出于不了解而盲目下结论。互联网的价值之一就是让信息的传播更加便捷。以网络为媒介，通过网络，无须见面，学员与教师即可展开教学活动；除此之外，利用网络，学员可以随时进行学习，打破时间和地域的限制，充分利用网络教学资源，从而实现资源利用的最大化。教育的本质是传播知识，培养更多的人才。在互联网＋的推动下，教育迎来大好发展前景。网络在线教学开课，并不少见，但是中医教学应别出新颖，将直播和在线教学结合，汇集广大的资深教师，丰富课堂内容，改革教课方式，让学员在学习知识的同时，将知识融入生活，简单运用于生活中。

区别于师承和学院教育，网络上精品课程的出现，让我们学习中医有了第三种选择。需要注意的是，目前网络上信息泛滥，真假难辨。网络课程发布平台是否收费等尚不确定，课程质量难免参差不齐，这一点需要中医传承机构特别是学校等主动地制定统一标准，规范管理。

总结整理中医经典古籍，不管是供研究教学，或是普及宣传，建立中医文献库势在必行。创建经典共识资源网，收录易于理解的经典古籍，塑造中医经典形象，为西医模式下各系统疾病追根溯源，帮助从业人员了解相关疾病的演变发展历史。学习古代医家流传下来的诊疗理论与经验，不断完善现代医学体系，用理论指导临床，用临床验证理论，理论与实践相结合，在实践中检验医学、发展医学，为传承中医助力，为健康中国服务。依托互联网和大数据处理技术，储备大量中医古籍资源，防止古籍资源的流失，解决想读古籍却难于查找的问题，提高对中医古籍内涵的领会与运用。建立名老中医解读经典知识库，帮助中医师理解中医经典内涵，加强其在临床实践中对中医经典知识的不断学习和应用。

2. 中医健康数据管理与应用平台

中医健康数据可以分为个人基本健康信息和以疾病类型而设的病案。在大数据技术的支持下，中医应采取有别于西医的健康普查筛选，建立具有中医特色优势的治未病系统。中医辨证论治的思想应用到实践中就是对患者进行个性化治疗，因此针对不同的用户建立其独有的体质档案，综合中国国民体质与健康数据库、中国人心理状况数据库、中国人群亚健康现状调查数据库，利用大数据的处理技术，将收集到的数据分类，针对不同的体质与生活习惯，给予健康的指导与防护，防病于未然。反过来也可以补充西医的不足。中医的效果最终还是要靠临床验证，而前文提到的中医医师必须具有丰富的临床经验才能胜任。在诊断方面，中医最为重要的是通过望、闻、问、切四诊合参来诊断疾病，对症下药。传统的临床实践大多从跟师开始，在跟师过程中学生不断学习老师的诊疗经验，然后逐步过渡到自己独立坐诊。而老师每天诊疗的病例是有限的，这也注定跟师做临床是一个漫长的学习过程。利用互联网，我们可以创造出这种临床实践机会。利用互联网和大数据技术为中医医案的收集、存储和分析提供了便利。在这个平台上，可以收集、存储大量名中医的医案，使学生可以随时随地学习到更多的诊疗经验。建立病案分析系统，将中医院诊疗数据联网，某一个医生遇到一种不常见疾病，可以在系统中检索，取相似案例进行研究，可以省下不少时间，快速确定中医诊断方法。在积累足够数据后，可以开发虚拟成像技术，模拟患者就诊和病案分析，可以有效提高新医生的培养效率。

以上系统不妨与社保等挂钩，形成长期的政策。

3. 借助各类新兴载体及互联网宣扬中医药文化

要有效开展一项政策措施，宣传尤为重要。除却专业人员与爱好者外，社会上多数人似乎并不了解中医理论知识。除了较为专业的课程外，还可以发展大量以中医知识为基础的漫画式、通俗易懂的网络节目及电视节目；投入资金，广纳中医人才，拍摄以中医为题材的电影；建立中医文化主题公园；建立中医文化街；广开中医专题讲座，将中医推拿、理疗、导引等保健知识推向基层，满足基层人民的需求，扩大中医在农村的影响，为中医经济产业走进基层打下坚实的基础，形成全社会"信中医、爱中医、用中医"的浓厚氛围和共同发展中医药的良好格局。其中，微信、微博等传播方式成效尤为明显。

4. 诊疗方面探索

发挥互联网方便快捷的特点，利用云平台和移动互联技术，结合中医电子病历系统，针对患者的诊疗记录，采集患者的中医诊断信息，建立中医健康管理平台，对患者的健康状况作一个综合的评价，设置用药提醒，记录服药情况，并对患者进行健康指导，防止疾病的复发和他病的产生。

除此之外，还可以利用互联网模拟病人就诊情况。对病人进行诊断，其中望诊、闻诊是计算机以图片方式显示出病人的形态，医生就可以看到病人的体态、肤色、舌苔等，学生通过望诊观察病人，根据舌象初步了解病人。如有需要，计算机又可以通过仪器模拟释放出病人各部位发出的气味，供学生判断。问诊则是模拟临床，通过一问一答形式来获取病人信息，这能更好地锻炼学生问诊的能力；切诊是通过假人模型去判断其脉象，假人模型可模仿现实中病人的脉象，让学生对诊脉更有经验。如此便可实现临床的四诊合参，辨证论治。最后，计算机会通过学生的诊断过程与结果给出建议，而学生也可以提出问题让其解决疑惑。这样，计算机可以记录学生个人学习的成长过程，并为学生制定学习中医的建议与计划，这种模式不仅可以提高学生的临床实践能力，而且能大大激发学生学习中医的乐趣，为以后毕业进入临床工作打下良好的基础。

5. 关于中药

自古医不离药。《礼记》云：医不三世，不服其药，也反映了药在中医中的地位。中医将亡于中药一说屡次耳闻，很大程度上反映了中药的处境。关于中药领域，存在的问题不一而足。但是利用互联网很有必要的一点，即建立中药材性状统一标准以及产地物流追踪体系。植物药难免要采取种植方式获得，参考互联网在农业领域的应用，对中药材的种植加工环节——明晰记录，可追踪可查询，来源不明者不得进入市场。技术方面并不是主要问题，目前问题集中在资源数据的统计与系统网络的构建。这需要由政府部门主持推进。至于动物和矿物药，目前重在监测，即时发布信息，统计资源，将来也需与互联网技术在植物药方面的应用接轨。

（四）中医在线在"互联网＋"领域探索

2015 年是互联网＋中医的元年，中医在线的前身为中医在线论坛联盟，也诞生在这个年头。北京中医医院皮科聚友会，是第一个微信中医专业论坛，中医皮科青年才俊欧阳卫权教授的第一次微信授课，便拉开了中医界通过微信学习、交流的序幕。

中医在线的初始团队，开发了微信群原景重现、后台管理、群员注册等管理工具，并给各群制定统一的管理制度，大大提高各群的沟通质量、学术氛围。其中原景重现功能，较好解决了刷屏问题，保存微信群授课内容和讨论精华，并做成可转发的课程，经过微信公众号和朋友圈影响超过 10 万中医。论坛群员注册平台，让群主可以进行实名制管理，便于了解群员信息、需求，使许多专业论坛达到一个非常严格的管理目标，成员中 95% 为临床医生，70% 以上为本专科医生，50% 以上为副主任以上医师，另外 5% 为管理、技术、志愿者。论坛群管理器，可以方便各群管理统计群内情况，如群员发言次数、潜水时间等。中医在线论坛联盟，总结优质论坛的经验，制定标准群规，分享给新成立的论坛，并加入微信机器人辅助群主进行管理。每次微信授课之前，大家热情有序报名邀请，课后，大家积极讨论、答疑。以汇聚 500 位全国中医和中西医结合肿瘤专家的"肿瘤阳光论坛"为例，每周一邀请全国各大医院肿瘤专家轮流讲课传授肿瘤相关临床有效经验，每周四针对一个肿瘤临床疑难专题全国专家集体讨论交流，而平时则没有安排时间，该平台建立两年以来，活动井然有序，从未间断。

很多曾经默默无闻的中医学者，在中医在线论坛联盟的平台上，为中医同道所熟知，甚至成为圈内的明星，时至今日，已经涌现出 2000 多位讲师，授课 3000 余场。随着微信中医课的影响力越来越大，各个中医专科都成立了微信论坛，不断地有中医同道使用原景重现制作中医课程，中医在线论坛联盟的规模不断扩大，现已发展专业中医微信论坛 500 余个，汇聚国内及海外 30 多个国家 22 万中医，建立了中国最大的中医医生微信社群平台。中医在线论坛联盟积累了大量的专家与课程，成为中医学术交流的一个品牌，但微信毕竟不是一个专门作为学术交流的平台，其中还有很多功能难以实现，为了给大家提供更好的中医学习资源，中医在线更进一步打造了视频学习平台，中医在线的网站和移动客户端。

尊崇经典、兼容百家、汇通中西、聚焦临床是中医精品课的宗旨，这样的理念很快得到中医界的高度关注与一致好评，其实在中医在线诞生之前，中医的视频学习资源并不少，无数名师都曾录制过视频课程，但只有带教老师身边的弟子能够有机会学习，能够分享到互联网上的内容大多录制的质量比较差。互联网是一个开放共享的平台，信息量巨大，并且很多都可以免费获取，在这样大量的信息当中，越是高品质内容更能够凸显出它的价值，课程是否有人愿意花时间学习？是否愿意花钱学习？花时间花钱学习后是否还能给予好评？是中医在线课程评价的三个标准，能够达到这三个标准，才称得上是中医精品课。成才最好的模式，而现在遇到的问题是，名老中医想要传承自己的学术经验，但往往找不到合适的继承人，利用互联网在继续教育的基础上开展师承教育，比如先将名师的基础课程上线，有十万人参加学习，认真学习的 1000 人通过考核，再筛选出其中有能力、有愿望成为名师继承人的 20 人真正拜师学习，这样就形成了一个双向选择的人才选拔机制。中医在线在北京市中医管理局的支持和领导之下成立了民非机构——北京中医在线教育中心，承担中医继续教育资源与课程平台、继续教育学习管理平台、继续教育学员与教师评价平台三大平台的建设，目前继续教育资源与课程平台已经搭建完成，学习管理平台、学员与教师评价平台也基本完成，中医在线的定位也正式确立为中医传承教育与学术交流平台。

2016 年 5 月 13 日，中华中医药学会第三届继续教育分会的发展论坛，第一次在中医在线上进行会议直播，当天观看直播的总人数就达到 5000 多人，又经过了两个月的测试和升级，7 月 23 日的第四届岐黄论坛，中医在线出动摄像机 62 部，直播导播工作人员近百人，大会当日在线收看直播的海内外中医同道达到 16986 人，实现了第一次线上万人中医大会。

自此之后，中医在线承接了近百场中医学术会议的拍摄、直播工作，短短几个月，中医在线的直播几乎成了各大中医会议的标配，还有像北京中医医院呼吸科这样把每周的学术例会搬上中医在线平台直播的案例。在没有上平台播之前，就只有呼吸科自己人在听，与中医在线合作以后，现在已经逐渐固定到每次直播观看都超过 3000 人，并且很多人养成了每周一下午都要看呼吸科直播的习惯。3000 人可能相当于 15 家中医院的医生人数，所有的中医进入呼吸科平台一同观看和学习。

目前，中医在线已经和中华中医药学会以及世中联都达成了战略合作协议，2017 年中医在线将有 300 多场学术会议要做直播，平均每天一场，至此，中医在线打造了中国唯一的中医学术会议直播传媒平台。目前，在北京市中医药治未病工程领域，中医在线已经走在同行前列。

在 2017 年新春来临之际，由世界中医药学会联合会、世界针灸学会联合会、中华中医药学会三大学会联合主办，北京中医在线教育中心、北京中医药学会承办的 2017 首届全球中医互联网春节团拜会，在除夕当晚准时与全球中医药行业同仁见面了。

此次团拜会在 11 天时间里，共计征集到 355 个视频，包括 11 位国医大师，61 家中医医院，32 所中医院校，30 个专委会，23 个学会，各级名中医百余人。

其中个人视频 186 个，团体视频 95 个，节目视频 74 个。分别来自 26 个国家，国内 47 个城市，其中中医在线相关工作人员奔赴了 16 个城市进行拍摄。

在活动预告与执行期间，针对共计 539 家主流网络媒体与医疗健康类权威新媒体进行了 4 轮媒体投放，新闻稿实际点击访问量达 50865 次，潜在影响人群达到 112659 人，观看次数更是达到 372007 人次。在后续举办的转发积赞活动，更是在这个春节假期掀起了中医行业内的参与热潮，大家积极转发，互相点赞，截止到正月十五共有中医药行业内 843976 人参与到本次活动，团拜视频观看次数更是达到 3279005 人次，其中还包括来自海外 121 个国家和地区的中医同仁 94915 人。

春节团拜会取得如此成功，这让无数的中医人为之骄傲和振奋。除了每一位参与者的辛勤付出，更是凸显出了互联网的巨大作用，充分利用好互联网手段和"互联网＋"模式，必将能够使中医药文化、信息快速传播、扩大中医药活动影响力、提高中医人参与度，助力中医药事业在最好的时代再创辉煌。

（五）总结互联网应用总体情况

据 2016 年 9 月 19 日 iiMedia Research 发布的《2016Q2 中国移动医疗健康市场检测报告》，2016 年底，中国移动医疗健康市场规模预计将会达到 74.2 亿元，用户规模预计接近 3 亿人。面对如此大的市场规模，阿里、百度、腾讯、京东等互联网巨头已向医疗领域探索，在医药、智能设备、未来医院及跨界智能硬件数据上层层深入。

当今对中医药而言，互联网已经提供信息化环境及外在资源，新的专业形式、产业增长点均产生。合理利用互联网作为行业智慧支撑，可带动相关产业经济发展，促进经济效益提升，其前景大好。互联网时代的到来，使我们获取信息和享受服务更加便捷。利用互联网来学习中医知识，传播中医文化，在校园里形成良好的中医学习氛围，在群众中打下良好的中医认知基础。在海外吸引更多中医粉丝。此外，运用"互联网＋"政策，积极发展新型中医药服务产业，拓展中医药服务范围，带动更多就业，既可以满足广大人民群众的需求，又可以为中医药事业培养更多接班人。但是目前制度建设上的滞后、互联网企业监管和运营上的不合理，也限制了当代中医传承的发展，这是亟待解决的问题。无论如何，利用互联网平台来助力中医传承无疑将在中医发展史上书写浓墨重彩的一笔。凡事皆有两面，在我们利用互联网传承中医的过程中，也不可操之过急，一方面要保留传统的传承方式，另一方面要积极推进探索。在技术不是问题的前提下，找到适合中医传承的"互联网＋"方式才是当务之急。

学科建设篇

Discipline Construction

B.6
濒危、特色技术的抢救性发掘
与特色制剂的传承

摘　要：　中医药的很多濒危、特色技术、制剂等由于其自身种种原因正在被现代医学逐渐取代，发展进入了瓶颈期，挖掘抢救具有濒临失传的、疗效显著的中医药特色的技术、制剂方药将更加有利于推动中医药的继承与发展。本文以金针拨障术、特色制剂红纱条和朱红膏、特色技术贺氏火针为例，总结了传承中的经验，并通过现代科研方法证实其临床疗效，利于特色技术、制剂的传承发展。

关键词：　北京中医医院　金针拨障术　红纱条　贺氏火针

"十一五"以来，民族医药科技工作取得了长足进步，传承研究取得显著成效：部分民族医药文化得到比较系统的挖掘整理；一批民族医药名老专家诊疗经验与医技医法得到研究和传承；临床研究形成部分规范的诊疗标准、诊疗方案和技术方法，取得一些临床疗效评价依据；通过全国第四次中药资源普查试点工作，取得一些民族药资源的初步数据；组织民族药新药研发与关键技术研究，形成一批民族药特色炮制技术规范与制备工艺规范，初步探索了民族药安全性、有效性相关物质基础；培养了一批相对稳定的民族医药科研机构与人才队伍，建成一批重要科研平台，科研条件与基础得到显著改善。

同时，也存在着很多制约发展的重要挑战：传承与保护研究亟须加强，理论体系尚需进一步深化和提升；民族医药治疗有优势和特色的诊疗技术与诊疗方案优化与评价不足；民族医药需求日益增加与资源不断减少的矛盾突出；民族医药的安全性、稳定性、临床疗效、质量标准与作用机理的科学基础薄弱、成果转化率低；对民族药特色炮制加工技术与制备技术传承不足；民族医药科技人才队伍薄弱，科技平台较少，水平有待提高。

遵循"抢救传承、支撑创新、夯实基础、重点突破"的原则，针对民族医药发展的重大科技问题，借鉴利用现代科学技术、研究方法与既往发展成果、经验，鼓励资源整合、协同创新，立足民族医药科技发展现状与规律，强化战略导向，有重点、分步骤地推动民族医药科技工作，加强民族医药传承、保护与理论研究，加强符合民族医药特点和规律的评价与标准化体系建设，加强民族医药资源可持续发展与产业共性关键技术研究，以知识创新完善发展民族医药理论体系，以技术创新提升民族医药临床服务能力和产业竞争力。

另外，在中医制剂方面。中医药制剂的历史悠久，有着丰富的理论和宝贵的实践经验。早在《黄帝内经》中就有汤、丸、散、膏、酒等剂型的记载。汉代张仲景在《伤寒杂病论》中更是根据辨证组方的结果和病情精心选择最佳剂型以适应临床的需要，到《本草纲目》时李时珍所记载的剂型就已达到四十余种。由于中药剂型具有制作简单、价格低廉、疗效高的特点，中国古代各科均会制作适应本科特色的制剂，如骨伤科医生常制作药酒、膏药，外科医生制作升丹、金黄膏、玉露膏等，这些做法仍为现今高等院校教材选用。中华民族历史上大多数药店会制作丸、散、膏、丹各种制剂，如同仁堂、胡庆余堂等老字号药店均有名扬中外的特色制剂，正是这些特色制剂使中药更加适应人民防病治病的需要。但是由于我们在制定中医制剂室建设标准时参照了 GMP 标准，使基层中医院制剂室门槛过高，制剂无法生产，使中医药工作者丧失了治病的利器，丧失了中医药廉、简、便、验的优势，无法满足人民群众防病治病的要求。

中医药的很多濒危、特色技术、制剂等由于种种原因，如价格低廉、起效时间缓慢、作用部位精准度低等因素正在被现代医学逐渐取代，由于其在传承发展过程中往往存在中医精髓流失、断章取义等问题，故挖掘抢救濒临失传的、疗效显著的中医药特色技术、制剂方药将更加有利于推动中医药的继承与发展。如祖国医学传统的骨科小夹板技术外治法具有行之有效、操作简便、疗效明显、副作用少、价格低廉等优势，在解决病人看病难、看病贵的问题上具有很大的优势。但随着医疗的市场化，中医医院为了生存和发展逐步向西医化发展，中医很多特色技术发展也进入瓶颈期。以往的金针拨障术现在很多人都不知晓，但其曾在中医发展史上起到重要的作用，下文将简单介绍。

一　金针拨障术

"金针拨障术"是中医治疗白内障的一种手术。顾名思义，金针拨障术就是用金针把混浊的晶体拨到眼球下方避免挡住视线使患者重见天日的手术。金针拨障是需要医者手、眼、心高度协调的高难度技术，历史上掌握和传承此艺的医生并不多见。中国医学界在一千多年前已能施行这项手术，这在世界眼科史上是先进的。虽然近代随着白内障手术，特别是白内障显微手术以及人工晶体植入术的迅速发展，"金针拨障术"逐渐退出历史舞台，但不可否认的是，在白内障医学手术兴起之前，"针拨术"是使白内障患者重见光明的重要医疗技术。中国的"金针拨障术"是对世界眼科医学的一大贡献。

（一）金针拨障术的历史沿革

作为白内障的有效治疗方法，金针拨障术的最早记载见于唐代文献大师王焘所著《外台秘要·天竺经论眼》（西元752年）。据《外台秘要·天竺经论眼·序》注文："陇上道人撰，俗姓谢，住齐州，于西国胡僧处授。""胡僧"是印度僧人，故认为"金针拨障术"是印度传来的一种眼科手术。但从现存《医方类聚》引辑的《龙树菩萨眼论》以及宋代《太平圣惠方》的内容来看，却看不到印度医学的内容，而主要是我国传统的医理，由此推测，印度传来的眼科知识已被中国医学所融化，并通过我国医学家的临床改良再创新。

唐代时我国就有人行金针拨障术，其后的医学论著如《龙木论》（约隋唐间人托名"龙木"，即"龙树菩萨"撰）、《银海精微》（宋以后人托名孙思邈撰，具体撰年不详）、明代王肯堂的《证治准绳》（1602年）、明末清初傅仁宇的《审视瑶函》（1644年）、清张璐的《张氏医通》（1695年）以及吴谦等集体编撰的《医宗金鉴》（1742年）等书，均对白内障眼病的检查、诊断、手术适应证、禁忌证以及金针拨障手术前后的准备、手术方法、术后护理等，作了不同程度的论述，至今仍有理论价值。18世纪，我国的"金针拨障术"已取得相当成熟的经验，对金针拨白内障手术的适应证、每一步操作方法和技巧、术中并发症处理及针具的制造和消毒都有明确记载。眼科学家黄庭镜集前人的成就并结合自己的临床经验所著《目经大成》（1741 年成书，1818 年出版）一书，将金针拨障术的操作方法归纳为"审机""点睛""射腹""探骊""扰海""卷帘""圆镜""完璧"八个步骤，称为"金针拨障术八法"。"八法"所归纳的操作步骤，是合乎科学原理的。由于金针拨障术操作时间短，术后愈合快，不需严格卧床，因此深受患者欢迎。

清代以后西方医学进入我国，1834 年美国派传教医生 Peter Parker 到广州开设眼科医院后，国内极少数西医师开始学做白内障手术，这对传承了一千多年的金针拨障术带来的冲击是多方面的，所以之后关于金针拨障术的记载罕见。当这种方法再次回到人们视野中的时候，已经是新中国成立后的事情了。

（二）金针拨障术在近现代的发展

据初步考证和现存的韦氏所用手术器件以及新中国成立初期报刊最早的报道，在民间用金针拨障手术使白内障"盲人"复明的中医眼科医师，主要是江浙中医眼科世家韦氏眼科的两位医家——韦文轩和韦文贵兄弟。而韦氏"金针拨障术"传到韦文贵兄弟已经是第三代了。1913 年元月在谈及韦氏眼科传承的大体脉络和其初涉医门的浅识时，韦文轩先生说："家父勤求医术，而内外大小科不中其或，独习眼科。当时行医有妇十年失明之症，以金针拨法，凑水见效，远近来者均称妙手。予文轩欣学术而从十二岁跟父亲韦尚林独司眼科，初时行医本市，男性老年圆翳内障失明之症，（家父）用金针拨法，当即见青天。问其术从何来，系相传十三四代的眼科专门歌诀一卷，展阅之，校诸书，祖传采集而成，颇为详细，正求术之关键，不惟简便易于揣摩，方知上代祖传之手录也，乃父亲韦尚林清朝任苏州太医局十余年功夫，一卷始成。理应付梓以启后学，父亲谦逊为怀，不敢行世，今授子弟，经予缮抄，鄙性多怪，正犹韦氏将现代。君声揭必期剖厥无遗，自是以后可扬上代祖号之宏功，抑且可显予家父之勤学矣，因缀数言以记之"。由此可见韦氏"金针拨障术"是从中华民族的医学宝库中继承和发展起来的。韦氏兄弟博览历代医籍，总结金针拨障术发展的历史经验，在父亲韦尚林的指导下，掌握了这一精细绝技。这不仅使韦氏医术有了传人，而且也使金针拨障之术得以弘扬。可以说，这是中国医学史上的一件幸事。

抗日战争胜利后，韦文轩、韦文贵兄弟重返杭州分别恢复"老文明眼科医局"和"复明眼科医院"并开设病房。韦文贵兄弟医术高明，且以仁爱之心待人。开业时兄弟二人共同登报通告："凡远道来杭就诊者，一宿两餐不取分文。"消息传出，远近的白内障患者纷纷上门求诊。在医院病房里食宿的病人长年不绝。这种现象引起浙江眼科界的关注和浙江省卫生厅的重视。1956 年 8 月 10 日，《杭州日报》专题报道《患白内障眼疾的人的福音——省卫生厅接受中央卫生部委托总结韦氏眼科金针拨障疗法》。报道提到，由省、市西医眼科专家姜辛曼、俞德葆、缪天荣等组成的疗效检查小组对韦文轩、韦文贵采用金针拨白内障手术治疗的 2000 多个病例的疗效进行了总结、追踪复查，结果发现"韦氏施行金针拨白内障手术有一定的医疗价值。这种手术简便，住院日少，手术并发症少。但这种拨障手术还不能达到使晶体完全下沉，患者的视力还不能全部矫正到正常，故还需继续作临床观察，并争取作病理切片检查"。1956 年 9 月 30 日《杭州日报》又专题报道：著名眼科中医师韦文轩采用金针拨障术成功治愈 7 例因白内障失明的患者。韦文轩从医五十余年，在"金针拨障术"方面取得了不凡的成就。1962 年韦文轩被浙江省卫生厅评为首批"浙江省十大名医"之一。他自编的《眼科金针诀》深入浅出，简明适用，是留给后学者的一份珍贵遗产。韦文贵与兄长韦文轩一样，以"金针拨障术"的精巧迅捷、疗效较好博得病家的叹服和信赖，使许多贫苦患者重见了光明。

（三）金针拨障术的推广与改进

在周恩来总理的亲自过问下，韦文贵先生在 1958 年调入中医研究院（今中国中医科学院）广安门医院后通过培训和带徒弟等多种渠道将"金针拨障术"广泛地传授予医务同人和青年后学，使"金针拨障术"在新时代得以弘扬。1966 年 4 月，中央卫生部对金针拨障术进行了成果鉴定并建议在全国推广。著名中医眼科专家、原中国中医研究院副院长、国医大师唐由之在全面继承、反复研究"金针拨障术"的基础上，从手术所用器械、术中各个环节、术前术后处置等多方面进行了改进，使该手术更具科学性、安全性。该手术在 20 世纪 60 年代初迅速在全国推广，并延展为针拨套出术、针拨吸出术等术式，使万千白内障失明患者复明。唐由之还先后为毛泽东主席、朝鲜金日成主席、柬埔寨宾努亲王及多位中央领导人做了金针拨白内障手术，均取得满意疗效。

为了清晰展现金针拨障手术的推广开展情况，笔者以中国期刊全文数据库（CNKI）为检索源，以"白内障针拨术""白内障针拨套出术""金针拨障术""针拨吸出术"为主题词，不设定检索年限，检索时间为 2017 年 3 月，检索到文献 563 篇。从检索结果中排除重复文章、综述、理论及个案报道类文章，再经人工判别排筛，选取有临床手术报道的文献共计 60 篇，整理信息包括文章发表年度，作者所在省份，手术眼数量以及手术方式。具体结果见表 1、表 2。

表 1 不同手术方式分布

序号	术式	手术例数（眼）
1	白内障针拨术	10234
2	白内障针拨吸出术	999
3	白内障针拨套出术	4474

最早的关于白内障针拨术的文献出现在 1964 年、白内障针拨吸出术的记载出现在 1972 年、白内障针拨套出术的记载出现在 1973 年。此类手术的最后记载出现在 1999 年，其后只有个别报道白内障针拨类手术并发症处理的文章。

表2 不同省份的手术例数分布

单位：眼

序号	省份	数量	序号	省份	数量
1	广东	3258	12	西藏	572
2	甘肃	1697	13	陕西	495
3	北京	1516	14	湖北	421
4	江苏	1188	15	河南	318
5	江西	1056	16	河北	281
6	山西	789	17	浙江	232
7	上海	749	18	福建	158
8	天津	738	19	山东	90
9	贵州	735	20	安徽	89
10	四川	679	21	辽宁	67
11	吉林	579			

从表2可以看出，白内障针拨术以及由此延展出的针拨套出术和针拨吸出术在全国绝大多数省份均有广泛的推广应用，手术例数在不同年代的差异与作者统计手术数量的时间段长短密切相关，手术的高峰是在 20 世纪 70 年代中期和 90 年代中期，其后随着白内障显微手术的出现而减少。

（四）金针拨障术的历史意义

"金针拨障术"是中医学宝库中的一朵奇葩。虽然在 20 世纪 80

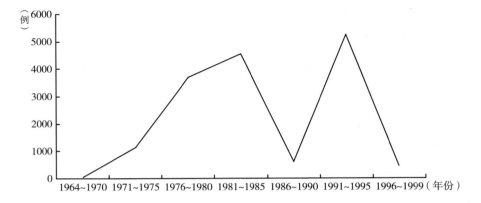

图1　不同时期手术例数分布

年代以后，随着白内障显微手术，特别是人工晶体植入术的广泛开展，金针拨障术逐渐退出了人们的视线。但不可否认的是，在白内障医学手术兴起之前，"金针拨障术"是使白内障患者复明的重要医疗技术，金针拨障术在历史上对人民健康和世界眼科医学做出的贡献是巨大的。这样的传统医学技术，是宝贵的不可复制的财富，能流传到今天，对于中医人理清医学脉络，反思医学的发展，确定未来的发展方向大有裨益。

二　院内特色制剂——红纱条、朱红膏

红纱条是北京中医医院外科传统制剂，是将外用药膏朱红膏涂抹在纱布上，经制作加工灭菌消毒后，以中药红色药条形式用于感染破溃皮肤创面上。其主要作用是化腐提毒、生肌长肉、消肿止痛，也起到清创引流作用。

朱红膏是首都医科大学附属北京中医医院院内制剂，临床用于治疗慢性皮肤溃疡。1956年，北京中医医院建院之初，房芝萱、赵炳南、王玉章等老中医药专家集思广益，研制成组方简单、实用便捷的

"朱红膏纱条"，在疮痈愈合方面发挥了重要作用，成为北京中医医院的王牌愈疮药。"朱红膏纱条"在临床上应用六十多年，十几万人次应用，疗效显著、简单易行，也受到北京市各大医院同道的认可。大量临床资料表明其有较强的杀菌作用，具有化腐生肌双重功效，对于慢性皮肤溃疡，如臁疮、痛疽、褥疮及糖尿病足坏疽，表浅术后伤口久不愈等证，疗效卓著。

朱红膏的主要成分是朱砂和红粉，均为化腐生肌的主药。其中，朱砂性甘微寒，功专解毒；红粉辛热有毒，功专化腐。二药药性相反，一阴一阳，互相配合，相互制约。将两味药物按一定比例粉碎、过筛后，用凡士林调和即成朱红膏，将朱红膏涂于纱布上，就制成了朱红膏纱条，老百姓简称它为"红纱条"。

蚕食清创换药法是指将红纱条（朱红膏制剂）置于破溃的伤口内或覆盖于创面外，以达到活血化瘀、化腐生肌、清创引流、消肿止痛、杀菌目的的换药方法。比如有伤口周边锁口，一定要清理掉，以免影响新生肉芽的生长，伤口周边所有结痂要探清痂下愈合情况，根据伤口周边结痂的软、硬度来决定是否掀起痂皮，如伤口周边不清理干净，红纱条的化腐生肌作用也难以发挥。一般伤口敷用红纱条一周左右就可在原伤口周围看到粉红色、浅白色等新的肉芽组织长出，伤口就会缩小一圈，而后新鲜肉芽颜色变深，就又长出新一圈肉芽来，随着肉芽的逐步更新，伤口面积逐渐减小，直至全部长出新鲜组织，就如同蚕子在吃蚕叶一样，一圈一圈地吃掉叶子，传统中医称之为蚕食清创换药法。基础中药制剂有甲捻和红纱条。

红纱条主要用于慢性溃疡、脓肿溃破、褥疮、糖尿病足坏疽、浅表术后伤口不愈等久治不愈的伤口。甲捻主要用于伤口较狭小的窦道。禁忌：对于妊娠、婴幼儿及血液疾病患者禁用，肾功能不全者慎用。

北京中医医院自行研制的红纱条对于感染性创面、顽固难愈性皮肤溃疡，如痈、疽、糖尿病足坏疽、褥疮等创面无肉芽生长或腐肉不脱，渗液黄稠，创口高凸，疮周红肿热痛，愈合迟缓等病症疗效显著。2008 年北京中医医院赴四川汶川抗震救灾带上了"红纱条"，使许多伤口溃烂感染的伤员避免了截肢的厄运。

近年来，临床对于朱红膏的研究主要分为以下几个方面：①临床安全性。因朱红膏为含汞中药外用制剂，以滴定法测定其汞含量平均值为 16.72%。前期基础研究表明，朱红膏的毒性靶器官是肾脏，反复过量使用可以造成汞蓄积，引起肾损伤，但适量合理使用不会引起毒性损害。因此不少研究针对朱红膏的临床安全用量，使用时间，药物质量控制做了研究，认为对于创面面积在 2～50 平方厘米范围内慢性皮肤溃疡，朱红膏临床用药 6 周为相对安全用药周期。

②红纱条的制备上。人们经过对凡士林纱条灭菌方法的研究，对干热灭菌器灭菌纱条时间等的探讨后，进一步改善其制备过程中红纱条的使用基质、装载量、厚度、灭菌温度、时间等，以探讨最佳制备程序。

③临床疗效。近年来，医疗人员在朱红膏的临床应用上，多次探讨其在治疗糖尿病足、压疮、术后伤口不愈、慢性溃疡等疾病上的作用，并与龙珠软膏，西药抗生素、激素等药物相比较，通过大量的临床数据证明其化腐生肌的奇效。

近年来，临床对于朱红膏的研究在各个方面均有发展，从最初吕培文老先生基于临床疗效的观察研究，到后期从合理用量、药物安全性、制备方法、作用原理等几个方面逐步展开。

1. 朱红膏肾毒性作用机理

王乐平等人通过对大鼠溃疡皮肤反复施用朱红膏，观察其对肾组织丙二醛（MDA）、$Na^+ - K^+ - ATP$ 酶及金属硫蛋白（MT）的影响，探讨朱红膏中汞经皮肤吸收作用于肾的机理。将 80 只 SD 大鼠随机分为 8 组：朱红膏 A 组（1218.56 毫克/千克）、B 组（609.28 毫克/千克）、C 组（304.64 毫克/千克）、D 组（152.32 毫克/千克)、E 组(76.16 毫克/千克)5 个剂量组及基质组(凡士林)、溃疡模型组、皮肤破损组。溃疡模型组采用皮肤缺损 + 埋置异物 + 细菌感染法造模,皮肤破损组仅以刀片刮伤大鼠皮肤,基质组及朱红膏各剂量组将药纱条直接贴敷于创面,每日给药 4h,连续给药 14d。测定肾组织中 MDA 含量、$Na^+ - K^+ - ATP$ 酶活力,并采用酶联免疫分析法测定 MT 含量。结论:反复过量使用朱红膏,汞经皮吸收作用于肾脏,可以引起脂质过氧化,影响能量代谢,诱导 MT 的产生。

2. 朱红膏使用安全性

董建勋等人率先用动物实验的方法来研究朱红膏促进皮肤溃疡愈合的安全性,为临床用药提供依据。将 SD 雄性大鼠 66 只随机分为皮肤破损组、溃疡模型组、凡士林基质组及朱红膏高(38.08 毫克/千克)、中(19.04 毫克/千克)、低(9.52 毫克/千克)剂量组。皮肤破损组仅以刀片刮伤大鼠皮肤;溃疡模型组选择皮肤缺损 + 细菌感染 + 埋置异物法造模;朱红膏和凡士林基质组以纱条方式在大鼠造模创面上贴敷给药 14 天,每日保证给药时间 4 小时,观察尿 $\beta - N - 乙$酰氨基葡萄糖苷酶(NAG)活性、尿视黄醇结合蛋白(RBP)含量及肾脏组织病理改变。结论:朱红膏中剂量用药 2 周可认为基本安全,朱红膏高剂量用药 2 周有可能引起肾脏损伤。

表3 各组大鼠肾脏组织病理变化 (只数)

组别	只数	剂量(毫克/千克)	肾小管病变程度		
			−	+	+ +
皮肤破损组	11		5	4	2
溃疡模型组	11		3	5	3
凡士林基质组	11		7	2	2
朱红膏低剂量组	11	9.52	3	6	2
朱红膏中剂量组	11	19.04	2	5	4
朱红膏高剂量组	11	38.08	2	2	7 *

注:与皮肤破损组比较,* $P < 0.05$。

王桂英等人从临床用药角度观察朱红膏治疗慢性皮肤溃疡的安全性。将符合纳入标准的慢性皮肤溃疡患者应用朱红膏纱条治疗。于用药前，用药2周、6周，停药2周时，观察患者血、尿常规，肝、肾功能，血、尿汞的变化。结果朱红膏连续用药6周时，不同时间点患者血、尿常规，肝、肾功能与用药前比较差异均无统计学意义（P>0.05），血、尿汞含量虽有所升高，但与用药前比较差异亦无统计学意义（P>0.05）。得出的结论：临床用药6周为朱红膏治疗慢性皮肤溃疡相对安全的用药周期。

表4　朱红膏对肝功能、肾功能的影响（$n=21$，$\bar{x}\pm s$）

项目	用药前	用药2周	用药6周	停药2周
ALT(U/L)	16.75±12.15	20.64±14.37	22.18±16.17	22.43±14.30
AST(U/L)	17.35±7.11	18.67±6.49	19.01±9.10	19.56±6.69
BUN(mmol/L)	5.21±1.35	5.12±1.16	5.27±1.55	5.41±1.71
Cr(mmol/L)	64.87±17.92	69.57±16.12	66.470±19.81	65.75±14.21
NAG(U/L)	27.56±22.74	30.87±33.84	32.281±19.82	33.95±33.86

3. 朱红膏合理用量

王乐平等人，从红纱条的用量方面探讨，研究朱红膏促进大鼠慢性皮肤溃疡创面愈合量效关系，将70只SD大鼠随机分为7组：溃疡模型组，基质组（凡士林）及5个中药剂量组（A、B、C、D、E组，含中药分别为27.2毫克/平方厘米、13.6毫克/平方厘米、6.8毫克/平方厘米、3.4毫克/平方厘米、1.7毫克/平方厘米）。连续给药7天，观察创面愈合速度及创面形态的变化，检测肉芽组织中总蛋白及经脯氨酸含量。得出的结论：基质组及中药D、E组大鼠创面愈合速度较快（p<-0.01），A、B组创面愈合速度呈减缓趋势；D、E组用药早期较好地体现了提脓祛腐作用，后期创面平整光滑、质地柔

软；各中药组肉芽组织中蛋白及经脯氨酸含量均明显提高（p<
−0.01）。结论：朱红膏促进慢性皮肤溃疡创面愈合存在量效关系，
增加剂量未见提高疗效，纱条中药含量在1.7~6.8毫克/平方厘米表
现出较好的提脓祛腐作用，且1.7毫克/平方厘米及3.4毫克/平方厘
米两个剂量组具有较好的促进愈合作用。

4. 朱红膏纱条的制备

李奕等人研究不同层数红纱条在不同干热灭菌参数下的灭菌效果
和红纱条的性状，用以制定红纱条制作的标准程序。方法：分别选择
50、100、150 层的红纱条在 130℃、135℃、140℃、150℃、160℃
下，干热灭菌 60、90、120 分钟，根据置于红纱条中心位置的生物指
示剂菌片培养结果，观察朱红膏在纱布中的浸润情况和红纱条的性状。
结论：制作红纱条选择 50 层 160℃ 60 分钟的干热灭菌参数可保障红纱
条达到灭菌效果，并达到节能、环保和降低职业危害风险的目标。

三　特色技术——贺氏火针

火针，也被称作烧针、燔针、白针、煨针等，为我国一种传统针
灸疗法。在使用时须将特殊针具在火上灼烧后刺入人体穴位以治疗疾
病。后历经两千多年的发展，在清朝时期由于针灸疗法没落，加之火
针针具特殊，操作难度较大，火针疗法一度濒临灭绝，直至新中国成
立后贺普仁教授在临床中倡导使用火针，才挽救了这一传统针法。

火针疗法具有针和灸的双重作用，既有针的刺激又有温热刺激，
因而能够改善气血运行，通过温热刺激穴位和部位来增强人体阳气，
鼓舞正气，激发经气，温通经络，活血行气。因此在传统的火针应用
中，常被局限使用于虚寒型疾病，并在使用部位、操作手法上多有
禁忌。

北京中医医院国医大师贺普仁教授通过自己数十年的临床经验，

在临床上对火针疗法进行了进一步的突破与创新，他将以火针、毫针和三棱针为主的针具针法提升为"贺氏针灸三通法"，此体系丰富火针疗法的病机学说，规范火针操作方法，包括对火针刺法归纳分类，针刺留针时间及间隔时间，较古人扩大施术部位，扩大火针的适应证范围，归纳注意事项和禁忌证等。独创贺氏火针针具，并制作一系列适用于不同临床适应证的火针，建立成熟稳定的制作工艺标准。这些改变让火针再一次焕发生机，被广泛应用，之后医界对于贺氏火针的研究开始逐步增多。

近 10 年来，对贺氏火针的临床应用研究较多，人们对贺氏火针在多种疾病的疗效上进行了临床观察，发现针对下肢静脉曲张、小儿血管瘤、风湿性关节炎、掌跖脓疱病、子宫肌瘤、慢性非特异性腰痛、肱骨外上髁炎等疾病，贺氏火针都拥有显著的疗效。除以上提到的疾病外，贺氏火针对于一些疑难杂症，如癫狂、耳鸣、耳聋、外阴白斑、痉挛、肌肉跳、麻痹、麻木、湿疹等疾病也有很好的疗效，因此对于贺氏火针的研究还有更大的空间去开拓发展。

2016 年《中国的中医药》白皮书显示，目前，中医药已传播到183 个国家和地区。103 个世界卫生组织会员国认可使用针灸，其中29 个国家和地区设立了法律法规，18 个国家和地区将针灸纳入医疗保险体系。美国针灸师已超过 4.5 万人，其中加州地区针灸师数量达1.5 万人。有 5000 名左右的西医师具有针灸执业资格，有 44 个州颁布了独立的针灸法。针灸在中医药对外传播的道路上起到先锋的作用，贺氏火针更是古老针灸皇冠上的一颗璀璨明珠，它的作用进一步地被发掘出来，将会惠及世界人民，为疾病痛苦中的人们带来帮助。

B.7
中医优势病种与疗法的重点发展

摘　要：　中医优势病种的建设是为了突出中医特色、传承中医。本文提出以中医优势病种为突破口，彰显中医药特色和优势，提高中医临床疗效。介绍了中风急性期化痰通腑法的历史与源流、临床疗效等。并采用以文献检索方式探讨了糖尿病的益气养阴法临床治疗经验的传承发展，展现了北京地区医家在中医优势病种方面做出的努力，也为优势病种与疗法的凝练总结提供借鉴。

关键词：　北京中医药　优势病种　化痰通腑法　益气养阴法

中医优势病种的建设，是突出中医特色、传承中医，中医自主创新的最重要的一项工作。优势病种的建设，有助于中医医生重拾信心，也在一定程度上决定了中医院的兴衰。可以说中医优势病种建设是形成中医特色的基础和关键。必须以中医优势病种为突破口，彰显中医药特色和优势，提高中医临床疗效。

近年来，国家中医药管理局为了贯彻落实《中医药事业"十一五"规划》和《中医药继续教育"十一五"规划》的有关要求，从中医发展的战略高度出发，开展了"中医优势病种研究"这一重大项目。所谓"中医优势病种"，是指在疾病总体和疾病的某一阶段、某一环节的防治上，中医的效果较西医更佳的病种，开展这项工作，有以下几个重要意义。

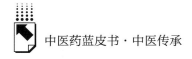

1. 可以提高中医诊疗水平

中医要发展，疗效是关键。作为中医院的医生，务必充分了解和掌握本学科优势病种的理论知识和诊疗方法，临床做到运用自如，了然于心，这样，方能成为一个造诣精深、医术高超的名副其实的名中医。

2. 扩大中医临床阵地

随着现代医学的迅猛发展，中医治疗的病种显得越来越狭隘，临床阵地渐趋萎缩，因此，必须努力研究中医的优势病种，开展专科、专病工作，扩大中医临床阵地，扭转中医临床阵地持续萎缩的局面。

3. 增强自主创新能力

中医学是一门极富原创性的学科，坚持以科学发展观为指导，不断增强自主创新能力，我们有理由相信，随着中医优势病种研究的深入开展，中医自主创新能力必将大大增强，中医的前景一定会更加辉煌。

在国家中医药管理局领导下，各级部门在挖掘中医特色疗法、总结中医优势病种上做了大量工作，成果丰硕。比如王永炎、曹洪欣主编的《中国中医科学院中医优势病种研究》广泛收集了中国中医科学院及其附属医院——望京医院、广安门医院、西苑医院及眼科医院，从 2005 年到 2008 年开展的 102 项中医优势病种研究项目，并对其中 38 个项目进行临床汇总。全书详细介绍了望京医院、广安门医院、西苑医院、眼科医院各自具有临床优势的常见病种，通过临床研究，建立符合中医学特点的临床研究方法，形成优势病种的中国中医科学院中医临床诊疗规范或中医临床疗效评价方法。

也有学者对我国中医优势病种分布状况及特点进行了总结，选择 2010 年我国中医基本现状调查中 852 所医院具有的，并经国家中医药管理局认定的 259 种中医优势病种为研究对象，分析中医优势病种在不同类别、级别医院以及不同地区、中医临床科室及其专科系统的分布状况。结果各地区前 10 位病种基本相同，具有中医优势病种的二级医院数比三级医院多，但三级医院病种数多于二级医院；具有中医优势病种的医院以中医医院和综合医院为主，中医医院和综合医院前 10 位病种基本相同，但中西医结合医院、民族医院、专科医院差异较大；具有中医优势病种的医院以政府办为主；中医优势病种在中医内、外、妇、儿、骨伤、眼、耳鼻喉科都有分布，但以中医内科和外科为主。结论是中医优势病种在我国各类医院中广泛存在，涉及的病种范围比较集中，不同类别、级别医院以及不同地区、中医临床科室及其专科系统之间的分布存在差异。

有关中医优势的病种很多，以下仅以应用中医理论治疗的几个优势病种予以举例。

一　急性期中风化痰通腑法

化痰通腑法目前已成为全国中医、中西医结合领域广泛应用的治疗急性期中风病危重症的主要治法，由于其收效显著，不但深受各级医师重视，有时还作为中风病急危症的重要治疗策略备受推崇。然而回顾历史，化痰通腑法以及当今临床常规使用的治疗中风病的其他有效方法，包括清热解毒通络法、醒脑开窍法、破血逐瘀法、扶正护脑法，被发现、验证并推广应用亦不过是近 30 年的事情。

1. 通腑法治疗中风病的历史与源流

王永炎院士于 20 世纪 70 年代师承董建华先生，其历来重视腑气以通降为顺，在学习金元医家学术思想的过程中，对张子和汗吐下三法治急重病症尤为推崇，体会更深。张元素最先把通腑法运用于中风病治疗，创立三化汤（厚朴、大黄、枳实、羌活）；此后刘河间提出中风病"若风中腑者，先以加减续命汤，随证发其表……若忽中脏者，则大便多秘涩，宜以三化汤通其滞"（《素问病机气宜保命集·

中风论第十》），并指出"内有便溺之阻格者"可用三化汤以及大承气汤、调胃承气汤治疗。明代王肯堂拟三一承气汤治疗中风便秘、牙关紧闭、浆粥不入者；清代张锡纯在临床中发现，大凡中风病患者多有大便燥结不通之证，并认为"是治此证者，当以通其大便为要务，迨服药至大便自然通顺时，则病愈过半矣"（《医学衷中参西录·脑充血头疼》）。清代沈金鳌《杂病源流犀烛》云："中脏者病在里，多滞九窍……如唇缓、二便闭……邪之中较深，治宜下之（宜三化汤、麻仁丸）……中腑者病在表，多着四肢……二便不秘，邪之中犹浅。"当代名医焦树德在三化汤基础上加入化痰、降浊、化瘀、通络之品，而成三化复遂汤，治疗中风病中经证或有向中腑转化者。

在中风急症治疗中，应重视三化汤的应用。因为方中加用少量羌活不独祛风而重在通督脉、升举清气、宣郁开窍、疏通经络，与小承气汤配伍，一升一降，一开一通，具有调和气机的作用，对中风因气机逆乱致中焦升降失和之腑实尤为对证。然而，在进一步的临床诊疗观察中发现，对于中风病后腑实便秘的证候特征，并非三化汤一方所能涵盖。

2. 立化痰泻热通腑法

自20世纪70、80年代始，心脑血管疾病因发病率高、致残致死率高，严重危害国民健康。当时除脱水降颅压及对症支持以外，缺乏有效的改善缺血与脑保护的方法与药物。不论是扩管、扩容，抑或是抗凝、溶栓疗法，在临床应用中都存在一些问题与不足。中医药治疗方法，虽然由过去的从外风论治转为扶正祛邪、养血息风泻热化痰论治，但是对中风病中医药治疗的研究仍缺乏系统和深入。

当时，王永炎院士与同事及学生们在承担的国家"七五""八五""九五"等中风病急症攻关课题的协作研究中，与焦树德、任继学等老一辈中医大家，并联合全国的从事中医脑病工作的李济春、沈宝藩、张学文、涂晋文、夏永潮等先生对中风病中医药诊疗进行了较为深入系统动态的观察研究，先后取得了一系列省部级和国家级科技成果。

其中，以首创化痰通腑法治疗中风病痰热腑实证最为显著。1982年中风病痰热腑实证的辨证论治被提出，1986年临床报道运用化痰通腑饮（瓜蒌、胆南星、大黄、芒硝）治疗缺血性中风病痰热腑实证158例，总有效率为82.3%，显效率为51.3%。通过对158例中风病急性期患者的临床观察，总结了以舌红、苔黄厚而腻、口气臭秽、大便秘结或不通、脉弦滑而大等症为核心表现的痰热腑实证，作为中风急性期常见证候，其腑气通否及证候转归与疾病预后有密切的关系。临床发现及早运用化痰通腑法有减轻脑水肿的作用，可显著提高中风病的治疗效果，这为化痰通腑法治疗中风急症提供了实践依据。

1986年由中国中医药学会内科学会、中医急症中风病科研协作组颁布的《中风病中医诊断、疗效评定标准》，首次公布痰热腑实证，确立化痰通腑法，后经规范的（前瞻、随机、对照）临床研究和多年临床应用验证提示，化痰通腑法治疗脑血管病急性期痰热腑实证，对于改善患者意识状态、缓解病情加重的趋势和减轻偏瘫的病损程度具有较好效果。化痰通腑法治疗中风急症的研究成果获得1986年国家中医药管理局中医药重大科技成果奖。

依据化痰通腑法在临床实践中创制形成的代表方剂——星蒌承气汤成为中风病系列方药之中极具影响力的一种。通过比对临床报道的中风病治疗用药情况可以看出，从20世纪80年代之后，受临床研究报道影响，胆南星、瓜蒌、大黄及承气类药物使用明显上升。近20年，大量临床实践证明，痰热腑实证是中风病急性期的常见证候，临床已广泛应用化痰通腑法治疗由痰火导致的各种急症，包括窍闭神昏证。可以说化痰通腑、通腑泄热法已经成为今人截断扭转中风病乃至各种危急重症腑气不通，痰热、浊毒壅盛病证发展趋势的有

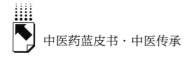

力措施。

3. 创化痰通腑汤

痰热腑实证是中风急性期的主要证候，在病情较重特别是在中经络和中脏腑患者中出现率更高，积极通腑泄热不仅可以防止中经络向中脏腑移行、防止病情加重，同时还有助于中脏腑患者意识状况改善，促使病情向中经络方向好转。由于痰热腑实为中风气机逆乱、痰热壅结阻遏中焦这样一种共性病理机转所致，因此化痰通腑法成为中风病急性期主要的治法之一。

痰热腑实证的临床症状表现为腑气不通和痰热证两方面，其基本症状特点是便秘便干，舌苔黄厚腻，脉象以弦滑为多见，多是里有痰热之象。在中风病病人中无意识障碍者可见，有意识障碍者亦可见。其意识障碍表现为烦躁不安或嗜睡，呼之能醒，可回答问题，但移时复睡。病人还可见腹胀满，口气臭秽，舌质红或暗红。证类划分当属中脏腑，治疗要点急当化痰通腑，痰热去，腑气通，浊毒下行而无上逆清窍之虑。从而改善意识状态，相应达到减少并发症、缓解病势、减轻神经功能缺损程度的目的。

根据中风后伴随腑实而涌现的痰热壅盛特点，立化痰泻热通腑，创化痰通腑汤，即著名的星蒌承气汤。《伤寒论》中大承气汤是通腑泻热的经典方剂。后世将其类方演绎出方剂无数，如增液承气汤、宣白承气汤、陷胸承气汤、白虎承气汤、导赤承气汤、桃仁承气汤等。在气机升降失调显著时，也选用三化汤加减，药用生大黄、芒硝、全瓜蒌、胆南星、枳实、羌活6味药，若临证见痰热腑实盛而气机阻滞不著者常常去枳实少加羌活采用星蒌承气汤。

星蒌承气汤组成及常规用量：全瓜蒌 30～40g，胆南星 6～10g，生大黄（后下）10～15g，芒硝（冲服）10～15g，羌活 6g。方中全瓜蒌清热化痰、理气散结；胆南星息风化痰清热，配全瓜蒌功专清热化痰，去中焦之浊邪；生大黄煎时后下，峻下热结，荡涤肠胃，通腑化浊；芒硝软坚散结，配生大黄通降腑气。四药相配，化痰热、通腑气，切中病机，势宏力专。本方使用大黄、芒硝的剂量，应视病情及体质强弱而定，一般生大黄用量控制在 10～15g，芒硝用量控制在 6～10g，以大便通泻、涤除痰热积滞为度，不宜过量。若便秘而大黄干结不明显可用元明粉浸透生大黄 10g 而不用冲服芒硝。气滞甚者于上方加入枳实 10g，方中生大黄、芒硝通腑泄热，辅以枳实行气导滞，全瓜蒌、胆南星清化痰热，唯有羌活性辛温善通督脉，督脉总辖一身之阳气，所以用羌活有利于气血运行布达。

星蒌承气汤可随证加减，治疗中风病目前临床常配合活血化瘀药物。痰热盛，恶呕、纳呆、腹满者可加燥湿化痰的法半夏、陈皮、厚朴；大便通而黄腻苔不退，少阳枢机不利、气郁痰阻者，配大柴胡汤化裁；风动不已、躁动不安者，加镇肝息风之品，如羚羊角、生石决明、磁石之类；痰火扰心、躁烦不眠，甚至昼睡夜醒者加郁金、栀子、石菖蒲、远志；瘀血重者，加丹参、桃仁、红花以活血化瘀；黄腻苔呈斑块样剥脱，已见阴伤之势者，减胆南星、全瓜蒌、芒硝、生大黄之量，加麦门冬、玄参、女贞子、旱莲草等，以育阴生津，寓增液承气之意。

本证在痰热腑实阶段可配用九制大黄丸，每丸 6g 重，6g/次，随汤药冲服，或配用清胃黄连丸，6g/次，随汤药冲服。还可配用番泻叶一撮冲泡代茶饮，以上药物均有通腑泻热的功用。如腑气通畅后仍痰热内盛者，可配用清心滚痰丸（每丸 3g），每次服 3～6g，随汤药冲服。也可用牛黄清心丸，1 丸/次，每日 2～3 次。待痰热渐化可用散风活络丸，每次服半袋，2 次/天，以舒筋活血通络。值得指出的是，中风病始发重证不宜过多加减用药，当以星蒌承气汤药少力专治之。

痰热腑实证为中风后气机逆乱，中焦痰热内蕴、阻遏导致升降失常、腑实不通，是许多不同状况的患者中风后的共性机转；应用化痰通腑法后出现不同的病状，体现了中风病发病和疾病发展的个体化病机特点。把握中风病疾病与证候演变规律，同时临证还需深刻了解每位患者的禀赋体质、生活习惯、危险因素、发病特征，在临证时把中风病病证演变规律与患者的具体病情相结合，应证组合，随机应变，才会提高临床辨证论治的疗效和中医药防治中风病的水平。化痰通腑法治疗意识障碍虽为急则治标，然贵在辨证求本，临床凡痰热腑实证当必适用。

对于中老年人，及早调理肠腑能预防中风病的发生。在中风病急性期的治疗中，应注意调畅肠腑气机，使患者安全度过急性期；在中风病恢复期，调理肠腑既可杜绝痰、瘀之来源，防止中风病的再发，又可促进肢体的早日康复。

虽然不同发病途径、不同人群在中风病发生前后形成和持续存在痰热腑实的时间各不相同，中风后多种证候要素组合也存在差异，但由于临床观察发现痰热腑是在疾病极期出现，并与疾病发展走势密切关联，因此针对痰热腑实的治疗备受重视，化痰通腑法甚至作为调顺中风后逆乱气机、扭转病情加重趋势的重要策略为越来越多的临床医师在中风病急性期优先着重地选择。

二　糖尿病益气养阴法临床治疗经验的传承发展

糖尿病益气养阴法临床治疗经验的传承发展，目的是探讨北京地区中医名家糖尿病益气养阴法临床治疗经验的研究现状方法，以期为临床及科研工作提供参考。方法是以中国期刊全文数据库（CNKI）为检索源，去重后分别从发文年代、作者、期刊来源、基金资助和研究主题等方面进行文献计量分析。结果发现，1989～2017年共有156篇与北京地区中医名家糖尿病益气养阴法临床治疗经验相关的文献发表于期刊上。载文最多的 6 种期刊集中了全部文献量的 21.79%，主要作者 11 人，主要研究热点为临证辨治、名医经验和医案。经过分析，笔者发现这些文献对北京地区中医名家糖尿病益气养阴法临床治疗经验梳理和传承较差，专业性研究相对有限，对北京地区中医名家糖尿病益气养阴法临床治疗经验传承相关方面研究的基金项目支持力度有待加强。

糖尿病益气养阴法作为糖尿病中医治疗的指导思想之一，得到众多医家的认可与继承，并以此为基础根据临床经验创造了更多的临床辨证思路与方法。本文通过对近年来国内期刊发表的有关北京地区中医名家糖尿病益气养阴法临床治疗经验传承文献进行计量分析，整理北京地区中医名家糖尿病益气养阴法临床治疗经验传承相关文献的年代、作者、区域及主题词等分布特征，探讨北京地区中医名家糖尿病益气养阴法临床治疗经验传承的研究现状，为临床及科研工作者进一步研究提供参考。

（一）资料与方法

1. 文献检索

笔者以中国期刊全文数据库（CNKI）为检索源，以"施今墨、吕仁和、时振声、祝谌予、张炳厚、糖尿病、消渴病、益气养阴"为标题、主题词、关键词检索入口，不设检索年限，检索时间为 2017 年 3 月。

2. 文献纳入与排除标准

本研究主要纳入与北京地区中医名家糖尿病益气养阴法临床治疗经验继承相关，发表在我国国内期刊的相关文献，包括综述、理论、临床报道。检索结果进行合并后，排除标题重复的文章，下载检索文献全文，人工判别排筛非相关文献。

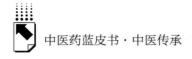
3. 数据统计与分析

基于检索结果，提取文献的题名、发表年代、作者、机构、期刊名称及主题词等内容，录入 Excel 软件，并进行相关统计分析。

（二）结果与分析

本研究共检索到 6013 篇文献，排除重复性文献，人工排筛非相关文献，共纳入文献 156 篇。

1. 年度发表量

1980 年第 4 期《北京医学》发表了《糖尿病辨证分型及治疗的初探》一文，作者为广安门医院内科糖尿病组，其在全国首次提出气阴两虚型为消渴病三个主要证型之一，同时提出益气养阴的治疗大法。此后，文献量呈波动上升趋势，2006 年发文量最高，达 15 篇；2016 年次之，发文量 14 篇；2002 年发文量为 9 篇（见图 1）。

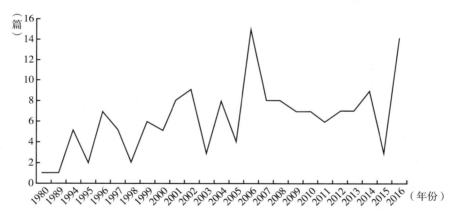

图 1　年度论文发表量

2. 基金资助情况

纳入的 156 篇文章有 21 篇文章由基金资助，资助比例占总发文量的 14.48%。看基金分布，主要来源于国家级资助项目，资助项目从 2007 年开始。资助基金名称及发表论文篇数见表 1。

表 1　1989～2016 年发表文献基金资助情况

单位：篇

序号	基金资助名称	发表数量
1	国家自然科学基金	6
2	国家科技攻关计划	5
3	国家科技支撑计划	4
4	国家重点基础研究发展计划（"973"计划）	5
5	高等学校博士学科点专项科研基金	1

3. 作者分析

156 篇北京地区中医名家糖尿病益气养阴法临床治疗经验相关研究的论文中，标明具体作者的共有 130 篇，涉及作者 79 名，其余文献因年代久远或集体合著未标注具体作者姓名。其中，发文量排名前 3 位的作者分别为：吕仁和、高彦彬、梁晓春；排名前 3 位的发文机构分别为：北京中医药大学东直门医院、北京协和医院、广安门医院。作者及发文机构见表 2、表 3。

表 2　1955～2016 年发表文献作者名（发文量≥3 篇）

单位：篇

序号	作者名	发表数量	序号	作者名	发表数量
1	吕仁和	11	7	王世东	3
2	高彦彬	6	8	杨晓晖	3
3	梁晓春	5	9	孙　军	3
4	李　靖	4	10	王　越	3
5	邓德强	3	11	于秀辰	3
6	冯兴中	3			

表3　1989～2016年发表文献机构名称（发文量≥1篇）

单位：篇

序号	机构名称	发表数量
1	北京中医药大学东直门医院	52
2	北京协和医院	24
3	广安门医院	6
4	北京中日友好医院	3
5	北京中西医结合医院	3
6	首都医科大学	3
7	铁道部医院	3
8	北京同仁医院	1

4. 文献期刊分布

156篇文献分别发表于35种期刊（本文统计时，未将更名杂志合并，将其视为不同种期刊发表），其中中国中医药报、北京中医、世界中医药、北京中医药大学学报以12篇、6篇、6篇、6篇分列前4位。排名前8位的8种期刊，收文量大于等于3篇，共载文45篇，占总文献量的28.85%。文献发表期刊主要是中医类刊物，具体情况见表4。

表4　1955～2016年发表文献期刊名称

单位：篇

序号	期刊名称	发表数量	序号	期刊名称	发表数量
1	中国中医药报	12	5	北京中医药大学学报（中医临床版）	5
2	北京中医	6	6	现代中医临床	4
3	北京中医药大学学报	6	7	中国医学科学院学报	3
4	世界中医药	6	8	中医杂志	3

5. 主题词与关键词

通过观察高频主题词和关键词，笔者发现主要涉及文献内容包括北京地区中医名家诊治糖尿病的经验方法、北京地区中医名家的个人生平事迹、名医医案、遣方用药及治则治法特点等方面。主题词共计371个，频次分列前3位的主题词分别为：气阴两虚、糖尿病肾病、糖尿病；关键词共计195个，频次分列前3位的关键词分别为：气阴两虚、糖尿病、糖尿病肾病。具体情况见表5、表6。

表5　1989～2016年发表文献主题词统计

序号	主题词	频次	序号	主题词	频次
1	气阴两虚	73	8	名医经验	5
2	糖尿病肾病	43	9	益气健脾	5
3	糖尿病	19	10	血脉瘀阻	4
4	吕仁和	12	11	中医药疗法	4
5	阴阳俱虚	11	12	中医药	4
6	分期辨证	7	13	老中医经验	4
7	六对论治	6	14	数据挖掘	4

表6　1955～2016年发表文献关键词统计

序号	关键词	频次	序号	关键词	频次
1	气阴两虚	31	8	综述	5
2	糖尿病	23	9	医案	4
3	糖尿病肾病	19	10	中医药	4
4	六对论治	6	11	老中医经验	4
5	名医经验	5	12	消渴病	4
6	分期辨证	5	13	中医药疗法	4
7	数据挖掘	4			

（三）讨论

1. 文献量走势

文献量的分布特征和走势显示，与北京地区中医名家糖尿病益气养阴法临床治疗经验研究相关的文献量呈逐渐上升趋势。20世纪90年代以前此类文章发表数量相对较少，至90年代中期此类文章发表数量渐多，这与随着时代发展期刊种类增多，从事中医医疗人员增长以及近年来相关基金的资助有一定的关联，但与中医类其他研究领域相比，此类的文献增速缓慢。

2. 主要研究者与研究机构

发文量最多的作者是北京中医药大学东直门医院吕仁和教授。吕教授为国家中医药管理局重点学科中医内科内分泌学科和肾病重点专科学术带头人，北京中医药大学东直门医院肾病糖尿病研究室主任、享受国务院颁发的特殊津贴，兼任中华中医药学会糖尿病分会名誉主任。吕仁和从事糖尿病中医研究工作五十余年，其开创性地提出糖尿病及其慢性并发症以气阴两虚为重要病机，并在此基础上确立益气养阴治法，分别针对糖尿病、糖尿病肾病、糖尿病周围神经病变研制了"消渴Ⅱ号""止消通脉饮""糖络宁"等制剂，通过临床观察，疗效显著。排名第二位的是高彦彬教授，其师从于吕仁和教授，为世界中医药学会联合会糖尿病学会副会长，中华中医药学会糖尿病分会副主任委员，北京中医药学会糖尿病分会副主任委员，其在吕仁和教授益气养阴法的临床基础上做了大量实验研究工作验证了其作用机理。

从发文作者及研究机构可以看到，作者群存在单一化现象，相关研究机构较为集中。多名医家当中尤其以吕仁和教授的相关研究较多，作者集中于吕仁和教授的硕士毕业生及博士毕业生等，发文机构集中于北京中医药大学东直门医院及北京协和医院，刊载的期刊来源以北京地区为主。

其余几位医家经验传承工作有待加强，发表文章数量有限，发表作者群体也相对单一，主要由各位教授的研究生及博士生发表，应引起相关部门的重视。

北京地区中医名家益气养阴法治疗糖尿病及相关并发症的学术思想在整个中医学界占有较高地位，后世学者及临床医生应予以吸纳，其影响区域亦不应局限于北京地区。

3. 基金资助情况分析

近些年，国家有关部门在中医药科研组织、人力物力及经费等方面都给予了充分的支持。文本检索结果显示文献资助项目从 2007 年开始。说明相关政府部门已经开始重视糖尿病的中医临床研究，正在由零星自发的研究，逐渐转变为专项课题的研究。所有纳入文献中由基金支持的文献有 21 篇，资助比例占总发文量的 14.48%，多为国家级基金资助项目，可见相关研究已经得到国家相关部门重视，但覆盖比率仍较低，希望能够加强相关资助，更好地传承北京地区中医名家的优秀经验与思想。

4. 研究热点

从高频主题词和关键词分析研究热点，可以发现目前研究主要集中在以下方面：北京名医对糖尿病的辨证分型、治疗思路、用药经验及相关药物实验。大部分文献集中于对糖尿病及糖尿病肾病的研究与发展，针对其余并发症的讨论及治疗相对较少。可在现有基础上加强对糖尿病视网膜病变、大血管病变及周围神经病的研究。

（四）小结

基于对近 40 年来关于北京地区中医名家糖尿病益气养阴法临床经验研究的文献计量分析我们可以发现，北京地区名医对糖尿病的治疗方法做出了巨大的贡献，他们对糖尿病及其慢性并发症的辨证分型

与中医病名的命名对后世医家在临床过程中提供了很大的帮助，尤其是在全国首次提出益气养阴法治疗糖尿病及其慢性并发症，佐以大量临床研究，创制多个院内制剂，有些转化为中成药上市，对于中医治疗糖尿病发挥了巨大的作用。

B.8
当前中医传承中的科研思路
模式与存在的问题

摘　要：　本文分析科研对中医传承的意义，也介绍了当前通过
　　　　　科研立项专题研究的形式，开展名老中医的临床经验
　　　　　和学术思想传承研究，创新研究方法，提高师承研究
　　　　　效率。以中药提取物青蒿素、人工麝香研制为例，重
　　　　　点分析了中医传承的科研思路模式、中医传承的研究
　　　　　模式方面的进展与存在的问题，并讨论了中医传承科
　　　　　学研究存在的问题及解决方案等。

关键词：　北京中医药　传承　科研

时代在变化，人们的生活方式、当下的环境改变，气候不同于以
往，让疾病变得各有特征，各种新型的病毒、耐药的细菌等更是层出
不穷。然而千般疾灾，不外乎寥寥数种病机，让老药、老技术新用，
以造福更多的患者，是中医人的责任，也是中医事业发展的根本目
标。

青蒿素、朱红膏、贺氏火针、人工麝香，作为中药提取物，院内
制剂以及特色诊疗手法的杰出代表，针对它们进行的科学研究可以广
泛应用到对各种传统诊疗方法的了解过程中。在研究的过程中进一步
明确它们的作用原理，寻找更合适的使用方式、更加方便有效的剂
型，拓宽它们现有的适用范围。

许多人会提出疑问，为何中医人也要做科学研究，也要做实验，中医不就是阴阳五行、气血津液、针灸汤药吗？

中医药作为我国的传统文化瑰宝，在中国这片广袤的土地上庇佑华夏儿女千年，在治疗外感、内伤疾病方面屡建殊功。在全球化发展的今天，它已逐渐为全球人民所知。2016年里约奥运会上，各国运动健儿身上的"罐印"让全球人民都见识到来自古老东方的"止痛秘术"，中医诊所在欧美、澳洲、东亚遍地开花，针灸为不少患者带来健康的福音。世界人民需要听到来自中医药人自己的声音，来了解这个完全不同于现代医学的医疗体系。

在当前世界以现代医学为主流的背景下，科学是世界的通用语言。我们中医人应以开放的心胸与姿态，在夯实自我中医功底的同时，努力学习医学界的通用语言，用标准化的数据、严格的临床试验和清晰的科研思路来向世界介绍我们的传统中医药学，建立起世界医学范围内的交流网络，让更多的人探得中医药文化的宝山，让世界人民受益于中医文化。

中医的学习之路是一条漫长的道路，我们既要学习老一辈临床家勤求古训、厚德济生，急患者之所急、痛患者之所痛的精神，学习他们在汗牛充栋的古籍中皓首穷经，在反复的临床中悉心总结，继承中医药事业的优良传统；又要学习中医学科研工作者在实验室精益求精、坚韧不拔、不屈不挠、百炼成钢的科学求实精神，用令人信服的世界语言，向世界人民介绍中华文化中的瑰宝。

中医科研是中医传承中不可或缺的关键一环，是中医复兴之路的必经一站，代代中医人将以胼手胝足的努力，向世人昭示中华古老文明的价值与贡献。

随着时代的发展和科学技术时代的到来，科研已经不是医学界陌生的词汇。不论是西医还是中医，科研都是重要的一部分，与此同时，中医的科研也与中医传承息息相关。科研型传承是指通过科研立项专题研究的形式，开展名老中医的临床经验和学术思想研究工作。科技部先后在"十五"国家科技攻关计划、"十一五"国家科技支撑计划、"十二五"国家科技支撑计划中设立"名老中医学术思想、经验传承研究"的项目，以名老中医为研究对象，对名老中医个体的临床经验、思辨特点、学术思想、成才之路、养生经验进行全面的传承研究，同时开展名老中医群体共性规律的分析研究，创新研究方法，提高师承研究效率。师承方法也采用了现代信息技术研究方法与中医临床、文献的传统研究方法相结合，回顾性研究与前瞻性研究相结合，个体研究与群体研究相结合，纵向课题与横向课题相结合的研究方法。比如，从师病历的采集与整理研究。按照"名老中医综合信息库"的要求，将整理好的从师病历上传，原汁原味地保存名老中医的诊疗资料。在全面采集名老中医病历的基础上，运用数据统计与挖掘技术处理临床信息与数据，运用深度访谈的定性研究方法解释统计与挖掘结果，两种方法相结合，以客观的病历数据为基础，以名老中医本人的意见为主对数据挖掘结果进行分析，总结出既符合临床真实情况又反映老中医学术观点的经验，形成"人机结合、以人为主"的名老中医经验整理研究方法。而中医传承中的科研思路模式，以及其中存在哪些问题需要我们解决？本文作以下具体探讨。

一　中医传承的科研思路模式

现今中医传承模式基本包括师承制、院校制、组合型、研究型四种。其中无论院校教育还是师承培养，一个共同的特点是，都有老师传道授业解惑。除这类直接的师授传承外，还有间接通过自学经典文献、私淑先代医家而成才者，这种通过攻读和私淑的研究型传承古已有之。"学而优则仕，学而仁则医"，古代很多知识分子如皇甫谧、王焘、方有执、徐大椿等由儒入医、自学通医，成为一代宗师；而大凡卓有成就的大医家，即使是家学师传者，也往往是以儒攻医、钻研医学、各有私淑，从而形成了独特的高素质、高修养的儒医群体，新安医家可以说是最典型的代表。他们重经典、重传承、重积累、重临床、重创新、重著述，研习成风。学风所沿，至今民间还不乏爱好中医、自学钻研者。在中医药传承中，从"口耳相传"转型到"书于竹帛"以后，书籍逐渐发挥出了不可替代的关键作用。古代医药典籍留下了先人探索的足迹和无尽的宝藏，譬如20世纪六七十年代国家以军工项目紧急研制抗疟新药，中医研究院屠呦呦从浩如烟海的医籍本草及中医验方中筛取2000多个方药，从晋朝《肘后备急方》青蒿"绞取汁治疟"的记载得到启发，锁定青蒿最终发现青蒿低温提取物（青蒿素）的抗疟作用，"在全球挽救了数百万人的生命"；当今的国医大师、名老中医往往都善于从中医经典记载中，挖掘出现代早已式微的诊疗技术和方药，灵活自如地运用于自己的临床实践中，点点滴滴的积累最终铸就不凡的业绩。因此研习中医药典籍十分重要，其本身也是中医药传承的重要方式与手段。从2003年起国家组织实施中医临床优秀人才研修项目，"跟名师，读经典，做临床"，攻读经典与跟师临床相结合，着力提高中医理论水平和临床能力，许多人才脱颖而出，收效甚佳。

2006年《国家中长期科学和技术发展规划纲要（2006～2020年）》，要求重点开展中医基础理论创新及中医经验传承与挖掘，在"十五"国家科技攻关计划、"十一五"国家科技支撑计划、国家重点基础研究计划（"973"计划）等国家重大科技计划中，设立多项名老中医学术经验传承研究项目。以国家科研立项、专题研究的形式，统一目标、统一要求，借助现代信息技术及数据挖掘技术，在全国范围内大规模、长期持续地开展名老中医学术经验传承研究工作，既是科研的创新，也是传承模式的创新。传统师承"一师一徒"，而这种科研型师承通过"一带多，多带一""带集体，集体带""群医带群徒""团队＋团队"的方式，实行信息技术研究与中医临床文献研究相结合，回顾性研究与前瞻性研究相结合，个体经验总结与群体规律探索相结合，纵向课题与横向课题相结合，以期快速、高效地总结提炼名老中医的学术经验，进而提炼出其中规律性的内容，通过科研转化为科技成果加以应用，值得期待。比如建立计算机模拟程序，模拟医家的思路和方法进行疾病诊治。但中医强调个性化治疗，曾一度很是热门的中医专家系统，开发的很多、应用的很少。殊不知现代西医正是对机器的依赖，导致医生很大程度上失去了自己主观的观察、判断和思辨能力，为人们所诟病。如果中医在似是而非基础上简单地联系、仓促地创新，并不比西医依靠仪器检查、直观用药高明多少。由于实用性不强，中医研究成果或被束之高阁，或随着新技术的发展又很快被淘汰？真正体现名老中医经验内涵和精髓的成果不多，名老中医的学术经验没有得到根本性的继承，表面的辉煌难以掩饰传承停滞不前的窘境。

二　中医传承的研究模式

（一）中医研究

中医研究即充分运用中医药学术理论，总结新经验，发展新认识，汇入和丰富原有的中医药学术体系。也就是严格遵循中医理论去认识疾病、诊治疾病，从中找出能经得住重复验证的带规律性的学术成果。在这方面的研究上，近年来取得了许多成果，并且广泛应用于临床，真正显示出了中医的特色。比如有人根据祖国医学对人体生理的认识"女子五七，阳明脉衰，面始焦，发始堕"提出妇女养生抗衰老三十五岁是关键阶段，治疗上通补阳明收到良好疗效。此外，如阳痿从肝论治。中医体质学说、生理性肾虚学说、急性虚证等新观点

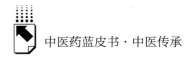

及理论，充实和发展了中医理论，为中医临床开辟了新的诊疗方法，促进了中医学术的发展。

（二）研究中医

研究中医，即把中医作为被研究的对象，研究中医发生发展以及中医某一理论的实质。目前中医临床科研中，运用现代医学及其他边缘科学的某些研究方法探讨中医中药的基本理论及诊治规律的较多，如运用控制论和信息论中的"黑箱—灰箱"原理解释脏象学说和经络学说，以全息系统的理论和方法解释中医通过面部色诊、舌诊、寸口脉诊以诊察全身各部分的方法等。这些做法从不同角度证明了中医某些理论的科学性。在临床研究方面，有人从内分泌入手研究激素与阴证和阳证的关系；有的试图对中医四诊进行规范化和客观化的研究；研究血虚与甲皱微循环的关系，虚劳的血液流变性指标观察；研究中医某一治则或方药对人体某一生理指标的影响，动物实验的开展等等，从多学科、多层次研究中医药理论，为祖国医学注入了新的活力。从目前中医科研来看，多侧重于应用研究及基础应用研究，其特点是能紧密结合临床所需研究设施展开，要求不高，且出成果的时间相对较短，能直接在临床推广。但目前中医临床科研工作仍存在一些亟待解决的问题，治法简明、疗效确切、具有可重复性、便于推广普及的成果较少。临床选题范围较窄，如内科领域多集中在慢支炎、消化性溃疡、高血压病等，需进一步努力。常常会看到某文登载某种诊治方法治某病有效率达90%以上，但往往在临床上难以重复，一般与科研设计有很大关系，如纳入标准（诊断标准）的设计，是否为国内或国际最新标准；疗效标准设计，有无对照组，样本数是否正确（足够）等，这些因素将直接影响最后统计学结果。正确的科研设计，是得出令人信服的统计结果的前提条件，这样的成果也更易为人接受。

三　中医传承科学研究存在的问题及解决方案

（一）研究思路和方法背离了中医药科研的发展方向

中医学是我国原创性医学，历经数千年临床实践的验证，其理论体系和技术体系科学。中医药历来重视通过科学的方法探索理论发展的未知领域，解决临床实践中存在的问题，提高临床疗效，完善和发展理论体系。近年来，随着现代科学技术的发展，中医药理论反而受到质疑、创新性成果越来越少。分析其原因，主要是中医药科研思路违背了其发展规律。近代科学在确立其主导和统治地位过程中，方法论起着关键性作用。中医学与西医学最根本的区别，是各自文化背景所导致的思维方式不同，从而形成了各自的认识论和方法论。中医讲整体观、辨证论治，西医讲病因、病理、病位；中药讲性味归经，西药讲杀毒灭菌。中医药科研应按中医学自身发展的客观规律，以及与此相对应的思维方式，确定正确的研究方向、发展目标和研究方法。中医科研必须从临床实践中总结归纳辨证论治的方法、思路，应以研究药性，以及药性与中医理论的关系为切入点。然而，目前中医药科研淡化了中医理论整体思维方式，确立了以线性、分析还原论为指导思想，按现代医学的生理、生化、病理等实验室量化指标来研究中医药"实质"、"本质"和"有效成分"，运用现代科学技术实施"微观探索""指标检测""客观实证"，试图从实验室里发展中医理论、开发中药新药，甚至把基因组学、蛋白质组学作为中医药研究的突破口，这种完全按照西医科研思路开展中医科研的做法违背了中医药发展的认识论和方法论。2001～2005年国家自然科学基金委员会资助的中医、中药项目中，纯中医药类研究课题也不多，有些项目应属于中西医结合研究课题。加强和正确引领中医药科研，是中医药传承与发展关键环节和重要支撑，只有把握中医药发展的根本，确立正确的思想和方法，才能不断创造和完善符合整体医学的科研成果和理论体系，才能为中医药的发展提供不竭的活水源头。

（二）发扬中医特色问题

中医药学有其独特的理论体系，由于历史条件的限制，长期以来中医药学与现代科学严重脱节，缺少客观依据，因此研究的难度很大，而现有的中医科研基础又十分薄弱，大量的研究工作限于有效方药的临床验证和药理药化分析，疗效机制多数限于现代医学数据的探讨，对中医理论研究较少，收效甚微。中医临床以辨证论治为特色，但往往一进入科研就强调定方定药，以致忽视了自身的精华，把中医药的研究简单地归结到方药的疗效验证（医和药的研究相互依存，密切联系，如有效方药，是从临床实践中总结出来的，制剂定型后又必须通过临床验证。但两者仍不能互相取代，药物的临床验证只是中医药研究中的一个组成部分），忽视了如何提高理法方药的水平，如何以辨证论治去突破疗效等主要方面。

加之科研管理缺乏经验，从科研设计到成果评价标准基本上是沿用西医的一套，没有体现中医的特色，因此其成果往往得不到老中医承认，也不能充实中医教材。对目前中医科研的这种状况不能求全责备，但也必须看到中医科研如果长此以往，不思变革，确实有走上实用主义道路的危险，即把中医、药学中的实用部分经过现代科学的研究作为防病治病的重要手段保存下来并逐步融合于现代医学之中，而其理论体系则可能被废弃。承认不承认中医是一门科学，在于承认不承认中医有一个完整的理论体系，丢掉了这个理论体系，中医也就不成其为"学"了。因此每一个中医研究工作者，都必须正视当前科研工作中不足的一面。从课题设计开始，就要注意从中医理论出发，进行科学研究的实践，再上升到中医理论。这样在前人实践认识的基础上，实践—认识—再实践—再认识，不断使传统的理论体系具有明确客观的现代表达方式，使中医的科研成果与其他一切自然科学研究成果一样能够填补本学科空白，充实和丰富本学科的内容，以致引起本学科基础理论的重大变革。这是一个十分艰巨的任务，要求我们从科研管理到具体的科学研究实践，都充分注意摸索中医自身的规律。在引进先进技术和知识时，要遵循"以我为主""为我所用"的原则，在"消化""吸收"上下功夫，注意新老知识的衔接，做到扬长补短，有机结合，不搞机械取代，注意保持和发扬中医的特色。

中医科研成果之所以不能完全充实中医学的内容，科研路子只是问题的一个方面。问题的另一方面是思想上还有很大阻力，以致一些经过科学实验证明，明明可以提升中医的理论和实践水平的技术，却依然被拒之于门外。比如微生物学技术的引进，本来可以导致温病病因学说的重大变革，但由于它首先用于西医，即使目前病原体的存在已为大量的科学实验以及中医自身的实践所证实，但细菌、病毒学说依然被禁止进入中医领域。实践证明风温、春温、暑温、湿温……包括了多种传染病。但由于传染病病名源于西医，我们就不愿在疾病分类方面前进一步，束缚了自身的发展。有人担心中西两医在学术上相互补充是否会导致中医西化，笔者认为关键仍然在于能否坚持"以我为主"和"为我所用"。比如中医对待病因，历来强调机体内、外环境的整体作用，而不执着于一点。这是完全符合客观科学实际的。有人曾以吞服大量霍乱弧菌而不导致霍乱的亲身实践来证明病原体不是致病的唯一因素。温病的"风""暑""湿""燥"，均代表了温病发病的一定外部条件。病原体的发现并不意味着原有学说的废弃，而是通过扬己之长补己之短，把原有学说推向前进。中医学的发展也必将导致中医理论体系的不断变革，中医学明天的面貌必然不同于今天，不承认这种变革、拒绝变革，只会导致中医自身的僵化，断送中医学的科学生命。在科学上来不能有"门户之见"，需要的是实事求是的客观态度。只有去掉思想上的一切束缚和负担，按科学发展的规律来领导科学，中医发展的道路才能畅通。

（三）中医科研队伍问题

要用多学科的方法研究中医，就必须形成一支多学科的科研队伍。如上述西学中的同志是科研的一支重要力量，此外我们还需要诸如物理、化学、数学、医学工程学、分子生物学、控制论、系统论、电子技术以及天文、气象等方面的人才。但不管有多少方面的大军，其主力部队都应是中医本身，而当前中医科研队伍的最大问题就在于形不成主力。能够运用现代科学手段研究中医者凤毛麟角。有些课题其他学科的人员搞起来了，苦于不懂中医，要求中医出来牵头或参加，而现实中由于中医与现代科学知识脱节，导致中医与其他学科不能共融发展。这种状态的形成固然有其历史因素，但重要的仍然在于领导的指导思想，在科学这样发达的今天，中医院校的领导对讲师以上的教师至今不敢和其他高校一样提出"具有1~2门边缘科学知识和技能，具有独立从事科研和组织科研的能力，并取得科研成果"这样的要求。对研究生和大学生的培养也同样存在这个问题，不注重从事科研工作所必需的基本训练和知识，有的学校的研究生培养还是仅局限于中医理论，知识面十分狭窄，不能适应多学科研究的要求。这些状况近年来虽然有所改变，但由于条件的限制，存在的问题依然很多。对中医研究生的分配使用也存在着不合理现象，往往不注意补充人才十分匮乏的中医科研队伍。一方面要求中医科研要体现中医特色，担心中医科研会偏向，而另一方面却不愿意改变中医科研队伍中这种反客为主的局面。其他学科的研究人员虽然对中医事业满腔热忱，但由于不熟悉中医，要引导中医科研深入有一定困难。因此笔者建议不仅对现有讲师以上的教师要在知识结构和科研能力上提出要求，而且必须解决中医研究生课程设置、培养方法和正确使用问题。

对本科大学生也要举办各种科学讲座以开阔其视野、扩大知识面，并结合学年论文和毕业论文进行必要的科研基本训练。只有这样，中医科研队伍的主力部队才有可能逐步形成，与其他不同学科的各支力量共同促进，协调发展，中医科研才能开创一个新的局面。

（四）总结与讨论

综上所述，将传统的中医传承与现代化的统计学、科研方法结合起来，在保持中医特色的基础上将中医定量研究，培养大批中医科研人才，不断探索中医科研的方法思路，是我们在中医传承的热潮之下要努力完善的事情。此外，中医科研诊断和疗效指标的标准化，以及如何加强中医传承科研结果的推广及应用，都是我们面临的挑战。了解了中医传承中的科研思路、模式、方法和问题及解决问题的方案，相信我们不但会在中医传承的科研过程中越做越好，也会将中医更好地发展和传承下去。

从以往的获奖成果中可以看到，许多重要成果是由多个地区或多个单位的科研人员共同协作完成的，可见总体部署、联合攻关、协作研究是取得重大成果的有力保障。无论是国家级成果，还是部局级成果，其获奖单位多集中于中医研究院等中医药研究机构，可见这些机构是中医科研的主体和核心，在北京乃至全国的中医科研工作中，都占有重要的地位。

北京市的中医科研工作亮点也在于集中使用中医、西医、中西医结合人才，形成了中医科研的大协作。多个科研基地的建设调动了多个单位、多学科的力量，使北京市的中医科研在脾胃病、肝病、多脏器功能衰竭、肿瘤、皮科、针麻等领域取得了突出的成绩。进入新世纪之后，中医事业的发展日新月异。中医事业要在关键问题、重大问题上有较大的突破，就必须在全国范围内实行强强联手，做到资源共享，协作研究。不仅要在医疗、教育、科研三者之间建立联系，而且还要打破学科之间的界限，才有可能取得较大的成果。在当前的科研课题制的管理情况下，经费的分派问题，可能在一定程度上不利于跨单位甚至跨行业的合作，相关管理部门要妥善协调好各学科、各部门之间的协作关系。

三　中药提取物青蒿素

疟疾俗称"打摆子""寒热病"，是由按蚊传播感染疟原虫而引起的一种寄生虫病，其症状主要表现为贫血和脾肿大，重症患者可引发脑、肝、肾等器官损伤以及循环系统、呼吸系统功能衰竭等。人类对疟疾的记载已经有4000多年的历史。公元前2700年，中国的古典医书《黄帝内经》讲述了疟疾的相关症状："疟之始发也，先起于毫毛，伸欠乃作，寒栗鼓颔，腰脊俱痛，寒去则内外皆热，头疼如破，渴欲冷饮。"如不及时治疗，可能致死。

新中国成立初期，由于战争的关系及其后的自然灾害引起我国疟疾两次大流行，加之越南解放战争爆发后，热带丛林地区疟疾肆虐。越南解放战争中，疟原虫对原有的抗疟药物氯喹产生了抗药性，越南方面向中国提出了协助解决疟疾的要求，中国领导人接受这一请求后，成立了专门的机构"523"领导组来研发新的抗疟药物。屠呦呦正是在此时临危受命，开始了与青蒿的不解之缘。自接任务起，屠呦呦所在的团队夜以继日地工作，他们以现代科学继承发扬祖国传统医药学遗产为指导思想，从系统收集整理历代中医药典籍、本草、地方药志、民间单方和验方入手，请教老中医药专家，辑录了包括内服、外用植物、动物和矿物药在内的2000多个方药，在此基础上精选编纂出含640个方药（其中包括多个使用青蒿的方剂）的《疟疾单秘验方集》（中医研究院革委会业务组，1969年4月油印本）。而后由于各种原因，屠呦呦的研究成果并未得到足够的重视，研究进程也一度中止。

到 1971 年，越南战争进入最残酷阶段，同时国内南方地区也有抗疟的巨大需求。在新形势下国家重新紧抓抗疟药物的研发工作。屠呦呦在已有的研究基础上反复思考，在已经缩小范围的方药里进一步筛选治疗更加精准、疗效更佳的抗疟药物。她再次重读一本本中医古籍，当她读到东晋葛洪撰写的《肘后备急方》中"青蒿一握，水一升渍，绞取汁尽服之"时，屠呦呦灵光一现，就改用将温度控制在 60°C 的乙醚冷浸法处理青蒿，然后将提取物注入染有鼠疟的小白鼠体内，发现此法对鼠疟的抑制率一下子有了明显的提高。随后她进一步改用低沸点溶剂处理青蒿，得到的提取物疗效更高、更稳定。1971 年 10 月 4 日，在广州会议后，屠呦呦提取到 191 号（191 次实验）药物样品时，所做的动物实验，惊人地显示出 100% 的抑制率。

其后，屠呦呦在此基础上，在后续的研究中逐渐确定了青蒿素提取植物部位，指出青蒿药材含抗疟活性的部分是在新鲜的叶片里，而非根、茎部位；以及最佳的采摘时节是青蒿即将开花的时刻。屠呦呦又把青蒿提取物成功分离提纯，解决了中草药含毒的副作用问题。

然而青蒿素虽然有如此强大的抗疟作用，却因为其代谢太快，不能满足抗疟所需要的在人体内的停留时间。屠呦呦经过进一步的试验之后，决定将它与其他被排出体外半衰期比较长的药物联合使用。从发现青蒿的抗疟作用，到精确定位有效提取部位，到分离提纯避免草药毒副作用，到合成为最后的青蒿素……经过漫长的反复研究试验后，世界上治疗疟疾的最有效方案诞生了。这种被世界卫生组织推荐的疟疾治疗方法称为青蒿素联合疗法（artimesinin-combination therapy，ACT），在投入临床使用之后，这种疗法立即替代了原有疗法被广泛应用。鉴于青蒿素家族抗疟药物的研发对人类健康的巨大贡献，作为这一独特科学发现的主要人物，中国科学家屠呦呦研究员被授予了 2015 年诺贝尔生理学或医学奖的一半奖金，以奖励"她发现了一种全新的疟疾治疗方法"。

青蒿素的发现（发明）之路漫长而艰辛，在屠呦呦本人的职业生涯中，她一共筛查过 200 多种中草药的 380 余个提取物。古代的中医药疗法固然讲求辨证论治，因人制宜，然而在大规模流行的疫病威胁下，易复制、可批量生产的青蒿素的诞生挽救了无数人的生命。中药在现代医学的帮助下从故纸堆中重新焕发出夺目的光彩，也激励中医人在传统中医药的宝库中勤于钻研，发掘出更多的宝藏。

四 人工麝香：奇葩绽杏林

麝香是我国传统名贵的中药材，也是香料工业的原料。它是鹿科动物林麝、马麝或原麝成年雄体香囊中的干燥分泌物，被《中华人民共和国药典》收载。麝香具有开窍醒神、活血通络、消肿止痛等功效，用于治疗热病神昏、中风痰厥、跌扑伤痛等常见病、多发病和疑难病症，已有 2000 多年悠久的药用历史。

麝是我国特有动物之一，又称麝獐、香獐。我国有林麝、马麝、原麝等，栖居于海拔 1000~4000 米的高寒山林，分布在东北、华北、西北、西南的十多个省份。我国麝种类与数量最多，麝香产量居世界首位。然而，长期猎麝取香，麝资源严重不足，麝香可收购量日益减少，且价格高昂，质量难以保证。由于麝香用量增加，导致麝的栖息环境受到破坏，种群逐渐减少，由 20 世纪 60 年代的 250 万头锐减到 80 年代不足 60 万头，根据 1999~2001 年调查结果，全国麝资源储量仅为 6 万~7 万头，因此出现该物种濒危，2003 年我国已将麝列为国家一类保护动物。

为了解决麝香紧缺造成的临床用药困扰，缓解中成药厂的原料供需矛盾，保护生态平衡，开展对天然麝香代用品的科学研究与开发显得十分必要和紧迫。

（一）顶层设计，联合攻关

人工麝香研究跨越数十年，从立项开始，就受到国家有关部门的重视，堪称顶层设计，具体体现在：一是国家立题并提供资金，确定各时期研究内容与路径；二是组织保证，确定各时期主管部门、牵头单位和主要参与单位，确保研究工作落实到位。

1972 年商业部和卫生部联合发文《关于继续开展人工合成麝香研究工作的通知》；1993 年通过卫生部药政局组织新药审评，1994 年卫生部批准人工麝香试生产；2004 年，由国家药品监督管理局批准正式生产。

中国药材公司 1972～1998 年尽管隶属关系不断变化，但因其政企合一具有行业管理职能，所以一直受委托牵头组织实施该项目。中国医学科学院药物研究所一直作为技术牵头单位承担主要研究工作。1999 年以后，主要参与研制人工麝香的 4 个单位按照现代企业制度组建了北京联馨药业有限公司，正式生产人工麝香并承担后续研究任务，至此原项目组使命完成。

人工麝香研究的总体设计思想是根据仿生学原理，在对天然麝香中各类化学成分和药理作用深入研究的基础上研制人工麝香。采用化学成分分析和药理作用研究紧密配合的技术路线，采用先进的物理化学研究实验手段和生物学研究方法。

全面系统对天然麝香进行研究是在 20 世纪 70 年代提出的，当时对天然麝香尚未有全面系统的研究成果，对麝香药效等认识局限于历史记载和传统经验，而对其内在成分的认知非常有限。中国医学科学院药物研究所承担了此项研究工作。历时多年，该研究所深入开展天然麝香研究，首次阐明天然麝香中复杂成分的化学组成、结构及其相对含量；根据中医临床用药理论，为了能反映麝香开窍醒神、活血通经、消炎止痛、解毒及化腐生肌的效用，科研人员先后建立了有关神经内分泌、心脑血管、抗炎免疫、药酶诱导及白细胞游走等 16 种药理学动物模型，确定了 29 种药理学指标以评价天然麝香功效，首次用现代药理学方法诠释天然麝香的功效。

1. 攻破主要成分技术难点——麝香酮的研究

麝香酮类成分是人工麝香中主要成分之一，研究攻破其合成路径是技术难点。在综合比较当时国内外化工、医药、香料等各个领域的工艺路线基础上，科研人员从多条合成路径中遴选，寻找更安全、可控、经济的合成路径，重点解决了麝香酮合成过程中 4 – 甲基环十五烷酮异构体的分除技术，纯度高、成本低，合成了人工麝香中的麝香酮。1989 年进行了中试鉴定。通过进一步优化工艺条件，制定产品质量控制标准，麝香酮于 1993 年获新药证书。原济南中药厂、上海市药材公司承担了此项工作。

2. 芳活素的研究

在对天然麝香拆分研究中，中国医学科学院药物研究所以于德泉院士为首的课题组发现了麝香中水溶性部分具有较强的抗炎活性，多肽蛋白质类成分是关键活性物质。但组成复杂，难以用合成方法得到，为此对其进行了重点攻关研究。经研究论证，课题组提出寻找代用品的 4 条原则：来源于动物性中药；生物活性一致；分子组成与分子量范围一致；低毒性。以于德泉院士为首的课题组为此研发了一组主要活性物质，制定其生产工艺条件，建立生产工艺路线、鉴别方法和质量控制标准，证明应用的安全性和有效性以及不可替代性，成为人工麝香研制过程中最关键的一步。这一抗炎活性组分——芳活素于 1993 年获新药证书。

3. 激素类研究

由于麝香是雄体香囊分泌物，因此天然麝香本身含有多种激素类成分。上海市药材公司承担此项工作。从有效性和安全性方面进行遴选，选择了最有活性的、具有代表性的，同时含量与质量稳定的组分。经过小试、中试反复研究，该药物于 1993 年通过科技成果鉴定，当年获新药证书。

4. 人工麝香的配制原则

根据对天然麝香化学成分和药理作用的研究结果，设计人工麝香的配制原则：人工麝香的化学成分和药理活性要最大限度保持与天然麝香的一致性，即化学成分类同性、生物活性一致性、理化性质近似性、低毒性。在对天然麝香拆分并对每种成分进行药理药效验证的基础上，确定了替代品成分，并对其进行药理药效学验证。

（二）确定人工配方，全面开展临床

在对天然麝香进行全面系统分析研究基础上，配方确定依据"化学成分和药理活性最大限度地保持与天然品的一致性"及"化学成分类同性、生物活性一致性、理化性质近似性"的设计和配制原则，发明了人工麝香中重要的活性物质，制定出几种配方方案，经反复药理实验，对配方中各成分的比例进行多次修改补充，最终确定人工麝香配方。

1987 年开始Ⅱ期临床，1995 年开始Ⅲ期临床，至 1998 年 4 月，卫生部药政局组织召开了人工麝香转正评审会议，专家结论：人工麝香的主要药理作用与天然麝香基本相同，物理性状相似，临床疗效确切，可与天然麝香等同配方使用。发展至今含麝香常用中成药品种有 400 余种，形成很多国宝级的急救用药或特色药，人工麝香可全面满足如安宫牛黄丸、苏合香丸、西黄丸、七厘散、麝香保心丸、牛黄清心丸、小金丸、大活络、血栓心脉宁、云南白药、马应龙麝香痔疮膏、六神丸等品种的生产需求，新中国成立后麝香长期不能满足需求的状况由于人工麝香规模化生产而一去不复返了。人工麝香使老品种满足供给、新品种得以推广、在研品种提供保障，从而保证了对含麝香中成药、民族药的传承和发展，人工麝香这朵杏林奇葩正在盛开。

人工麝香投放市场总量相当于保护2600多万头野麝资源，产生巨大的社会效益，为我国麝资源恢复和生态环境可持续发展做出巨大贡献，因此具有显著的生态效益。1997年该项成果被国家中医药管理局评为科技进步一等奖。

人工麝香研究始于计划经济时期，成于市场经济时期，历经几十年，几代人为之付出艰辛努力，是凝聚集体智慧的丰硕成果，当中包含了国家的重视和支持，也包含了第一线科研人员的发明创造和智慧投入。顶层设计与联合攻关，堪称产学研结合之典范；合资合作与成果推广，堪称产业化实施之典范；科研模式与生产模式，堪称科技成果推广之典范。人工麝香是我国珍稀动物药材代用品研究的重大突破，为其他珍稀动物药材的应用开辟了一条重要的新途径，也为其他科研成果推广创立了可借鉴的模式。

热点专题篇

Hot Topics

B.9

首都综合性院校中医药发展概况

摘　要：　本文以北京大学、清华大学自发成立的中医学社为例，
介绍了首都综合性院校中医药发展情况。重点介绍了
北大中医学社、清华中医学社结合自身情况开展相关
中医药传承工作的情况，在中医药文化普及和传承推
广方面做出的努力，也为非中医高校开展相关中医药
传承工作提供借鉴。

关键词：　北京中医药　传承　北大中医学社　清华中医学社

中医药知识、技能、思想和文化在首都综合院校中传播由来已
久，但是其蓬勃发展却是近几年的事情，某些方面较之中医药院校更
为出彩。其中，北京大学和清华大学这两所高校集中体现了这一点，

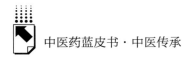
笔者专访了两所高校的中医社团负责人，对中医药在两校发展的基本
情况做了详细而深入的了解。

一　应运而生

中医药学术文化在高校的传播，固然与相关学校的文化底蕴密切
相关，但国家政策与社会力量促成的中医药发展时代热潮大大地推动
了这一进程，推动了中医药学术文化在综合院校的落地生根和开花结
果，并转而成为承载校园文化理念的新载体。

例如，2003 年春，"非典"肆虐，中医介入治疗，有效抗击疫
情。一时举国震撼，国人对中医的关注由此升温。在北京大学，以当
时北大禅学社部分骨干为核心，联合北京众多高校的多个学生社团，
于 2004 年发起了"中医研习班"，开始尝试系统地学习中医，学习
逐步深入，遂创建北大中医学社。北大中医学社确立两大宗旨：第
一，普及和推广中医，让广大的学子能够重新了解中医的基本理念，
破除对中医的误解和无知；懂得健康的饮食起居方法，养成良好的生
活习惯和心态，学会一些简单有效的调养身心的方法，治病于未起；
小病能够自治，大病知道如何择医。这一层的目标即"了解中医，
享受中医，弘扬中医"。第二，培养"儒医""大医"，这一层的目标
即"修身明道，传承国粹，济世利人"。

二　成立专门组织

由自发的分散式的活动逐步转变到有组织地开展系列活动，推进
社团活动及社团自身建设。

清华大学学生中医学社（Tsinghua University Traditional Chinese
Medicine，THUTCM）成立于 2010 年 3 月 22 日，目前有会员二千七

百余人，主要成员是在校师生，骨干会员一百一十余人，是该校传统文化类社团的重要成员。学社秉持"学中医、习中医；博极医源，济世利人"的宗旨，一直致力于为校内外的中医爱好者提供入门、提高、交流的平台。清华大学学生中医学社以学习中医、传承精髓、自利利他为目标。学社成员通过运营中医品牌项目，锻炼综合管理能力；以中医为体，以科技为助，探究生命规律；关注中医热点，投身公益事业。学社下辖四个部门：综合部、宣传部、活动部、物资部。其中，综合部主要负责内外联等工作，宣传部主要负责宣传文策方面工作，活动部主要负责学社各项活动的开展，物资部主要负责对学社物资的保管。

清华中医学社成立至今虽然只经历短短的七年，但是中医的传承精神始终在社团的发展中不断凸显。在校的老骨干不仅积极带领大家学习和实践中医，将自己的经验毫无保留地分享，更是用自己的体验和经历鼓励新骨干，提高社员们的学习热情。很多学社骨干即使离开学校参加工作，仍然心系学社：一方面，他们参与学社活动，讨论学社的现状和未来，分享感受，并且积极组织拜访名医等校外活动；另一方面，不少社员在毕业后依然深入学习中医，实践中医，在工作之余依然抽空给大家的中医学习提供指点，如早起为大家讲解中医经典，指导新骨干的经络学习，答疑解惑等等。老骨干们的经历和体验，他们的无私和坚持，无不鼓励着社员们向前行，也正是这样的传承精神，推动着中医学社在清华园里走过七载春秋，在传承中发展，在发展中传承。

北京大学中医学社（英文缩写 PKUTCM）成立于 2005 年，是由北京大学在校学生组织、由北京大学哲学系和北京大学体育教研部指导、北京大学团委领导的学生社团组织。该学社以"了解中医、享受中医、弘扬中医；修身明道、传承国粹、济世利人"为宗旨，致力于推动面向骨干成员的中医理论学习与面向社会大众的中医文化传承。

学社现有成员 356 名，历年注册社员逾万人。社员以北京大学在校师生为主，社员专业范围覆盖物理、数学、医学、生物学、哲学、中文、社会学、计算机、经济等众多学科。在长期运作的过程中，北大中医学社逐渐形成了一个成熟规范的社团组织架构，包括理事会、社长、副社长、团支书、学习部、宣传部、信息资料部等事务执行部门。

由于没有专业设置，因此参加社团学习的同学更为纯粹和专注，同时在"师法友"社团内部，历届学友"传帮带"的学习活动也更为迫切和紧密。大家志趣相投，在一起传递知识，交流思想，激发灵感，延续着共同的中医情。

三 丰富、开放、深刻、探索性活动异彩纷呈

综合性院校具有宽广的专业布局，深厚的科技人文底蕴，庞大的各方面人才构成，中医药扎根其中，交融期间，更加绽放出夺目的光彩。

（一）中医药活动丰富多彩

北大中医学社举办的常规活动有以下几种。

1. 大讲座

北大中医学社自成立始，便坚持开展面向北大师生与校外群众的中医普及讲座，是最早的面向大众的中医宣传普及机构之一。学社举办的讲座通过分主题、分系统、面向大众需求痛点、寓教于乐的方式来普及中医知识，不仅培养了大量的忠实粉丝，还吸引了社员络绎不绝地加入学社骨干队伍。

学社的讲座主要分主题讲座与系列讲座两大类，其中，主题讲座主要结合时下师生与民众关注的热点延请不同的专家或学者进行讲解，系列讲座则分别延请固定的专家或学者，对中医的某块理论进行

长期的固定讲解。至今，学社举办的讲座已逾 200 场，其中，主题讲座 50 余场，系列讲座接近 200 场。

2008 年，应广大听众的要求，学社将之前举办的精品讲座整理成书，在北大团委的指导下，出版了《在北大学中医》一套图书，成为第一家出书的北大社团，同年，学社对该书进行义卖，将所得书款全部捐赠给汶川灾区。

2. 晨读晚读

北大中医学社的社员投入极大热情学习中医，医理医术进步迅速。其中重要的一环即是每周一到周五的晨读晚读。通过长期诵读中医经典书目，社员可以在中医理论方面练好深厚的基本功，为接下来进入中医临床学习及中医相关的科研、产业领域打下坚实的基础。诵读内容包括《素问》《灵枢》《伤寒论》《脉经》等最重要的中医经典。考虑到新加入社团的社员大多在中医方面零基础，为了方便这些社员尽快掌握中医的基础知识，北大中医学社从古代医书中辑出精练内容编成了晨读晚读用书《北大中医学社晨读功课本》，包括正心、养生、藏象经络、经穴针灸、病机病因、四诊、本草、方剂、运气等方面的中医基础内容，受到参与晨读晚读的众多社员及专业医生的广泛好评。目前国内有不少高校的中医学社以该晨读册为读本。

3. 小班课

小班课的内容覆盖范围广泛。从坚持为新加入学社的社员组织中医基础理论、经络穴位、脉诊、药理药性等基础内容普及，到临床脉诊经验介绍、常见病的用药调理等高阶内容；从古文字、古天文学、八字算法等中国传统文化，到西方医学发展脉络、脉诊数据分析等现代发展课题，无不是小班课所覆盖的内容。通过这些课程，社员们可以对相关领域有基本而全面的认识，为今后的深入学习研究打下良好的基础。每次小班课都由外请老师或社团内部医理医术突出的成员作为主讲人。请社团内部成员作为某些小班课的主讲人，一是因为社团内部有些成员水平够高，足以胜任这些课程的主讲任务；二是主讲课程本身即是对主讲人的巨大锻炼，可以促使主讲人回顾、梳理所讲内容从而加深对所讲内容的认识。

4. 读书会

读书会是社员们聚集在一起，针对中医经典书目一起进行深入研讨的活动。一个人读书思考，眼界终究有限，而且不易跳出自己的思维定式快速进步；而以读书会的形式进行群体探究讨论，知识、眼界上可以互通有无，思路上可以相互启发，有助于社员更深入地理解、把握中医经典，从而提高学习效率和学习效果。自 2010 年起，北大中医学社与北大高等人文研究院、北大养生中心等机构合作，主办中医经典读书会，先后选读了《素问》《灵枢》《医宗金鉴·伤寒心法要诀》《医灯续焰》《本草问答》《伤寒论》等中医经典书目以及《周易》与《诗经》等与中医相关的传统文化书目。举办读书会时，一般由一名或数名同学提前准备讨论的内容并作为该次读书会的主讲人，然后所有参与的社员一起进行讨论。每次读书会都会有热烈的讨论，大家各抒己见，经常是时间已到仍意犹未尽，久久不愿散去。

5. 诊疗实操

丰富多样的实操课则为北大中医学社社员们提供了将所学的诊断、治疗知识用于实践的机会。熟读王叔和，不如临证多，通过相互诊脉、跟诊观摩等活动，社员们将脉诊的理论知识用到实际诊疗当中并与实际诊疗过程结合到一起。学社也将刮痧、拔罐、针刺、艾灸等常规外治法定期地向社员进行介绍并让其相互练习，以提升社员们使用这些手法的熟练程度；同时，在课程中学社也注重这些外治法与常见疾病治疗之间的结合，提升社员运用所学手法处理一些常见疾病的能力。此外，学社也非常重视对于一些特殊诊疗方法例如手诊手疗、推拿按摩等的学习和实操。举办实操课总会请来有丰富经验的医生或已取得医师资格的社员来进行指导，既是保证安全操作的需要，也是给社员提供近距离观摩和接受指导的机会。很多社员通过实操课对中医学习兴趣大增，并应用所学诊疗手法于实践中，为自己、家人、同学朋友处理了不少常见疾病。

6. 游园认药及药物种植

北大校园及附近郊区动植物种类众多，其中很多是常用的中药材，这给北大中医学社组织认药乃至药材种植活动提供了便利。中药药物的药性与其原生状态如生长环境、结构、颜色、气味等关系密切，熟悉药材的这些原生状态对于更深刻地理解药性具有重大意义。春秋季每逢天气适宜的节假日，北大中医学社都会组织社员们在学校、马连洼药用植物园或附近的山岭中认识草药并观察它们的生长状态。甚至在 2012 年和 2013 年，在学校有关部门的支持下，北大中医学社在学校的荒地中开辟了一块小小的药园，种上了几十种常用的中药材以方便社员们近距离地观察药材的生长状态。这些活动帮助大家认识了解入药植物的原生状态，且提高了大家的学习兴趣。

7. 练习太极拳、八段锦等

中国传统武术、导引与中医有着密切的渊源，练习传统武术和导引既能锻炼身体，有益健康，为学习工作提供一个良好的身体保障，还能促进社员们对中医的兴趣和理解。因此，北大中医学社一直注重传统武术、导引方面的学习和推广。学社先后邀请陈璞老师、张熙耕道长教授八段锦，杨舒棚、张伟等老师教授陈式太极拳。此外，武光奇先生（杨式太极拳名家张永良先生之外孙）在北大医学部教授杨氏太极拳，为北大中医学社重要的太极拳老师之一，教拳效果显著，从学者甚众。另外，学社的指导老师杜军明先生在北大开设"《黄帝内经》与古导引"课程，系统教授梅花桩和八段锦、五禽戏等传统导引术，深受北大中医学社同学的喜爱。

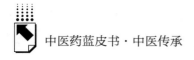

（二）开门办社

在发掘和调动本院校资源的同时，各高校中医社团还纷纷"走出去"，广泛参访有关专业机构和社会专门人才，组织学习和交流，有些以"请进来"的形式，举办系列活动。

比如北大中医学社通过向著名国医大师、中医药大学和研究机构知名教授、民间学有专长的中医世家学习，培养学社骨干，掌握系统的中医理论知识和实践技能；同时也与各高校学生中医社团、多家国内高水平中医学堂、国内外中医相关人士保持沟通交流，掌握中医发展的最新动态。

清华大学中医社还结合学校高度国际化的特点，积极向来自世界各地的同学们推介中医，这对于中医的国际化是大有裨益的，该社亦视弘扬中医文化、促进中医国际化为己任。在活动过程中，针对中医的一些专门词汇生涩难懂，令只学过一些中文甚至完全不懂中文的留学生理解讲座或者课程的内容难上加难的情况，学社进行了两个方面的尝试。

1. 体验实践，参与是最佳宣传

由于通过讲座与课程形式学习，在华留学生在理解方面有困难，而语言问题也不是一天两天能够解决的，所以学社提出中医体验活动的形式，注重身体的感受，希望为留学生创造能够确实体验到中医神奇技术的机会。结合实践小分队的活动，如艾灸、推拿等，以体验为主、交流为辅，用感官去带动，这样就避免了很多交流上的困难。清华大学中医社进一步也提供一些简单的教学，比如关于饮食，关于日常可以做的一些养生小技巧，让他们自己也能随时实践。这样相当于建立一个持续的影响过程，让他们在体验中培养起来的对中医的兴趣不会随着时间消退，反而因为平时的实践培养起对于中医的好奇与热情，为进一步了解学习中医文化打下基础。

2. 中英结合，双语的初步尝试

在体验实践的同时，学社始终还是想将中医思想，最起码是中医文化中的基础理论传播给留学生，如果他们的语言问题不好解决，那么就从我们自身的语言关入手。第一个想法是办英语讲座，学社曾推出过中医之译的讲座，就是全英语的，面向广大的留学生，同时也在讲座中提到用英语解释讨论中医的途径与局限，反响热烈，因此也有越来越多的留学生关注中医学社。再考虑学社自身，也充分利用起来自外语学院或者是英语水平较高的社员，群策群力，在举办的一些讲座或是活动中提供部分英语翻译。虽然这些都只是一些初步的尝试，但是为了中医文化的国际化传播，学社愿意一直坚持下去。

北大中医学社还组织开展了安国药材市场考察、暑期实践拜访名医、外出学习、古北口观星、汉服婚礼实践及燕园寻本草等活动。

（三）深入发掘学术内涵建设

中医学术传播不但应注重文化普及，更要注重具体中医药知识的深耕细作；不但向普通大众普及传播，更要组织有一定基础的社员深入学习；不但要向学员传授一些养生知识和保健治疗的小技巧，更要开展系统的理论学习。

比如清华中医学社在核心宗旨的引领下，致力于中医知识和中医文化的普及，立足校园传播中医知识，弘扬中医文化，积极举办各类讲座，主题丰富，针对不同层次、不同群体学生的需求，将讲座主要分为以下三部分进行开展。

1. 养生切入，传播健康知识

如何养生，如何能让自己更加健康是大部分人十分关心的一个问题，学社针对这样的需求，希望推广正确的中医养生知识，结合季节、节气、日常活动推出各个系列养生讲座，涉及养生理念、养生饮食、简便易学的养生操或是穴位按摩，以最直观的知识、最简便易行的方法进行中医文化普及。

2. 自诊自查，自我监控健康状况

除了普适性的调理，对于自身健康的监控也非常重要。不治已病治未病是中医的追求，结合如今宣传的健康医学，如何保持健康，如何在疾病产生先兆的时候加以解决是大家关心的事。而对于学生群体而言，长期使用电脑、不定时的作息都可能会引起亚健康的状态，尽早发现自身问题会降低解决问题的代价，自我诊断就是最及时检测自身健康状况的方法。所以以诊断系列讲座的形式传授诊断知识，不仅是对学生关注自身健康的提醒，也是大家了解自身健康状况的方法。

3. 研创结合，中医领域的跨界工程

通过前文从养生手段到诊断方法讲座的反馈，学社发现这些讲座的受众趋于高龄化。许多刚进大学的学生自认为年轻对健康、自己的身体状况还没有那么关心。作为学生社团，也力图为对中医不了解、不感兴趣的学生提供接触中医文化的机会，希望激发他们对中医的兴趣，能够加入传承中医文化、宣传正确中医知识的队伍中。而针对清华大学学生的特点，学社认为科研与工程是大部分学生会参加的领域，从这部分入手更容易引起学生的共鸣。所以学社实行中医与工程学的交汇，如红外光谱与中医药等讲座。这是中医文化与工程学的碰撞，是传承与创新的结合，也是中医与学生科研生活的交融。

文化宣传之余，学社也着重骨干的培养与教育。多层次多方面的教学体系，让学社的骨干都能学习到不同层次的中医理论以及不同方向的中医技法，让有不同追求、不同爱好的同学都能找到自己喜欢的方向，找到自己喜欢的知识去进行学习实践。理论与实践相结合，学以致用，用以辅学，理论指导实践，实践夯实理论。

4. 理论为先，以中医之理体验中医之神

理论基础是学习中医的关键，而在不了解理论知识的情况下要正确认识中医是不可能的。为了更好地宣传中医知识，弘扬正确的中医观，学社举办了中医基础理论的课程，在课程中从经络入手，不断细化深化，同时在讲授知识的过程中，着重于思维的培养。无论是在学习、养生，还是生活之中，学习阴阳五行的中医知识，感受恬淡虚无的养生之理，更体悟大医精诚的医道仁心。学中医而正发心，收获的不仅仅是中医知识。

5. 实践配合，以中医之法悟中医之妙

在学习理论之后，没有实践始终只是纸上谈兵。但是简单地无组织地进行实践，只能空耗同学们的热情而很难有所收获。所以学社以独特的实践小组形式对热衷各种技法的同学进行组织。五个小组形成自主的学习体系，既有自由的组合，也有统一的学习与活动，这样半自由的小组活动既保证了最大限度上的自主性，同时也不失专业性和指导性。而这样的形式也能更好地让新加入者与前辈进行交流学习。实践小组分为中药、艾灸、推拿、砭石、指针五个小组，面向不同的需求与知识。中药小组游园认药，发现校园中的中药，推拿小组相互实践，在一起尝试中进步，艾灸小组亲身体验，让可感的健康作为学习的激励，指针小组以指代针，安全而又有效，砭石小组刮痧拔罐，方法常用却奥妙无穷。

6. 知行合一，理法结合以融会贯通

理论学习与实践学习不应该是孤立的，而应该是相互联合的。虽然课程体系与实践小组的活动是分开的，但是单独的个人都不一定有时间参加所有的理论学习或是感兴趣的实践活动，而组成小组之后的交流就可以让知识互通。上过不同的理论课程的同学在相同的实践小组中提出自己的想法，这正是一种知识交流的过程。

与此同时，学社专门组织了一批学习成果良好、学习积极性高的同学组织进阶班，在原先理论课的基础上推出综合性、面向更高水准的课程。这不仅是考虑到成员个人发展的需要，同时也起一种带动作用，营造一种更为活跃和专业的学习氛围。

总而言之，理论与实践如同阴阳，两者互根而相互转化，所以两者并重才能学好中医。真正的知行合一，无论是在中医学习之中，还是学习之外的生活之中，都是学社一直致力于培养的社员风貌。

在北大，北大中医学社虽然是一个"非专业的"学生社团，是一个业余健康养生的兴趣组织，但其有着自发开展中医基础理论研究的眼光和抱负，并具备了奠基性的学术著作。

北大中医学社的成长史伴随着中医外部环境的演变历程。十余年来，中医经历了社会的普遍漠视，到逐渐泡沫汹涌的"养生热"，再到如今热度不减却被误解。当前，中医的主要市场在中老年人，接受过高等教育的青年人对中医还是误解和排斥的居多，有些人甚至以嘲讽中医为时尚。与专业的中医学院不同，北大中医学社的成员来自理、工、人文、社科各个专业，大家也经常要回应自己的同学、朋友、亲友当中诸如"中医是不是伪科学"之类的质疑。

一个富有意味的现象是，在学社十余年的成长历史中，一直是由来自物理、计算机、数学等理工背景的学生担当着主力。他们熟知现代科学研究方法，也了解当代科学的边界和局限，他们投入巨大的热情去学习中医，甚至有人想要转行从事中医。这个现象本身即说明，中医与科学的关系并非像很多人理解的那样简单。中医并不是所谓"朴素的""原始的"一套经验总结，"科学"本身也不是一个封闭的、独断的知识体系。

但如何把中医的精深文化"讲清楚"，却是一个长期的课题。北大的学生向来具有"舍我其谁"的社会担当和文化责任感。学社创始人王正山先生结合大量的文献阅读和自己丰富的诊疗实践，在自己中医药大学博士论文的基础上出版了学术著作《中医阴阳新论》，就是一个相当有分量的奠基性理论著作。

现代科学和技术造就了我们当今的生活形式和世界观念，有些中医从业者对科学技术采取排斥的态度，这并不可取。反之，"迷信科学"的态度也不可取。北大中医学社对西医有着开放的态度。一位老骨干曾说，西医《胚胎学》与中医的某些知识不谋而合互相佐证，激发人很多灵感和思索。创始人王正山先生也说他曾经专研中医，而今十余年过去，再看西医基础知识受到很多启发。

中医的历史发展，必定要经历一个与西医和现代科技深度融合的过程，但前提是要对两者都有精深的把握。在高度专业化分工的当今，中医涉及现代医学、化学、生物学、信息科学以至历史学、文献学、哲学等学科。综合院校特别是北大和清华两所高校的中医学社天然地具有"跨专业"和"通文理"的独特优势，又有着强大的凝聚力和传承意识，希望日后能为中医学在新时代创新发展做出开拓性贡献。

（四）综合创新，积极开展探索性研究

中医是祖国传统瑰宝，其中蕴含着丰富的哲理与宝贵的经验。中医研究范围涵盖天地人以及人的衣食住行和情志，中医思维也具有整体观、取类比象等特点，这决定了中医与现代自然科学、社会科学、人文科学等方方面面的联系是不可割裂的，其中中医与理工科的结合尤其引人注目。清华中医学社成员既有各专业的本科生和研究生，也有多位校内教师，在学中医、习中医的过程中该学社自发形成了"大中医"交流探索创新小组——"科创O组"，其中字母O代表中医与多学科的交叉。

中医社"科创O组"立足清华多学科尤其是理工科的优势，开始在中医跨学科的学习和研究领域做出探索，研究内容可分为如下三个方面：医工结合（工程），医理结合（数理化生药），医文结合

（人文社科经济等）。

"科创 O 组"的研究目标是配合中医药文化在校园普及的过程中，推动各学科与中医思维的交叉碰撞，力争在理工农医文等多学科领域激发创新火花并结出一些创新硕果。

依托清华校内的 SRT、挑战杯和学生学术研究推进计划等项目支持，清华中医社"科创 O 组"目前在做的创新研究包括：中医经络诊断与刺激仪、脉诊仪、中药红外光谱诊断、面部诊断仪，目前经络仪已有样机正在测试与完善。

同时，"科创 O 组"也期待得到更多中西医专家和科研力量的帮助指导，在中华传统文化复兴与科技发展的"大中医"路上结伴同行。

四 对综合性院校中医药发展的几点思考

（一）跨界学习与中医资质认证

综合性院校的学生参与中医药学习活动，基本是跨专业的，其中有相当部分学生在学习之后产生了浓厚的兴趣，表示将在学校学习的基础上继续坚持学习中医，并希望国家能够给跨界学习的人员提供更多的从事中医执业的资质认证机会。

（二）包容和促进中医药多学科综合创新发展

综合性院校学习中医的学生专业各异，分布非常广泛，是促进中医药多学科交叉综合创新发展的重要力量，希望国家能够逐步开放学士后的中医专业教育，放宽高学历人才跨学科进入中医各领域的准入政策，鼓励和吸引各专业高素质人才进入中医的科研、教育、临床体系，从而全面推进中医与现代科学技术和文化的融合，加速中医的现代化和国际化，助推文化强国战略。

（三）尝试合作开展中医药预科教育

我们一直在说传统文化是中医药生存和发展的沃土，习近平总书记也指出"中医药学是打开中华文明宝库的钥匙"，中医药学根植于传统文化，是传统文化最集中最光彩夺目的代表！前人总结"秀才学医，如笼捉鸡"，正是说明深厚的文化底蕴对于学习中医药学的重要意义。而目前中医院校业务专业突出，但是综合学科学术广度和深度与综合院校相差甚远，能否促成中医院校与综合院校合作开展中医药学专业的"预科教育"呢？当代的协和医科大学就曾与多所高校合作开展医学生的预科教育并取得成功。

（四）中医药国际化的新先锋

长期以来，中医药的国际化仅局限在中医药从业者及相关的诊疗活动，而现在情况有了新的变化，综合性高校的学生们，包括留学生也开始加入学习和传播中医药学的行列中，他们首先是有开阔的国际化视野和背景，其次来自不同地区、民族、专业，操持着不同的语言，秉守着不同的宗教信仰，履行着不同的生活方式，他们已将中医药融入多元文化。这些国际化的爱好者、学习者和践行者无疑是中医药国际化的新先锋！

正如"一花独放不是春，百花齐放春满园"，中医药的传承发展离不开多学科的合作创新，离不开各行业的相互促进。首都各高校的中医药学相关活动充满生机，蕴含着时代的梦想，激荡着青春的豪情，是实现伟大的中医药事业传承复兴和创新发展的新的重要的力量！

B.10
北京地区百年中药店或企业在中医传承中的现状调查

摘　要：　北京地区不仅名医辈出，同时也拥有丰富的中药底蕴。本文以百年中药名店同仁堂、永安堂、鹤年堂、德寿堂、长春堂等为例，介绍了百年中药店或企业在中药传承与创新、特色品牌商标保护等方面的情况，为当前市场经济下的中药传承提供借鉴。

关键词：　北京中医药　传承　同仁堂

一　北京同仁堂

北京同仁堂是中药行业著名的老字号，创建于清康熙八年（1669 年），在三百多年的历史长河中，历代同仁堂人恪守"炮制虽繁必不敢省人工、品味虽贵必不敢减物力"的传统古训，树立"修合无人见，存心有天知"的自律意识，确保了同仁堂金字招牌的长盛不衰。自雍正元年（1723 年）同仁堂正式供奉清皇宫御药房用药以来，历经八代皇帝，长达 188 年，这也造就了同仁堂人在制药过程中兢兢业业、精益求精的精神，其产品以"配方独特、选料上乘、工艺精湛、疗效显著"而享誉海内外。

（一）发展壮大中的北京同仁堂

北京同仁堂始建于 1669 年，至今已有 348 年的历史，是中医药行业著名的老字号品牌。同仁堂自 1723 年（清雍正元年）开始为清廷供奉御药，历经八代皇帝，共 188 年。1954 年，响应政府号召，北京同仁堂率先实行公私合营。1992 年 7 月，市政府常务会议决定成立中国北京同仁堂集团公司，后改制为国有独资的中国北京同仁堂（集团）有限责任公司，为北京市政府授权经营国有资产的国有独资公司，北京市国资委监管的大型国有企业。

1992 年以来，作为同仁堂品牌老字号的拥有者，中国北京同仁堂集团在传承中求发展，传承与创新并举，使百年同仁堂从一个"打开账本黄金万两，合上账本分文皆无"的老国企成长为拥有现代制药、零售药业、医疗服务三大板块、三个上市公司，业务遍及五大洲，产品行销四十多个国家和地区的现代化中医药集团。截至 2017 年 2 月底，集团系统共拥有药品、医院制剂、保健食品、化妆品、中药饮片五大类 1777 种产品，36 个生产基地，101 条通过国内外 GMP 认证的生产线；同仁堂商标在世界七十多个国家注册登记；零售终端 1963 家，其中国内药店 1831 家，海外 132 家；医疗服务终端 414 家，其中国内医疗机构 340 家，海外 74 家，遍布 25 个国家和地区；拥有一个国家级工程中心和博士后科研工作站，共有各种专利 147 件。2016 年，集团整体实现营业收入 158.62 亿元，同比增长 8.25%，实现利润总额 22.44 亿元，同比增长 6.81%；同仁堂集团资产总额突破 230 亿元，同比增长 10% 以上。2017 年 2 月底，集团实现营业收入 29.47 亿元，同比增长 9.02%；实现利润总额 4.49 亿元，同比增长 10.14%；一季度预计实现营业收入 48.7 亿元，同比增长 7.28%；实现利润总额 7.87 亿元，同比增长 8.11%。主要经济指标呈现"缓中趋稳、稳中向好"的良好态势。

作为首批"中华老字号"企业，同仁堂中医药文化、传统中药材炮制技艺、安宫牛黄丸制作技艺相继被列入国家级非物质文化遗产名录。集团公司被列为首家中医药行业全国企业文化建设示范基地。

集团荣获了中国质量奖、全国模范和谐企业、北京市政府质量管理奖等荣誉。同仁堂商标获得"中国商标金奖－商标运用奖"和"马德里商标国际注册特别奖"。集团作为北京市唯一企业荣列由中宣部、中央文明办评选的首批"诚信之星"。

（二）传承与创新并举的发展特色

在三个多世纪的发展中，北京同仁堂汲取五千年中医药文化的精髓，以 188 年宫廷制药规范为基础，经过不断传承与发展，形成了以"两个必不敢"为根本、以质量和疗效为核心的药材鉴别、加工、炮制、制剂技术与文化体系。这也是北京同仁堂发展的核心竞争力。北京同仁堂特别注重在传承中创新，在创新中传承。

1. 传承保护方面的主要做法

一是师徒传承。2009 年，同仁堂集团制定了《关于师承教育（师带徒）工作管理办法》，使传统的师徒传承工作更加规范。该《办法》规定了师徒传承的三大要素：传承技艺、传承文化、传承人品；明确了师徒传承的三项要求：师傅真教、徒弟真学、企业真管。成立了首席技师工作室、中医大师工作室。从 2009 年起，同仁堂共命名了特技传承师、中医药大师百余名，这些大师带徒弟几百名，使同仁堂的许多绝活、绝技、绝艺得以延续，造就了一批批掌握传统工艺、精湛技术的"同仁堂人"。

二是工艺传承。在药品生产环节，虽然大部分工序已采用机械化生产，但最关键的环节——前处理工序仍然沿用传统的加工炮制方法，依然保持着人工挑拣原料、去毛、去刺等传统手工操作。同时，所有的原料严格按高标准下料，达不到要求的，一律不得投入生产，确保同仁堂"配方独特、选料上乘、工艺精湛、疗效显著"的制药特色，为社会提供放心药、良心药。

三是文化传承。同仁堂集团成立了教育学院，负责对员工开展同仁堂文化培训。成立了文化传承中心，专门负责非遗传承。成立了同仁堂博物馆，自 2007 年建立以来，成为普及同仁堂文化的重要平台。推出了一系列文化作品，如图书《国宝同仁堂》《传承与发展》；京剧《风雨同仁堂》、评剧及评剧电影《风起同仁堂》等。

2. 创新方面的主要做法

一是优化工业布局促进工业创新。按照北京市疏解政策和通州建设行政副中心的各项要求，同仁堂集团积极优化产业布局，协调资源配置，推动产业调整。同仁堂集团在河北保定、安国和唐山玉田及安徽亳州等地陆续投资建设生产基地、物流配送中心、医疗机构，推进同仁堂大兴中药工业产业园、亦庄生产基地等重点工程建设，加快产业布局调整和转移，在北京、河北和安徽等区域，打造技术先进、节能环保、功能完整的中成药、保健品、中药饮片三个产业集群。各工业单位积极推进工业设备更新，提高机械化生产水平，成功研制了大蜜丸单丸装盒生产线，填补了同仁堂中药包装机械化生产空白，提高了产品稳定性，降低了人工成本。攻克了产品自动化包装难题，改变了沿用几百年的手工操作模式，在国内首家实现了大蜜丸扣壳、蘸蜡、装盒的自动化生产。应用移印技术，以油墨代替金箔，以机械代替手工，实现了蜜丸打戳生产自动化，提高了生产效率。

二是瞄准国际市场推动质量创新。2016 年同仁堂科技发展集团通过了欧盟 GMP 认证现场检查，成为同仁堂系统内首家获得欧洲质量权威认可的单位，迈出了进军欧洲市场的关键一步。同仁堂获得了 CNAS 实验室 18 项检验项目的认证，取得了国际互认的对外经营检测资质。初步建立了阿胶专属性检验方法，建立了同仁堂阿胶的特异性质量标准。

三是实施"一品一策"提升营销创新。工业营销、商业营销轮番上阵，一店一策、一品一策同步推进是同仁堂集团在经营实践中形成的第一手经验。2016 年安宫牛黄丸生产销售取得新成效，年营销收入突破 12.82 亿元，同比增长 17.3%。为实施大品种营销战略，同仁堂集团成立了安牛领导小组及办公室，坚持召开生产营销月度例会，就生产、销售、库存等情况进行交流，研究提升安牛销量的措施及需解决的问题，促进系内工商单位实现资源共享、共同发展。目前，同仁堂集团推广"一品一策"营销战略至阿胶、西黄丸、牛黄清心系列、同仁大活络等其他品种。同仁堂牛黄清心系列和同仁堂大活络系列全年分别实现销售收入 4.17 亿元和 3.42 亿元，同比增长 15% 和 14%。西黄丸和阿胶系列分别实现销售收入 1.71 亿元和 6.92 亿元，同比增长 20.77% 和 10.61%。

（三）品牌商标保护方面遇到的问题

多年来，仿冒侵权是对同仁堂品牌发展的持续性侵害，通过行政投诉和司法起诉等途径，这些案件多数能得到解决。但近年来台湾籍乐氏后人在大陆仿冒同仁堂品牌误导消费者的问题愈演愈烈，是困扰同仁堂品牌发展的顽疾。

1949 年以后，特别是 1954 年公私合营以来，北京同仁堂由乐氏家族传承十三代转变为全员集体传承至今，1966 年转为全民所有，2000 年改制为中国北京同仁堂（集团）有限责任公司，为北京市属国有企业，也是同仁堂品牌的所有者和传承人。于 1983 年注册的"同仁堂"商标，1989 年被认定为中国驰名商标，受到特别保护。1994 年，北京同仁堂在台湾注册"同仁堂"商标，并于 2004 年在台北开设"北京同仁堂台湾旗舰店"，进入台湾市场。

台湾籍乐氏后人乐觉心及其父乐崇辉近年来一直试图以"同仁堂"名义进入大陆市场，但其无论在大陆还是台湾均无权使用"同仁堂"商标，企图混淆"乐氏后人"和"同仁堂传人"的概念，扰乱市场。2009 年，乐觉心唆使台籍刘振华以"中华同仁堂"名义在大陆开展违法侵权活动，公开诋毁"1949 年后北京同仁堂已名存实亡"，被北京同仁堂依法起诉，经一审、二审和最高法院再审后败退。乐觉心父子于2010年和2012年企图以"同仁堂"名义在山东青岛和陕西汉中建厂，被北京同仁堂知悉并分别致函国务院有关部门和当地省市政府后，未能得逞。

（四）"十三五"发展定位和目标

在市国资委的指导下，经过集团党委、董事会的认真研究，北京同仁堂集团确定了"十三五"期间的发展定位和发展目标。

发展定位：打造国际知名、国内领先的以中医中药为核心的健康产业集团。

发展目标："135"

一个保持：主要经济指标年均增速保持中高速以上增长。

三个推进：一是推进工业基地建设，在北京、安徽、河北等区域，打造技术先进、功能完整的中成药、保健品、中药饮片三个产业集群；二是推进商业网络建设，加快三线、四线城市布局，打造覆盖全国、自有可控的零售终端、物流配送、电子商务三个销售网络；三是推进发展平台建设，加强顶层设计与统筹规划，打造资源共享、高效统一的科技创新、人才建设、信息网络三个支撑平台。

五个突破：一是市场营销取得新突破；二是产能建设取得新突破；三是终端建设取得新突破；四是品种研发取得新突破；五是品牌文化人才建设取得新突破。

二　永安堂

永安堂药店始建于明朝永乐年间，距今已有580多年历史，比同仁堂还早200多年。过去老北京人论起医药行来，素有"内永安、外同仁"之说。"外同仁"指前门外的同仁堂，"内永安"指当时位于城里东四牌楼东西角的永安堂。永安堂在历史上曾几易店主,在清朝初期,一度曾为东西牌楼董家金店的属号。经几代人的艰苦创业,在20世纪30年代达到鼎盛时期,永安堂逐渐发展成为能够自制16个科门,1100多种中成药的药店,其中紫雪散、羚翘解毒丸、神授化痞膏等,远近驰名。

据考证,现今唯一的珍贵文史资料,即永安堂原主人于清乾隆甲子年(1744年)篆刻的《北平永安堂参茸胶醴丸散膏丹药目序》一书载:永安堂始创于明朝永乐年间(1403~1424年)。那就是说,在明朝的上半叶,亦是各地纷纷开设中药铺子之时,永安堂就在京城开业了。这样一算,永安堂还先于北京同行的药店一二百年建店。可以称作一家名副其实的老字号了。当年在京城便流传起"内永安外同仁"的说法(注:早年的北京以前门作界,分为内城和外城,内永安即永安堂,外同仁即同仁堂)。

三　鹤年堂

北京鹤年堂是始建于明永乐三年(1405年)的医药老字号。鹤年堂走过了明朝、清朝、民国和中华人民共和国四个历史阶段,历经了六百余年的风风雨雨,有着深厚的历史积淀,传承了丰富的中医药养生文化。鹤年堂的创始人丁鹤年是元末明初很有影响力的诗人,同时也是养生大家,深得回汉医药之精髓、养生之真谛,创建养生鹤年堂,在中医药养生领域建树颇丰,虽历经磨难,仍鹤发童颜,90岁高龄才驾鹤西游。鹤年堂养生法传承600年而不衰,成为养生老字号,中华第一家。

明世宗年间,日本的海盗经常在我国东南沿海一带骚扰,到处抢掠财物,滋扰百姓,闹得沿海不得安宁,历史上把他们称作"倭寇"。戚继光临危受命,组织训练了戚家军,奔赴沿海各地抗击倭寇。由于战争残酷，在那冷兵器时代，刀剑无眼也无情，一场战斗下来就会有大量抗倭勇士受刀枪之伤。另外，南方沿海气候炎热潮湿，戚家军辗转各地，瘟疫、传染性疾病也时时威胁着戚家军。此时京城的百姓也同全国人民一样，为抗击倭寇的戚家军呐喊助威。鹤年堂更是高举爱国忠义大旗，率先为戚家军送去了精制的"白鹤保命丹"等急救药、刀伤药以及"辟瘟药"。

在这大大小小的战斗中，在戚家军南北千里征战倭寇的历程中，鹤年堂的"白鹤保命丹"等急救药、刀伤药和辟瘟药发挥了重要作用，使戚家军免受瘟疫传染，也挽救了许许多多抗倭勇士的生命。隆庆二年（1568 年）五月，戚继光被任命为都督同知，总理蓟县、昌平、保定三镇军务，领兵镇守北部边关。一回到北京，戚继光便特意来到鹤年堂表示感谢之意，并欣然为鹤年堂写下了"调元气""养太和"的匾额，后来，戚继光又为鹤年堂题写楹联"拮披赤箭青芝品，制式灵枢玉版篇"，至今它仍悬挂在鹤年堂正堂之上。

四　德寿堂

始建于 1934 年的老字号——德寿堂药店（南号）坐落在珠市口西大街 175 号，20 世纪 30 年代以自创鸡鹤为注册商标的"康氏牛黄解毒丸"享誉京城。德寿堂药店的创办人是康伯卿。康伯卿字印春，号旭东，北京东郊半壁店人氏。康伯卿少年曾入西单怀仁堂学徒，他天资聪慧，勤奋好学，富有开创精神。数年后开始自制中成小药，并历经钻研实践，逐步有所成就自立发展，于 1920 年在崇文门外南小市开办了"德寿堂药铺"（总号）。1934 年康伯卿在珠市口西大街开办了"德寿堂南号"，均以经营自制的丸散膏丹为主，后增加了汤剂饮片。

德寿堂位于旧时八大胡同之一的陕西巷南口，广安大街建成后，老药铺在周边现代建筑的包夹之下显得形单影只；不过正因如此，其古色古香的建筑风格更为惹眼：外立面上"同臻寿域、共跻春台"额匾经过重新彩绘已焕然一新，长幅砖雕"本堂采办川广云贵地道生熟药材精洁饮片、遵古炮制丸散膏丹零整批发"描述了当年门庭若市的景象，同样醒目的还有二层外侧的德寿堂鸡鹤商标。

最有创意的是，德寿堂南号（现址）建筑的二层楼顶南侧外立面，设计安装了一个用燃油驱动，可穿过外立面开凿的涵洞并沿环形轨道循环运转的仿真小火车。这一独具匠心的宣传使当时观者如潮，德寿堂更加名声显赫。德寿堂是一座中西结合式的建筑，前店是二层楼阁，后连二进院落极富特点。德寿堂是目前北京市唯一完整保留店堂历史原貌的老字号中药店。

五　长春堂

长春堂于 1795 年在前门大街长巷头条北口开张营业，距今已有 200 余年的历史。据记载，清乾隆年间，山东招远县人孙振兰，以走街串巷行医卖药起家，创办了"连家铺"（长春堂药店前身）。20 世纪初，他的第三代传人孙崇善（号三明，因其做过道士，人们又称他为"孙老道"）积极组织力量研制了"避瘟散"和"无极丹"，深受国人喜爱，并远销泰国、缅甸、印尼等国，赢得了世人的赞誉。

20 世纪初，日本将大批日货倾销到中国来，其中最扎眼的就数它的清凉闻药"宝丹"和祛暑药"仁丹"了。孙掌柜对日货的泛滥非常反感，同时也进行了思考，认为自己的闻药卖不过日本人，说明自家的还有欠缺，应当在改进闻药质量上下大功夫。这之后的几年里，他不惜成本，请名师做实验，经多次研制，"避瘟散"终于产生。此药的功效不但可以和日本的"宝丹"抗衡，也为其未来买卖的大发展奠定了扎实的基础，为使长春堂成为真正的"老字号"，走出了至关重要的一步。

20 世纪 20 年代中期至 30 年代初期，华北地区每年都有"虎烈拉"（霍乱 Cholera）出现，因为缺医少药，情急之下人们就拿来"避瘟散"救急，没想到几小盒药冲服后竟发生了神奇的疗效。这个消息迅速在民间传开了，北方山东、河南、山西、河北、东北几省"避瘟散"销量大增。一盒小药赚不了几个钱，可架不住量大。长春堂也就在此时开始大规模扩大厂房和招兵买马。

从此，长春堂的声名鹊起和资本迅速扩大。据有人统计，20 世纪 20 年代初长春堂"避瘟散"只卖三四万盒，四五年后卖到十五六万盒，而到 20 世纪 30 年代以后，每年都卖到二百五十万盒以上，1933 年竟卖到四百万盒上下。其生意不仅做到华北、华中和华东与西北的一部分地区，连印尼、泰国、缅甸等国家和地区都开始畅销小小的"避瘟散"。从这时开始，长春堂真正跻身于北京城"老字号""大买卖"的行列之中。

B.11
国粹京剧传承对中医的启示

摘　要：　京剧与中医作为国粹，也同样面临着传承困境，本文
从京剧传承面临的困境分析入手，介绍了在京剧传承
工作中，结合古老和现代，适当改革，演、学、研、
对外传播四位一体，在中小学开展京剧进课堂试点等
传承的思路与实践。通过京剧传承的相关工作，从而
对中医药传承提供一定的借鉴。

关键词：　北京中医药　传承　京剧传承

中医与京剧都是国粹，京剧的传承对中医传承有着借鉴意义。

京剧是流传于北京、河北、天津及全国大部分地区的一个戏曲剧种，是中国最具影响力的汉族戏曲剧种之一，至今已有近200年的历史，被称为"国粹"。在国外，京剧往往代表着中国的戏曲艺术，所以又被称为"国剧"。京剧艺术2010年成功入选"人类非物质文化遗产代表作名录"。京剧，积淀了中华民族五千年的丰厚文化底蕴。自诞生至今，京剧经不断发展与自我完善，吸收了其他地方剧种、艺术门类之所长，并经过无数艺术家的改革与创造，成为具有中国标识意义的文化元素，成为世界文化瑰宝。京剧作为中国传统文化艺术形式之一，在清末以至民国大部分时间内，不仅代表着中国舞台艺术的最高水平，同时亦成为大众娱乐的主流。如今，随着全球文化一体化和中国社会转型的加快，京剧的衰落恰恰代表了本土传统文化日渐衰

落。京剧里许多剧目中的人物和故事都取材于历史，都是惩恶扬善的故事，能够以史为鉴，教育人。如何引起全社会对京剧这一国粹艺术的重视和热爱，营造京剧文化传承的良好氛围，对振兴中华民族传统文化，增强民族凝聚力和民族文化自信，具有不可估量的文化意义。

一　京剧传承面临的困境

（一）受娱乐方式多元化冲击，京剧传承观众基础日渐薄弱

随着改革开放程度的深入，人们文化生活日益多元化，文艺品种样式日益丰富，广播、电视等大众传播工具的迅速普及，不仅拓宽了群众的文化生活领域，而且一定程度上也改变着群众的娱乐方式，京剧的传承发展受到严重冲击。京剧发展的鼎盛时期，人们吃完饭就进戏园子，但这样的年代一去不复返，而京剧艺术需要品味，不是快餐文化，观众只有坐在剧场里，处在一种悠闲、松弛的状态下品戏，才能体会到其中的艺术魅力。如今人们生活节奏变快，心态浮躁，不能静下心来，因此这种环境非常不利于京剧的发展。一些中学生喜爱的是流行歌曲、街舞，对京剧了解少，接受起来有难度，学习唱段就更难了，大多数学生即使喜欢京剧课程也不会去买票听戏。社会上广大观众对京剧的欣赏热情普遍不高，京剧演艺市场不成熟，票房收入微乎其微，剧团发展普遍面临资金难题。

（二）受功利思想影响，京剧传承热情不高

学习京剧投入较多，加之能够靠京剧吃饭的人毕竟是少数。当今社会竞争越来越激烈，孩子们在学龄前阶段就已经开始参加——英语、钢琴、绘画等各类兴趣班。在以升学为目的的应试教育体系内，学校和家长不得不想尽各种办法帮孩子提高成绩，增强竞争力，其中

最直接和有效的办法就是加课、补课。而京剧不纳入升学考试内容，仅仅作为一种爱好或者选修课存在，很难激起学生充足的学习动力。京剧对演员的要求非常高，需要各方面的素质都比较好，但现在报名去戏校从小学京剧的人越来越少，家长都在为孩子的未来考虑，当他们看到京剧日渐式微时，不可能让自己的孩子从事这种职业，因此京剧在选材方面没有太大的选择余地，久而久之形成了一种恶性循环，影响了京剧艺术的发展。

（三）台上一分钟，台下十年功，学习京剧需要吃苦耐劳，戒浮躁

京剧是一门博大精深、很难掌握的综合艺术，并不是会唱两句就行了，需要几十年的不断追求，不断刻苦钻研才能达到一定水平。需要学员投入毕生精力和心血，才能将京剧艺术较好地发展和传承下去。一招一式、一个眼神都有严格的要求，压腿、下腰、翻跟头练功非常辛苦，刀、枪、剑、戟的运用要经过艰苦的训练，唱腔、念白、表演都要经过千锤百炼才能达到要求，一名专业的京剧演员要经过6~8年的时间培养才能登台演出，京剧学员必须坚守，耐得住寂寞。目前由于京剧社会关注度降低，行业待遇不高，因此从业人员不愿意投入更多精力刻苦地、一心一意地去钻研，很多优秀的人才都流失了，这对京剧事业发展和传承来说是一件非常可惜的事情。

二　京剧的传承发展

有学者认为京剧市场化不是振兴的问题，而是要拯救。由政府"包养"剧团、院团，政府同时作为裁判员和运动员，在这种情况下京剧没法走向市场。国家每年投入京剧巨额经费并没有收到明显的效果，京剧仍然是人才青黄不接，"台上振兴，台下冷清""叫好不叫座"。时代在飞速发展，今非昔比。京剧的出路在于与市场化对接，深入推进市场化改革。救济粮只能救一时，不如引入竞争机制，搞活经营，改"输血"为"造血"。

（一）京剧只有结合古老和现代，适当改革，才能真正从非遗中得到传承

有研究者认为京剧内涵丰富、层次高，是综合的高雅艺术，听懂的人少是必然，普通百姓岂能理解和欣赏？其实京剧来自民间，是根植百姓的日常生产和生活而高于生活的艺术形式，文人喜爱之，妇孺喜爱之。同时，京剧具有显著的地域文化特色。当下社会转型时期，面临凋零的市场、中断的传统、人才的匮乏，如何才能找到一个更好的突破口，使京剧在困境中突围？市场经济是大势所趋，市场也是人才成长的最大熔炉，是传统继承的动力源。单纯依靠政府买单和资金投入，不能保证效率和持续性，只有培养丰富多元的市场主体、观众群体，才能使京剧艺术长久发展。

传承、保护和发展京剧最切实的做法是逐渐修复京剧的民族传统，而不是漫无目的的创新，更不是中规中矩的复旧。我们无法改变更不能一味抱怨这个时代。物竞天择，适者生存，京剧艺术只有顺应社会发展和艺术发展规律才能存活下去。京剧不能永远自视为艺术殿堂的阳春白雪，也不能定位为下里巴人而一味迎合大众时尚口味，两者都是背离京剧艺术自身发展的内在规律的。在当今信息化社会和社会转型时期，只有多从艺术方面着手，进行古老和现代的结合，畅通与观众交流的渠道，让不了解京剧的观众理解它，让了解京剧的观众更加热爱它。

近年来，政府已经意识到保护传统艺术的重要性，制定了一些政策来保护京剧。但还没有制订专门的法规来传承与保护，使"国剧"的保护缺少法律保障。因此，应该进一步完善保护与传承京剧的政策法规。

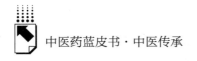

（二）京剧的传承应演、学、研、对外传播四位一体

京剧主要是一门以表演为中心的艺术，最终是要在舞台上展示，当然，展示的背后不能没有理论的支撑。除宏观的、有方向性的理论引导之外，京剧还应有表演的理论研究。过去的老艺术家对戏剧的领悟主要靠的是长期的生活和舞台经验，而今天的京剧艺术研究者则完全有条件通过对前人经验的研究、归纳和总结，形成一套科学的、综合的理论体系，并通过优秀的青年京剧艺术家，将具有特定历史文化内涵的京剧经典剧目高水平地展示在舞台上，这才是继承与保护京剧的核心。

京剧艺术持续发展，离不开观众群体的培养，在生活节奏日益加快的现代社会，人们容易忽视对传统文化艺术的继承和发扬，特别是对传统民族艺术缺乏基本的认知和欣赏能力，普及京剧知识不可不为，要持之以恒地不断提升观众的京剧审美鉴赏素养。

（三）京剧的传承发展需要各方面的努力

要发挥票友协会的辐射力和影响力，扩大京剧传承的群众基础。成立戏曲培训中心，举办各类票友大赛，给予传承者荣誉和鼓励。

学校是教书育人、培育人才的重要场所，因此学校应该成为京剧传承的重要阵地。2008 年教育部在北京、天津、黑龙江、上海、江苏、浙江、江西、湖北、广东、甘肃 10 省（市）中小学开展京剧进课堂试点，要求学生学唱 15 首京剧经典唱段，将京剧这一国粹纳入九年义务教育阶段音乐课程，传承中华民族优秀文化。

京剧是我国传统文化的典型代表，必须坚持正确的理念，在保护京剧这一国粹文化的本真性的同时，不断地培养观众群体，培养传承群体，发挥好学校、协会、政府和市场的作用，促进传统京剧艺术不断发扬光大是每个中国人的责任。

三　京剧传承对中医传承的启示

中医和京剧同属于国粹，梳理当前京剧的传承过程中所面临的困境和解决办法，对中医的传承都是非常有借鉴意义的。

京剧是一门以表演为中心的艺术，京剧传承的最终目的是要在舞台上更好地展现其艺术，其生命力在于市场，在于能够满足人民日益增长的文化需求。中医是一门临床医学，其生命力在于能够解决临床疾病的诊治问题。

当前，受到多种艺术文化的冲击，观看京剧的人较以前减少。同样，中医在现代医学的冲击下也受到影响。当前国家对中医药进行立法，充分说明了国家对中医药事业发展的重视。不论京剧还是中医，其传承都需要顺应当前社会的发展，着眼于满足人民的需求，只有这样才能充分挖掘自身潜力，得到充分发展，而不是在相关政策的保护下去传承发展。

不论是京剧的传承，还是中医的传承，培养合格的传承人是关键，但二者的人才培养时间周期长，因此京剧入校园，从小培养对京剧的艺术认同感，对中医的人才培养同样具有借鉴意义。

B.12
董建华院士传承谱记

摘　要： 董建华院士是当代中医内科知名学者，培养了王永炎院士，以两代院士而著称。本文通过介绍董建华院士的名医成长历程，重点介绍了董建华院士拜师学艺苦修读，同时为振兴中医竭全力，学术上不仅精益求精，而且注重科学研究等，揭示了名医成长过程中需要的几个要素，为当代医师成长提供有益借鉴。

关键词： 北京中医药　传承　董建华

董建华教授，男，汉族，上海市青浦县人，生于1918年12月17日，卒于2001年1月26日。中国工程院院士，著名中医学家，博士研究生导师。毕生致力于中医教育事业，努力提携后学。专长于中医内科，尤其擅治脾胃病、温热病，对妇科、儿科、肿瘤科、精神神经科疾病的治疗亦有很深造诣。1951～1956年，曾任上海市青浦县城厢区联合诊所所长，中国红十字会青浦分会理事、副会长，青浦县人大代表、常务委员等职。1957年以后先后担任北京中医学院（现北京中医药大学）温病教研组组长、内科教研室主任，附属东直门医院内科主任，东直门医院副院长。1978年晋升为教授。1990年享受国务院政府特殊津贴。1994年当选为中国工程院院士。曾任第五届全国政协委员、全国科学大会代表，中国中医药学会常务理事，中国中医药学会内科学会主任委员、名誉主任委员，卫生部学术委员会委员，第六、第七、第八届全国人大常务委员及教科文委员会委员，国家科委中医专业组成员、发明奖特约评审员，北京中医药大学学术委员会主任，中国中医研究院学术委员会委员，光明中医函授大学北京分校校长，中国残疾人联合会名誉理事。

一　拜师学艺苦修读　挂牌济世步医途

董建华教授的姑父是上海名医严二陵。有一年，严先生在杭州疗养，董建华的父亲当时在杭州九成绸缎公司工作。他在与严先生的交谈中，对其高超医术甚为钦佩，便说："我有一子，尚幼，长大后要拜您为师，济世救人。"回到家中，他又郑重地宣布了此事，使家人很早就有了思想准备。董建华的曾祖父和外祖父也都是当时很有名望的医生，耳濡目染，潜移默化激发了他的从医意识，而父亲的决定使他从小就确定了目标，决心成为济世救人的医生。

董建华的父亲对他要求十分严格，每天除学习功课外，晚上必须练习毛笔字。他经过普通小学和私塾的培训，古文功底深厚。其父在他9岁时不幸病故。董建华16岁中学毕业时已长得高大魁梧。为履行前约，他由祖母带领，备了厚礼，带了200元银洋作为学费，点燃500斤重的大红蜡烛，叩行拜师大礼。从此董建华开始了他一生为之奋斗的中医事业。

严二陵先生是当时闻名上海的中医大家之一。现在的许多老上海人，都还记得他的名字。严先生收徒不少。入门后他要求董建华在第一年终日闭门读书，《内经》《伤寒杂病论》《金匮要略》《温病条辨》以及《脉诀》《药性赋》等必须熟背如流，有了问题要及时向老师及师兄讨教。

自学1年后，严老师安排徒弟抽一定的时间临诊学习，并继续读书自修。从第二年开始，董建华就跟随老师诊病开方。严先生诊务甚繁，每周工作 6 日，每日门诊多达百人。董建华一天工作下来，筋疲力尽，头晕眼花。但他咬牙挺过一段时间，慢慢也就习惯了。

严先生非但医术高明，医德更令人敬佩。他常常教导徒弟们，要严格遵守医圣孙思邈的古训，无论贫富贵贱，一视同仁。对待病人态度和蔼，体贴入微。虽有规定诊金，但贫者不计，甚至免费。上海名流是他的病人，穷苦的人力车夫也是他的病人，他都能急病人之所急，痛病人之所痛，全无名医的架子。著名京剧艺术大师梅兰芳，因医患关系，与严先生过从甚密。两家往来频繁，感情极好。这些对董建华都产生过很大影响。董建华拉得一手好胡琴，就是那时因感而学的。1992 年，董建华教授在师生联谊会上，以 73 岁高龄唱了一个京剧小生选段，字正腔圆，昔日风采可见一斑。

当时的上海名医辈出，如程门雪、秦伯未、陈存仁、徐丽州等，都与严先生有交往，他们相互切磋技艺，董建华也有机会博采众长。

1941 年，董建华跟随严先生整理学习 6 年后，学成结业，返乡在青浦挂牌行医。因老师的需要，他仍要跟师助诊，两地奔波，一周回家临诊两次。后来家乡病人越来越多，经老师同意，他从此只在家乡行医。

青浦县是一个鱼米之乡，南方景色，河道纵横。出诊时，不论夏天烈日炎炎，还是冬天大雪纷飞，董建华都是一叶轻舟而往。虽然非常辛苦，但他对病人态度总是和蔼可亲，贫富不计，还往往免费为穷人医疗。对个别路远来诊的重病人，董建华还腾出自家房屋让其休养，等好转再回家。如此沿袭严先生之规范，他因此深得病家信赖。春去秋来，业务蒸蒸日上。虽然年轻，董建华却已受到城内中医界同行的敬重。

此时的董建华，毫不骄傲，依然于繁忙诊务之间抽空学习深造。青浦县有一个中医师公会组织，为首者除德高望重的老中医外，年轻的董建华也在其中。他们定期于下午诊务完毕碰头，交谈切磋。同时他还参加了上海秦伯未医师举办的函授班，每次都及时完成作业，秦老也认真负责地修改寄回。常有许多指导性意见，使其得益良多。另外董建华还请一位同乡老先生教其诗文及书法，并定期前来讲解指导。董建华年轻力壮，精力无限，业余时间还邀集同仁学京剧、昆曲，曾经客串过京剧《黄鹤楼》中的周瑜。

二 振兴中医竭全力 国术精华保全真

早在董建华随严二陵先生学习的头一年，正赶上当时政府要取缔中医。一时间，举国上下群情激奋，上海中医师公会组织了示威游行。因严先生是跛足，就派最年轻的徒弟董建华参加，此次事件即是当代中医史上有名的三一七运动。现在谈起来，董建华教授还很激动。

挂牌行医不久，董建华就开始参加县中医师公会的活动。至1949年，青浦县共27万人，划分为7个区，董建华所在的城厢区第七街群众还一致推选他为街道主任。为了控制各种烈性传染病，政府把全县医务人员组织起来，并推选董建华为领导。通过一段时间的努力，成绩显著，全县卫生工作者协会正式成立，董建华被推选为县和区的副主任和主任。根据国家中西医结合的方针，董建华于1951年带头在青浦县成立了有十余位中西医师参加的城厢区联合诊所，并任所长。在青浦县期间，董建华还担任过中国红十字会青浦分会理事、副会长，县一至九次人民代表大会代表、常务委员等。

董建华历年来担任了许多党政和业务管理方面的职务。他是驰名国内外的中医学者，在精研业务为医学事业做出贡献的同时，还担任着其他许多重要职务。他曾告诉我们，他对事业有三个字的诀窍，即"信、力、巧"。信，就是树立为中医事业鞠躬尽瘁一生的信念，使之永恒，无论何时何地何种条件，都不会动摇。他在"文革"期间，被打成"反动学术权威",下放到河南商丘农村,每天劳动、看病,啃红薯充饥,可他依然积极培训赤脚医生,还针对当地儿童多患消化不良病的状况,研制出"鸡金散",效果很好。力,就是要有良好的体魄,保持旺盛的精力。董建华年轻时诊务非常繁忙,常乘一叶轻舟穿梭于水乡之间,锻炼了他的筋骨,磨炼了他的意志。熟悉董建华教授的人都知道,他在古稀之年仍健步如飞,精力充沛,令周围人们叹服和同龄人羡慕。虽然董建华教授年事已高,有病在身,然而他的博士生们都知道,跟随董老走路要快,刚开始不习惯,往往要小跑才跟得上。巧,就是要巧妙分配时间,把繁杂事务分清理顺。他往往是下午3点要参加人大常委会,1点就上门诊,三五十个病人诊毕,随即上车。他还养成了一个好习惯:巧安排,"一心二用"。譬如他正在写文章,妙思连连,此时忽然来了病人,即停笔转诊。病人前脚走,他提笔又写,思路依然不断。开会、写文章、看病全不误,忙而不乱,张弛有序,全在于随机而巧妙地布局。

董建华数十年如一日,恪守这"信、力、巧"三字诀,不仅在中医教学、医疗、科研等诸多方面取得了引人注目的成绩,而且为推进中医药事业发展做出了突出贡献。

每年人大会议开会期间,董建华教授都利用会议间隙,如星期天出面组织一次中医代表聚会,交流中医发展情况。这样的聚会,不仅解决了许多中医事业规划中的具体问题,而且还酝酿成功当代中医发展史上的一件大事。那是1984年5月30日,董建华教授组织的第一次聚会上,大家一起回顾了若干年来中医工作取得的成绩与存在的问题,认为中医要立法,应该建立专门管理机构——国家中医管理局,并将中医事业经费单独列入预算。后来两年,大家先后在两次人大会议上提出议案,国务院常务会议终于做出决定,设立国家中医管理局。考虑到中医历史上"医药一体"的特点,董建华教授和代表们经讨论取得共识,提交了有关中药应由国家中医局统一管理的议案。

又经多方人士共同努力，于 1988 年 4 月，国务院常务会议决定组建国家中医药管理局。

三　科技硕果累累　探幽索隐求精深

董建华教授十分注重科学研究。开展中医科学研究，既要有满腔热情，还要有正确的思路，也就是把握验证、发展和掌握规律等几个环节。因为中医学在数千年的漫长发展过程中，形成了它的独特理论体系，积累了大量的实践经验，对常见疾病的防治取得了切实的疗效。我们今天的中医临床工作，仍然是以前人的经验为基础，把前人的宝贵经验挖掘出来，加以验证，并利用现代科技手段使其发展提高，从而掌握其运用规律，攻克目前医学难以解决的许多疑难病证。

外感发热是一个常见的病症，自抗生素问世以来，它的病死率曾大幅度地下降。但长期应用抗生素，使细菌逐渐适应，耐药菌株越来越多。虽然不断研制新的抗生素，但仍不能解决耐药菌株的问题。而且随着时间的推移，抗生素品种的增多，抗生素的毒副作用、易引起过敏等弱点日趋明显。对病毒性感染，大部分抗生素无效。在这种情况下，发挥中医学优势治疗本病，很有必要。中医学以整体观念和辨证论治为基本特色，注重治疗的个体化。不仅注重驱邪，而且强调扶正，充分调动机体抗病能力以治疗疾病。所用天然药物已经过千百年来的临床验证，毒副作用很小，而且依证遣药组方，确能提高防治水平，未曾发现菌落失调，同时对病毒感染亦有较好疗效。但由于历史的原因、客观条件的限制，中医治疗本病的系统化、规范化不够。在分析这些情况后，董建华教授决定选择外感热病中较常见的"风温肺热病"为突破口，确立了"风温肺热病辨治方案及证候疗效评分法"的课题。按照标准方案，课题组共观察病案 335 例，全部为住院或留住急诊室病人。中药系列治疗 202 例，疗前积分 1980 分，疗后余 331 分，比值为 0.17。其中治愈 165 例，有效 16 例，无效 21 例，总有效率 89.6%，治愈率 81.7%。西药对照组 133 例，疗前积分 1281 分，疗后 285 分，比值为 0.22。其中治愈 97 例，有效 21 例，无效 15 例，总有效率 88.7%，治愈率 72.9%。经统计学处理，两组总有效率相近而治愈率以中药系列为优。在降体温、改善舌象、改善肺部体征方面两组差异不大，但在改善其他临床症状，改善脉象、降低炎性白细胞方面，中药系列占优势。中药系列治疗组未发现毒副作用，西药组则有 14 例出现毒副作用。本课题获 1986 年卫生部乙级重大科技成果奖。

董建华院士在诊治脾胃病过程中，突出通降论、气血论、湿热论、标本论，治疗脾胃病疗效卓著。胃痞是指上腹部近心窝处痞满、堵闷，食后加重，或兼有胀痛等症状的病症。其证有虚实之分。虚痞者，多起病缓，病程长，常反复发作，时轻时重，每由实痞转化而成，亦可由胃脘痛、嘈杂、吐酸等病症经久不愈，演变而得。通过长期观察，董建华教授发现虚痞的临床表现与慢性萎缩性胃炎相似，遂引起重视，确立了"虚痞（慢性萎缩性胃炎癌前病变）中药治疗观察"的研究课题。课题组按照董建华教授甘平养胃、酸甘益胃、甘温健脾 3 个经验方，先用汤剂治疗 50 例，总结规律后又制为冲剂治疗 104 例，均选择那些属于中度、重度的病人为观察对象。结果临床症状改善率达 98.78%，主病痊愈率 65.5%，癌前病变征象改善率为 95.76%，消失率为 52.12%。这在国内外属领先水平。本课题为国家教委博士点基金资助课题，获得院级三等科技成果奖；主体项目被纳为国家科委"八五"攻关课题。

当代科技发展进入电脑化阶段，中医学必须引入电脑技术。董建华教授继承了严二陵先生的宝贵经验，又经过自己数十年的应用，在诸多方面得到升华。他很想尽快把这些经验传播开来，让更多的医生掌握，解决更多患者的痛苦。为此，董建华教授决定，把自己积累数十年的经验全部奉献出来，输入电脑，利用高科技传播中医技术。他还让弟子们首先选择了"胃痛"这一常见病先行试点，建立了"董建华教授诊治胃痛专家咨询系统"。经过数十年大范围的验证，董建华教授进一步总结出辨证论治九步法，归纳出胃痛三期五十三候，从而形成辨证论治规则。在论治上确立了最优化的治则、系列化的治疗、合理化的用药，使理法方药贯穿一致，由此再现了董建华对胃痛的动态辨证论治过程。本课题获国家"七五"科技攻关重大成果奖。

其他如"急性热病辨证规范临床与实验研究"获院级科研成果二等奖，"凉营透热法治疗温病营分证的临床及实验研究"获北京市科技进步三等奖、卫生部科技成果二等奖等，都是董建华教授亲自主持完成的。

同时，董建华教授还撰写、编著、编审了论文、专著 1000 余万字，如代表著作《中国现代名中医医案精华》《内科心法》《实用中医心理学》《温热病论治》等。代表性论文有《当代中医发展的几个重大问题》《虚痞（慢性萎缩性胃炎癌前病变）的中药治疗观察》《谈谈补法的误用》《治疗胃病必须调气和血》《治疗胃病应以通降为法》《浅论热性病临床治疗规律》《临证治验琐谈》《尊重中医科学、发展中医事业》《师古不泥古，古方赋新义》。代表性报告有：1974年任中国代表团顾问出席第二十七届世界卫生大会并做报告《中国中医药对防病治病的作用》；1981 年出席日本东洋区医学年会并做报告《温病学说的研究》；1984 年出席香港特区中医药学术会议并作《中医治案十则》的报告；1987～1992 年分赴香港特区、意大利、印度参加学术交流活动，并作有关中医药科学研究方面的报告。代表性成果《风温肺热病辨治方案及证候疗效评分法》，获卫生部乙级科技成果奖（1986 年）；《虚痞（慢性萎缩性胃炎癌前病变）的中药治疗观察》，国家教委博士点基金课题，获北京中医学院三等科技成果奖；《董建华诊治胃痛专家咨询系统》，获国家"七五"科技攻关重大成果奖；《急性热病辨证规范临床与实验研究》，获北京中医学院二等科技成果奖。

四 教书育人德高尚 桃李满园继开来

早在董建华教授于上海挂牌开业时，就曾收一徒弟，名叫陈一中，这可以说是董建华教授从事中医教育事业的开端。陈一中先生一直在家乡开业，现虽已退休，仍坚持临床，诊务繁忙。

1955 年春季，江苏省准备在南京开办一中医师资学习班，要求每县派 2 名代表参加，学成后仍回本县工作。青浦县当时属江苏省，董建华被选中入学。一年后，他以优异成绩结业，并被省里决定留校任伤寒教研室负责人，除在本校上课外，他还到各县轮流讲学，并组织集体编写教材。该校就是后来的南京中医学院。留校的董建华深深认识到普及中医教育的必要，他通过在校授课，深入县乡巡回教学，努力提高基层中医人员的业务水平，为中医教育事业贡献自己的一分力量。

1957 年，董建华调入刚刚组建的北京中医学院，担任温病教研室主任，这给他提供了一展雄才的机会。他亲自编写教材，为学生讲课。他善于运用生动的临床验案讲解抽象难懂的理论条文。他认为，温病不应算是基础课，而应列为临床的一部分，主张把学生带到临床上，尽早给他们提供实践的机会，要"多临床，早临床"。没有实习基地，他便带学生去京西矿区边学习边为群众服务，并与农村卫生院联系，开辟临床基地。他还带领一批又一批学生下基层，实地做示范，做讲解，手把手地教学生诊脉、望舌、观色、察颜。

1963 年，院里调董建华到附属东直门医院任内科主任兼内科教研室主任，这更使一贯重视临床的他如鱼得水。他在自己临诊的同时，组织带领中医学院的学生们进行临床实践。他要求学生临床实习做到思路清晰，辨证准确，理法严谨，用药精当，一丝不苟，养成扎实、刻苦、求精的学风。他还收徒数人，在大学本科毕业之后，按传统师承的培养方法，造就出一批中医临床基本功扎实的教研骨干人才。

"文化大革命"中，董建华教授被打成"反动学术权威"。在下放河南接受"再教育"时，他仍不忘中医教学，为当地"赤脚医生"讲课。他深入浅出，融合中医经典著作、临床诊断技巧及中药方剂尤其是个人验方，使学生学得快、记得快、见效快。后来，他被抽调回京，为中国医学科学院举办的西学中班讲课，当今许多著名的西医内科专家都曾听过他的课，尊称董建华教授为老师。

1976 年拨乱反正，董建华的"问题"得到解决，年过花甲的他重新焕发了青春。1978 年研究生教育以后，他成为中医界最早的博士研究生导师之一，担负起培养中医高级人才的重任，他培养的硕士、博士已有三十余人。此外，董建华教授还为美国、日本、越南、中国香港等国家和地区培养了一批中医师。他长期活跃在国内外学术讲坛，听众之多，难以计数，可谓"桃李满天下"。

1991 年，"董建华学术思想研究会"在京宣告成立。中央领导人宋任穷、卫生部及国家中医药管理局等有关部门领导，以及方药中、刘渡舟、焦树德等著名老中医，都亲临开幕式讲话。董建华教授的国内外弟子纷纷要求参加，共同总结、研究、传播董建华教授的学术思想和临床经验。承前启后，继往开来，精术济民，弘扬国粹，这正是董建华教授所为之奋斗终生的目标。

董建华教授晚年因病医治无效，于 2001 年 1 月 26 日在北京逝世，享年 83 岁。董建华教授以他高尚的人品受到人民群众的尊敬，以卓越的贡献受到中医界推崇，以渊博的知识和诲人不倦的精神，受

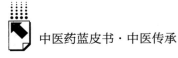

到学生们的爱戴。他对病人,精心诊治,关爱备至;对同仁,虚怀若谷,以诚相待;对学生,循循善诱,悉心呵护;对家人,严格要求。董建华教授是当之无愧的一代宗师,苍生大医。

(杨晋翔 高颖 王瑞瑞 杨英姿 王苑编辑

王永炎 田德禄 杜怀棠 姜良铎指导)

B.13
国医大师程莘农方穴理论传承

摘　要：　程莘农院士为首届国医大师，是著名针灸学专家。本文以程莘农学习针灸经历入手，重点介绍了程莘农方穴理论的形成与传承，认为中医理论的深厚为其针灸方面的研究打下基础。本文介绍了方穴理论的形成和学术精髓，即"缘理辨证、据证立法、依法定方、明性配穴、循章施术"。同时也介绍程氏针灸体系在不同领域的传承。不仅对针灸医师的成长有益，也对当前学术的传承提供借鉴。

关键词：　北京中医药　传承　程莘农　方穴理论　程氏针灸

程莘农教授为国家中医药管理局评出的首届国医大师，中国工程院院士，中国中医科学院博士研究生导师，中国中医科学院研究员，中国中医科学院针灸研究所教研室主任，中国著名针灸学专家。程莘农教授的针灸学术、体系传承独具特点，本文详细介绍如下。

一　幼承家教，拜投名师

程莘农，原名希伊，出生于江苏淮阴市（今淮安市）一个书香世家。程家世代业儒。父亲程序生为清朝末期最后一次科举考试的秀才，是当地有名的私塾先生，门人弟子很多，当时淮阴市大多数士绅名流出自其门下。按家规，程莘农6岁时即开始接受文化教育，由父亲亲自讲授《四书》《五经》等书，10岁时，父亲守"愿为良医"的训言，且认为医能济世活人，于乱世之中能求得安身立命之所，便亲自教其诵读《医学三字经》《药性赋》《汤头歌诀》《脉诀》《黄帝内经》《难经》《本草纲目》《本经疏证》等中医典籍，并给他取名希伊，希望他能像伊尹一样"不为良相，便为良医"。根据这个名字，一位王姓世伯给他取号莘农，取意"有莘之野"。

程莘农16岁时，拜了淮阴市最有名的医生陆慕韩为师。陆慕韩的父亲为陆耀堂，曾师从周金杨。陆氏三代均为治疗温病的专家，名震一方。陆老秉性耿直，集医术、医理、医德于一身，年轻的程莘农，耳濡目染，受其影响颇深，"富贵不跌价，贫贱不轻视，一视同仁"，成为程莘农一生为医的信条。陆老对他倾囊而授，尽传其技。在陆老的精心栽培下，程莘农打下了扎实的中医临证基本功，同时还继承了陆氏治疗内科、妇科、温病的丰富经验。

陆老去世后，只有19岁的程莘农于1939年开始独立挂牌行医。每日应诊二三十人，当时人均称其为小程先生。从此，年仅19岁的小程大夫正式踏上了悬壶济世的医途。个人的努力加上老师的名气和家族的声望，使程莘农行医的起点高于常人，一出道就被吸收入"中医师公会"，并担任了"清江市（淮阴市）卫生工作者协会秘书股股长"，这是他担任社会工作之始。

民国期间，"考试院"成立"考选委员会"，办理中医师考试，程莘农以优异的成绩顺利通过了考试，1947年获得了"中华民国考试院"颁发的医师证书。原本循着这条路，凭着其聪明才智和从师父那里继承的衣钵，程莘农完全可能成为一代中医内科大家，可是没想到，在其而立之年，程莘农却转行了。

程莘农1955年进入江苏省中医进修学校进修，在第二学期，学校实行师资培养，将大部分学员分成专科，搞专科培养，针灸教学研究组由江南针灸名师李春熙、孙晏如教授等带教。程莘农被分配到针灸组，并作为优秀生担任了学生小组组长。从此，他与针灸结下了不解之缘。

在校期间，程莘农获孙、李二位师长教诲不浅。同时他还受到孙晏如老师的亲身教诲，吸收了孙老师的诸多临床经验。程莘农仅通过半年的学习便由学生转为老师，担任针灸学科教研组组长，这成为他由用药到用穴的转折点。这次意外转行，使大方脉的中医少了一位开药方的大夫，却使针灸界多了一位学术泰斗，并为后人留下一段学习针灸腧穴的佳话。

二　理论深厚，强调理法方穴术的统一

由于程莘农幼承家教，又拜中医内科温病大家陆慕韩为师，在转攻针灸之时，他已经在中医内科领域有了较为深入的研究，取得了一定的成就，这就决定了程莘农具有其他很多针灸医生不具有的优势——中医基础理论深厚，使程莘农在针灸方面的研究具有深厚的基础，进步很快。

程莘农认为，针灸要在辨证论治的基础上贯彻理、法、方、穴、术的统一，即"缘理辨证、据证立法、依法定方、明性配穴、循章施术"，五者统一，方能事半功倍，游刃有余。

（一）缘理辨证

理，理论基础，即中医认识正常人体和疾病状态下人体的理论方法和指导原则。阴阳五行学说、脏腑理论、气血津液理论和经络理论，是中医、针灸的理论基础。但是程莘农院士指出：经络理论是中医、针灸理论基础的核心内容。

为什么说经络理论是核心呢？

中医学以直观的方法从人体总体方面看待其关系，构成了天人相应、神形相合、表里相关的整体观点。而把人体联结为一个整体的，就是人的经络。正是经络的存在，将人体的各个脏腑、组织、官窍、肢体、关节联结为一个不可分割的整体。

经络是沟通内外的桥梁，是气血运行的通道，是周身网络的系统，而这些作用正是人体脏腑变化反映于外表被诊察的基础，也是通过对人体外表给予良性刺激后影响脏腑功能的基础，更是脏腑之间相生相克、人体阴阳平衡的基础。所以经络是针灸的"理"中的核心，同时也是中医"理"中的基础。

辨证和论治，是中医诊治疾病过程中相互联系、不可分割的两个部分。辨证是决定治疗的前提和依据，论治则是根据辨证的结果，确定相应的治疗方法，也是对辨证是否正确的检验。临床上只有辨证正确，采取恰当的治疗方法，才能取得预期的效果。

程莘农认为针灸治疗疾病，虽不同于药物，但选穴处方和施术手法，同样离不开中医学诊疗疾病的基本原则——辨证论治。

缘理辨证、据证立法，准确辨证是取得疗效的前提。

临证时程莘农尤重视经络辨证，他认为经络辨证是以经络学说为理论基础来概括经络病变的临床表现以及经络、脏腑病变时的相互影响，总结出病变表现的一般规律，实现以病归经，以经知脏，准确诊断。

程莘农认为只有熟记经络循行，认清病候归经，才能够准确地进行经络辨证。经络循行和病候归经在经络辨证中具有重要作用。"有诸内必形之于外"，任何疾病都以其一定的"病候"表现于外，"经络所通，病候所在，主治所及"，各经脉病候与其经脉、络脉、经筋、皮部的循行分布特点密切相关。通过对病候进行分析，判断病在何经、何脏（腑），据此进行处方配穴，或针或灸，或补或泻。

经络辨证，包括经脉辨证、奇经八脉辨证等。

在经络辨证中，程莘农又最重视奇经八脉辨证。奇经八脉是经络系统的重要组成部分，与十二经脉密切联系，对十二经脉气血起着统率、联合和溢蓄、调节的作用。因此，临床中多经同病的复杂疾病状态，多反映于奇经，奇经八脉辨证方法与规律，也就成为解决疑难问题的重要方法。然而尽管奇经八脉辨证是中医学辨证方法之一，对其进行系统论述者尚不多见，程莘农院士认为深入研究奇经八脉的辨证施治规律具有重要的现实意义。

（二）据证立法

临床治病如攻城守地，治则治法则如同一场战役中的战略意图，是大方向、大原则，法一立，则排兵布阵、选穴定方，一气呵成，顺势而就，因此，临床上治则治法具有高度的指导意义，既要明确，又要坚持，辨证益精，立法益明，治疗益专，坚持守法治疗，不宜轻易变更。因为治疗疾病是由量变到质变的过程，慢性病更须坚守原方治疗较长时间才能获效，故临床立法后，力求持之以恒，恒而有效。

在治法上，程莘农认为中医针灸和中医方药一样，治法都可以分为补、泻、温、清、升、降六法，而不是仅仅的补、泻和平补平泻。

（三）以法定方

在辨证的基础上，按照拟定的治法，方能进行正确的处方选穴。

在处方选穴上，程莘农认为针灸临床取穴的多少亦应以证为凭，循经选穴，以精为准，以适为度，以效为信。在取穴多少上，当以大、小、缓、急、奇、偶、复为原则，不能胶柱鼓瑟，故临床取穴时，少则一二穴，多达十几二十穴。

（四）明性配穴

因为程莘农一开始是大方脉，对于中药的药性有比较透彻的认识，后学习针灸，对腧穴与中药、中药处方与针灸处方做到融会贯通，所以在临床处方配穴时，他常常将药性比穴性，将用穴比用药。

程莘农通过数十年临床经验的不断积累，将腧穴主治与药物功能理论做了相应探索和融会贯通。例如：太渊养阴补肺，功似沙参；列缺宣肺止咳，功似桔梗、杏仁等。程莘农认为，不仅单味药可比中药，中医方剂的君、臣、佐、使配伍原则，与针灸处方配穴规律也有共同的理论基础，例如，心肾不交的病人，方剂中选用交泰丸以交通心肾，其中黄连为君，肉桂为臣，而针灸可选取心经和肾经原穴，神门为君，太溪为臣，达到异曲同工的目的。

多方求教，再加上自己在临床上的摸索，程莘农总结出了很多用之有效的临床用穴经验，如"一窍开，百窍开，窍闭不开取百会"。百会为手足三阳，督脉之会，升清举陷，醒脑开窍，"百会刺法宜轻浅"。"手足震颤取手三里、足三里"。阳明者水谷之海也，滋水涵木，息风止颤。《素问·调经论》云："人之所有者，血与气耳。"合谷调气，太冲和血，"调和气血取合谷、太冲"，等等。用这些指导临床，疗效好，且容易记，为后学者总结了宝贵的临床经验。

（五）循章施术

缘理辨证、辨证立法、立法处方的最终目的，是进行针灸治疗。程莘农认为方便操作的进针方法和快速熟练的手法，是成功的关键。深厚的书法功底和多年的针灸临床经验，帮他逐渐总结了一种易学、易教、病人痛苦小的毫针刺法，即"程氏三才法"。

三才法源于明朝徐凤的《针灸大全·金针赋》，"且夫下针之法，先须爪按，重而切之，次令咳嗽一声，随咳下针。凡补者呼气，初针刺至皮内乃曰天才。少停进之针，针至肉内，是曰人才。又停进针，刺至筋骨之间，名曰地才。此为极处，就当补之。再停良久，却须退针至人之分，待气沉紧，倒针朝病。进退往来，飞经走气，尽在其中矣。凡泻者吸气，初针至天，少停进针，直至于地，得气之泻。再停良久，却须退针，复至于人，待气沉紧，倒针朝病，法同前矣"。

程莘农对古代三才法进行了改进和简化，形成了"三才进针法"。

三才，取意天、人、地三才，即是浅、中、深，进针时分皮肤、浅部和深部三个层次操作，先针 1~2 分深，通过皮肤的浅部，为天才，再刺 5~6 分深，到达肌肉为人才，三刺 3~4 分深，进入筋肉之间为地才，然后稍向外提，使针柄与皮肤之间留有一定间距。如此进针，轻巧迅速简捷，由浅入深，逐层深入，得气迅速，一则减少患者的疼痛，二则可以调引气机之升降。进针讲究指实腕虚，专心致志，气随人意，方使针达病所，气血和调，正胜邪去。

施针者采用指实腕虚运针法持针、运针，采用三才进针法针至穴位的相应部位，同时施以辅助行气催气手法。程莘农在常用的循、捏、按、弹、刮、摇、颤等多种辅助行气手法中，选择了震颤法，即进针至天、人、地部后，手不离针，施以快速震颤手法，针体可直立，亦可顺经或逆经，以明补泻或催气速达病所，这种震颤催气法使一次得气率达到 80% 以上。得气后，如需进一步施以补泻手法，则手指在离开针柄的一瞬间，施以飞旋动作，拇指向前为补，拇指向后为泻，称为飞旋补泻法。

指实腕虚运针法、三才进针法、震颤催气法和飞旋补泻法，看似一个动作，实为四步连贯操作，一气呵成，快速有效，也成就了程莘农在临床上"快针"的美名。程莘农针灸由于具有快速无痛、沉稳准确的优点，深受患者好评，也吸引了不少国内外的学者前来学习。

三　实事求是，不故作玄虚

程莘农具有深厚的中医理论功底，在中医针灸临床时，强调要在中医经络理论等基础理论的指导下进行辨证、立法、处方、选穴，但他又不搞那种形而上的纯理论研究，而是强调要理论结合实际，以事实为依据，对中医针灸、经络腧穴进行研究，不故作玄虚。

在中医基础理论的文献研究方面，"继承不泥古，创新不离宗""去伪弘真"是程莘农文献研究一个严明的出发点，从不做玄之又玄的虚术。比如，他在研究《黄帝内经》之时，不是研究其中的玄妙理论，而是对整个《黄帝内经》运用针灸治病的情况，用统计学的方法进行了研究。结果显示，《黄帝内经》有针灸处方412首，这就证明了徐大椿所说的"'灵素'两经为针法研者，十之七八，为方药研者，十之二三"确实不谬。而在对《黄帝内经》中的这400多首方子进行分析之后，程莘农发现以循经取穴的为数最多，其次是以痛为腧的处方、专病专方和对证专方，其余均不足10个。在循经取穴的处方中，由于经脉的循行、功能，经脉与相应脏腑的连属，以及经脉之间的阴阳表里等关系，故又有各种不同的取穴配伍形式，在循经取穴的处方中以取单经的为数最多，而在取单经的处方中又以取本经的多。在取多经的处方中，以除表里经和同名经之外的两经或两经以上同用的为数最多。

再对《黄帝内经》所收集的针灸处方进行进一步研究，发现根据取穴配伍方法不同可分为两类，其中循经取穴的处方又有不同的取穴配伍形式，可见《黄帝内经》的针灸处方是灵活多变的。在文献研究方面如是，在中医经络学研究方面，程莘农更是注重客观事实，以事实来证明经络的存在和经络的循行路线、腧穴的定位和主治作用。

早在20世纪60年代，程莘农即开始对经络展开研究，在对中医经典文献研究的基础上，开展了临床经络敏感现象的研究。他在解放军第262医院的协作下，完成的"体表循行81例研究"是我国早期经络研究的佳作之一。他们将测验的64例经络感传路线对照核查，其循行路线基本和《黄帝内经》一致，专家将其研究报告论证后，得出了经络是客观存在的结论。此时，程莘农被任命为临床经络研究室主任，继续进行经络研究。

从 20 世纪 70 年代程莘农开始主持循经感传的研究工作，证明了循经感传的体表循行路线与古典医籍记载基本一致，为经络的存在首次提供了结果明确的客观证据，引起国际学术界的极大关注，并为现代生物学理论提出了新的课题。

从 20 世纪 80 年代起，程莘农主持了由卫生部牵头的、全国几十所院校和单位参加的"循经感传和可见的经络现象"的研究。"八五"期间，经络研究又被国家科委列入国家重大基础科研的攀登计划，程莘农被国家科委聘为首席科学家，主持该项研究。

在腧穴研究方面，程莘农积极参加"世界卫生组织国际标准针灸穴名"研究工作，对腧穴的名称、意义、部位无不一一强加考核，十几年在国内外多次会议上，他力陈自己的见解，最终在日内瓦召开的、有来自三十多个国家的学者参加的会议中，多数学者同意他的意见，他的研究成果经世界卫生组织认可在全世界推广应用。程莘农根据其研究成果与杨甲三合作撰写《经络、腧穴研究》《十四经穴点穴法》，后者被拍摄成电影，于 1985 年由科技电影制片厂摄制发行（获卫生部科技二等奖）。

20 世纪 90 年代针灸在国际上影响力迅速提升，这也是程莘农在国际舞台最活跃的 10 年。许多国外机构都聘请他，如他曾想任美国美东中医针灸师联合会名誉常务理事、南斯拉夫针灸学会名誉主席、墨西哥城针灸学会名誉常务理事、挪威针灸学校名誉校长等职。凡是对针灸发展有利的事，程莘农都尽力去做，心中只有一个信念——走出去，传扬针灸。

四　程氏针灸体系传承

程莘农以"大医精诚"为座右铭，毕生重视医德修养，认为

"天下万事，莫不成于才，莫不统于德，无才故不得以成德；无德以统才，则才为跋扈之才，实足以败，断无可成"。他对病人态度和蔼，诊疗细心，一针一灸均亲自操作，全神贯注，心无旁骛，常能力起沉疴。他强调作为一名医生，"非仁爱不可托也，非聪明理达不可任也，非廉洁淳良不可信也"。并告诫后学："临证笃于情，富贵不跌价，贫贱不轻视，凡人有难，所求必应。"

程莘农，将自己宝贵的针灸学术经验，通过师徒传承、家族传承、院校传承、工作传承、培训班传承和国家指定学术传承的方式，毫不保留地传授给了数以千计的弟子们。由于以程莘农为代表的程氏针灸具有清晰的传承脉络和悠久的传承历史、完整的学术体系和良好的临床效果，2010年，程氏针灸入选北京市第三批非物质文化遗产保护名录。

程氏三才法，是程氏针灸的技术基础，在此基础上，程氏针灸的传人，根据个人的兴趣不同，在程莘农指导下，分别在不同领域，使程氏针灸的诊疗技术得到拓展，充实了程氏针灸的学术内涵。

他的学生王宏才博士结合糖尿病的基本病机规律和现代医学研究成果，形成了以程氏针灸为主，调气、调阴（血）、调神三结合，辅以药物、仪器综合治疗，全面防治糖尿病及其并发症的"程氏消渴三调法"。

以程莘农"一窍开百窍开"法为基础，其子程红锋和其孙程凯潜心研究总结形成"程氏养血润明法"，治疗成人眼干燥症（干眼病）、视疲劳、早期白内障、青光眼以及高度近视、视神经萎缩、视网膜色素变性、黄斑变性、外伤性视力下降等难治性眼病。

在程莘农院士四关调神针法的基础上，其子程红锋和其孙程凯另辟蹊径，以心神出入之门户——四关穴为基础，以程氏耳穴组方的协同刺激为特色，总结形成了针对失眠患者的四关调神法，共收调神安神之效。

在程莘农院士妇科三阴交调经治法的基础上，其孙程凯结合女性月经周期阴血亏虚、阴极阳生、阳气渐盛和肝郁血瘀的规律性特点，研究总结出了针对女性内分泌失调的程氏四步调经法。

在程莘农的指导下，其子程红锋和其孙程凯，以无痛梅花针为主，叩刺远离眼周的经验特效穴，再配合个性化体质调养穴位，形成了程氏强体增视法，既对青少年近视、儿童弱视及各类儿童常见疾病的预防、康复有良好效果，同时还有安全地促进生长发育、提高智力、改善睡眠、增进食欲、提升免疫力的综合效果。

在程莘农"治痛八要"的基础上，结合颈肩腰腿痛的病症特点，程莘农学术传承人杨金生教授研究总结而成程氏五技祛痛法，疏通经络，缓解疼痛，改善症状，提高功能，综合起效。

程莘农在针灸国际传播上、在经络腧穴研究上和针灸临床治疗上取得了巨大成就，获得了业界同人和政府部门的充分肯定。在 1994 年，程莘农成为中国针灸界的首位工程院院士；1998 年，被朱镕基总理聘为中央文史馆馆员；2009 年，获得首批国医大师称号；2010 年，中医针灸成功申请世界非遗项目，程莘农是四个代表性传承人之一。

B.14
冯世纶经方医学传承班纪实

摘　要： 胡希恕先生是当代经方大师。本文介绍了在冯世纶教授带领下，胡希恕经方医学团队在经方学术传承方面做出的努力，将经方医学理论融入实践带教，不仅展现了北京地区蓬勃发展的社会办学，展现了名老中医在中医药传承方面的努力，也探索社会办学的师承教育新模式等，对今后北京地区中医传承模式的发展提供借鉴。

关键词： 北京中医药　传承　胡希恕　冯世纶

作为一家独立办学的社会机构，冯世纶经方中医医学研究院在我国当代著名经方家冯世纶教授的带领下，秉持"做一代经方传承人"的时代使命，立足经方学术，追求深度传承，坚持小班精英制教学，探索出了一条社会办学推动中医学术传承发展的独特道路，是社会办学的典型代表。

一　传承班的基本情况

"冯世纶经方医学传承班"旨在切实传承我国现当代著名经方大师胡希恕先生与冯世纶教授经方学术思想与临证经验，通过探讨交流，提高学员的经方临证辨治能力和疗效，提升学员研习经方的意识与能力，培养和造就一批本领过硬的经方临床实用型人才。

从 2014 年 4 月至 2016 年 5 月，该传承班已先后举办了八期，开展小班精英制与多维复合式教学，采取为期一周的全脱产集中培训，为学员系统讲授经方医学理论体系并结合实践带教。

八期传承班正式学员共计 158 名，加上旁听者共 200 余名，分别来自京、津、渝、东北三省、晋、冀、鲁、豫、苏、赣、鄂、粤以及海南等 31 个省区市，其中有来自基层的中医人员，也有来自三甲综合医院专科的骨干医师，还有业务院长。本科及以上学历者超过 70%，学员基本来自临床一线，其中来自基层的学员占 55% 左右。学员们专业不同，学历各异，但是对学习都是急迫而热情的，大家都很用功，在一起相互学习和研讨，也非常和谐，充分展现了当代经方人敬业乐群的精神风貌。

为期一周的培训确实给学员带来实实在在的益处，不少学员通过各种方式反馈，他们将所学带回自己的单位，在现有岗位上发挥了超乎自己想象的作用，有的还引起了轰动效应。

一期学员李俊平，在读博士，以甘草泻心汤加味治愈友人面部痤疮，其来信感慨这是对既往学习的一次"颠覆"；二期学员李红武，从事基层卫生工作，回去不久即治愈了一例多方求治不效的顽固性咳嗽，给自己带来巨大信心；二期学员刘毅，来自重庆市第一人民医院皮肤科，返院不久即处理了几例高热患者，在科里还解决了一例难治性药物性皮炎，使同事为之侧目，纷纷要求其开讲经方……

部分学员还力所能及地在本单位组织团体学习经方，如一期学员田雨河，山西孝义市中医院副院长，目前已成立经方工作室，并派出科里一位副主任医师还有他的两位学生分批次参与传承班学习；北京中医医院皮肤科已在三期均派骨干医师参与传承班学习，并将经方学习列入每周三下午科里固定的学习日程；一期学员刘永军，内蒙古乌拉特前旗中蒙医院副院长，已组织所属乡镇医院中医骨干三十余人，亲自授课，开展定期经方学习研讨；三期学员郝向春，秦皇岛市抚宁县中医院院长，直接参与传承班学习，并承办全国"伤寒——温病"论坛，组织全院系统学习经方，亲自主持与督导每周一次的研讨活动……传承班正像一个播种机，播下一颗颗火种，不久的将来，必成燎原之势。

传承班从发起到举办，都获得了胡希恕名家研究室和北京仲景学说专业委员会有关负责领导的大力支持，认为传承班是在经方传承方面扎扎实实地做事，许多理念和举措是"拓荒之举"，是在当前环境下，经方传承发展的有效途径之一，并将传承班的经验在由北京中医管理局主持召开的"首都中医药传承工作会议"上做汇报交流。

在传承班发展的过程中还进一步获得了国家权威部门和有关媒体的关注和支持！国家中医药管理局主页、中华中医药学会、世界中医药网、中国中医药报和新华网等权威部门或媒体纷纷给予相当篇幅的报道。比如世界中医药网在首期传承班开班第一时间就以"传承经方学术，造福天下苍生"为题刊出跟踪报道，时任中华中医药学会秘书长曹正逵先生、学术部主任刘平先生亲自参加了第二期传承班开班仪式，秘书长特别感慨"没有想到社会力量会来做中医传承这项工作，而且做得这么用心和出色！"

二　传承班的教学实践特色

（一）高起点、深度传承经方学术

截至2016年，以冯世纶教授为首的经方传承团队，先后发起并承办了七届全国经方论坛暨六届国际经方学术会议，申办成立了胡希恕名家研究室与北京中医药学会仲景学说专业委员会，开展了一系列的活动，领航经方学术整体发展。传承班的举办，顺应中医传承的时代要求，呼应着目前"读经典、跟名师、做临床"的行业倡议，对经方传承工作起到极大推动作用。传承班由我国当代著名经方家冯世纶教授亲自授课与带教；坚持小班制、精英制教学，所有学员报名须通过考核，深度研讨和传承；同时配合以专业水准的策划设计及周密细致、富有人性的会务组织，着力打造当代经方传承教育的新"黄埔"！

（二）规范化、标准化的教育传承体系建设

以冯世纶教授为首的经方传承团队在不同时期、不同场合，包括国家局组织的高层次经方学术研讨会等，多次讲过相关经方专题，但传承班是第一次在有限时间内连续不间断地、系统全面、重点突出地讲授胡希恕经方医学体系，是对既往教学实践一次高度总结提炼。正是在此次传承班上，以冯世纶为首的经方团队明确提出"做一代经方传人"的教学理念，"实践第一、问题先导、师生互动、精准深入"的教学原则，理论教学、跟诊实习、互动研讨、参访学习等相结合的多维教学模式，以医论、方证、条文、案例为依托的经方医学理论体系的教学重点，以"始终理会大论原文"与"密切结合临床实践"为支撑的教学方法，以"知识—经验—思维"为侧重的"普及—提高—研讨"教学三阶段设想等。也正是在传承班以冯世纶为首的经方团队明确提出要搞好"两个建设"，即建设经方医学理论体系与建设经方医学传承体系！

（三）探索社会办学的师承教育新模式

传承班的成功举办，是一次社会力量参与主办的师承教育教学的积极尝试。长期以来，师承教育被中医主流教育体系冷落，近年来虽有恢复和提倡，但规模还比较小，在当前环境下还处于摸索阶段。以冯世纶教授为首的经方传承团队也曾经开展过为期近4年的经方网络

师承教育，但作为全开放式教学，教学双方缺乏一定的约束，组织相对松散，教学质量不好把握，效果也不够明显。传承班第一次将传统师承教育与社会办学结合起来，既能发挥传统优势，又有比较得力的组织，可以充分调控。

三　传承班的愿景规划

我们以传承班为载体，就经方学术的传承与发展做了一个初步的"三步走"的战略规划，即"传承班—传承学院—三基地一平台"规划。

传承班目前还处在试验、总结和优化阶段，计划用半年时间，着力做好：尽快明确传承班培训建设的中远期目标规划与近期工作重点；建立科学合理的精品课程体系与教学体系，实行分级分段教学；积极拓宽合作办学模式；积极推进在多平台，特别是新平台上的"1－7－365"模式全天候互动式教学工作；探索一套简明高效的工作机制，培养一支精干、高效的组织队伍。

传承学院阶段，计划用1年半到2年时间，着力做好"四个建设"：建设一门系统规范的经方医学理论体系与精品课程体系；建设一支具有扎实深厚学养、方向完备、梯队合理的权威师资队伍；建设一套严密的审评、考核和组织机制；建设一组科学、便捷而运转协调的联合平台。

"三基地一平台"，即国内权威、国际知名的经方临床与研究中心，经方（师承）教育基地，经方学术成果向产业效益转化的规模型孵化器和全面展示经方事业发展的高品质平台。在整个规划中，着力推动以线带面，促进综合协调发展，做好"六个体系"建设，即经方医学规划决策、研究、教学传承、交流传播、成果转化与发展支撑体系建设。

　　冯世纶经方医学传承班只是当下众多社会办学的典型缩影,他们以其超乎寻常的胆识和热忱担负起传承中医这一迫切而艰巨的时代重任,以造福天下苍生为己念,以弘扬深远医道为己任,正在并将继续感召和汇集有志于此的同仁同道。让我们重拾理想的火种,以传承为契机,在这个伟大的时代里不断爆发出我们坚定、执着而又令人振奋的中医之声吧!

B.15
刘观涛方证相对：伤寒辨证论治五步

摘　要：　中医知名学者刘观涛提出的方证相对：伤寒辨证论治五步，是《伤寒论》学习的一个方法学。本文以具体病案入手介绍了刘观涛提出的中医诊断、病机列举、综合分析、方证相对、药证相对的临床诊治五步法，倡导辨证论治过程的规范化，有利于临床思维的培养，也体现了学者在不同领域对中医传承的努力。

关键词：　北京中医药　方证相对　伤寒论

无数中医学习者、临床者都会发出这样的感慨：

对于《伤寒论》，所阅之书既多，则反滋困惑而茫然不解，乃至临床水平难以提高，"效如桴鼓"的境界堪称"遥不可及"。

这样的困惑，很多当代经方临床家也曾有过，但是他们通过反复研读《伤寒杂病论》，并向历代经方大师诸如徐大椿、曹颖甫、恽铁樵、胡希恕、刘渡舟、范中林等潜心学习，他们终于走出迷茫、彷徨甚至失望，最终临证思路清晰明了，亲身验证经方效如桴鼓之妙。

> 世界上最美好的事儿已经完成了，
> 她已经变成了薄薄的几页，
> 就放在我的面前。
> 你们一定会长时间地伸出舌头来，
> 为她啧啧称奇！

这是阿尔伯特·爱因斯坦在完成他的"相对论"之后，激动地写给朋友的句子。

作为世界最著名科学家之一的爱因斯坦，无论在自己的物理数学研究工作中，还是在审阅别人的学术论文时，每当看到复杂的、多条件的公式、定律时，总会习惯性地皱起眉头，说出他那句著名的口头禅："啊，真丑，太复杂了，这肯定不是真理！"

爱因斯坦毕生都在追求一种如同数学公理般的简洁之美：

由最简洁的元素，能够推导出整个浩瀚的数学世界。

而对于现代伤寒临床家而言，胡希恕先生等经方大家的辨证论治，给我们的就是这种魅力。

且看胡希恕先生的一则伤寒医案：

唐某，女性，40岁，1980年1月19日初诊。

第一步：中医诊断

1979年3月出现哮喘，经中西药治疗不缓解。

前医以三阳合病用大柴胡汤加生石膏加减，服38剂不效。西医诊断为支气管哮喘。

近症：白天无咳喘，但有鼻塞流涕、头痛、背恶寒、但欲寐，晚上胸闷喘息，喉中痰鸣，吐少量白痰，口干不思饮，大便干，脉沉弦细，苔白根腻。

第二步：病机列举

背恶寒，头痛、鼻塞流涕，表证。

脉弦细，但欲寐，表阴证（少阴病）。

脉沉、苔白根腻，晚上胸闷、喘息、喉中痰鸣、吐少量白痰，里有痰饮证。

口干不思饮、大便干，津虚饮停。

第三步：综合分析

少阴表证挟饮。

第四步：方证相对

第五步：药证相对

治以温阳解表、祛寒化饮。

与麻黄附子细辛汤：

麻黄 6 克，细辛 6 克，炮附子 6 克。

结果：上药服三剂，鼻塞明显好转，头痛减，增加附子用量，经服 2 个多月，喘平。经追访 3 年未见复发。

（作者注：胡希恕先生运用经方大多采用原方原量，故很多临床上时常将"方证相对"和"药证相对"合而为一。）

再来对比被誉为"中医火神派"代表人物之一范中林六经辨证医案：

冉××，女，72 岁。成都市居民。

第一步：中医诊断

1975 年 4 月，感冒后鼻内出血。就近至某医院请中医治疗，诊为肺热。连服清热解表剂，病势不减。家人急用云南白药塞鼻内，用三、四瓶后，血仍渗出不止。延至第六日，到××医院五官科诊治，无效，遂来就诊。

鼻衄已十日，鼻腔出血仍阵阵外渗，血色暗红，面色苍白。饮食难下，四肢逆冷，恶寒身痛，微咳。舌质暗淡，苔白滑，根部微黄腻。

第二步：病机列举

恶寒，身痛，表证。

舌质暗淡，面色苍白，四肢逆冷，血色暗红，阴证。

苔白滑，根部微黄腻，微咳，水饮。

第三步：综合分析

证属寒中少阴，外连太阳。属太阳少阴证。

阳虚之人，外感寒邪，正气虚弱，失血统摄，阳气被遏，脉络淤滞，血不循常道而外溢，发为鼻衄。

第四步：方证相对

治以表里双解，佐以温经摄血。

法宜助阳解表，温经摄血，以麻黄附子细辛汤加味主之。

第五步：药证相对

方中重用附子，温少阴之经，解表而不伤阳气；

麻黄不配桂枝，并重用炙甘草以制之，则不发汗而祛邪。

处方：麻黄 10 克　制附片 60 克（久煎）　辽细辛 3 克　炮姜 30 克　荷叶 10 克（醋炒）　炙甘草 20 克　二剂

上方服一剂，出血减；二剂后，血全止。

伤寒名家刘渡舟高度赞赏胡希恕先生的伤寒临床水平："群贤会诊，高手如云，惟先生能独排众议，立方遣药，效果非凡！"中医大家任应秋教授则评价胡希恕先生"临床善用经方，出神入化"。当代名医任继学教授也曾在与谢海洲教授谈话中，追忆胡希恕先生的经方疗效，称赞不已。而身为伤寒大家的陈慎吾先生，在其母亲高龄患病之时，数次邀请好友胡希恕先生诊治，胡老运用经方，药到病除，传为美谈。

那么，让诸多中医名家对其临床疗效称赞不已的胡希恕先生，其"经方理论与临床"有哪些突出特点呢？和很多常见的经方应用体系不同的是：胡希恕先生在经方应用时，舍弃了"脏腑经络辨证"，走出了一条和以刘渡舟先生为代表的"学院伤寒派"不同的经方之路。

胡希恕先生认为：经方临床的核心，是"八纲六经"以及由此细化的"方证对应"。

具体来说："八纲"是指表、里、寒、热、虚、实、阴、阳。其中，病位主要在于八纲中的表里。胡希恕先生提出，其实表、里的中间还应有个"半表半里"。病情主要在于八纲中的阴、阳（具体包括寒、热、虚、实）。

那么，胡希恕先生认为：上述病位（表、里、半表半里）和病情（阴阳）的结合，则构成了"万病的总纲"——六经。

病位 病情	表	里	半表半里
阳	表阳/太阳	里阳/阳明	半阳/少阳
阴	表阴/少阴	里阴/太阴	半阴/厥阴

胡希恕先生认为："其实六经即来自于八纲，乃万病的提纲"。所以，胡老不赞同"六经缘自经络"的观点，认为六经与经络、脏腑、气化无对应关系，只与八纲密切相连。从更深的理论层面来看，胡老提出振聋发聩的观点：《伤寒论》六经并非《内经》经络概念，《伤寒杂病论》并非依据《黄帝内经》撰著，而是张仲景主要依据《汤液经法》《神农本草经》撰成。有些人临床上运用经方不能得心应手，可能是其硬将《伤寒论》《内经》"结合"的缘故。因为《伤寒论》《内经》作为优秀的中医经典，分属于两个不同的体系而各有所长，犹如火车和飞机各司其职，很难"有机结合"。除非是博学卓见的临床大家，能够"兼收并蓄、触类旁通"，熔众家所长于一炉。而普通的中医学习者往往会因为"有机结合"而降低临床的疗效。

那么，胡希恕先生取得众口皆碑的临床卓效，有没有什么独家特色呢？

胡希恕先生这样告诉我们：六经八纲虽然是辨证的基础，但在实际应用远远不够。例如表阳证/太阳病，依法当发汗，但发汗的方剂为数很多，是否任取一种发汗药即可用之有效呢？我们的答复是不行，绝对不行。

必须具体落实到某方，如桂枝汤，或麻黄汤，或桂枝加桂汤等才可以。而这就要从"六经八纲"继续辩证，直到辨到具体方药，即

"方证对应"。冯世纶教授最初跟随胡老抄方时，常听胡老说："这个哮喘病人是大柴胡汤合桂枝茯苓丸证，这个肝炎患者是柴胡桂枝干姜汤合当归芍药散证"，并见其方总是《伤寒论》上原方、原剂量，很少加减，疗效却很好。学生感到很奇怪，于是请教胡老，胡老笑曰："辨方证是辨证的尖端。"并继续解释："方证是六经八纲辨证的继续，亦即辨证的尖端。中医治病有无疗效，其主要关键就在于方证是否辨得正确。"

刘观涛把伤寒辨证论治的方法和过程，归结为"五步"，绝非标新立异之举，只不过是痛恨多数医案习惯于"列举完脉症之后，就立刻辨证为某证"，唯独将最为关键的"辨证论治过程和细节"语焉不详。中国中医研究院方药中先生曾经针对此弊端，提出针对"时方派"的"辨证论治七步"，得到很好的反响。刘观涛不过是希望"经方派"的医案写作，能够按照实际临床的推导辨证过程来进行：杜绝"先辨证为某某，用何药物，最后，用按语的方式，进行解释"（比如："恶寒，身痛，舌质暗淡，苔白滑，根部微黄腻，面色苍白，四肢逆冷，血色暗红，微咳，证属寒中少阴，外连太阳。法宜助阳解表，温经摄血，以麻黄附子细辛汤加味主之"）。而是一开始就按照临床思路来写。更重要的是：由"脉症"推导"辨证"的过程，要清晰、详尽而具体，比如：①恶寒，身痛，表证。②舌质暗淡，面色苍白，四肢逆冷，血色暗红，阴证。③苔白滑，根部微黄腻，微咳，水饮。对每个病机都要逐项列举，逐一进行辨证。

伤寒辨证论治五步：

第一步：中医诊断（A. 现症；B. 由来；C. 体质）；

第二步：病机列举［A. 辨六经；B. 辨多纲；C. 辨其他（脏腑、经络……）］；

第三步：综合分析（A. 叠加；B. 主次；C. 过程）；

第四步：方证相对；

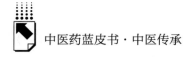

第五步：药证相对。

其实，对于伤寒辨证论治的步骤到底分几步，怎么分？没有必要做出规定，刘观涛提出的"伤寒辨证论治五步"，只不过是抛砖引玉，希望中医学界注重"辨证论治过程和细节"的表达，如此而已。"知我说法，如筏喻者，法尚应舍，何况非法。"

社会科学文献出版社

皮书系列

✤ 皮书起源 ✤

"皮书"起源于十七、十八世纪的英国，主要指官方或社会组织正式发表的重要文件或报告，多以"白皮书"命名。在中国，"皮书"这一概念被社会广泛接受，并被成功运作、发展成为一种全新的出版形态，则源于中国社会科学院社会科学文献出版社。

✤ 皮书定义 ✤

皮书是对中国与世界发展状况和热点问题进行年度监测，以专业的角度、专家的视野和实证研究方法，针对某一领域或区域现状与发展态势展开分析和预测，具备原创性、实证性、专业性、连续性、前沿性、时效性等特点的公开出版物，由一系列权威研究报告组成。

✤ 皮书作者 ✤

皮书系列的作者以中国社会科学院、著名高校、地方社会科学院的研究人员为主，多为国内一流研究机构的权威专家学者，他们的看法和观点代表了学界对中国与世界的现实和未来最高水平的解读与分析。

✤ 皮书荣誉 ✤

皮书系列已成为社会科学文献出版社的著名图书品牌和中国社会科学院的知名学术品牌。2016年，皮书系列正式列入"十三五"国家重点出版规划项目；2013~2018年，重点皮书列入中国社会科学院承担的国家哲学社会科学创新工程项目；2018年，59种院外皮书使用"中国社会科学院创新工程学术出版项目"标识。

权威报告·一手数据·特色资源

皮书数据库
ANNUAL REPORT(YEARBOOK)
DATABASE

当代中国经济与社会发展高端智库平台

所获荣誉

- 2016年，入选"'十三五'国家重点电子出版物出版规划骨干工程"
- 2015年，荣获"搜索中国正能量 点赞2015""创新中国科技创新奖"
- 2013年，荣获"中国出版政府奖·网络出版物奖"提名奖
- 连续多年荣获中国数字出版博览会"数字出版·优秀品牌"奖

成为会员

　　通过网址www.pishu.com.cn访问皮书数据库网站或下载皮书数据库APP，进行手机号码验证或邮箱验证即可成为皮书数据库会员。

会员福利

- 使用手机号码首次注册的会员，账号自动充值100元体验金，可直接购买和查看数据库内容（仅限PC端）。
- 已注册用户购书后可免费获赠100元皮书数据库充值卡。刮开充值卡涂层获取充值密码，登录并进入"会员中心"—"在线充值"—"充值卡充值"，充值成功后即可购买和查看数据库内容（仅限PC端）。
- 会员福利最终解释权归社会科学文献出版社所有。

社会科学文献出版社 皮书系列
SOCIAL SCIENCES ACADEMIC PRESS (CHINA)

卡号：157377346797
密码：

数据库服务热线：400-008-6695
数据库服务QQ：2475522410
数据库服务邮箱：database@ssap.cn
图书销售热线：010-59367070/7028
图书服务QQ：1265056568
图书服务邮箱：duzhe@ssap.cn

基本子库
SUB DATABASE

中国社会发展数据库（下设 12 个子库）

　　全面整合国内外中国社会发展研究成果，汇聚独家统计数据、深度分析报告，涉及社会、人口、政治、教育、法律等 12 个领域，为了解中国社会发展动态、跟踪社会核心热点、分析社会发展趋势提供一站式资源搜索和数据分析与挖掘服务。

中国经济发展数据库（下设 12 个子库）

　　基于"皮书系列"中涉及中国经济发展的研究资料构建，内容涵盖宏观经济、农业经济、工业经济、产业经济等 12 个重点经济领域，为实时掌控经济运行态势、把握经济发展规律、洞察经济形势、进行经济决策提供参考和依据。

中国行业发展数据库（下设 17 个子库）

　　以中国国民经济行业分类为依据，覆盖金融业、旅游、医疗卫生、交通运输、能源矿产等 100 多个行业，跟踪分析国民经济相关行业市场运行状况和政策导向，汇集行业发展前沿资讯，为投资、从业及各种经济决策提供理论基础和实践指导。

中国区域发展数据库（下设 6 个子库）

　　对中国特定区域内的经济、社会、文化等领域现状与发展情况进行深度分析和预测，研究层级至县及县以下行政区，涉及地区、区域经济体、城市、农村等不同维度。为地方经济社会宏观态势研究、发展经验研究、案例分析提供数据服务。

中国文化传媒数据库（下设 18 个子库）

　　汇聚文化传媒领域专家观点、热点资讯，梳理国内外中国文化发展相关学术研究成果、一手统计数据，涵盖文化产业、新闻传播、电影娱乐、文学艺术、群众文化等 18 个重点研究领域。为文化传媒研究提供相关数据、研究报告和综合分析服务。

世界经济与国际关系数据库（下设 6 个子库）

　　立足"皮书系列"世界经济、国际关系相关学术资源，整合世界经济、国际政治、世界文化与科技、全球性问题、国际组织与国际法、区域研究 6 大领域研究成果，为世界经济与国际关系研究提供全方位数据分析，为决策和形势研判提供参考。

法律声明

"皮书系列"（含蓝皮书、绿皮书、黄皮书）之品牌由社会科学文献出版社最早使用并持续至今，现已被中国图书市场所熟知。"皮书系列"的相关商标已在中华人民共和国国家工商行政管理总局商标局注册，如LOGO（ ）、皮书、Pishu、经济蓝皮书、社会蓝皮书等。"皮书系列"图书的注册商标专用权及封面设计、版式设计的著作权均为社会科学文献出版社所有。未经社会科学文献出版社书面授权许可，任何使用与"皮书系列"图书注册商标、封面设计、版式设计相同或者近似的文字、图形或其组合的行为均系侵权行为。

经作者授权，本书的专有出版权及信息网络传播权等为社会科学文献出版社享有。未经社会科学文献出版社书面授权许可，任何就本书内容的复制、发行或以数字形式进行网络传播的行为均系侵权行为。

社会科学文献出版社将通过法律途径追究上述侵权行为的法律责任，维护自身合法权益。

欢迎社会各界人士对侵犯社会科学文献出版社上述权利的侵权行为进行举报。电话：010-59367121，电子邮箱：fawubu@ssap.cn。

社会科学文献出版社

权威·前沿·原创

社会科学文献出版社

皮 书 系 列

2014年

盘点年度资讯 预测时代前程

社会科学文献出版社 学术传播中心 编制

社会科学文献出版社
SOCIAL SCIENCES ACADEMIC PRESS (CHINA)

社会科学文献出版社成立于1985年,是直属于中国社会科学院的人文社会科学专业学术出版机构。

成立以来,特别是1998年实施第二次创业以来,依托于中国社会科学院丰厚的学术出版和专家学者两大资源,坚持"创社科经典,出传世文献"的出版理念和"权威、前沿、原创"的产品定位,社科文献立足内涵式发展道路,从战略层面推动学术出版的五大能力建设,逐步走上了学术产品的系列化、规模化、数字化、国际化、市场化经营道路。

先后策划出版了著名的图书品牌和学术品牌"皮书"系列、"列国志"、"社科文献精品译库"、"中国史话"、"全球化译丛"、"气候变化与人类发展译丛""近世中国"等一大批既有学术影响又有市场价值的系列图书。形成了较强的学术出版能力和资源整合能力,年发稿3.5亿字,年出版新书1200余种,承印发行中国社科院院属期刊近70种。

2012年,《社会科学文献出版社学术著作出版规范》修订完成。同年10月,社会科学文献出版社参加了由新闻出版总署召开加强学术著作出版规范座谈会,并代表50多家出版社发起实施学术著作出版规范的倡议。2013年,社会科学文献出版社参与新闻出版总署学术著作规范国家标准的起草工作。

依托于雄厚的出版资源整合能力,社会科学文献出版社长期以来一直致力于从内容资源和数字平台两个方面实现传统出版的再造,并先后推出了皮书数据库、列国志数据库、中国田野调查数据库等一系列数字产品。

在国内原创著作、国外名家经典著作大量出版,数字出版突飞猛进的同时,社会科学文献出版社在学术出版国际化方面也取得了不俗的成绩。先后与荷兰博睿等十余家国际出版机构合作面向海外推出了《经济蓝皮书》《社会蓝皮书》等十余种皮书的英文版、俄文版、日文版等。

此外,社会科学文献出版社积极与中央和地方各类媒体合作,联合大型书店、学术书店、机场书店、网络书店、图书馆,逐步构建起了强大的学术图书的内容传播力和社会影响力,学术图书的媒体曝光率居全国之首,图书馆藏率居于全国出版机构前十位。

作为已经开启第三次创业梦想的人文社会科学学术出版机构,社会科学文献出版社结合社会需求、自身的条件以及行业发展,提出了新的创业目标:精心打造人文社会科学成果推广平台,发展成为一家集图书、期刊、声像电子和数字出版物为一体,面向海内外高端读者和客户,具备独特竞争力的人文社会科学内容资源供应商和海内外知名的专业学术出版机构。

我们是图书出版者，更是人文社会科学内容资源供应商；

我们背靠中国社会科学院，面向中国与世界人文社会科学界，坚持为人文社会科学的繁荣与发展服务；

我们精心打造权威信息资源整合平台，坚持为中国经济与社会的繁荣与发展提供决策咨询服务；

我们以读者定位自身，立志让爱书人读到好书，让求知者获得知识；

我们精心编辑、设计每一本好书以形成品牌张力，以优秀的品牌形象服务读者，开拓市场；

我们始终坚持"创社科经典，出传世文献"的经营理念，坚持"权威、前沿、原创"的产品特色；

我们"以人为本"，提倡阳光下创业，员工与企业共享发展之成果；

我们立足于现实，认真对待我们的优势、劣势，我们更着眼于未来，以不断的学习与创新适应不断变化的世界，以不断的努力提升自己的实力；

我们愿与社会各界友好合作，共享人文社会科学发展之成果，共同推动中国学术出版乃至内容产业的繁荣与发展。

社会科学文献出版社社长
中国社会学会秘书长

2014 年 1 月

　　"皮书"起源于十七、十八世纪的英国，主要指官方或社会组织正式发表的重要文件或报告，多以"白皮书"命名。在中国，"皮书"这一概念被社会广泛接受，并被成功运作、发展成为一种全新的出版形态，则源于中国社会科学院社会科学文献出版社。

　　皮书是对中国与世界发展状况和热点问题进行年度监测，以专家和学术的视角，针对某一领域或区域现状与发展态势展开分析和预测，具备权威性、前沿性、原创性、实证性、时效性等特点的连续性公开出版物，由一系列权威研究报告组成。皮书系列是社会科学文献出版社编辑出版的蓝皮书、绿皮书、黄皮书等的统称。

　　皮书系列的作者以中国社会科学院、著名高校、地方社会科学院的研究人员为主，多为国内一流研究机构的权威专家学者，他们的看法和观点代表了学界对中国与世界的现实和未来最高水平的解读与分析。

　　自20世纪90年代末推出以经济蓝皮书为开端的皮书系列以来，至今已出版皮书近1000余部，内容涵盖经济、社会、政法、文化传媒、行业、地方发展、国际形势等领域。皮书系列已成为社会科学文献出版社的著名图书品牌和中国社会科学院的知名学术品牌。

　　皮书系列在数字出版和国际出版方面成就斐然。皮书数据库被评为"2008~2009年度数字出版知名品牌"；经济蓝皮书、社会蓝皮书等十几种皮书每年还由国外知名学术出版机构出版英文版、俄文版、韩文版和日文版，面向全球发行。

　　2011年，皮书系列正式列入"十二五"国家重点出版规划项目，一年一度的皮书年会升格由中国社会科学院主办；2012年，部分重点皮书列入中国社会科学院承担的国家哲学社会科学创新工程项目。

经 济 类

经济类皮书涵盖宏观经济、城市经济、大区域经济，
提供权威、前沿的分析与预测

经济蓝皮书

2014 年中国经济形势分析与预测（赠阅读卡）

李　扬 / 主编　　2013 年 12 月出版　　估价：69.00 元

◆　本书课题为"总理基金项目"，由著名经济学家李扬领衔，联合数十家科研机构、国家部委和高等院校的专家共同撰写，对 2013 年中国宏观及微观经济形势，特别是全球金融危机及其对中国经济的影响进行了深入分析，并且提出了 2014 年经济走势的预测。

世界经济黄皮书

2014 年世界经济形势分析与预测（赠阅读卡）

王洛林　张宇燕 / 主编　　2014 年 1 月出版　　估价：69.00 元

◆　2013 年的世界经济仍旧行进在坎坷复苏的道路上。发达经济体经济复苏继续巩固，美国和日本经济进入低速增长通道，欧元区结束衰退并呈复苏迹象。本书展望 2014 年世界经济，预计全球经济增长仍将维持在中低速的水平上。

工业化蓝皮书

中国工业化进程报告（2014）（赠阅读卡）

黄群慧　吕　铁　李晓华　等 / 著　　2014 年 11 月出版　　估价：89.00 元

◆　中国的工业化是事关中华民族复兴的伟大事业，分析跟踪研究中国的工业化进程，无疑具有重大意义。科学评价与客观认识我国的工业化水平，对于我国明确自身发展中的优势和不足，对于经济结构的升级与转型，对于制定经济发展政策，从而提升我国的现代化水平具有重要作用。

金融蓝皮书

中国金融发展报告（2014）（赠阅读卡）

李扬　王国刚/主编　2013年12月出版　　定价:69.00元

◆　由中国社会科学院金融研究所组织编写的《中国金融发展报告（2014）》，概括和分析了2013年中国金融发展和运行中的各方面情况,研讨和评论了2013年发生的主要金融事件。本书由业内专家和青年精英联合编著，有利于读者了解掌握2013年中国的金融状况，把握2014年中国金融的走势。

城市竞争力蓝皮书

中国城市竞争力报告No.12（赠阅读卡）

倪鹏飞/主编　　2014年5月出版　　估价:89.00元

◆　本书由中国社会科学院城市与竞争力研究中心主任倪鹏飞主持编写，汇集了众多研究城市经济问题的专家学者关于城市竞争力研究的最新成果。本报告构建了一套科学的城市竞争力评价指标体系，采用第一手数据材料，对国内重点城市年度竞争力格局变化进行客观分析和综合比较、排名，对研究城市经济及城市竞争力极具参考价值。

中国省域竞争力蓝皮书

中国省域经济综合竞争力发展报告（2012~2013）（赠阅读卡）

李建平　李闽榕　高燕京/主编　　2014年3月出版　估价:188.00元

◆　本书充分运用数理分析、空间分析、规范分析与实证分析相结合、定性分析与定量分析相结合的方法，建立起比较科学完善、符合中国国情的省域经济综合竞争力指标评价体系及数学模型，对2011~2012年中国内地31个省、市、区的经济综合竞争力进行全面、深入、科学的总体评价与比较分析。

农村经济绿皮书

中国农村经济形势分析与预测(2013~2014)（赠阅读卡）

中国社会科学院农村发展研究所　国家统计局农村社会经济调查司/著

2014年4月出版　　估价:59.00元

◆　本书对2013年中国农业和农村经济运行情况进行了系统的分析和评价，对2014年中国农业和农村经济发展趋势进行了预测，并提出相应的政策建议，专题部分将围绕某个重大的理论和现实问题进行多维、深入、细致的分析和探讨。

西部蓝皮书

中国西部经济发展报告（2014）（赠阅读卡）

姚慧琴　徐璋勇 / 主编　　2014 年 7 月出版　　估价 :69.00 元

◆　本书由西北大学中国西部经济发展研究中心主编，汇集了源自西部本土以及国内研究西部问题的权威专家的第一手资料，对国家实施西部大开发战略进行年度动态跟踪，并对 2014 年西部经济、社会发展态势进行预测和展望。

气候变化绿皮书

应对气候变化报告（2014）（赠阅读卡）

王伟光　郑国光 / 主编　　2014 年 11 月出版　　估价 :79.00 元

◆　本书由社科院城环所和国家气候中心共同组织编写，各篇报告的作者长期从事气候变化科学问题、社会经济影响，以及国际气候制度等领域的研究工作，密切跟踪国际谈判的进程，参与国家应对气候变化相关政策的咨询，有丰富的理论与实践经验。

就业蓝皮书

2014 年中国大学生就业报告（赠阅读卡）

麦可思研究院 / 编著　王伯庆　郭　娇 / 主审
2014 年 6 月出版　估价 :98.00 元

◆　本书是迄今为止关于中国应届大学毕业生就业、大学毕业生中期职业发展及高等教育人口流动情况的视野最为宽广、资料最为翔实、分类最为精细的实证调查和定量研究；为我国教育主管部门的教育决策提供了极有价值的参考。

企业社会责任蓝皮书

中国企业社会责任研究报告（2014）（赠阅读卡）

黄群慧　彭华岗　钟宏武　张　蒽 / 编著
2014 年 11 月出版　估价 :69.00 元

◆　本书系中国社会科学院经济学部企业社会责任研究中心组织编写的《企业社会责任蓝皮书》2014 年分册。该书在对企业社会责任进行宏观总体研究的基础上，根据 2013 年企业社会责任及相关背景进行了创新研究，在全国企业中观层面对企业健全社会责任管理体系提供了弥足珍贵的丰富信息。

社 会 政 法 类

社会政法类皮书聚焦社会发展领域的热点、难点问题，
提供权威、原创的资讯与视点

社会蓝皮书

2014 年中国社会形势分析与预测（赠阅读卡）

李培林　陈光金　张　翼/主编　2013 年 12 月出版　估价 :69.00 元

◆　本报告是中国社会科学院"社会形势分析与预测"课题
组 2014 年度分析报告，由中国社会科学院社会学研究所组
织研究机构专家、高校学者和政府研究人员撰写。对 2013
年中国社会发展的各个方面内容进行了权威解读，同时对
2014 年社会形势发展趋势进行了预测。

法治蓝皮书

中国法治发展报告 No.12（2014）（赠阅读卡）

李　林　田　禾/主编　　2014 年 2 月出版　　估价 :98.00 元

◆　本年度法治蓝皮书一如既往秉承关注中国法治发展进程
中的焦点问题的特点，回顾总结了 2013 年度中国法治发展
取得的成就和存在的不足，并对 2014 年中国法治发展形势
进行了预测和展望。

民间组织蓝皮书

中国民间组织报告（2014）（赠阅读卡）

黄晓勇/主编　　2014 年 8 月出版　　估价 :69.00 元

◆　本报告是中国社会科学院"民间组织与公共治理研究"
课题组推出的第五本民间组织蓝皮书。基于国家权威统计数
据、实地调研和广泛搜集的资料，本报告对 2012 年以来我
国民间组织的发展现状、热点专题、改革趋势等问题进行了
深入研究，并提出了相应的政策建议。

社会保障绿皮书

中国社会保障发展报告（2014）No.6（赠阅读卡）

王延中 / 主编　2014 年 9 月出版　估价 :69.00 元

◆　社会保障是调节收入分配的重要工具，随着社会保障制度的不断建立健全、社会保障覆盖面的不断扩大和社会保障资金的不断增加，社会保障在调节收入分配中的重要性不断提高。本书全面评述了 2013 年以来社会保障制度各个主要领域的发展情况。

环境绿皮书

中国环境发展报告（2014）（赠阅读卡）

刘鉴强 / 主编　　2014 年 4 月出版　　估价 :69.00 元

◆　本书由民间环保组织"自然之友"组织编写，由特别关注、生态保护、宜居城市、可持续消费以及政策与治理等版块构成，以公共利益的视角记录、审视和思考中国环境状况，呈现 2013 年中国环境与可持续发展领域的全局态势，用深刻的思考、科学的数据分析 2013 年的环境热点事件。

教育蓝皮书

中国教育发展报告（2014）（赠阅读卡）

杨东平 / 主编　2014 年 3 月出版　估价 :69.00 元

◆　本书站在教育前沿，突出教育中的问题，特别是对当前教育改革中出现的教育公平、高校教育结构调整、义务教育均衡发展等问题进行了深入分析，从教育的内在发展谈教育，又从外部条件来谈教育，具有重要的现实意义，对我国的教育体制的改革与发展具有一定的学术价值和参考意义。

反腐倡廉蓝皮书

中国反腐倡廉建设报告 No.3（赠阅读卡）

中国社会科学院中国廉政研究中心 / 主编
2013 年 12 月出版　　估价 :79.00 元

◆　本书抓住了若干社会热点和焦点问题，全面反映了新时期新阶段中国反腐倡廉面对的严峻局面，以及中国共产党反腐倡廉建设的新实践新成果。根据实地调研、问卷调查和舆情分析，梳理了当下社会普遍关注的与反腐败密切相关的热点问题。

行 业 报 告 类

行业报告类皮书立足重点行业、新兴行业领域，
提供及时、前瞻的数据与信息

房地产蓝皮书

中国房地产发展报告 No.11（赠阅读卡）

魏后凯　李景国 / 主编　　2014 年 4 月出版　　估价 :79.00 元

◆　本书由中国社会科学院城市发展与环境研究所组织编写，
秉承客观公正、科学中立的原则，深度解析 2013 年中国房地产
发展的形势和存在的主要矛盾，并预测 2014 年及未来 10 年或
更长时间的房地产发展大势。观点精辟，数据翔实，对关注房
地产市场的各阶层人士极具参考价值。

旅游绿皮书

2013~2014 年中国旅游发展分析与预测（赠阅读卡）

宋　瑞 / 主编　　2013 年 12 月出版　　定价 :69.00 元

◆　如何从全球的视野理性审视中国旅游，如何在世界旅游版
图上客观定位中国，如何积极有效地推进中国旅游的世界化，
如何制定中国实现世界旅游强国梦想的线路图？本年度开始，
《旅游绿皮书》将围绕"世界与中国"这一主题进行系列研究，
以期为推进中国旅游的长远发展提供科学参考和智力支持。

信息化蓝皮书

中国信息化形势分析与预测（2014）（赠阅读卡）

周宏仁 / 主编　　2014 年 7 月出版　　估价 :98.00 元

◆　本书在以中国信息化发展的分析和预测为重点的同时，反
映了过去一年间中国信息化关注的重点和热点，视野宽阔，观
点新颖，内容丰富，数据翔实，对中国信息化的发展有很强的
指导性，可读性很强。

企业蓝皮书

中国企业竞争力报告（2014）（赠阅读卡）

金 碚 / 主编　　2014 年 11 月出版　　估价：89.00 元

◆　中国经济正处于新一轮的经济波动中，如何保持稳健的经营心态和经营方式并进一步求发展，对于企业保持并提升核心竞争力至关重要。本书利用上市公司的财务数据，研究上市公司竞争力变化的最新趋势，探索进一步提升中国企业国际竞争力的有效途径，这无论对实践工作者还是理论研究者都具有重大意义。

食品药品蓝皮书

食品药品安全与监管政策研究报告（2014）（赠阅读卡）

唐民皓 / 主编　　2014 年 7 月出版　　估价：69.00 元

◆　食品药品安全是当下社会关注的焦点问题之一，如何破解食品药品安全监管重点难点问题是需要以社会合力才能解决的系统工程。本书围绕安全热点问题、监管重点问题和政策焦点问题，注重于对食品药品公共政策和行政监管体制的探索和研究。

流通蓝皮书

中国商业发展报告（2013~2014）（赠阅读卡）

荆林波 / 主编　　2014 年 5 月出版　　估价：89.00 元

◆　《中国商业发展报告》是中国社会科学院财经战略研究院与香港利丰研究中心合作的成果，并且在 2010 年开始以中英文版同步在全球发行。蓝皮书从关注中国宏观经济出发，突出中国流通业的宏观背景反映了本年度中国流通业发展的状况。

住房绿皮书

中国住房发展报告（2013~2014）（赠阅读卡）

倪鹏飞 / 主编　　2013 年 12 月出版　　估价：79.00 元

◆　本报告从宏观背景、市场主体、市场体系、公共政策和年度主题五个方面，对中国住宅市场体系做了全面系统的分析、预测与评价，并给出了相关政策建议，并在评述 2012~2013 年住房及相关市场走势的基础上，预测了 2013~2014 年住房及相关市场的发展变化。

国别与地区类

国别与地区类皮书关注全球重点国家与地区，
提供全面、独特的解读与研究

亚太蓝皮书

亚太地区发展报告（2014）（赠阅读卡）

李向阳／主编　　2013 年 12 月出版　　定价：69.00 元

◆　本书是由中国社会科学院亚太与全球战略研究院精心打造的又一品牌皮书，关注时下亚太地区局势发展动向里隐藏的中长趋势，剖析亚太地区政治与安全格局下的区域形势最新动向以及地区关系发展的热点问题，并对 2014 年亚太地区重大动态作出前瞻性的分析与预测。

日本蓝皮书

日本研究报告（2014）（赠阅读卡）

李　薇／主编　　2014 年 2 月出版　　估价：69.00 元

◆　本书由中华日本学会、中国社会科学院日本研究所合作推出，是以中国社会科学院日本研究所的研究人员为主完成的研究成果。对 2013 年日本的政治、外交、经济、社会文化作了回顾、分析与展望，并收录了该年度日本大事记。

欧洲蓝皮书

欧洲发展报告（2013~2014）（赠阅读卡）

周　弘／主编　　2014 年 3 月出版　　估价：89.00 元

◆　本年度的欧洲发展报告，对欧洲经济、政治、社会、外交等面的形式进行了跟踪介绍与分析。力求反映作为一个整体的欧盟及 30 多个欧洲国家在 2013 年出现的各种变化。

拉美黄皮书

拉丁美洲和加勒比发展报告（2013~2014）（赠阅读卡）

吴白乙／主编　2014年4月出版　估价：89.00元

◆　本书是中国社会科学院拉丁美洲研究所的第13份关于拉丁美洲和加勒比地区发展形势状况的年度报告。本书对2013年拉丁美洲和加勒比地区诸国的政治、经济、社会、外交等方面的发展情况做了系统介绍，对该地区相关国家的热点及焦点问题进行了总结和分析，并在此基础上对该地区各国2014年的发展前景做出预测。

澳门蓝皮书

澳门经济社会发展报告（2013~2014）（赠阅读卡）

吴志良　郝雨凡／主编　2014年3月出版　估价：79.00元

◆　本书集中反映2013年本澳各个领域的发展动态，总结评价近年澳门政治、经济、社会的总体变化，同时对2014年社会经济情况作初步预测。

日本经济蓝皮书

日本经济与中日经贸关系研究报告（2014）（赠阅读卡）

王洛林　张季风／主编　2014年5月出版　估价：79.00元

◆　本书对当前日本经济以及中日经济合作的发展动态进行了多角度、全景式的深度分析。本报告回顾并展望了2013~2014年度日本宏观经济的运行状况。此外，本报告还收录了大量来自于日本政府权威机构的数据图表，具有极高的参考价值。

美国蓝皮书

美国问题研究报告（2014）（赠阅读卡）

黄平　倪峰／主编　2014年6月出版　估价：89.00元

◆　本书是由中国社会科学院美国所主持完成的研究成果，它回顾了美国2013年的经济、政治形势与外交战略，对2013年以来美国内政外交发生的重大事件以及重要政策进行了较为全面的回顾和梳理。

地方发展类

地方发展类皮书关注大陆各省份、经济区域，
提供科学、多元的预判与咨政信息

社会建设蓝皮书

2014年北京社会建设分析报告（赠阅读卡）

宋贵伦/主编　2014年4月出版　估价:69.00元

◆　本书依据社会学理论框架和分析方法，对北京市的人口、
就业、分配、社会阶层以及城乡关系等社会学基本问题进行
了广泛调研与分析，对广受社会关注的住房、教育、医疗、
养老、交通等社会热点问题做了深刻了解与剖析，对日益显
现的征地搬迁、外籍人口管理、群体性心理障碍等进行了有
益探讨。

温州蓝皮书

2014年温州经济社会形势分析与预测（赠阅读卡）

潘忠强　王春光　金　浩/主编　　2014年4月出版　估价：69.00元

◆　本书是由中共温州市委党校与中国社会科学院社会学研
究所合作推出的第七本"温州经济社会形势分析与预测"年
度报告，深入全面分析了2013年温州经济、社会、政治、文
化发展的主要特点、经验、成效与不足，提出了相应的政策
建议。

上海蓝皮书

上海资源环境发展报告（2014）（赠阅读卡）

周冯琦　汤庆合　王利民/著　　2014年1月出版　估价：59.00元

◆　本书在上海所面临资源环境风险的来源、程度、成因、
对策等方面作了些有益的探索，希望能对有关部门完善上海
的资源环境风险防控工作提供一些有价值的参考，也让普通
民众更全面地了解上海资源环境风险及其防控的图景。

广州蓝皮书

2014 年中国广州社会形势分析与预测（赠阅读卡）

易佐永　杨　秦　顾涧清 / 主编　　2014 年 5 月出版　　估价 :65.00 元

◆　本书由广州大学与广州市委宣传部、广州市人力资源和社会保障局联合主编，汇集了广州科研团体、高等院校和政府部门诸多社会问题研究专家、学者和实际部门工作者的最新研究成果，是关于广州社会运行情况和相关专题分析与预测的重要参考资料。

河南经济蓝皮书

2014 年河南经济形势分析与预测（赠阅读卡）

胡五岳 / 主编　　2014 年 4 月出版　　估价 :59.00 元

◆　本书由河南省统计局主持编纂。该分析与展望以 2013 年最新年度统计数据为基础，科学研判河南经济发展的脉络轨迹、分析年度运行态势；以客观翔实、权威资料为特征，突出科学性、前瞻性和可操作性，服务于科学决策和科学发展。

陕西蓝皮书

陕西社会发展报告（2014）（赠阅读卡）

任宗哲　石　英　江　波 / 主编　　2014 年 1 月出版　　估价 :65.00 元

◆　本书系统而全面地描述了陕西省 2013 年社会发展各个领域所取得的成就、存在的问题、面临的挑战及其应对思路，为更好地思考 2014 年陕西发展前景、政策指向和工作策略等方面提供了一个较为简洁清晰的参考蓝本。

上海蓝皮书

上海经济发展报告（2014）（赠阅读卡）

沈开艳 / 主编　　2014 年 1 月出版　　估价 :69.00 元

◆　本书系上海社会科学院系列之一，报告对 2014 年上海经济增长与发展趋势的进行了预测，把握了上海经济发展的脉搏和学术研究的前沿。

广州蓝皮书

广州经济发展报告（2014）（赠阅读卡）

李江涛　刘江华／主编　　2014年6月出版　估价：65.00元

◆　本书是由广州市社会科学院主持编写的"广州蓝皮书"系列之一，本报告对广州2013年宏观经济运行情况作了深入分析，对2014年宏观经济走势进行了合理预测，并在此基础上提出了相应的政策建议。

文 化 传 媒 类

 文化传媒类皮书透视文化领域、文化产业，探索文化大繁荣、大发展的路径

新媒体蓝皮书

中国新媒体发展报告 No.4(2013)（赠阅读卡）

唐绪军／主编　　2014年6月出版　　估价：69.00元

◆　本书由中国社会科学院新闻与传播研究所和上海大学合作编写，在构建新媒体发展研究基本框架的基础上，全面梳理2013年中国新媒体发展现状，发表最前沿的网络媒体深度调查数据和研究成果，并对新媒体发展的未来趋势做出预测。

舆情蓝皮书

中国社会舆情与危机管理报告（2014）（赠阅读卡）

谢耘耕／主编　　2014年8月出版　　估价：85.00元

◆　本书由上海交通大学舆情研究实验室和危机管理研究中心主编，已被列入教育部人文社会科学研究报告培育项目。本书以新媒体环境下的中国社会为立足点，对2013年中国社会舆情、分类舆情等进行了深入系统的研究，并预测了2014年社会舆情走势。

经济类

产业蓝皮书
中国产业竞争力报告（2014）No.4
著(编)者:张其仔　2014年5月出版 / 估价:79.00元

长三角蓝皮书
2014年率先基本实现现代化的长三角
著(编)者:刘志彪　2014年6月出版 / 估价:120.00元

城市竞争力蓝皮书
中国城市竞争力报告No.12
著(编)者:倪鹏飞　2014年5月出版 / 估价:89.00元

城市蓝皮书
中国城市发展报告No.7
著(编)者:潘家华 魏后凯　2014年7月出版 / 估价:69.00元

城市群蓝皮书
中国城市群发展指数报告(2014)
著(编)者:刘士林 刘新静　2014年10月出版 / 估价:59.00元

城乡统筹蓝皮书
中国城乡统筹发展报告（2014）
著(编)者:程志强、潘晨光　2014年3月出版 / 估价:59.00元

城乡一体化蓝皮书
中国城乡一体化发展报告（2014）
著(编)者:汝信 付崇兰　2014年8月出版 / 估价:59.00元

城镇化蓝皮书
中国城镇化健康发展报告（2014）
著(编)者:张占斌　2014年10月出版 / 估价:69.00元

低碳发展蓝皮书
中国低碳发展报告（2014）
著(编)者:齐晔　2014年7月出版 / 估价:69.00元

低碳经济蓝皮书
中国低碳经济发展报告（2014）
著(编)者:薛进军 赵忠秀　2014年5月出版 / 估价:79.00元

东北蓝皮书
中国东北地区发展报告（2014）
著(编)者:鲍振东 曹晓峰　2014年8月出版 / 估价:79.00元

发展和改革蓝皮书
中国经济发展和体制改革报告No.7
著(编)者:邹东涛　2014年7月出版 / 估价:79.00元

工业化蓝皮书
中国工业化进程报告（2014）
著(编)者: 黄群慧 吕铁 李晓华 等
2014年11月出版 / 估价:89.00元

国际城市蓝皮书
国际城市发展报告（2014）
著(编)者:屠启宇　2014年1月出版 / 估价:69.00元

国家创新蓝皮书
国家创新发展报告（2013~2014）
著(编)者:陈劲　2014年3月出版 / 估价:69.00元

国家竞争力蓝皮书
中国国家竞争力报告No.2
著(编)者:倪鹏飞　2014年10月出版 / 估价:98.00元

宏观经济蓝皮书
中国经济增长报告（2014）
著(编)者:张平 刘霞辉　2014年10月出版 / 估价:69.00元

减贫蓝皮书
中国减贫与社会发展报告
著(编)者:黄承伟　2014年7月出版 / 估价:69.00元

金融蓝皮书
中国金融发展报告（2014）
著(编)者:李扬 王国刚　2013年12月出版 / 定价:69.00元

经济蓝皮书
2014年中国经济形势分析与预测
著(编)者:李扬　2013年12月出版 / 估价:69.00元

经济蓝皮书春季号
中国经济前景分析——2014年春季报告
著(编)者:李扬　2014年4月出版 / 估价:59.00元

经济信息绿皮书
中国与世界经济发展报告（2014）
著(编)者:王长胜　2013年12月出版 / 定价:69.00元

就业蓝皮书
2014年中国大学生就业报告
著(编)者:麦可思研究院　2014年6月出版 / 估价:98.00元

民营经济蓝皮书
中国民营经济发展报告No.10（2013~2014）
著(编)者:黄孟复　2014年9月出版 / 估价:69.00元

民营企业蓝皮书
中国民营企业竞争力报告No.7（2014）
著(编)者:刘迎秋　2014年1月出版 / 估价:79.00元

农村绿皮书
中国农村经济形势分析与预测（2014）
著(编)者:中国社会科学院农村发展研究所
　　　　国家统计局农村社会经济调查司 著
2014年4月出版 / 估价:59.00元

企业公民蓝皮书
中国企业公民报告No.4
著(编)者:邹东涛　2014年7月出版 / 估价:69.00元

企业社会责任蓝皮书
中国企业社会责任研究报告（2014）
著(编)者:黄群慧 彭华岗 钟宏武 等
2014年11月出版 / 估价:59.00元

气候变化绿皮书
应对气候变化报告（2014）
著(编)者:王伟光 郑国光　2014年11月出版 / 估价:79.00元

区域蓝皮书
中国区域经济发展报告（2014）
著(编)者:梁昊光　2014年4月出版 / 估价:69.00元

人口与劳动绿皮书
中国人口与劳动问题报告No.15
著(编)者:蔡昉　2014年6月出版 / 估价:69.00元

生态经济（建设）绿皮书
中国经济（建设）发展报告（2013~2014）
著(编)者:黄浩涛 李周　2014年10月出版 / 估价:69.00元

世界经济黄皮书
2014年世界经济形势分析与预测
著(编)者:王洛林 张宇燕　2014年1月出版 / 估价:69.00元

西北蓝皮书
中国西北发展报告（2014）
著(编)者:张进海 陈冬红 段庆林　2014年1月出版 / 定价:65.00元

西部蓝皮书
中国西部发展报告（2014）
著(编)者:姚慧琴 徐璋勇　2014年7月出版 / 估价:69.00元

新型城镇化蓝皮书
新型城镇化发展报告（2014）
著(编)者:沈体雁 李伟 宋敏　2014年3月出版 / 估价:69.00元

新兴经济体蓝皮书
金砖国家发展报告（2014）
著(编)者:林跃勤 周文　2014年3月出版 / 估价:79.00元

循环经济绿皮书
中国循环经济发展报告（2013~2014）
著(编)者:齐建国　2014年12月出版 / 估价:69.00元

中部竞争力蓝皮书
中国中部经济社会竞争力报告（2014）
著(编)者:教育部人文社会科学重点研究基地
　　　　南昌大学中国中部经济社会发展研究中心
2014年7月出版 / 估价:59.00元

中部蓝皮书
中国中部地区发展报告（2014）
著(编)者:朱有志　2014年10月出版 / 估价:59.00元

中国科技蓝皮书
中国科技发展报告（2014）
著(编)者:陈劲　2014年4月出版 / 估价:69.00元

中国省域竞争力蓝皮书
中国省域经济综合竞争力发展报告（2012~2013）
著(编)者:李建平 李闽榕 高燕京　2014年3月出版 / 估价:188.00

中三角蓝皮书
长江中游城市群发展报告（2013~2014）
著(编)者:秦尊文　2014年6月出版 / 估价:69.00元

中小城市绿皮书
中国中小城市发展报告（2014）
著(编)者:中国城市经济学会中小城市经济发展委员会
　　　　《中国中小城市发展报告》编纂委员会
2014年10月出版 / 估价:98.00元

中原蓝皮书
中原经济区发展报告（2014）
著(编)者:刘怀廉　2014年6月出版 / 估价:68.00元

社会政法类

殡葬绿皮书
中国殡葬事业发展报告（2014）
著(编)者:朱勇 副主编 李伯森　2014年3月出版 / 估价:59.00元

城市创新蓝皮书
中国城市创新报告（2014）
著(编)者:周天勇 旷建伟　2014年7月出版 / 估价:69.00元

城市管理蓝皮书
中国城市管理报告2014
著(编)者:谭维克 刘林　2014年7月出版 / 估价:98.00元

城市生活质量蓝皮书
中国城市生活质量指数报告（2014）
著(编)者:张平　2014年7月出版 / 估价:59.00元

城市政府能力蓝皮书
中国城市政府公共服务能力评估报告（2014）
著(编)者:何艳玲　2014年7月出版 / 估价:59.00元

创新蓝皮书
创新型国家建设报告（2014）
著(编)者:詹正茂　2014年7月出版 / 估价:69.00元

慈善蓝皮书
中国慈善发展报告（2014）
著(编)者:杨团　2014年6月出版 / 估价:69.00元

法治蓝皮书
中国法治发展报告No.12（2014）
著(编)者:李林 田禾　2014年2月出版 / 估价:98.00元

反腐倡廉蓝皮书
中国反腐倡廉建设报告No.3
著(编)者:李秋芳　2013年12月出版 / 估价:79.00元

非传统安全蓝皮书
中国非传统安全研究报告（2014）
著(编)者:余潇枫　2014年5月出版 / 估价:69.00元

妇女发展蓝皮书
福建省妇女发展报告（2014）
著(编)者:刘群英　2014年10月出版 / 估价:58.00元

妇女发展蓝皮书
中国妇女发展报告No.5
著(编)者:王金玲 高小贤　2014年5月出版 / 估价:65.00元

妇女教育蓝皮书
中国妇女教育发展报告No.3
著(编)者:张李玺　2014年10月出版 / 估价:69.00元

公共服务满意度蓝皮书
中国城市公共服务评价报告（2014）
著(编)者:胡伟　2014年11月出版 / 估价:69.00元

公共服务蓝皮书
中国城市基本公共服务力评价（2014）
著(编)者:侯惠勤 辛向阳 易定宏
2014年10月出版 / 估价:55.00元

公民科学素质蓝皮书
中国公民科学素质调查报告（2013~2014）
著(编)者:李群 许佳军　2014年2月出版 / 估价:69.00元

公益蓝皮书
中国公益发展报告（2014）
著(编)者:朱健刚　2014年5月出版 / 估价:78.00元

国际人才蓝皮书
中国海归创业发展报告（2014）No.2
著(编)者:王辉耀 路江涌　2014年10月出版 / 估价:69.00元

国际人才蓝皮书
中国留学发展报告（2014）No.3
著(编)者:王辉耀　2014年9月出版 / 估价:59.00元

行政改革蓝皮书
中国行政体制改革报告（2014）No.3
著(编)者:魏礼群　2014年3月出版 / 估价:69.00元

华侨华人蓝皮书
华侨华人研究报告（2014）
著(编)者:丘进　2014年5月出版 / 估价:128.00元

环境竞争力绿皮书
中国省域环境竞争力发展报告（2014）
著(编)者:李建平 李闽榕 王金南
2014年12月出版 / 估价:148.00元

环境绿皮书
中国环境发展报告（2014）
著(编)者:刘鉴强　2014年4月出版 / 估价:69.00元

基本公共服务蓝皮书
中国省级政府基本公共服务发展报告（2014）
著(编)者:孙德超　2014年1月出版 / 估价:69.00元

基金会透明度蓝皮书
中国基金会透明度发展研究报告（2014）
著(编)者:基金会中心网　2014年7月出版 / 估价:79.00元

教师蓝皮书
中国中小学教师发展报告（2014）
著(编)者:曾晓东　2014年4月出版 / 估价:59.00元

教育蓝皮书
中国教育发展报告（2014）
著(编)者:杨东平　2014年3月出版 / 估价:69.00元

科普蓝皮书
中国科普基础设施发展报告（2014）
著(编)者:任福君　2014年6月出版 / 估价:79.00元

口腔健康蓝皮书
中国口腔健康发展报告（2014）
著(编)者:胡德渝　2014年12月出版 / 估价:59.00元

老龄蓝皮书
中国老龄事业发展报告（2014）
著(编)者:吴玉韶　2014年2月出版 / 估价:59.00元

连片特困区蓝皮书
中国连片特困区发展报告（2014）
著(编)者:丁建军 冷志明 游俊　2014年3月出版 / 估价:79.00元

民间组织蓝皮书
中国民间组织报告（2014）
著(编)者:黄晓勇　2014年8月出版 / 估价:69.00元

民族发展蓝皮书
中国民族区域自治发展报告（2014）
著(编)者:郝时远　2014年6月出版 / 估价:98.00元

女性生活蓝皮书
中国女性生活状况报告No.8（2014）
著(编)者:韩湘景　2014年3月出版 / 估价:78.00元

汽车社会蓝皮书
中国汽车社会发展报告（2014）
著(编)者:王俊秀　2014年1月出版 / 估价:59.00元

青年蓝皮书
中国青年发展报告（2014）No.2
著(编)者:廉思　2014年6月出版 / 估价:59.00元

全球环境竞争力绿皮书
全球环境竞争力发展报告（2014）
著(编)者:李建平 李闽榕 王金南　2014年11月出版 / 估价:69.00元

青少年蓝皮书
中国未成年人新媒体运用报告（2014）
著(编)者:李文革 沈杰 季为民　2014年6月出版 / 估价:69.00元

区域人才蓝皮书
中国区域人才竞争力报告No.2
著(编)者:桂昭明 王辉耀　2014年6月出版 / 估价:69.00元

人才蓝皮书
中国人才发展报告（2014）
著(编)者:潘晨光　2014年10月出版 / 估价:79.00元

人权蓝皮书
中国人权事业发展报告No.4（2014）
著(编)者:李君如　2014年7月出版 / 估价:98.00元

世界人才蓝皮书
全球人才发展报告No.1
著(编)者:孙学玉 张冠梓　2013年12月出版 / 估价:69.00元

社会保障绿皮书
中国社会保障发展报告（2014）No.6
著(编)者:王延中　2014年4月出版 / 估价:69.00元

社会工作蓝皮书
中国社会工作发展报告（2013~2014）
著(编)者:王杰秀 邹文开　2014年8月出版 / 估价:59.00元

社会管理蓝皮书
中国社会管理创新报告No.3
著(编)者:连玉明　2014年9月出版 / 估价:79.00元

社会蓝皮书
2014年中国社会形势分析与预测
著(编)者:李培林 陈光金 张翼　2013年12月出版 / 估价:69.00元

社会体制蓝皮书
中国社会体制改革报告（2014）No.2
著(编)者:龚维斌　2014年5月出版 / 估价:59.00元

社会心态蓝皮书
2014年中国社会心态研究报告
著(编)者:王俊秀 杨宜音　2014年1月出版 / 估价:59.00元

生态城市绿皮书
中国生态城市建设发展报告（2014）
著(编)者:李景源 孙伟平 刘举科　2014年6月出版 / 估价:128.00元

生态文明绿皮书
中国省域生态文明建设评价报告（ECI 2014）
著(编)者:严耕　2014年9月出版 / 估价:98.00元

世界创新竞争力黄皮书
世界创新竞争力发展报告（2014）
著(编)者:李建平 李闽榕 赵新力　2014年11月出版 / 估价:128.0

水与发展蓝皮书
中国水风险评估报告（2014）
著(编)者:苏杨　2014年9月出版 / 估价:69.00元

危机管理蓝皮书
中国危机管理报告（2014）
著(编)者:文学国 范正青　2014年8月出版 / 估价:79.00元

小康蓝皮书
中国全面建设小康社会监测报告（2014）
著(编)者:潘璠　2014年11月出版 / 估价:59.00元

形象危机应对蓝皮书
形象危机应对研究报告（2014）
著(编)者:唐钧　2014年9月出版 / 估价:118.00元

政治参与蓝皮书
中国政治参与报告（2014）
著(编)者:房宁　2014年7月出版 / 估价:58.00元

政治发展蓝皮书
中国政治发展报告（2014）
著(编)者:房宁 杨海蛟　2014年6月出版 / 估价:98.00元

宗教蓝皮书
中国宗教报告（2014）
著(编)者:金泽 邱永辉　2014年8月出版 / 估价:59.00元

社会组织蓝皮书
中国社会组织评估报告（2014）
著(编)者:徐家良　2014年3月出版 / 估价:69.00元

政府绩效评估蓝皮书
中国地方政府绩效评估报告（2014）
著(编)者:贠杰　2014年9月出版 / 估价:69.00元

行业报告类

保健蓝皮书
中国保健服务产业发展报告No.2
著(编)者:中国保健协会 中共中央党校
2014年7月出版 / 估价:198.00元

保健蓝皮书
中国保健食品产业发展报告No.2
著(编)者:中国保健协会
　　　　中国社会科学院食品药品产业发展与监管研究中心
2014年7月出版 / 估价:198.00元

保健蓝皮书
中国保健用品产业发展报告No.2
著(编)者:中国保健协会　2014年3月出版 / 估价:198.00元

保险蓝皮书
中国保险业竞争力报告（2014）
著(编)者:罗忠敏　2014年1月出版 / 估价:98.00元

餐饮产业蓝皮书
中国餐饮产业发展报告（2014）
著(编)者:中国烹饪协会 中国社会科学院财经战略研究院
2014年5月出版 / 估价:59.00元

测绘地理信息蓝皮书
中国地理信息产业发展报告（2014）
著(编)者:徐德明 2014年12月出版 / 估价:98.00元

茶业蓝皮书
中国茶产业发展报告（2014）
著(编)者:李闽榕 杨江帆 2014年4月出版 / 估价:79.00元

产权市场蓝皮书
中国产权市场发展报告（2014）
著(编)者:曹和平 2014年1月出版 / 估价:69.00元

产业安全蓝皮书
中国出版与传媒安全报告（2014）
著(编)者:北京交通大学中国产业安全研究中心
2014年1月出版 / 估价:59.00元

产业安全蓝皮书
中国医疗产业安全报告（2014）
著(编)者:北京交通大学中国产业安全研究中心
2014年1月出版 / 估价:59.00元

产业安全蓝皮书
中国医疗产业安全报告（2014）
著(编)者:李孟刚 2014年7月出版 / 估价:69.00元

产业安全蓝皮书
中国文化产业安全蓝皮书(2013~2014)
著(编)者:高海涛 刘益 2014年3月出版 / 估价:69.00元

产业安全蓝皮书
中国出版传媒产业安全报告（2014）
著(编)者:孙万军 王玉海 2014年12月出版 / 估价:69.00元

典当业蓝皮书
中国典当行业发展报告（2013~2014）
著(编)者:黄育华 王力 张红地
2014年10月出版 / 估价:69.00元

电子商务蓝皮书
中国城市电子商务影响力报告（2014）
著(编)者:荆林波 2014年5月出版 / 估价:69.00元

电子政务蓝皮书
中国电子政务发展报告（2014）
著(编)者:洪毅 王长胜 2014年2月出版 / 估价:59.00元

杜仲产业绿皮书
中国杜仲橡胶资源与产业发展报告（2014）
著(编)者:杜红岩 胡文臻 俞瑞
2014年9月出版 / 估价:99.00元

房地产蓝皮书
中国房地产发展报告No.11
著(编)者:魏后凯 李景国 2014年4月出版 / 估价:79.00元

服务外包蓝皮书
中国服务外包产业发展报告（2014）
著(编)者:王晓红 李皓 2014年4月出版 / 估价:89.00元

高端消费蓝皮书
中国高端消费市场研究报告
著(编)者:依绍华 王雪峰 2013年12月出版 / 估价:69.00元

会展经济蓝皮书
中国会展经济发展报告（2014）
著(编)者:过聚荣 2014年9月出版 / 估价:65.00元

会展蓝皮书
中外会展业动态评估年度报告（2014）
著(编)者:张敏 2014年8月出版 / 估价:68.00元

基金会绿皮书
中国基金会发展独立研究报告（2014）
著(编)者:基金会中心网 2014年8月出版 / 估价:58.00元

交通运输蓝皮书
中国交通运输服务发展报告（2014）
著(编)者:林晓言 卜伟 武剑红
2014年10月出版 / 估价:69.00元

金融监管蓝皮书
中国金融监管报告（2014）
著(编)者:胡滨 2014年9月出版 / 估价:65.00元

金融蓝皮书
中国金融中心发展报告（2014）
著(编)者:中国社会科学院金融研究所
中国博士后特华科研工作站 王力 黄育华
2014年10月出版 / 估价:59.00元

金融蓝皮书
中国商业银行竞争力报告（2014）
著(编)者:王松奇 2014年5月出版 / 估价:79.00元

金融蓝皮书
中国金融发展报告（2014）
著(编)者:李扬 王国刚 2013年12月出版 / 估价:69.00元

金融蓝皮书
中国金融法治报告（2014）
著(编)者:胡滨 全先银 2014年3月出版 / 估价:65.00元

金融蓝皮书
中国金融产品与服务报告（2014）
著(编)者:殷剑峰 2014年6月出版 / 估价:59.00元

金融信息服务蓝皮书
金融信息服务业发展报告（2014）
著(编)者:鲁广锦 2014年11月出版 / 估价:69.00元

抗衰老医学蓝皮书
抗衰老医学发展报告（2014）
著(编)者:罗伯特·高德曼 罗纳德·科莱兹
　　　尼尔·布什 朱敏 金大鹏 郭弋
2014年3月出版 / 估价:69.00元

客车蓝皮书
中国客车产业发展报告（2014）
著(编)者:姚蔚　2014年12月出版 / 估价:69.00元

科学传播蓝皮书
中国科学传播报告（2014）
著(编)者:詹正茂　2014年4月出版 / 估价:69.00元

流通蓝皮书
中国商业发展报告（2014）
著(编)者:荆林波　2014年5月出版 / 估价:89.00元

旅游安全蓝皮书
中国旅游安全报告（2014）
著(编)者:郑向敏 谢朝武　2014年6月出版 / 估价:79.00元

旅游绿皮书
2013~2014年中国旅游发展分析与预测
著(编)者:宋瑞　2013年12月出版 / 估价:69.00元

旅游城市绿皮书
世界旅游城市发展报告（2013~2014）
著(编)者:张辉　2014年1月出版 / 估价:69.00元

贸易蓝皮书
中国贸易发展报告（2014）
著(编)者:荆林波　2014年5月出版 / 估价:49.00元

民营医院蓝皮书
中国民营医院发展报告（2014）
著(编)者:朱幼棣　2014年10月出版 / 估价:69.00元

闽商蓝皮书
闽商发展报告（2014）
著(编)者:李闽榕 王日根　2014年12月出版 / 估价:69.00元

能源蓝皮书
中国能源发展报告（2014）
著(编)者:崔民选 王军生 陈义和
2014年10月出版 / 估价:59.00元

农产品流通蓝皮书
中国农产品流通产业发展报告（2014）
著(编)者:贾敬敦 王炳南 张玉玺 张鹏毅 陈丽华
2014年9月出版 / 估价:89.00元

期货蓝皮书
中国期货市场发展报告（2014）
著(编)者:荆林波　2014年6月出版 / 估价:98.00元

企业蓝皮书
中国企业竞争力报告（2014）
著(编)者:金碚　2014年11月出版 / 估价:89.00元

汽车安全蓝皮书
中国汽车安全发展报告（2014）
著(编)者:赵福全 孙小端 等　2014年1月出版 / 估价:69.00元

汽车蓝皮书
中国汽车产业发展报告（2014）
著(编)者:国务院发展研究中心产业经济研究部
　　　中国汽车工程学会 大众汽车集团（中国）
2014年7月出版 / 估价:79.00元

清洁能源蓝皮书
国际清洁能源发展报告（2014）
著(编)者:国际清洁能源论坛（澳门）
2014年9月出版 / 估价:89.00元

人力资源蓝皮书
中国人力资源发展报告（2014）
著(编)者:吴江　2014年9月出版 / 估价:69.00元

软件和信息服务业蓝皮书
中国软件和信息服务业发展报告（2014）
著(编)者:洪京一 工业和信息化部电子科学技术情报研究所
2014年6月出版 / 估价:98.00元

商会蓝皮书
中国商会发展报告 No.4（2014）
著(编)者:黄孟复　2014年4月出版 / 估价:59.00元

商品市场蓝皮书
中国商品市场发展报告（2014）
著(编)者:荆林波　2014年7月出版 / 估价:59.00元

上市公司蓝皮书
中国上市公司非财务信息披露报告（2014）
著(编)者:钟宏武 张旺 张蕙 等
2014年12月出版 / 估价:59.00元

食品药品蓝皮书
食品药品安全与监管政策研究报告（2014）
著(编)者:唐民皓　2014年7月出版 / 估价:69.00元

世界能源蓝皮书
世界能源发展报告（2014）
著(编)者:黄晓勇　2014年9月出版 / 估价:99.00元

私募市场蓝皮书
中国私募股权市场发展报告（2014）
著(编)者:曹和平　2014年4月出版 / 估价:69.00元

体育蓝皮书
中国体育产业发展报告（2014）
著(编)者:阮伟 钟秉枢　2013年2月出版 / 估价:69.00元

体育蓝皮书·公共体育服务
中国公共体育服务发展报告（2014）
著(编)者:戴健　2014年12月出版 / 估价:69.00元

投资蓝皮书
中国投资发展报告（2014）
著(编)者:杨庆蔚　2014年4月出版 / 估价:79.00元

投资蓝皮书
中国企业海外投资发展报告（2013~2014）
著(编)者:陈文晖 薛誉华　2013年12月出版 / 估价:69.00元

物联网蓝皮书
中国物联网发展报告（2014）
著(编)者:龚六堂　2014年1月出版 / 估价:59.00元

西部工业蓝皮书
中国西部工业发展报告（2014）
著(编)者:方行明 刘方健 姜凌等
2014年9月出版 / 估价:69.00元

西部金融蓝皮书
中国西部金融发展报告（2014）
著(编)者:李忠民　2014年10月出版 / 估价:69.00元

新能源汽车蓝皮书
中国新能源汽车产业发展报告（2014）
著(编)者:中国汽车技术研究中心
　　　日产（中国）投资有限公司
　　　东风汽车有限公司
2014年9月出版 / 估价:69.00元

信托蓝皮书
中国信托业研究报告（2014）
著(编)者:中建投信托研究中心　中国建设建投研究院
2014年9月出版 / 估价:59.00元

信托蓝皮书
中国信托投资报告（2014）
著(编)者:杨金龙 刘屹　2014年7月出版 / 估价:69.00元

信息化蓝皮书
中国信息化形势分析与预测（2014）
著(编)者:周宏仁　2014年7月出版 / 估价:98.00元

信用蓝皮书
中国信用发展报告（2014）
著(编)者:章政 田侃　2014年4月出版 / 估价:69.00元

休闲绿皮书
2014年中国休闲发展报告
著(编)者:刘德谦 唐兵 宋瑞
2014年6月出版 / 估价:59.00元

养老产业蓝皮书
中国养老产业发展报告（2013~2014年）
著(编)者:张车伟　2014年1月出版 / 估价:69.00元

移动互联网蓝皮书
中国移动互联网发展报告（2014）
著(编)者:官建文　2014年5月出版 / 估价:79.00元

医药蓝皮书
中国药品市场报告（2014）
著(编)者:程锦锥 朱恒鹏　2014年12月出版 / 估价:79.00元

中国林业竞争力蓝皮书
中国省域林业竞争力发展报告No.2（2014）
（上下册）
著(编)者:郑传芳 李闽榕 张春霞 张会儒
2014年8月出版 / 估价:139.00元

中国农业竞争力蓝皮书
中国省域农业竞争力发展报告No.2（2014）
著(编)者:郑传芳 宋洪远 李闽榕 张春霞
2014年7月出版 / 估价:128.00元

中国信托市场蓝皮书
中国信托业市场报告（2013~2014）
著(编)者:李旸　2014年10月出版 / 估价:69.00元

中国总部经济蓝皮书
中国总部经济发展报告（2014）
著(编)者:赵弘　2014年9月出版 / 估价:69.00元

珠三角流通蓝皮书
珠三角商圈发展研究报告（2014）
著(编)者:王先庆 林至颖　2014年8月出版 / 估价:69.00元

住房绿皮书
中国住房发展报告（2013~2014）
著(编)者:倪鹏飞　2013年12月出版 / 估价:79.00元

资本市场蓝皮书
中国场外交易市场发展报告（2014）
著(编)者:高峦　2014年3月出版 / 估价:79.00元

资产管理蓝皮书
中国信托业发展报告（2014）
著(编)者:智信资产管理研究院　2014年7月出版 / 估价:69.00元

支付清算蓝皮书
中国支付清算发展报告（2014）
著(编)者:杨涛　2014年4月出版 / 估价:45.00元

文化传媒类

传媒蓝皮书
中国传媒产业发展报告（2014）
著(编)者:崔保国　2014年4月出版 / 估价:79.00元

传媒竞争力蓝皮书
中国传媒国际竞争力研究报告（2014）
著(编)者:李本乾　2014年9月出版 / 估价:69.00元

创意城市蓝皮书
武汉市文化创意产业发展报告（2014）
著(编)者:张京成　黄永林　2014年10月出版 / 估价:69.00元

电视蓝皮书
中国电视产业发展报告（2014）
著(编)者:卢斌　2014年4月出版 / 估价:79.00元

电影蓝皮书
中国电影出版发展报告（2014）
著(编)者:卢斌　2014年4月出版 / 估价:79.00元

动漫蓝皮书
中国动漫产业发展报告（2014）
著(编)者:卢斌　郑玉明　牛兴侦　2014年4月出版 / 估价:79.00元

广电蓝皮书
中国广播电影电视发展报告（2014）
著(编)者:庞井君　杨明品　李岚
2014年6月出版 / 估价:88.00元

广告主蓝皮书
中国广告主营销传播趋势报告N0.8
著(编)者:中国传媒大学广告主研究所
　　　　中国广告主营销传播创新研究课题组
　　　　黄升民　杜国清　邵华冬等
2014年5月出版 / 估价:98.00元

国际传播蓝皮书
中国国际传播发展报告（2014）
著(编)者:胡正荣　李继东　姬德强
2014年1月出版 / 估价:69.00元

纪录片蓝皮书
中国纪录片发展报告（2014）
著(编)者:何苏六　2014年10月出版 / 估价:89.00元

两岸文化蓝皮书
两岸文化产业合作发展报告（2014）
著(编)者:胡惠林　肖夏勇　2014年6月出版 / 估价:59.00元

媒介与女性蓝皮书
中国媒介与女性发展报告（2014）
著(编)者:刘利群　2014年8月出版 / 估价:69.00元

全球传媒蓝皮书
全球传媒产业发展报告（2014）
著(编)者:胡正荣　2014年12月出版 / 估价:79.00元

视听新媒体蓝皮书
中国视听新媒体发展报告（2014）
著(编)者:庞井君　2014年6月出版 / 估价:148.00元

文化创新蓝皮书
中国文化创新报告（2014）No.5
著(编)者:于平　傅才武　2014年7月出版 / 估价:79.00元

文化科技蓝皮书
文化科技融合与创意城市发展报告（2014）
著(编)者:李凤亮　于平　2014年7月出版 / 估价:79.00元

文化蓝皮书
2014年中国文化产业发展报告
著(编)者:张晓明　胡惠林　章建刚
2014年3月出版 / 估价:69.00元

文化蓝皮书
中国文化产业供需协调增长测评报（2013）
著(编)者:高书生　王亚楠　2014年5月出版 / 估价:79.00元

文化蓝皮书
中国城镇文化消费需求景气评价报告（2014）
著(编)者:王亚南　张晓明　祁述裕
2014年5月出版 / 估价:79.00元

文化蓝皮书
中国公共文化服务发展报告（2014）
著(编)者:于群　李国新　2014年10月出版 / 估价:98.00元

文化蓝皮书
中国文化消费需求景气评价报告（2014）
著(编)者:王亚南　2014年5月出版 / 估价:79.00元

文化蓝皮书
中国乡村文化消费需求景气评价报告（2014）
著(编)者:王亚南　2014年5月出版 / 估价:79.00元

文化蓝皮书
中国中心城市文化消费需求景气评价报告（2014）
著(编)者:王亚南　2014年5月出版 / 估价:79.00元

文化蓝皮书
中国少数民族文化发展报告（2014）
著(编)者:武翠英　张晓明　张学进
2014年3月出版 / 估价:69.00元

文化建设蓝皮书
中国文化建设发展报告（2014）
著(编)者:江畅 孙伟平　2014年3月出版 / 估价:69.00元

文化品牌蓝皮书
中国文化品牌发展报告（2014）
著(编)者:欧阳友权　2014年5月出版 / 估价:75.00元

文化软实力蓝皮书
中国文化软实力研究报告（2014）
著(编)者:张国祚　2014年7月出版 / 估价:79.00元

文化遗产蓝皮书
中国文化遗产事业发展报告（2014）
著(编)者:刘世锦　2014年3月出版 / 估价:79.00元

文学蓝皮书
中国文情报告（2014）
著(编)者:白烨　2014年5月出版 / 估价:59.00元

新媒体蓝皮书
中国新媒体发展报告No.5（2014）
著(编)者:唐绪军　2014年6月出版 / 估价:69.00元

移动互联网蓝皮书
中国移动互联网发展报告（2014）
著(编)者:官建文　2014年4月出版 / 估价:79.00元

游戏蓝皮书
中国游戏产业发展报告（2014）
著(编)者:卢斌　2014年4月出版 / 估价:79.00元

舆情蓝皮书
中国社会舆情与危机管理报告（2014）
著(编)者:谢耘耕　2014年8月出版 / 估价:85.00元

粤港澳台文化蓝皮书
粤港澳台文化创意产业发展报告（2014）
著(编)者:丁未　2014年4月出版 / 估价:69.00元

地方发展类

安徽蓝皮书
安徽社会发展报告（2014）
著(编)者:程桦　2014年4月出版 / 估价:79.00元

安徽社会建设蓝皮书
安徽社会建设分析报告（2014）
著(编)者:黄家海 王开玉 蔡宪　2014年4月出版 / 估价:69.00元

北京蓝皮书
北京城乡发展报告（2014）
著(编)者:黄序　2014年4月出版 / 估价:59.00元

北京蓝皮书
北京公共服务发展报告（2014）
著(编)者:张耘　2014年3月出版 / 估价:65.00元

北京蓝皮书
北京经济发展报告（2014）
著(编)者:赵弘　2014年4月出版 / 估价:59.00元

北京蓝皮书
北京社会发展报告（2014）
著(编)者:缪青　2014年10月出版 / 估价:59.00元

北京蓝皮书
北京文化发展报告（2014）
著(编)者:李建盛　2014年5月出版 / 估价:69.00元

北京蓝皮书
中国社区发展报告（2014）
著(编)者:于燕燕　2014年8月出版 / 估价:59.00元

北京蓝皮书
北京公共服务发展报告（2014）
著(编)者:施昌奎　2014年8月出版 / 估价:59.00元

北京旅游绿皮书
北京旅游发展报告（2014）
著(编)者:鲁勇　2014年7月出版 / 估价:98.00元

北京律师蓝皮书
北京律师发展报告No.2（2014）
著(编)者:王隽 周塞军　2014年9月出版 / 估价:79.00元

北京人才蓝皮书
北京人才发展报告（2014）
著(编)者:于淼　2014年10月出版 / 估价:89.00元

城乡一体化蓝皮书
中国城乡一体化发展报告·北京卷（2014）
著(编)者:张宝秀 黄序　2014年6月出版 / 估价:59.00元

创意城市蓝皮书
北京文化创意产业发展报告（2014）
著(编)者:张京成 王国华　2014年10月出版 / 估价:69.00元

创意城市蓝皮书
青岛文化创意产业发展报告（2014）
著(编)者:马达　2014年5月出版 / 估价:69.00元

创意城市蓝皮书
无锡文化创意产业发展报告（2014）
著(编)者:庄若江 张鸣年　2014年8月出版 / 估价:75.00元

服务业蓝皮书
广东现代服务业发展报告（2014）
著(编)者:祁明 程晓　2014年1月出版 / 估价:69.00元

甘肃蓝皮书
甘肃舆情分析与预测（2014）
著(编)者:陈双梅 郝树声　2014年1月出版 / 估价:69.00元

甘肃蓝皮书
甘肃县域社会发展评价报告（2014）
著(编)者:魏胜文　2014年1月出版 / 估价:69.00元

甘肃蓝皮书
甘肃经济发展分析与预测（2014）
著(编)者:魏胜文　2014年1月出版 / 估价:69.00元

甘肃蓝皮书
甘肃社会发展分析与预测（2014）
著(编)者:安文华　2014年1月出版 / 估价:69.00元

甘肃蓝皮书
甘肃文化发展分析与预测（2014）
著(编)者:周小华　2014年1月出版 / 估价:69.00元

广东蓝皮书
广东省电子商务发展报告（2014）
著(编)者:黄建明 祁明　2014年11月出版 / 估价:69.00元

广东蓝皮书
广东社会工作发展报告（2014）
著(编)者:罗观翠　2013年12月出版 / 估价:69.00元

广东外经贸蓝皮书
广东对外经济贸易发展研究报告（2014）
著(编)者:陈万灵　2014年3月出版 / 估价:65.00元

广西北部湾经济区蓝皮书
广西北部湾经济区开放开发报告（2014）
著(编)者:广西北部湾经济区规划建设管理委员会办公室
　　广西社会科学院 广西北部湾发展研究院
2014年7月出版 / 估价:69.00元

广州蓝皮书
2014年中国广州经济形势分析与预测
著(编)者:庾建设 郭志勇 沈奎　2014年6月出版 / 估价:69.00元

广州蓝皮书
2014年中国广州社会形势分析与预测
著(编)者:易佐永 杨秦 顾涧清　2014年5月出版 / 估价:65.00元

广州蓝皮书
广州城市国际化发展报告（2014）
著(编)者:朱名宏　2014年9月出版 / 估价:59.00元

广州蓝皮书
广州创新型城市发展报告（2014）
著(编)者:李江涛　2014年8月出版 / 估价:59.00元

广州蓝皮书
广州经济发展报告（2014）
著(编)者:李江涛 刘江华　2014年6月出版 / 估价:65.00元

广州蓝皮书
广州农村发展报告（2014）
著(编)者:李江涛 汤锦华　2014年8月出版 / 估价:59.00元

广州蓝皮书
广州青年发展报告（2014）
著(编)者:魏国华 张强　2014年9月出版 / 估价:65.00元

广州蓝皮书
广州汽车产业发展报告（2014）
著(编)者:李江涛 杨再高　2014年10月出版 / 估价:69.00元

广州蓝皮书
广州商贸业发展报告（2014）
著(编)者:陈家成 王旭东 荀振英
2014年7月出版 / 估价:69.00元

广州蓝皮书
广州文化创意产业发展报告（2014）
著(编)者:甘新　2014年10月出版 / 估价:59.00元

广州蓝皮书
中国广州城市建设发展报告（2014）
著(编)者:董皞 冼伟雄 李俊夫
2014年8月出版 / 估价:69.00元

广州蓝皮书
中国广州科技与信息化发展报告（2014）
著(编)者:庾建设 谢学宁　2014年8月出版 / 估价:59.00元

广州蓝皮书
中国广州文化创意产业发展报告（2014）
著(编)者:甘新　2014年10月出版 / 估价:59.00元

广州蓝皮书
中国广州文化发展报告（2014）
著(编)者:徐俊忠 汤应武 陆志强
2014年8月出版 / 估价:69.00元

贵州蓝皮书
贵州法治发展报告（2014）
著(编)者:吴大华　2014年3月出版 / 估价:69.00元

贵州蓝皮书
贵州社会发展报告（2014）
著(编)者:王兴骥　2014年3月出版 / 估价:59.00元

贵州蓝皮书
贵州农村扶贫开发报告（2014）
著(编)者:王朝新 宋明　2014年3月出版 / 估价:69.00元

贵州蓝皮书
贵州文化产业发展报告（2014）
著(编)者:李建国　2014年3月出版 / 估价:69.00元

海淀蓝皮书
海淀区文化和科技融合发展报告（2014）
著(编)者:陈名杰 孟景伟　2014年5月出版 / 估价:75.00元

海峡经济区蓝皮书
海峡经济区发展报告（2014）
著(编)者:李闽榕 王秉安 谢明辉（台湾）
2014年10月出版 / 估价:78.00元

海峡西岸蓝皮书
海峡西岸经济区发展报告（2014）
著(编)者:福建省人民政府发展研究中心
2014年9月出版 / 估价:85.00元

杭州蓝皮书
杭州市妇女发展报告（2014）
著(编)者:魏颖 揭爱花　2014年2月出版 / 估价:69.00元

河北蓝皮书
河北省经济发展报告（2014）
著(编)者:马树强 张贵　2013年12月出版 / 估价:69.00元

河北蓝皮书
河北经济社会发展报告（2014）
著(编)者:周文夫　2013年12月出版 / 估价:69.00元

河南经济蓝皮书
2014年河南经济形势分析与预测
著(编)者:胡五岳　2014年3月出版 / 估价:65.00元

河南蓝皮书
2014年河南社会形势分析与预测
著(编)者:刘道兴 牛苏林　2014年1月出版 / 估价:59.00元

河南蓝皮书
河南城市发展报告（2014）
著(编)者:林宪斋 王建国　2014年1月出版 / 估价:69.00元

河南蓝皮书
河南经济发展报告（2014）
著(编)者:喻新安　2014年1月出版 / 估价:59.00元

河南蓝皮书
河南文化发展报告（2014）
著(编)者:谷建全 卫绍生　2014年1月出版 / 估价:69.00元

河南蓝皮书
河南工业发展报告（2014）
著(编)者:龚绍东　2014年1月出版 / 估价:59.00元

黑龙江产业蓝皮书
黑龙江产业发展报告（2014）
著(编)者:于渤　2014年10月出版 / 估价:79.00元

黑龙江蓝皮书
黑龙江经济发展报告（2014）
著(编)者:曲伟　2014年1月出版 / 估价:59.00元

黑龙江蓝皮书
黑龙江社会发展报告（2014）
著(编)者:艾书琴　2014年1月出版 / 估价:69.00元

湖南城市蓝皮书
城市社会管理
著(编)者:罗海藩　2014年10月出版 / 估价:59.00元

湖南蓝皮书
2014年湖南产业发展报告
著(编)者:梁志峰　2014年5月出版 / 估价:89.00元

湖南蓝皮书
2014年湖南法治发展报告
著(编)者:梁志峰　2014年5月出版 / 估价:79.00元

湖南蓝皮书
2014年湖南经济展望
著(编)者:梁志峰　2014年5月出版 / 估价:79.00元

湖南蓝皮书
2014年湖南两型社会发展报告
著(编)者:梁志峰　2014年5月出版 / 估价:79.00元

湖南县域绿皮书
湖南县域发展报告No.2
著(编)者:朱有志 袁准 周小毛　2014年7月出版 / 估价:69.00元

沪港蓝皮书
沪港发展报告（2014）
著(编)者:尤安山　2014年9月出版 / 估价:89.00元

吉林蓝皮书
2014年吉林经济社会形势分析与预测
著(编)者:马克　2014年1月出版 / 估价:69.00元

江苏法治蓝皮书
江苏法治发展报告No.3（2014）
著(编)者:李力 龚廷泰 严海良　2014年8月出版 / 估价:88.00元

京津冀蓝皮书
京津冀区域一体化发展报告（2014）
著(编)者:文魁 祝尔娟　2014年3月出版 / 估价:89.00元

经济特区蓝皮书
中国经济特区发展报告（2014）
著(编)者:陶一桃　2014年3月出版 / 估价:89.00元

辽宁蓝皮书
2014年辽宁经济社会形势分析与预测
著(编)者:曹晓峰 张晶 张卓民　2014年1月出版 / 估价:69.00元

流通蓝皮书
湖南省商贸流通产业发展报告No.2
著(编)者:柳思维　2014年10月出版 / 估价:75.00元

内蒙古蓝皮书
内蒙古经济发展蓝皮书(2013~2014)
著(编)者:黄育华   2014年7月出版 / 估价:69.00元

内蒙古蓝皮书
内蒙古反腐倡廉建设报告No.1
著(编)者:张志华 无极   2013年12月出版 / 估价:69.00元

浦东新区蓝皮书
上海浦东经济发展报告（2014）
著(编)者:左学金 陆沪根   2014年1月出版 / 估价:59.00元

侨乡蓝皮书
中国侨乡发展报告（2014）
著(编)者:郑一省   2013年12月出版 / 估价:69.00元

青海蓝皮书
2014年青海经济社会形势分析与预测
著(编)者:赵宗福   2014年2月出版 / 估价:69.00元

人口与健康蓝皮书
深圳人口与健康发展报告（2014）
著(编)者:陆杰华 江捍平   2014年10月出版 / 估价:98.00元

山西蓝皮书
山西资源型经济转型发展报告（2014）
著(编)者:李志强 容和平   2014年3月出版 / 估价:79.00元

陕西蓝皮书
陕西经济发展报告（2014）
著(编)者:任宗哲 石英 裴成荣   2014年3月出版 / 估价:65.00元

陕西蓝皮书
陕西社会发展报告（2014）
著(编)者:任宗哲 石英 江波   2014年1月出版 / 估价:65.00元

陕西蓝皮书
陕西文化发展报告（2014）
著(编)者:任宗哲 石英 王长寿   2014年3月出版 / 估价:59.00元

上海蓝皮书
上海传媒发展报告（2014）
著(编)者:强荧 焦雨虹   2014年1月出版 / 估价:59.00元

上海蓝皮书
上海法治发展报告（2014）
著(编)者:潘世伟 叶青   2014年1月出版 / 估价:59.00元

上海蓝皮书
上海经济发展报告（2014）
著(编)者:沈开艳   2014年1月出版 / 估价:69.00元

上海蓝皮书
上海社会发展报告（2014）
著(编)者:卢汉龙 周海旺   2014年1月出版 / 估价:59.00元

上海蓝皮书
上海文化发展报告（2014）
著(编)者:蒯大申   2014年1月出版 / 估价:59.00元

上海蓝皮书
上海文学发展报告（2014）
著(编)者:陈圣来   2014年1月出版 / 估价:59.00元

上海蓝皮书
上海资源环境发展报告（2014）
著(编)者:周冯琦 汤庆合 王利民   2014年1月出版 / 估价:59.

上海社会保障绿皮书
上海社会保障改革与发展报告（2013~2014）
著(编)者:汪泓   2014年1月出版 / 估价:65.00元

社会建设蓝皮书
2014年北京社会建设分析报告
著(编)者:宋贵伦   2014年4月出版 / 估价:69.00元

深圳蓝皮书
深圳经济发展报告（2014）
著(编)者:吴忠   2014年6月出版 / 估价:69.00元

深圳蓝皮书
深圳劳动关系发展报告（2014）
著(编)者:汤庭芬   2014年6月出版 / 估价:69.00元

深圳蓝皮书
深圳社会发展报告（2014）
著(编)者:吴忠 余智晟   2014年7月出版 / 估价:69.00元

四川蓝皮书
四川文化产业发展报告（2014）
著(编)者:向宝云   2014年1月出版 / 估价:69.00元

温州蓝皮书
2014年温州经济社会形势分析与预测
著(编)者:潘忠强 王春光 金浩   2014年4月出版 / 估价:69.00

温州蓝皮书
浙江温州金融综合改革试验区发展报告（2013~20
著(编)者:钱水土 王去非 李义超
2014年4月出版 / 估价:69.00元

扬州蓝皮书
扬州经济社会发展报告（2014）
著(编)者:张爱军   2014年1月出版 / 估价:78.00元

义乌蓝皮书
浙江义乌市国际贸易综合改革试验区发展报告
（2013~2014）
著(编)者:马淑琴 刘文革 周松强
2014年4月出版 / 估价:69.00元

云南蓝皮书
中国面向西南开放重要桥头堡建设发展报告（2014
著(编)者:刘绍怀   2014年12月出版 / 估价:69.00元

长株潭城市群蓝皮书
长株潭城市群发展报告（2014）
著(编)者:张萍   2014年10月出版 / 估价:69.00元

郑州蓝皮书
2014年郑州文化发展报告
著(编)者:王哲　2014年7月出版 / 估价:69.00元

中国省会经济圈蓝皮书
合肥经济圈经济社会发展报告No.4(2013~2014)
著(编)者:董昭礼　2014年4月出版 / 估价:79.00元

国别与地区类

G20国家创新竞争力黄皮书
二十国集团(G20)国家创新竞争力发展报告(2014)
著(编)者:李建平 李闽榕 赵新力
2014年9月出版 / 估价:118.00元

澳门蓝皮书
澳门经济社会发展报告(2013~2014)
著(编)者:吴志良 郝雨凡　2014年3月出版 / 估价:79.00元

北部湾蓝皮书
泛北部湾合作发展报告(2014)
著(编)者:吕余生　2014年7月出版 / 估价:79.00元

大湄公河次区域蓝皮书
大湄公河次区域合作发展报告(2014)
著(编)者:刘稚　2014年8月出版 / 估价:79.00元

大洋洲蓝皮书
大洋洲发展报告(2014)
著(编)者:魏明海 喻常森　2014年7月出版 / 估价:69.00元

德国蓝皮书
德国发展报告(2014)
著(编)者:李乐曾 郑春荣等　2014年5月出版 / 估价:69.00元

东北亚黄皮书
东北亚地区政治与安全报告(2014)
著(编)者:黄凤志 刘雪莲　2014年6月出版 / 估价:69.00元

东盟黄皮书
东盟发展报告(2014)
著(编)者:黄兴球 庄国土　2014年12月出版 / 估价:68.00元

东南亚蓝皮书
东南亚地区发展报告(2014)
著(编)者:王勤　2014年11月出版 / 估价:59.00元

俄罗斯黄皮书
俄罗斯发展报告(2014)
著(编)者:李永全　2014年7月出版 / 估价:79.00元

非洲黄皮书
非洲发展报告No.15(2014)
著(编)者:张宏明　2014年7月出版 / 估价:79.00元

港澳珠三角蓝皮书
粤港澳区域合作与发展报告(2014)
著(编)者:梁庆寅 陈广汉　2014年6月出版 / 估价:59.00元

国际形势黄皮书
全球政治与安全报告(2014)
著(编)者:李慎明 张宇燕　2014年1月出版 / 估价:69.00元

韩国蓝皮书
韩国发展报告(2014)
著(编)者:牛林杰 刘宝全　2014年6月出版 / 估价:69.00元

加拿大蓝皮书
加拿大国情研究报告(2014)
著(编)者:仲伟合 唐小松　2013年12月出版 / 估价:69.00元

柬埔寨蓝皮书
柬埔寨国情报告(2014)
著(编)者:毕世鸿　2014年6月出版 / 估价:79.00元

拉美黄皮书
拉丁美洲和加勒比发展报告(2014)
著(编)者:吴白乙 刘维广　2014年4月出版 / 估价:89.00元

老挝蓝皮书
老挝国情报告(2014)
著(编)者:卢光盛 方芸 吕星　2014年6月出版 / 估价:79.00元

美国蓝皮书
美国问题研究报告(2014)
著(编)者:黄平 倪峰　2014年5月出版 / 估价:79.00元

缅甸蓝皮书
缅甸国情报告(2014)
著(编)者:李晨阳　2014年4月出版 / 估价:79.00元

欧亚大陆桥发展蓝皮书
欧亚大陆桥发展报告(2014)
著(编)者:李忠民　2014年10月出版 / 估价:59.00元

欧洲蓝皮书
欧洲发展报告(2014)
著(编)者:周弘　2014年3月出版 / 估价:79.00元

葡语国家蓝皮书
巴西发展与中巴关系报告2014（中英文）
著(编)者:张曙光　David T. Ritchie
2014年8月出版 / 估价:69.00元

日本经济蓝皮书
日本经济与中日经贸关系发展报告（2014）
著(编)者:王洛林 张季风　2014年5月出版 / 估价:79.00元

日本蓝皮书
日本发展报告（2014）
著(编)者:李薇　2014年2月出版 / 估价:69.00元

上海合作组织黄皮书
上海合作组织发展报告（2014）
著(编)者:李进峰 吴宏伟 李伟　2014年9月出版 / 估价:98.00元

世界创新竞争力黄皮书
世界创新竞争力发展报告（2014）
著(编)者:李建平　2014年1月出版 / 估价:148.00元

世界能源黄皮书
世界能源分析与展望（2013~2014）
著(编)者:张宇燕 等　2014年1月出版 / 估价:69.00元

世界社会主义黄皮书
世界社会主义跟踪研究报告（2014）
著(编)者:李慎明　2014年5月出版 / 估价:189.00元

泰国蓝皮书
泰国国情报告（2014）
著(编)者:邹春萌　2014年6月出版 / 估价:79.00元

亚太蓝皮书
亚太地区发展报告（2014）
著(编)者:李向阳　2013年12月出版 / 估价:69.00元

印度蓝皮书
印度国情报告（2014）
著(编)者:吕昭义　2014年1月出版 / 估价:69.00元

印度洋地区蓝皮书
印度洋地区发展报告（2014）
著(编)者:汪戎 万广华　2014年6月出版 / 估价:79.00元

越南蓝皮书
越南国情报告（2014）
著(编)者:吕余生　2014年8月出版 / 估价:65.00元

中东黄皮书
中东发展报告No.15（2014）
著(编)者:杨光　2014年10月出版 / 估价:59.00元

中欧关系蓝皮书
中国与欧洲关系发展报告（2014）
著(编)者:周弘　2013年12月出版 / 估价:69.00元

中亚黄皮书
中亚国家发展报告（2014）
著(编)者:孙力　2014年9月出版 / 估价:79.00元

中国皮书网
www.pishu.cn

栏目设置:

☐　资讯: 皮书动态、皮书观点、皮书数据、 皮书报道、皮书新书发布会、电子期刊

☐　标准: 皮书评价、皮书研究、皮书规范、皮书专家、编撰团队

☐　服务: 最新皮书、皮书书目、重点推荐、在线购书

☐　链接: 皮书数据库、皮书博客、皮书微博、出版社首页、在线书城

☐　搜索: 资讯、图书、研究动态

☐　互动: 皮书论坛

皮 书 大 事 记

☆ 2012年12月，《中国社会科学院皮书资助规定（试行）》由中国社会科学院科研局正式颁布实施。

☆ 2011年，部分重点皮书纳入院创新工程。

☆ 2011年8月，2011年皮书年会在安徽合肥举行，这是皮书年会首次由中国社会科学院主办。

☆ 2011年2月，"2011年全国皮书研讨会"在北京京西宾馆举行。王伟光院长（时任常务副院长）出席并讲话。本次会议标志着皮书及皮书研创出版从一个具体出版单位的出版产品和出版活动上升为由中国社会科学院牵头的国家哲学社会科学智库产品和创新活动。

☆ 2010年9月，"2010年中国经济社会形势报告会暨第十一次全国皮书工作研讨会"在福建福州举行，高全立副院长参加会议并做学术报告。

☆ 2010年9月，皮书学术委员会成立，由我院李扬副院长领衔，并由在各个学科领域有一定的学术影响力、了解皮书编创出版并持续关注皮书品牌的专家学者组成。皮书学术委员会的成立为进一步提高皮书这一品牌的学术质量、为学术界构建一个更大的学术出版与学术推广平台提供了专家支持。

☆ 2009年8月，"2009年中国经济社会形势分析与预测暨第十次皮书工作研讨会"在辽宁丹东举行。李扬副院长参加本次会议，本次会议颁发了首届优秀皮书奖，我院多部皮书获奖。

皮书数据库
www.pishu.com.cn

皮书数据库三期即将上线

• 皮书数据库（SSDB）是社会科学文献出版社整合现有皮书资源开发的在线数字产品，全面收录"皮书系列"的内容资源，并以此为基础整合大量相关资讯构建而成。

• 皮书数据库现有中国经济发展数据库、中国社会发展数据库、世界经济与国际政治数据库等子库，覆盖经济、社会、文化等多个行业、领域，现有报告30000多篇，总字数超过5亿字，并以每年4000多篇的速度不断更新累积。2009年7月，皮书数据库荣获"2008~2009年中国数字出版知名品牌"。

• 2011年3月，皮书数据库二期正式上线，开发了更加灵活便捷的检索系统，可以实现精确查找和模糊匹配，并与纸书发行基本同步，可为读者提供更加广泛的资讯服务。

更多信息请登录

中国皮书网
http://www.pishu.cn

中国皮书网
http://www.pishu.cn

皮书微博
http://weibo.com/pishu

皮书博客
http://blog.sina.com.cn/pishu

皮书微信
皮书说

请到各地书店皮书专架 / 专柜购买，也可办理邮购

咨询 / 邮购电话：010-59367028　59367070　　邮　箱：duzhe@ssap.cn

邮购地址：北京市西城区北三环中路甲29号院3号楼华龙大厦13层读者服务中心

邮　编：100029

银行户名：社会科学文献出版社

开户银行：中国工商银行北京北太平庄支行

账　号：0200010019200365434

网上书店：010-59367070　　qq：1265056568

网　址：www.ssap.com.cn　　www.pishu.cn

皮书系列

2018年

智库成果出版与传播平台

社会科学文献出版社

SOCIAL SCIENCES ACADEMIC PRESS (CHINA)

社长致辞

蓦然回首，皮书的专业化历程已经走过了二十年。20年来从一个出版社的学术产品名称到媒体热词再到智库成果研创及传播平台，皮书以专业化为主线，进行了系列化、市场化、品牌化、数字化、国际化、平台化的运作，实现了跨越式的发展。特别是在党的十八大以后，以习近平总书记为核心的党中央高度重视新型智库建设，皮书也迎来了长足的发展，总品种达到600余种，经过专业评审机制、淘汰机制遴选，目前，每年稳定出版近400个品种。"皮书"已经成为中国新型智库建设的抓手，成为国际国内社会各界快速、便捷地了解真实中国的最佳窗口。

20年孜孜以求，"皮书"始终将自己的研究视野与经济社会发展中的前沿热点问题紧密相连。600个研究领域，3万多位分布于800余个研究机构的专家学者参与了研创写作。皮书数据库中共收录了15万篇专业报告，50余万张数据图表，合计30亿字，每年报告下载量近80万次。皮书为中国学术与社会发展实践的结合提供了一个激荡智力、传播思想的入口，皮书作者们用学术的话语、客观翔实的数据谱写出了中国故事壮丽的篇章。

20年跨步千里，"皮书"始终将自己的发展与时代赋予的使命与责任紧紧相连。每年百余场新闻发布会，10万余次中外媒体报道，中、英、俄、日、韩等12个语种共同出版。皮书所具有的凝聚力正在形成一种无形的力量，吸引着社会各界关注中国的发展，参与中国的发展，它是我们向世界传递中国声音、总结中国经验、争取中国国际话语权最主要的平台。

皮书这一系列成就的取得，得益于中国改革开放的伟大时代，离不开来自中国社会科学院、新闻出版广电总局、全国哲学社会科学规划办公室等主管部门的大力支持和帮助，也离不开皮书研创者和出版者的共同努力。他们与皮书的故事创造了皮书的历史，他们对皮书的拳拳之心将继续谱写皮书的未来！

现在，"皮书"品牌已经进入了快速成长的青壮年时期。全方位进行规范化管理，树立中国的学术出版标准；不断提升皮书的内容质量和影响力，搭建起中国智库产品和智库建设的交流服务平台和国际传播平台；发布各类皮书指数，并使之成为中国指数，让中国智库的声音响彻世界舞台，为人类的发展做出中国的贡献——这是皮书未来发展的图景。作为"皮书"这个概念的提出者，"皮书"从一般图书到系列图书和品牌图书，最终成为智库研究和社会科学应用对策研究的知识服务和成果推广平台这整个过程的操盘者，我相信，这也是每一位皮书人执着追求的目标。

"当代中国正经历着我国历史上最为广泛而深刻的社会变革，也正在进行着人类历史上最为宏大而独特的实践创新。这种前无古人的伟大实践，必将给理论创造、学术繁荣提供强大动力和广阔空间。"

在这个需要思想而且一定能够产生思想的时代，皮书的研创出版一定能创造出新的更大的辉煌！

社会科学文献出版社社长

中国社会学会秘书长

2017年11月

社会科学文献出版社简介

社会科学文献出版社（以下简称"社科文献出版社"）成立于1985年，是直属于中国社会科学院的人文社会科学学术出版机构。成立至今，社科文献出版社始终依托中国社会科学院和国内外人文社会科学界丰厚的学术出版和专家学者资源，坚持"创社科经典，出传世文献"的出版理念、"权威、前沿、原创"的产品定位以及学术成果和智库成果出版的专业化、数字化、国际化、市场化的经营道路。

社科文献出版社是中国新闻出版业转型与文化体制改革的先行者。积极探索文化体制改革的先进方向和现代企业经营决策机制，社科文献出版社先后荣获"全国文化体制改革工作先进单位"、中国出版政府奖·先进出版单位奖，中国社会科学院先进集体、全国科普工作先进集体等荣誉称号。多人次荣获"第十届韬奋出版奖""全国新闻出版行业领军人才""数字出版先进人物""北京市新闻出版广电行业领军人才"等称号。

社科文献出版社是中国人文社会科学学术出版的大社名社，也是以皮书为代表的智库成果出版的专业强社。年出版图书2000余种，其中皮书400余种，出版新书字数5.5亿字，承印与发行中国社科院院属期刊72种，先后创立了皮书系列、列国志、中国史话、社科文献学术译库、社科文献学术文库、甲骨文书系等一大批既有学术影响又有市场价值的品牌，确立了在社会学、近代史、苏东问题研究等专业学科及领域出版的领先地位。图书多次荣获中国出版政府奖、"三个一百"原创图书出版工程、"五个'一'工程奖"、"大众喜爱的50种图书"等奖项，在中央国家机关"强素质·做表率"读书活动中，入选图书品种数位居各大出版社之首。

社科文献出版社是中国学术出版规范与标准的倡议者与制定者，代表全国50多家出版社发起实施学术著作出版规范的倡议，承担学术著作规范国家标准的起草工作，率先编撰完成《皮书手册》对皮书品牌进行规范化管理，并在此基础上推出中国版芝加哥手册——《社科文献出版社学术出版手册》。

社科文献出版社是中国数字出版的引领者，拥有皮书数据库、列国志数据库、"一带一路"数据库、减贫数据库、集刊数据库等4大产品线11个数据库产品，机构用户达1300余家，海外用户百余家，荣获"数字出版转型示范单位""新闻出版标准化先进单位""专业数字内容资源知识服务模式试点企业标准化示范单位"等称号。

社科文献出版社是中国学术出版走出去的践行者。社科文献出版社海外图书出版与学术合作业务遍及全球40余个国家和地区，并于2016年成立俄罗斯分社，累计输出图书500余种，涉及近20个语种，累计获得国家社科基金中华学术外译项目资助76种、"丝路书香工程"项目资助60种、中国图书对外推广计划项目资助71种以及经典中国国际出版工程资助28种，被五部委联合认定为"2015-2016年度国家文化出口重点企业"。

如今，社科文献出版社完全靠自身积累拥有固定资产3.6亿元，年收入3亿元，设置了七大出版分社、六大专业部门，成立了皮书研究院和博士后科研工作站，培养了一支近400人的高素质与高效率的编辑、出版、营销和国际推广队伍，为未来成为学术出版的大社、名社、强社，成为文化体制改革与文化企业转型发展的排头兵奠定了坚实的基础。

宏 观 经 济 类

经济蓝皮书

2018 年中国经济形势分析与预测

李平 / 主编　2017 年 12 月出版　定价：89.00 元

◆　本书为总理基金项目，由著名经济学家李扬领衔，联合中国社会科学院等数十家科研机构、国家部委和高等院校的专家共同撰写，系统分析了 2017 年的中国经济形势并预测 2018 年中国经济运行情况。

城市蓝皮书

中国城市发展报告 No.11

潘家华　单菁菁 / 主编　2018 年 9 月出版　估价：99.00 元

◆　本书是由中国社会科学院城市发展与环境研究中心编著的，多角度、全方位地立体展示了中国城市的发展状况，并对中国城市的未来发展提出了许多建议。该书有强烈的时代感，对中国城市发展实践有重要的参考价值。

人口与劳动绿皮书

中国人口与劳动问题报告 No.19

张车伟 / 主编　2018 年 10 月出版　估价：99.00 元

◆　本书为中国社会科学院人口与劳动经济研究所主编的年度报告，对当前中国人口与劳动形势做了比较全面和系统的深入讨论，为研究中国人口与劳动问题提供了一个专业性的视角。

中国省域竞争力蓝皮书

中国省域经济综合竞争力发展报告（2017 ~ 2018）

李建平 李闽榕 高燕京/主编 2018年5月出版 估价：198.00元

◆ 本书融多学科的理论为一体，深入追踪研究了省域经济发展与中国国家竞争力的内在关系，为提升中国省域经济综合竞争力提供有价值的决策依据。

金融蓝皮书

中国金融发展报告（2018）

王国刚/主编 2018年6月出版 估价：99.00元

◆ 本书由中国社会科学院金融研究所组织编写，概括和分析了2017年中国金融发展和运行中的各方面情况，研讨和评论了2017年发生的主要金融事件，有利于读者了解掌握2017年中国的金融状况，把握2018年中国金融的走势。

区 域 经 济 类

京津冀蓝皮书

京津冀发展报告（2018）

祝合良 叶堂林 张贵祥/等著 2018年6月出版 估价：99.00元

◆ 本书遵循问题导向与目标导向相结合、统计数据分析与大数据分析相结合、纵向分析和长期监测与结构分析和综合监测相结合等原则，对京津冀协同发展新形势与新进展进行测度与评价。

社 会 政 法 类

社会蓝皮书

2018年中国社会形势分析与预测

李培林　陈光金　张翼／主编　2017年12月出版　定价：89.00元

◆　本书由中国社会科学院社会学研究所组织研究机构专家、高校学者和政府研究人员撰写，聚焦当下社会热点，对2017年中国社会发展的各个方面内容进行了权威解读，同时对2018年社会形势发展趋势进行了预测。

法治蓝皮书

中国法治发展报告 No.16（2018）

李林　田禾／主编　2018年3月出版　定价：128.00元

◆　本年度法治蓝皮书回顾总结了2017年度中国法治发展取得的成就和存在的不足，对中国政府、司法、检务透明度进行了跟踪调研，并对2018年中国法治发展形势进行了预测和展望。

教育蓝皮书

中国教育发展报告（2018）

杨东平／主编　2018年3月出版　定价：89.00元

◆　本书重点关注了2017年教育领域的热点，资料翔实，分析有据，既有专题研究，又有实践案例，从多角度对2017年教育改革和实践进行了分析和研究。

社会体制蓝皮书
中国社会体制改革报告 No.6（2018）
龚维斌 / 主编　2018 年 3 月出版　定价：98.00 元

◆　本书由国家行政学院社会治理研究中心和北京师范大学中国社会管理研究院共同组织编写，主要对 2017 年社会体制改革情况进行回顾和总结，对 2018 年的改革走向进行分析，提出相关政策建议。

社会心态蓝皮书
中国社会心态研究报告（2018）
王俊秀　杨宜音 / 主编　2018 年 12 月出版　估价：99.00 元

◆　本书是中国社会科学院社会学研究所社会心理研究中心"社会心态蓝皮书课题组"的年度研究成果，运用社会心理学、社会学、经济学、传播学等多种学科的方法进行了调查和研究，对于目前中国社会心态状况有较广泛和深入的揭示。

华侨华人蓝皮书
华侨华人研究报告（2018）
贾益民 / 主编　2017 年 12 月出版　估价：139.00 元

◆　本书关注华侨华人生产与生活的方方面面。华侨华人是中国建设 21 世纪海上丝绸之路的重要中介者、推动者和参与者。本书旨在全面调研华侨华人，提供最新涉侨动态、理论研究成果和政策建议。

民族发展蓝皮书
中国民族发展报告（2018）
王延中 / 主编　2018 年 10 月出版　估价：188.00 元

◆　本书从民族学人类学视角，研究近年来少数民族和民族地区的发展情况，展示民族地区经济、政治、文化、社会和生态文明"五位一体"建设取得的辉煌成就和面临的困难挑战，为深刻理解中央民族工作会议精神、加快民族地区全面建成小康社会进程提供了实证材料。

产业经济类

房地产蓝皮书

中国房地产发展报告 No.15（2018）

李春华 王业强／主编 2018 年 5 月出版 估价：99.00 元

◆ 2018 年《房地产蓝皮书》持续追踪中国房地产市场最新动态，深度剖析市场热点，展望 2018 年发展趋势，积极谋划应对策略。对 2017 年房地产市场的发展态势进行全面、综合的分析。

新能源汽车蓝皮书

中国新能源汽车产业发展报告（2018）

中国汽车技术研究中心 日产（中国）投资有限公司

东风汽车有限公司／编著 2018 年 8 月出版 估价：99.00 元

◆ 本书对中国 2017 年新能源汽车产业发展进行了全面系统的分析，并介绍了国外的发展经验。有助于相关机构、行业和社会公众等了解中国新能源汽车产业发展的最新动态，为政府部门出台新能源汽车产业相关政策法规、企业制定相关战略规划，提供必要的借鉴和参考。

行业及其他类

旅游绿皮书

2017～2018 年中国旅游发展分析与预测

中国社会科学院旅游研究中心／编 2018 年 1 月出版 定价：99.00 元

◆ 本书从政策、产业、市场、社会等多个角度勾画出 2017 年中国旅游发展全貌，剖析了其中的热点和核心问题，并就未来发展作出预测。

民营医院蓝皮书

中国民营医院发展报告（2018）

薛晓林 / 主编　2018 年 11 月出版　估价：99.00 元

◆　本书在梳理国家对社会办医的各种利好政策的前提下，对我国民营医疗发展现状、我国民营医院竞争力进行了分析，并结合我国医疗体制改革对民营医院的发展趋势、发展策略、战略规划等方面进行了预估。

会展蓝皮书

中外会展业动态评估研究报告（2018）

张敏 / 主编　　2018 年 12 月出版　估价：99.00 元

◆　本书回顾了 2017 年的会展业发展动态，结合"供给侧改革"、"互联网 +"、"绿色经济"的新形势分析了我国展会的行业现状，并介绍了国外的发展经验，有助于行业和社会了解最新的展会业动态。

中国上市公司蓝皮书

中国上市公司发展报告（2018）

张平　王宏淼 / 主编　　2018 年 9 月出版　　估价：99.00 元

◆　本书由中国社会科学院上市公司研究中心组织编写的，着力于全面、真实、客观反映当前中国上市公司财务状况和价值评估的综合性年度报告。本书详尽分析了 2017 年中国上市公司情况，特别是现实中暴露出的制度性、基础性问题，并对资本市场改革进行了探讨。

工业和信息化蓝皮书

人工智能发展报告（2017 ~ 2018）

尹丽波 / 主编　　2018 年 6 月出版　　估价：99.00 元

◆　本书国家工业信息安全发展研究中心在对 2017 年全球人工智能技术和产业进行全面跟踪研究基础上形成的研究报告。该报告内容翔实、视角独特，具有较强的产业发展前瞻性和预测性，可为相关主管部门、行业协会、企业等全面了解人工智能发展形势以及进行科学决策提供参考。

国际问题与全球治理类

世界经济黄皮书

2018年世界经济形势分析与预测

张宇燕 / 主编　2018年1月出版　定价：99.00元

◆　本书由中国社会科学院世界经济与政治研究所的研究团队撰写，分总论、国别与地区、专题、热点、世界经济统计与预测等五个部分，对2018年世界经济形势进行了分析。

国际城市蓝皮书

国际城市发展报告（2018）

屠启宇 / 主编　2018年2月出版　定价：89.00元

◆　本书作者以上海社会科学院从事国际城市研究的学者团队为核心，汇集同济大学、华东师范大学、复旦大学、上海交通大学、南京大学、浙江大学相关城市研究专业学者。立足动态跟踪介绍国际城市发展时间中，最新出现的重大战略、重大理念、重大项目、重大报告和最佳案例。

非洲黄皮书

非洲发展报告No.20（2017 ~ 2018）

张宏明 / 主编　2018年7月出版　估价：99.00元

◆　本书是由中国社会科学院西亚非洲研究所组织编撰的非洲形势年度报告，比较全面、系统地分析了2017年非洲政治形势和热点问题，探讨了非洲经济形势和市场走向，剖析了大国对非洲关系的新动向；此外，还介绍了国内非洲研究的新成果。

国别类

美国蓝皮书

美国研究报告（2018）

郑秉文　黄平／主编　2018年5月出版　估价：99.00元

◆　本书是由中国社会科学院美国研究所主持完成的研究成果，它回顾了美国2017年的经济、政治形势与外交战略，对美国内政外交发生的重大事件及重要政策进行了较为全面的回顾和梳理。

德国蓝皮书

德国发展报告（2018）

郑春荣／主编　2018年6月出版　估价：99.00元

◆　本报告由同济大学德国研究所组织编撰，由该领域的专家学者对德国的政治、经济、社会文化、外交等方面的形势发展情况，进行全面的阐述与分析。

俄罗斯黄皮书

俄罗斯发展报告（2018）

李永全／编著　2018年6月出版　估价：99.00元

◆　本书系统介绍了2017年俄罗斯经济政治情况，并对2016年该地区发生的焦点、热点问题进行了分析与回顾；在此基础上，对该地区2018年的发展前景进行了预测。

文 化 传 媒 类

新媒体蓝皮书

中国新媒体发展报告 No.9（2018）

唐绪军 / 主编　2018 年 6 月出版　估价：99.00 元

◆　本书是由中国社会科学院新闻与传播研究所组织编写的关于新媒体发展的最新年度报告，旨在全面分析中国新媒体的发展现状，解读新媒体的发展趋势，探析新媒体的深刻影响。

移动互联网蓝皮书

中国移动互联网发展报告（2018）

余清楚 / 主编　　2018 年 6 月出版　估价：99.00 元

◆　本书着眼于对 2017 年度中国移动互联网的发展情况做深入解析，对未来发展趋势进行预测，力求从不同视角、不同层面全面剖析中国移动互联网发展的现状、年度突破及热点趋势等。

文化蓝皮书

中国文化消费需求景气评价报告（2018）

王亚南 / 主编　2018 年 3 月出版　定价：99.00 元

◆　本书首创全国文化发展量化检测评价体系，也是至今全国唯一的文化民生量化检测评价体系，对于检验全国及各地 " 以人民为中心 " 的文化发展具有首创意义。

地方发展类

北京蓝皮书

北京经济发展报告（2017～2018）

杨松/主编　2018年6月出版　估价：99.00元

◆　本书对2017年北京市经济发展的整体形势进行了系统性的分析与回顾，并对2018年经济形势走势进行了预测与研判，聚焦北京市经济社会发展中的全局性、战略性和关键领域的重点问题，运用定量和定性分析相结合的方法，对北京市经济社会发展的现状、问题、成因进行了深入分析，提出了可操作性的对策建议。

温州蓝皮书

2018年温州经济社会形势分析与预测

蒋儒标　王春光　金浩/主编　2018年6月出版　估价：99.00元

◆　本书是中共温州市委党校和中国社会科学院社会学研究所合作推出的第十一本温州蓝皮书，由来自党校、政府部门、科研机构、高校的专家、学者共同撰写的2017年温州区域发展形势的最新研究成果。

黑龙江蓝皮书

黑龙江社会发展报告（2018）

王爱丽/主编　2018年1月出版　定价：89.00元

◆　本书以千份随机抽样问卷调查和专题研究为依据，运用社会学理论框架和分析方法，从专家和学者的独特视角，对2017年黑龙江省关系民生的问题进行广泛的调研与分析，并对2017年黑龙江省诸多社会热点和焦点问题进行了有益的探索。这些研究不仅可以为政府部门更加全面深入了解省情、科学制定决策提供智力支持，同时也可以为广大读者认识、了解、关注黑龙江社会发展提供理性思考。

宏观经济类

城市蓝皮书
中国城市发展报告（No.11）
著(编)者：潘家华 单菁菁
2018年9月出版 / 估价：99.00元
PSN B-2007-091-1/1

城乡一体化蓝皮书
中国城乡一体化发展报告（2018）
著(编)者：付崇兰
2018年9月出版 / 估价：99.00元
PSN B-2011-226-1/2

城镇化蓝皮书
中国新型城镇化健康发展报告（2018）
著(编)者：张占斌
2018年8月出版 / 估价：99.00元
PSN B-2014-396-1/1

创新蓝皮书
创新型国家建设报告（2018~2019）
著(编)者：詹正茂
2018年12月出版 / 估价：99.00元
PSN B-2009-140-1/1

低碳发展蓝皮书
中国低碳发展报告（2018）
著(编)者：张希良 齐晔
2018年6月出版 / 估价：99.00元
PSN B-2011-223-1/1

低碳经济蓝皮书
中国低碳经济发展报告（2018）
著(编)者：薛进军 赵忠秀
2018年11月出版 / 估价：99.00元
PSN B-2011-194-1/1

发展和改革蓝皮书
中国经济发展和体制改革报告No.9
著(编)者：邹东涛 王再文
2018年1月出版 / 估价：99.00元
PSN B-2008-122-1/1

国家创新蓝皮书
中国创新发展报告（2017）
著(编)者：陈劲　2018年5月出版 / 估价：99.00元
PSN B-2014-370-1/1

金融蓝皮书
中国金融发展报告（2018）
著(编)者：王国刚
2018年6月出版 / 估价：99.00元
PSN B-2004-031-1/7

经济蓝皮书
2018年中国经济形势分析与预测
著(编)者：李平　2017年12月出版 / 定价：89.00元
PSN B-1996-001-1/1

经济蓝皮书春季号
2018年中国经济前景分析
著(编)者：李扬　2018年5月出版 / 估价：99.00元
PSN B-1999-008-1/1

经济蓝皮书夏季号
中国经济增长报告（2017~2018）
著(编)者：李扬　2018年9月出版 / 估价：99.00元
PSN B-2010-176-1/1

农村绿皮书
中国农村经济形势分析与预测（2017~2018）
著(编)者：魏后凯 黄秉信
2018年4月出版 / 定价：99.00元
PSN G-1998-003-1/1

人口与劳动绿皮书
中国人口与劳动问题报告No.19
著(编)者：张车伟　2018年11月出版 / 估价：99.00元
PSN G-2000-012-1/1

新型城镇化蓝皮书
新型城镇化发展报告（2017）
著(编)者：李伟 宋敏
2018年3月出版 / 定价：98.00元
PSN B-2005-038-1/1

中国省域竞争力蓝皮书
中国省域经济综合竞争力发展报告（2016~2017）
著(编)者：李建平 李闽榕
2018年2月出版 / 定价：198.00元
PSN B-2007-088-1/1

中小城市绿皮书
中国中小城市发展报告（2018）
著(编)者：中国城市经济学会中小城市经济发展委员会
　　　　　中国城镇化促进会中小城市发展委员会
　　　　　《中国中小城市发展报告》编纂委员会
　　　　　中小城市发展战略研究院
2018年11月出版 / 估价：128.00元
PSN G-2010-161-1/1

区域经济类

东北蓝皮书
中国东北地区发展报告（2018）
著(编)者：姜晓秋　2018年11月出版 / 估价：99.00元
PSN B-2006-067-1/1

金融蓝皮书
中国金融中心发展报告（2017～2018）
著(编)者：王力 黄育华　2018年11月出版 / 估价：99.00元
PSN B-2011-186-6/7

京津冀蓝皮书
京津冀发展报告（2018）
著(编)者：祝合良 叶堂林 张贵祥
2018年6月出版 / 估价：99.00元
PSN B-2012-262-1/1

西北蓝皮书
中国西北发展报告（2018）
著(编)者：王福生 马廷旭 董秋生
2018年1月出版 / 定价：99.00元
PSN B-2012-261-1/1

西部蓝皮书
中国西部发展报告（2018）
著(编)者：璋勇 任保平　2018年8月出版 / 估价：99.00元
PSN B-2005-039-1/1

长江经济带产业蓝皮书
长江经济带产业发展报告（2018）
著(编)者：吴传清　2018年11月出版 / 估价：128.00元
PSN B-2017-666-1/1

长江经济带蓝皮书
长江经济带发展报告（2017～2018）
著(编)者：王振　2018年11月出版 / 估价：99.00元
PSN B-2016-575-1/1

长江中游城市群蓝皮书
长江中游城市群新型城镇化与产业协同发展报告（2018）
著(编)者：杨刚强　2018年11月出版 / 估价：99.00元
PSN B-2016-578-1/1

长三角蓝皮书
2017年创新融合发展的长三角
著(编)者：刘飞跃　2018年5月出版 / 估价：99.00元
PSN B-2005-038-1/1

长株潭城市群蓝皮书
长株潭城市群发展报告（2017）
著(编)者：张萍 朱有志　2018年6月出版 / 估价：99.00元
PSN B-2008-109-1/1

特色小镇蓝皮书
特色小镇智慧运营报告（2018）：顶层设计与智慧架构标准
著(编)者：陈劲　2018年1月出版 / 定价：79.00元
PSN B-2018-692-1/1

中部竞争力蓝皮书
中国中部经济社会竞争力报告（2018）
著(编)者：教育部人文社会科学重点研究基地南昌大学中国
中部经济社会发展研究中心
2018年12月出版 / 估价：99.00元
PSN B-2012-276-1/1

中部蓝皮书
中国中部地区发展报告（2018）
著(编)者：宋亚平　2018年12月出版 / 估价：99.00元
PSN B-2007-089-1/1

区域蓝皮书
中国区域经济发展报告（2017～2018）
著(编)者：赵弘　2018年5月出版 / 估价：99.00元
PSN B-2004-034-1/1

中三角蓝皮书
长江中游城市群发展报告（2018）
著(编)者：秦尊文　2018年9月出版 / 估价：99.00元
PSN B-2014-417-1/1

中原蓝皮书
中原经济区发展报告（2018）
著(编)者：李英杰　2018年6月出版 / 估价：99.00元
PSN B-2011-192-1/1

珠三角流通蓝皮书
珠三角商圈发展研究报告（2018）
著(编)者：王先庆 林至颖　2018年7月出版 / 估价：99.00元
PSN B-2012-292-1/1

社会政法类

北京蓝皮书
中国社区发展报告（2017～2018）
著(编)者：于燕燕　2018年9月出版 / 估价：99.00元
PSN B-2007-083-5/8

殡葬绿皮书
中国殡葬事业发展报告（2017～2018）
著(编)者：李伯森　2018年6月出版 / 估价：158.00元
PSN G-2010-180-1/1

城市管理蓝皮书
中国城市管理报告（2017-2018）
著(编)者：刘林 刘承水　2018年5月出版 / 估价：158.00元
PSN B-2013-336-1/1

城市生活质量蓝皮书
中国城市生活质量报告（2017）
著(编)者：张连城 张平 杨春学 郎丽华
2017年12月出版 / 定价：89.00元
PSN B-2013-326-1/1

城市政府能力蓝皮书
中国城市政府公共服务能力评估报告（2018）
著(编)者：何艳玲　2018年5月出版 / 估价：99.00元
PSN B-2013-338-1/1

创业蓝皮书
中国创业发展研究报告（2017～2018）
著(编)者：黄群慧　赵卫星　钟宏武
2018年11月出版 / 估价：99.00元
PSN B-2016-577-1/1

慈善蓝皮书
中国慈善发展报告（2018）
著(编)者：杨团　2018年6月出版 / 估价：99.00元
PSN B-2009-142-1/1

党建蓝皮书
党的建设研究报告No.2（2018）
著(编)者：崔建民　陈东平　2018年6月出版 / 估价：99.00元
PSN B-2016-523-1/1

地方法治蓝皮书
中国地方法治发展报告No.3（2018）
著(编)者：李林　田禾　2018年6月出版 / 估价：118.00元
PSN B-2015-442-1/1

电子政务蓝皮书
中国电子政务发展报告（2018）
著(编)者：李季　2018年8月出版 / 估价：99.00元
PSN B-2003-022-1/1

儿童蓝皮书
中国儿童参与状况报告（2017）
著(编)者：苑立新　2017年12月出版 / 定价：89.00元
PSN B-2017-682-1/1

法治蓝皮书
中国法治发展报告No.16（2018）
著(编)者：李林　田禾　2018年3月出版 / 定价：128.00元
PSN B-2004-027-1/3

法治蓝皮书
中国法院信息化发展报告No.2（2018）
著(编)者：李林　田禾　2018年2月出版 / 定价：118.00元
PSN B-2017-604-3/3

法治政府蓝皮书
中国法治政府发展报告（2017）
著(编)者：中国政法大学法治政府研究院
2018年3月出版 / 估价：158.00元
PSN B-2015-502-1/2

法治政府蓝皮书
中国法治政府评估报告（2018）
著(编)者：中国政法大学法治政府研究院
2018年9月出版 / 估价：168.00元
PSN B-2016-576-2/2

反腐倡廉蓝皮书
中国反腐倡廉建设报告No.8
著(编)者：张英伟　2018年12月出版 / 估价：99.00元
PSN B-2012-259-1/1

扶贫蓝皮书
中国扶贫开发报告（2018）
著(编)者：李培林　魏后凯　2018年12月出版 / 估价：128.00元
PSN B-2016-599-1/1

妇女发展蓝皮书
中国妇女发展报告No.6
著(编)者：王金玲　2018年9月出版 / 估价：158.00元
PSN B-2006-069-1/1

妇女教育蓝皮书
中国妇女教育发展报告No.3
著(编)者：张李玺　2018年10月出版 / 估价：99.00元
PSN B-2008-121-1/1

妇女绿皮书
2018年：中国性别平等与妇女发展报告
著(编)者：谭琳　2018年12月出版 / 估价：99.00元
PSN G-2006-073-1/1

公共安全蓝皮书
中国城市公共安全发展报告（2017～2018）
著(编)者：黄育华　杨文明　赵建辉
2018年6月出版 / 估价：99.00元
PSN B-2017-628-1/1

公共服务蓝皮书
中国城市基本公共服务力评价（2018）
著(编)者：钟君　刘志昌　吴正杲
2018年12月出版 / 估价：99.00元
PSN B-2011-214-1/1

公民科学素质蓝皮书
中国公民科学素质报告（2017～2018）
著(编)者：李群　陈雄　马宗文
2017年12月出版 / 定价：89.00元
PSN B-2014-379-1/1

公益蓝皮书
中国公益慈善发展报告（2016）
著(编)者：朱健刚　胡小军　2018年6月出版 / 估价：99.00元
PSN B-2012-283-1/1

国际人才蓝皮书
中国国际移民报告（2018）
著(编)者：王辉耀　2018年6月出版 / 估价：99.00元
PSN B-2012-304-3/4

国际人才蓝皮书
中国留学发展报告（2018）No.7
著(编)者：王辉耀　苗绿　2018年12月出版 / 估价：99.00元
PSN B-2012-244-2/4

海洋社会蓝皮书
中国海洋社会发展报告（2017）
著(编)者：崔凤　宋宁而　2018年3月出版 / 定价：99.00元
PSN B-2015-478-1/1

行政改革蓝皮书
中国行政体制改革报告No.7（2018）
著(编)者：魏礼群　2018年6月出版 / 估价：99.00元
PSN B-2011-231-1/1

华侨华人蓝皮书
华侨华人研究报告（2017）
著(编)者：张禹东　庄国土　2017年12月出版 / 定价：148.00元
PSN B-2011-204-1/1

互联网与国家治理蓝皮书
互联网与国家治理发展报告（2017）
著(编)者：张志安　2018年1月出版 / 定价：98.00元
PSN B-2017-671-1/1

环境管理蓝皮书
中国环境管理发展报告（2017）
著(编)者：李金惠　2017年12月出版 / 定价：98.00元
PSN B-2017-678-1/1

环境竞争力绿皮书
中国省域环境竞争力发展报告（2018）
著(编)者：李建平　李闽榕　王金南
2018年11月出版 / 估价：198.00元
PSN G-2010-165-1/1

环境绿皮书
中国环境发展报告（2017～2018）
著(编)者：李波　2018年6月出版 / 估价：99.00元
PSN G-2006-048-1/1

家庭蓝皮书
中国"创建幸福家庭活动"评估报告（2018）
著(编)者：国务院发展研究中心"创建幸福家庭活动评估"课题组
2018年12月出版 / 估价：99.00元
PSN B-2015-508-1/1

健康城市蓝皮书
中国健康城市建设研究报告（2018）
著(编)者：王鸿春　盛继洪　2018年12月出版 / 估价：99.00元
PSN B-2016-564-2/2

健康中国蓝皮书
社区首诊与健康中国分析报告（2018）
著(编)者：高和荣　杨叔禹　姜杰
2018年6月出版 / 估价：99.00元
PSN B-2017-611-1/1

教师蓝皮书
中国中小学教师发展报告（2017）
著(编)者：曾晓东　鱼霞
2018年6月出版 / 估价：99.00元
PSN B-2012-289-1/1

教育扶贫蓝皮书
中国教育扶贫报告（2018）
著(编)者：司树杰　王文静　李兴洲
2018年12月出版 / 估价：99.00元
PSN B-2016-590-1/1

教育蓝皮书
中国教育发展报告（2018）
著(编)者：杨东平　2018年3月出版 / 定价：89.00元
PSN B-2006-047-1/1

金融法治建设蓝皮书
中国金融法治建设年度报告（2015～2016）
著(编)者：朱小黄　2018年6月出版 / 估价：99.00元
PSN B-2017-633-1/1

京津冀教育蓝皮书
京津冀教育发展研究报告（2017～2018）
著(编)者：方中雄　2018年6月出版 / 估价：99.00元
PSN B-2017-608-1/1

就业蓝皮书
2018年中国本科生就业报告
著(编)者：麦可思研究院　2018年6月出版 / 估价：99.00元
PSN B-2009-146-1/2

就业蓝皮书
2018年中国高职高专生就业报告
著(编)者：麦可思研究院　2018年6月出版 / 估价：99.00元
PSN B-2015-472-2/2

科学教育蓝皮书
中国科学教育发展报告（2018）
著(编)者：王康友　2018年10月出版 / 估价：99.00元
PSN B-2015-487-1/1

劳动保障蓝皮书
中国劳动保障发展报告（2018）
著(编)者：刘燕斌　2018年9月出版 / 估价：158.00元
PSN B-2014-415-1/1

老龄蓝皮书
中国老年宜居环境发展报告（2017）
著(编)者：党俊武　周燕珉　2018年6月出版 / 估价：99.00元
PSN B-2013-320-1/1

连片特困区蓝皮书
中国连片特困区发展报告（2017～2018）
著(编)者：游俊　冷志明　丁建军
2018年6月出版 / 估价：99.00元
PSN B-2013-321-1/1

流动儿童蓝皮书
中国流动儿童教育发展报告（2017）
著(编)者：杨东平　2018年6月出版 / 估价：99.00元
PSN B-2017-600-1/1

民调蓝皮书
中国民生调查报告（2018）
著(编)者：谢耘耕　2018年12月出版 / 估价：99.00元
PSN B-2014-398-1/1

民族发展蓝皮书
中国民族发展报告（2018）
著(编)者：王延中　2018年10月出版 / 估价：188.00元
PSN B-2006-070-1/1

女性生活蓝皮书
中国女性生活状况报告No.12（2018）
著(编)者：高博燕　2018年7月出版 / 估价：99.00元
PSN B-2006-071-1/1

汽车社会蓝皮书
中国汽车社会发展报告（2017~2018）
著(编)者：王俊秀　2018年6月出版 / 估价：99.00元
PSN B-2011-224-1/1

青年蓝皮书
中国青年发展报告（2018）No.3
著(编)者：廉思　2018年6月出版 / 估价：99.00元
PSN B-2013-333-1/1

青少年蓝皮书
中国未成年人互联网运用报告（2017~2018）
著(编)者：季为民 李文革 沈杰
2018年11月出版 / 估价：99.00元
PSN B-2010-156-1/1

人权蓝皮书
中国人权事业发展报告No.8（2018）
著(编)者：李君如　2018年9月出版 / 估价：99.00元
PSN B-2011-215-1/1

社会保障绿皮书
中国社会保障发展报告No.9（2018）
著(编)者：王延中　2018年6月出版 / 估价：99.00元
PSN G-2001-014-1/1

社会风险评估蓝皮书
风险评估与危机预警报告（2017~2018）
著(编)者：唐钧　2018年8月出版 / 估价：99.00元
PSN B-2012-293-1/1

社会工作蓝皮书
中国社会工作发展报告（2016~2017）
著(编)者：民政部社会工作研究中心
2018年8月出版 / 估价：99.00元
PSN B-2009-141-1/1

社会管理蓝皮书
中国社会管理创新报告No.6
著(编)者：连玉明　2018年11月出版 / 估价：99.00元
PSN B-2012-300-1/1

社会蓝皮书
2018年中国社会形势分析与预测
著(编)者：李培林 陈光金 张翼
2017年12月出版 / 定价：89.00元
PSN B-1998-002-1/1

社会体制蓝皮书
中国社会体制改革报告No.6（2018）
著(编)者：龚维斌　2018年3月出版 / 定价：98.00元
PSN B-2013-330-1/1

社会心态蓝皮书
中国社会心态研究报告（2018）
著(编)者：王俊秀　2018年12月出版 / 估价：99.00元
PSN B-2011-199-1/1

社会组织蓝皮书
中国社会组织报告（2017-2018）
著(编)者：黄晓勇　2018年6月出版 / 估价：99.00元
PSN B-2008-118-1/2

社会组织蓝皮书
中国社会组织评估发展报告（2018）
著(编)者：徐家良　2018年12月出版 / 估价：99.00元
PSN B-2013-366-2/2

生态城市绿皮书
中国生态城市建设发展报告（2018）
著(编)者：刘举科 孙伟平 胡文臻
2018年9月出版 / 估价：158.00元
PSN G-2012-269-1/1

生态文明绿皮书
中国省域生态文明建设评价报告（ECI 2018）
著(编)者：严耕　2018年12月出版 / 估价：99.00元
PSN G-2010-170-1/1

退休生活蓝皮书
中国城市居民退休生活质量指数报告（2017）
著(编)者：杨一帆　2018年6月出版 / 估价：99.00元
PSN B-2017-618-1/1

危机管理蓝皮书
中国危机管理报告（2018）
著(编)者：文学国 范正青
2018年8月出版 / 估价：99.00元
PSN B-2010-171-1/1

学会蓝皮书
2018年中国学会发展报告
著(编)者：麦可思研究院　2018年12月出版 / 估价：99.00元
PSN B-2016-597-1/1

医改蓝皮书
中国医药卫生体制改革报告（2017~2018）
著(编)者：文学国 房志武
2018年11月出版 / 估价：99.00元
PSN B-2014-432-1/1

应急管理蓝皮书
中国应急管理报告（2018）
著(编)者：宋英华　2018年9月出版 / 估价：99.00元
PSN B-2016-562-1/1

政府绩效评估蓝皮书
中国地方政府绩效评估报告 No.2
著(编)者：贠杰　2018年12月出版 / 估价：99.00元
PSN B-2017-672-1/1

政治参与蓝皮书
中国政治参与报告（2018）
著(编)者：房宁　2018年8月出版 / 估价：128.00元
PSN B-2011-200-1/1

政治文化蓝皮书
中国政治文化报告（2018）
著(编)者：邢元敏 魏大鹏 龚克
2018年8月出版 / 估价：128.00元
PSN B-2017-615-1/1

中国传统村落蓝皮书
中国传统村落保护现状报告（2018）
著(编)者：胡彬彬 李向军 王晓波
2018年12月出版 / 估价：99.00元
PSN B-2017-663-1/1

中国农村妇女发展蓝皮书
农村流动女性城市生活发展报告（2018）
著(编)者：谢丽华　2018年12月出版／估价：99.00元
PSN B-2014-434-1/1

宗教蓝皮书
中国宗教报告（2017）
著(编)者：邱永辉　2018年8月出版／估价：99.00元
PSN B-2008-117-1/1

产业经济类

保健蓝皮书
中国保健服务产业发展报告 No.2
著(编)者：中国保健协会　中共中央党校
2018年7月出版／估价：198.00元
PSN B-2012-272-3/3

保健蓝皮书
中国保健食品产业发展报告 No.2
著(编)者：中国保健协会
　　　　中国社会科学院食品药品产业发展与监管研究中心
2018年8月出版／估价：198.00元
PSN B-2012-271-2/3

保健蓝皮书
中国保健用品产业发展报告 No.2
著(编)者：中国保健协会
　　　　国务院国有资产监督管理委员会研究中心
2018年6月出版／估价：198.00元
PSN B-2012-270-1/3

保险蓝皮书
中国保险业竞争力报告（2018）
著(编)者：保监会　2018年12月出版／估价：99.00元
PSN B-2013-311-1/1

冰雪蓝皮书
中国冰上运动产业发展报告（2018）
著(编)者：孙承华 杨占武 刘戈 张鸿俊
2018年9月出版／估价：99.00元
PSN B-2017-648-3/3

冰雪蓝皮书
中国滑雪产业发展报告（2018）
著(编)者：孙承华 伍斌 魏庆华 张鸿俊
2018年9月出版／估价：99.00元
PSN B-2016-559-1/3

餐饮产业蓝皮书
中国餐饮产业发展报告（2018）
著(编)者：邢颖
2018年6月出版／估价：99.00元
PSN B-2009-151-1/1

茶业蓝皮书
中国茶产业发展报告（2018）
著(编)者：杨江帆 李闽榕
2018年10月出版／估价：99.00元
PSN B-2010-164-1/1

产业安全蓝皮书
中国文化产业安全报告（2018）
著(编)者：北京印刷学院文化产业安全研究院
2018年12月出版／估价：99.00元
PSN B-2014-378-12/14

产业安全蓝皮书
中国新媒体产业安全报告（2016~2017）
著(编)者：肖珏　2018年6月出版／估价：99.00元
PSN B-2015-500-14/14

产业安全蓝皮书
中国出版传媒产业安全报告（2017~2018）
著(编)者：北京印刷学院文化产业安全研究院
2018年6月出版／估价：99.00元
PSN B-2014-384-13/14

产业蓝皮书
中国产业竞争力报告（2018）No.8
著(编)者：张其仔　2018年12月出版／估价：168.00元
PSN B-2010-175-1/1

动力电池蓝皮书
中国新能源汽车动力电池产业发展报告（2018）
著(编)者：中国汽车技术研究中心
2018年8月出版／估价：99.00元
PSN B-2017-639-1/1

杜仲产业绿皮书
中国杜仲橡胶资源与产业发展报告（2017~2018）
著(编)者：杜红岩 胡文臻 俞锐
2018年6月出版／估价：99.00元
PSN G-2013-350-1/1

房地产蓝皮书
中国房地产发展报告No.15（2018）
著(编)者：李春华 王业强
2018年5月出版／估价：99.00元
PSN B-2004-028-1/1

服务外包蓝皮书
中国服务外包产业发展报告（2017~2018）
著(编)者：王晓红 刘德军
2018年6月出版／估价：99.00元
PSN B-2013-331-2/2

服务外包蓝皮书
中国服务外包竞争力报告（2017~2018）
著(编)者：刘春生 王力 黄育华
2018年12月出版／估价：99.00元
PSN B-2011-216-1/2

工业和信息化蓝皮书
世界信息技术产业发展报告（2017~2018）
著(编)者：尹丽波　2018年6月出版／估价：99.00元
PSN B-2015-449-2/6

工业和信息化蓝皮书
战略性新兴产业发展报告（2017~2018）
著(编)者：尹丽波　2018年6月出版／估价：99.00元
PSN B-2015-450-3/6

海洋经济蓝皮书
中国海洋经济发展报告（2015~2018）
著(编)者：殷克东　高金田　方胜民
2018年3月出版／定价：128.00元
PSN B-2018-697-1/1

康养蓝皮书
中国康养产业发展报告（2017）
著(编)者：何莽　2017年12月出版／定价：88.00元
PSN B-2017-685-1/1

客车蓝皮书
中国客车产业发展报告（2017~2018）
著(编)者：姚蔚　2018年10月出版／估价：99.00元
PSN B-2013-361-1/1

流通蓝皮书
中国商业发展报告（2018~2019）
著(编)者：王雪峰　林诗慧
2018年7月出版／估价：99.00元
PSN B-2009-152-1/2

能源蓝皮书
中国能源发展报告（2018）
著(编)者：崔民选　王军生　陈义和
2018年12月出版／估价：99.00元
PSN B-2006-049-1/1

农产品流通蓝皮书
中国农产品流通产业发展报告（2017）
著(编)者：贾敬敦　张东科　张玉玺　张鹏毅　周伟
2018年6月出版／估价：99.00元
PSN B-2012-288-1/1

汽车工业蓝皮书
中国汽车工业发展年度报告（2018）
著(编)者：中国汽车工业协会
　　　　　中国汽车技术研究中心
　　　　　丰田汽车公司
2018年5月出版／估价：168.00元
PSN B-2015-463-1/2

汽车工业蓝皮书
中国汽车零部件产业发展报告（2017~2018）
著(编)者：中国汽车工业协会
　　　　　中国汽车工程研究院深圳市沃特玛电池有限公司
2018年9月出版／估价：99.00元
PSN B-2016-515-2/2

汽车蓝皮书
中国汽车产业发展报告（2018）
著(编)者：中国汽车工程学会
　　　　　大众汽车集团（中国）
2018年11月出版／估价：99.00元
PSN B-2008-124-1/1

世界茶业蓝皮书
世界茶业发展报告（2018）
著(编)者：李闽榕　冯廷佺
2018年5月出版／估价：168.00元
PSN B-2017-619-1/1

世界能源蓝皮书
世界能源发展报告（2018）
著(编)者：黄晓勇　2018年6月出版／估价：168.00元
PSN B-2013-349-1/1

石油蓝皮书
中国石油产业发展报告（2018）
著(编)者：中国石油化工集团公司经济技术研究院
　　　　　中国国际石油化工联合有限责任公司
　　　　　中国社会科学院数量经济与技术经济研究所
2018年2月出版／定价：98.00元
PSN B-2018-690-1/1

体育蓝皮书
国家体育产业基地发展报告（2016~2017）
著(编)者：李颖川　2018年6月出版／估价：168.00元
PSN B-2017-609-5/5

体育蓝皮书
中国体育产业发展报告（2018）
著(编)者：阮伟　钟秉枢
2018年12月出版／估价：99.00元
PSN B-2010-179-1/5

文化金融蓝皮书
中国文化金融发展报告（2018）
著(编)者：杨涛　金巍
2018年6月出版／估价：99.00元
PSN B-2017-610-1/1

新能源汽车蓝皮书
中国新能源汽车产业发展报告（2018）
著(编)者：中国汽车技术研究中心
　　　　　日产（中国）投资有限公司
　　　　　东风汽车有限公司
2018年8月出版／估价：99.00元
PSN B-2013-347-1/1

薏仁米产业蓝皮书
中国薏仁米产业发展报告No.2（2018）
著(编)者：李发耀　石明　秦礼康
2018年8月出版／估价：99.00元
PSN B-2017-645-1/1

邮轮绿皮书
中国邮轮产业发展报告（2018）
著(编)者：汪泓　2018年10月出版／估价：99.00元
PSN G-2014-419-1/1

智能养老蓝皮书
中国智能养老产业发展报告（2018）
著(编)者：朱勇　2018年10月出版／估价：99.00元
PSN B-2015-488-1/1

中国节能汽车蓝皮书
中国节能汽车发展报告（2017~2018）
著(编)者：中国汽车工程研究院股份有限公司
2018年9月出版／估价：99.00元
PSN B-2016-565-1/1

中国陶瓷产业蓝皮书
中国陶瓷产业发展报告（2018）
著（编）者：左和平 黄速建
2018年10月出版 / 估价：99.00元
PSN B-2016-573-1/1

装备制造业蓝皮书
中国装备制造业发展报告（2018）
著（编）者：徐东华
2018年12月出版 / 估价：118.00元
PSN B-2015-505-1/1

行业及其他类

"三农"互联网金融蓝皮书
中国"三农"互联网金融发展报告（2018）
著（编）者：李勇坚 王弢
2018年8月出版 / 估价：99.00元
PSN B-2016-560-1/1

SUV蓝皮书
中国SUV市场发展报告（2017~2018）
著（编）者：靳军 2018年9月出版 / 估价：99.00元
PSN B-2016-571-1/1

冰雪蓝皮书
中国冬季奥运会发展报告（2018）
著（编）者：孙承华 伍斌 魏庆华 张鸿俊
2018年9月出版 / 估价：99.00元
PSN B-2017-647-2/3

彩票蓝皮书
中国彩票发展报告（2018）
著（编）者：益彩基金 2018年6月出版 / 估价：99.00元
PSN B-2015-462-1/1

测绘地理信息蓝皮书
测绘地理信息供给侧结构性改革研究报告（2018）
著（编）者：库热西·买合苏提
2018年12月出版 / 估价：168.00元
PSN B-2009-145-1/1

产权市场蓝皮书
中国产权市场发展报告（2017）
著（编）者：曹和平
2018年5月出版 / 估价：99.00元
PSN B-2009-147-1/1

城投蓝皮书
中国城投行业发展报告（2018）
著（编）者：华景斌
2018年11月出版 / 估价：300.00元
PSN B-2016-514-1/1

城市轨道交通蓝皮书
中国城市轨道交通运营发展报告（2017~2018）
著（编）者：崔学忠 贾文峥
2018年3月出版 / 定价：89.00元
PSN B-2018-694-1/1

大数据蓝皮书
中国大数据发展报告（No.2）
著（编）者：连玉明 2018年5月出版 / 估价：99.00元
PSN B-2017-620-1/1

大数据应用蓝皮书
中国大数据应用发展报告No.2（2018）
著（编）者：陈军君 2018年8月出版 / 估价：99.00元
PSN B-2017-644-1/1

对外投资与风险蓝皮书
中国对外直接投资与国家风险报告（2018）
著（编）者：中债资信评估有限责任公司
中国社会科学院世界经济与政治研究所
2018年6月出版 / 估价：189.00元
PSN B-2017-606-1/1

工业和信息化蓝皮书
人工智能发展报告（2017~2018）
著（编）者：尹丽波 2018年6月出版 / 估价：99.00元
PSN B-2015-448-1/6

工业和信息化蓝皮书
世界智慧城市发展报告（2017~2018）
著（编）者：尹丽波 2018年6月出版 / 估价：99.00元
PSN B-2017-624-6/6

工业和信息化蓝皮书
世界网络安全发展报告（2017~2018）
著（编）者：尹丽波 2018年6月出版 / 估价：99.00元
PSN B-2015-452-5/6

工业和信息化蓝皮书
世界信息化发展报告（2017~2018）
著（编）者：尹丽波 2018年6月出版 / 估价：99.00元
PSN B-2015-451-4/6

工业设计蓝皮书
中国工业设计发展报告（2018）
著（编）者：王晓红 于炜 张立群 2018年9月出版 / 估价：168.00元
PSN B-2014-420-1/1

公共关系蓝皮书
中国公共关系发展报告（2017）
著（编）者：柳斌杰 2018年1月出版 / 定价：89.00元
PSN B-2016-579-1/1

公共关系蓝皮书
中国公共关系发展报告（2018）
著(编)者：柳斌杰　　2018年11月出版 / 估价：99.00元
PSN B-2016-579-1/1

管理蓝皮书
中国管理发展报告（2018）
著(编)者：张晓东　　2018年10月出版 / 估价：99.00元
PSN B-2014-416-1/1

轨道交通蓝皮书
中国轨道交通行业发展报告（2017）
著(编)者：仲建华 李闽榕
2017年12月出版 / 定价：98.00元
PSN B-2017-674-1/1

海关发展蓝皮书
中国海关发展前沿报告（2018）
著(编)者：干春晖　　2018年6月出版 / 估价：99.00元
PSN B-2017-616-1/1

互联网医疗蓝皮书
中国互联网健康医疗发展报告（2018）
著(编)者：芮晓武　　2018年6月出版 / 估价：99.00元
PSN B-2016-567-1/1

黄金市场蓝皮书
中国商业银行黄金业务发展报告（2017~2018）
著(编)者：平安银行　　2018年6月出版 / 估价：99.00元
PSN B-2016-524-1/1

会展蓝皮书
中外会展业动态评估研究报告（2018）
著(编)者：张敏 任中峰 聂鑫焱 牛盼强
2018年12月出版 / 估价：99.00元
PSN B-2013-327-1/1

基金会蓝皮书
中国基金会发展报告（2017~2018）
著(编)者：中国基金会发展报告课题组
2018年6月出版 / 估价：99.00元
PSN B-2013-368-1/1

基金会绿皮书
中国基金会发展独立研究报告（2018）
著(编)者：基金会中心网　　中央民族大学基金会研究中心
2018年6月出版 / 估价：99.00元
PSN G-2011-213-1/1

基金会透明度蓝皮书
中国基金会透明度发展研究报告（2018）
著(编)者：基金会中心网
　　　　　清华大学廉政与治理研究中心
2018年9月出版 / 估价：99.00元
PSN B-2013-339-1/1

建筑装饰蓝皮书
中国建筑装饰行业发展报告（2018）
著(编)者：葛道顺 刘晓一
2018年10月出版 / 估价：198.00元
PSN B-2016-553-1/1

金融监管蓝皮书
中国金融监管报告（2018）
著(编)者：胡滨　　2018年3月出版 / 定价：98.00元
PSN B-2012-281-1/1

金融蓝皮书
中国互联网金融行业分析与评估（2018~2019）
著(编)者：黄国平 伍旭川　　2018年12月出版 / 估价：99.00元
PSN B-2016-585-7/7

金融科技蓝皮书
中国金融科技发展报告（2018）
著(编)者：李扬 孙国峰　　2018年10月出版 / 估价：99.00元
PSN B-2014-374-1/1

金融信息服务蓝皮书
中国金融信息服务发展报告（2018）
著(编)者：李平　　2018年5月出版 / 估价：99.00元
PSN B-2017-621-1/1

金蜜蜂企业社会责任蓝皮书
金蜜蜂中国企业社会责任报告研究（2017）
著(编)者：殷格非 于志宏 管竹笋
2018年1月出版 / 定价：99.00元
PSN B-2018-693-1/1

京津冀金融蓝皮书
京津冀金融发展报告（2018）
著(编)者：王爱俭 王璟怡　　2018年10月出版 / 估价：99.00元
PSN B-2016-527-1/1

科普蓝皮书
国家科普能力发展报告（2018）
著(编)者：王康友　　2018年5月出版 / 估价：138.00元
PSN B-2017-632-4/4

科普蓝皮书
中国基层科普发展报告（2017~2018）
著(编)者：赵立新 陈玲　　2018年9月出版 / 估价：99.00元
PSN B-2016-568-3/4

科普蓝皮书
中国科普基础设施发展报告（2017~2018）
著(编)者：任福君　　2018年6月出版 / 估价：99.00元
PSN B-2010-174-1/3

科普蓝皮书
中国科普人才发展报告（2017~2018）
著(编)者：郑念 任嵘嵘　　2018年7月出版 / 估价：99.00元
PSN B-2016-512-2/4

科普能力蓝皮书
中国科普能力评价报告（2018~2019）
著(编)者：李富强 李群　　2018年8月出版 / 估价：99.00元
PSN B-2016-555-1/1

临空经济蓝皮书
中国临空经济发展报告（2018）
著(编)者：连玉明　　2018年9月出版 / 估价：99.00元
PSN B-2014-421-1/1

旅游安全蓝皮书
中国旅游安全报告（2018）
著(编)者：郑向敏 谢朝武　2018年5月出版 / 估价：158.00元
PSN B-2012-280-1/1

旅游绿皮书
2017~2018年中国旅游发展分析与预测
著(编)者：宋瑞　2018年1月出版 / 定价：99.00元
PSN G-2002-018-1/1

煤炭蓝皮书
中国煤炭工业发展报告（2018）
著(编)者：岳福斌　2018年12月出版 / 估价：99.00元
PSN B-2008-123-1/1

民营企业社会责任蓝皮书
中国民营企业社会责任报告（2018）
著(编)者：中华全国工商业联合会
2018年12月出版 / 估价：99.00元
PSN B-2015-510-1/1

民营医院蓝皮书
中国民营医院发展报告（2017）
著(编)者：薛晓林　2017年12月出版 / 定价：89.00元
PSN B-2012-299-1/1

闽商蓝皮书
闽商发展报告（2018）
著(编)者：李闽榕 王日根 林琛
2018年12月出版 / 估价：99.00元
PSN B-2012-298-1/1

农业应对气候变化蓝皮书
中国农业气象灾害及其灾损评估报告（No.3）
著(编)者：矫梅燕　2018年6月出版 / 估价：118.00元
PSN B-2014-413-1/1

品牌蓝皮书
中国品牌战略发展报告（2018）
著(编)者：汪同三　2018年10月出版 / 估价：99.00元
PSN B-2016-580-1/1

企业扶贫蓝皮书
中国企业扶贫研究报告（2018）
著(编)者：钟宏武　2018年12月出版 / 估价：99.00元
PSN B-2016-593-1/1

企业公益蓝皮书
中国企业公益研究报告（2018）
著(编)者：钟宏武 汪杰 黄晓娟
2018年12月出版 / 估价：99.00元
PSN B-2015-501-1/1

企业国际化蓝皮书
中国企业全球化报告（2018）
著(编)者：王辉耀 苗绿　2018年11月出版 / 估价：99.00元
PSN B-2014-427-1/1

企业蓝皮书
中国企业绿色发展报告No.2（2018）
著(编)者：李红玉 朱光辉
2018年8月出版 / 估价：99.00元
PSN B-2015-481-2/2

企业社会责任蓝皮书
中资企业海外社会责任研究报告（2017~2018）
著(编)者：钟宏武 叶柳红 张蒽
2018年6月出版 / 估价：99.00元
PSN B-2017-603-2/2

企业社会责任蓝皮书
中国企业社会责任研究报告（2018）
著(编)者：黄群慧 钟宏武 张蒽 汪杰
2018年11月出版 / 估价：99.00元
PSN B-2009-149-1/2

汽车安全蓝皮书
中国汽车安全发展报告（2018）
著(编)者：中国汽车技术研究中心
2018年8月出版 / 估价：99.00元
PSN B-2014-385-1/1

汽车电子商务蓝皮书
中国汽车电子商务发展报告（2018）
著(编)者：中华全国工商业联合会汽车经销商商会
　　　　　北方工业大学
　　　　　北京易观智库网络科技有限公司
2018年10月出版 / 估价：158.00元
PSN B-2015-485-1/1

汽车知识产权蓝皮书
中国汽车产业知识产权发展报告（2018）
著(编)者：中国汽车工程研究院股份有限公司
　　　　　中国汽车工程学会
　　　　　重庆长安汽车股份有限公司
2018年12月出版 / 估价：99.00元
PSN B-2016-594-1/1

青少年体育蓝皮书
中国青少年体育发展报告（2017）
著(编)者：刘扶民 杨桦　2018年6月出版 / 估价：99.00元
PSN B-2015-482-1/1

区块链蓝皮书
中国区块链发展报告（2018）
著(编)者：李伟　2018年9月出版 / 估价：99.00元
PSN B-2017-649-1/1

群众体育蓝皮书
中国群众体育发展报告（2017）
著(编)者：刘国永 戴健　2018年5月出版 / 估价：99.00元
PSN B-2014-411-1/3

群众体育蓝皮书
中国社会体育指导员发展报告（2018）
著(编)者：刘国永 王欢　2018年6月出版 / 估价：99.00元
PSN B-2016-520-3/3

人力资源蓝皮书
中国人力资源发展报告（2018）
著(编)者：余兴安　2018年11月出版 / 估价：99.00元
PSN B-2012-287-1/1

融资租赁蓝皮书
中国融资租赁业发展报告（2017~2018）
著(编)者：李光荣 王力　2018年8月出版 / 估价：99.00元
PSN B-2015-443-1/1

商会蓝皮书
中国商会发展报告No.5（2017）
著(编)者：王钦敏　2018年7月出版 / 估价：99.00元
PSN B-2008-125-1/1

商务中心区蓝皮书
中国商务中心区发展报告No.4（2017～2018）
著(编)者：李国红 单菁菁　2018年9月出版 / 估价：99.00元
PSN B-2015-444-1/1

设计产业蓝皮书
中国创新设计发展报告（2018）
著(编)者：王晓红 张立群 于炜
2018年11月出版 / 估价：99.00元
PSN B-2016-581-2/2

社会责任管理蓝皮书
中国上市公司社会责任能力成熟度报告No.4（2018）
著(编)者：肖红军 王晓光 李伟阳
2018年12月出版 / 估价：99.00元
PSN B-2015-507-2/2

社会责任管理蓝皮书
中国企业公众透明度报告No.4（2017～2018）
著(编)者：黄速建 熊梦 王晓光 肖红军
2018年6月出版 / 估价：99.00元
PSN B-2015-440-1/2

食品药品蓝皮书
食品药品安全与监管政策研究报告（2016～2017）
著(编)者：唐民皓　2018年6月出版 / 估价：99.00元
PSN B-2009-129-1/1

输血服务蓝皮书
中国输血行业发展报告（2018）
著(编)者：孙俊　2018年12月出版 / 估价：99.00元
PSN B-2016-582-1/1

水利风景区蓝皮书
中国水利风景区发展报告（2018）
著(编)者：董建文 兰思仁
2018年10月出版 / 估价：99.00元
PSN B-2015-480-1/1

数字经济蓝皮书
全球数字经济竞争力发展报告（2017）
著(编)者：王振　2017年12月出版 / 定价：79.00元
PSN B-2017-673-1/1

私募市场蓝皮书
中国私募股权市场发展报告（2017～2018）
著(编)者：曹和平　2018年12月出版 / 估价：99.00元
PSN B-2010-162-1/1

碳排放权交易蓝皮书
中国碳排放权交易报告（2018）
著(编)者：孙永平　2018年11月出版 / 估价：99.00元
PSN B-2017-652-1/1

碳市场蓝皮书
中国碳市场报告（2018）
著(编)者：定金彪　2018年11月出版 / 估价：99.00元
PSN B-2014-430-1/1

体育蓝皮书
中国公共体育服务发展报告（2018）
著(编)者：戴健　2018年12月出版 / 估价：99.00元
PSN B-2013-367-2/5

土地市场蓝皮书
中国农村土地市场发展报告（2017～2018）
著(编)者：李光荣　2018年6月出版 / 估价：99.00元
PSN B-2016-526-1/1

土地整治蓝皮书
中国土地整治发展研究报告（No.5）
著(编)者：国土资源部土地整治中心
2018年7月出版 / 估价：99.00元
PSN B-2014-401-1/1

土地政策蓝皮书
中国土地政策研究报告（2018）
著(编)者：高延利 张建平 吴次芳
2018年1月出版 / 定价：98.00元
PSN B-2015-506-1/1

网络空间安全蓝皮书
中国网络空间安全发展报告（2018）
著(编)者：惠志斌 覃庆玲
2018年11月出版 / 估价：99.00元
PSN B-2015-466-1/1

文化志愿服务蓝皮书
中国文化志愿服务发展报告（2018）
著(编)者：张永新 良警宇　2018年11月出版 / 估价：128.00元
PSN B-2016-596-1/1

西部金融蓝皮书
中国西部金融发展报告（2017～2018）
著(编)者：李忠民　2018年8月出版 / 估价：99.00元
PSN B-2010-160-1/1

协会商会蓝皮书
中国行业协会商会发展报告（2017）
著(编)者：景朝阳 李勇　2018年6月出版 / 估价：99.00元
PSN B-2015-461-1/1

新三板蓝皮书
中国新三板市场发展报告（2018）
著(编)者：王力　2018年8月出版 / 估价：99.00元
PSN B-2016-533-1/1

信托市场蓝皮书
中国信托业市场报告（2017～2018）
著(编)者：用益金融信托研究院
2018年6月出版 / 估价：198.00元
PSN B-2014-371-1/1

信息化蓝皮书
中国信息化形势分析与预测（2017～2018）
著(编)者：周宏仁　2018年8月出版 / 估价：99.00元
PSN B-2010-168-1/1

信用蓝皮书
中国信用发展报告（2017～2018）
著(编)者：章政 田侃　2018年6月出版 / 估价：99.00元
PSN B-2013-328-1/1

休闲绿皮书
2017~2018年中国休闲发展报告
著(编)者：宋瑞　2018年7月出版 / 估价：99.00元
PSN G-2010-158-1/1

休闲体育蓝皮书
中国休闲体育发展报告（2017~2018）
著(编)者：李相如 钟秉枢
2018年10月出版 / 估价：99.00元
PSN B-2016-516-1/1

养老金融蓝皮书
中国养老金融发展报告（2018）
著(编)者：董克用 姚余栋
2018年9月出版 / 估价：99.00元
PSN B-2016-583-1/1

遥感监测绿皮书
中国可持续发展遥感监测报告（2017）
著(编)者：顾行发 汪克强 潘教峰 李闽榕 徐东华 王琦安
2018年6月出版 / 估价：298.00元
PSN B-2017-629-1/1

药品流通蓝皮书
中国药品流通行业发展报告（2018）
著(编)者：佘鲁林 温再兴
2018年7月出版 / 估价：198.00元
PSN B-2014-429-1/1

医疗器械蓝皮书
中国医疗器械行业发展报告（2018）
著(编)者：王宝亭 耿鸿武
2018年10月出版 / 估价：99.00元
PSN B-2017-661-1/1

医院蓝皮书
中国医院竞争力报告（2017~2018）
著(编)者：庄一强　2018年3月出版 / 定价：108.00元
PSN B-2016-528-1/1

瑜伽蓝皮书
中国瑜伽业发展报告（2017~2018）
著(编)者：张永建 徐华锋 朱泰余
2018年6月出版 / 估价：198.00元
PSN B-2017-625-1/1

债券市场蓝皮书
中国债券市场发展报告（2017~2018）
著(编)者：杨农　2018年10月出版 / 估价：99.00元
PSN B-2016-572-1/1

志愿服务蓝皮书
中国志愿服务发展报告（2018）
著(编)者：中国志愿服务联合会
2018年11月出版 / 估价：99.00元
PSN B-2017-664-1/1

中国上市公司蓝皮书
中国上市公司发展报告（2018）
著(编)者：张鹏 张平 黄胤英
2018年9月出版 / 估价：99.00元
PSN B-2014-414-1/1

中国新三板蓝皮书
中国新三板创新与发展报告（2018）
著(编)者：刘平安 闻召林
2018年8月出版 / 估价：158.00元
PSN B-2017-638-1/1

中国汽车品牌蓝皮书
中国乘用车品牌发展报告（2017）
著(编)者：《中国汽车报》社有限公司
　　　　　博世（中国）投资有限公司
　　　　　中国汽车技术研究中心数据资源中心
2018年1月出版 / 定价：89.00元
PSN B-2017-679-1/1

中医文化蓝皮书
北京中医药文化传播发展报告（2018）
著(编)者：毛嘉陵　2018年6月出版 / 估价：99.00元
PSN B-2015-468-1/2

中医文化蓝皮书
中国中医药文化传播发展报告（2018）
著(编)者：毛嘉陵　2018年7月出版 / 估价：99.00元
PSN B-2016-584-2/2

中医药蓝皮书
北京中医药知识产权发展报告No.2
著(编)者：汪洪 屠志涛　2018年6月出版 / 估价：168.00元
PSN B-2017-602-1/1

资本市场蓝皮书
中国场外交易市场发展报告（2016~2017）
著(编)者：高峦　2018年6月出版 / 估价：99.00元
PSN B-2009-153-1/1

资产管理蓝皮书
中国资产管理行业发展报告（2018）
著(编)者：郑智　2018年7月出版 / 估价：99.00元
PSN B-2014-407-2/2

资产证券化蓝皮书
中国资产证券化发展报告（2018）
著(编)者：沈炳熙 曹彤 李哲平
2018年4月出版 / 定价：98.00元
PSN B-2017-660-1/1

自贸区蓝皮书
中国自贸区发展报告（2018）
著(编)者：王力 黄育华
2018年6月出版 / 估价：99.00元
PSN B-2016-558-1/1

国际问题与全球治理类

"一带一路"跨境通道蓝皮书
"一带一路"跨境通道建设研究报（2017～2018）
著(编)者：余鑫 张秋生　2018年1月出版 / 定价：89.00元
PSN B-2016-557-1/1

"一带一路"蓝皮书
"一带一路"建设发展报告（2018）
著(编)者：李永全　2018年3月出版 / 定价：98.00元
PSN B-2016-552-1/1

"一带一路"投资安全蓝皮书
中国"一带一路"投资与安全研究报告（2018）
著(编)者：邹统钎 梁昊光　2018年4月出版 / 定价：98.00元
PSN B-2017-612-1/1

"一带一路"文化交流蓝皮书
中阿文化交流发展报告（2017）
著(编)者：王辉　2017年12月出版 / 定价：89.00元
PSN B-2017-655-1/1

G20国家创新竞争力黄皮书
二十国集团（G20）国家创新竞争力发展报告（2017～2018）
著(编)者：李建平 李闽榕 赵新力 周天勇
2018年7月出版 / 估价：168.00元
PSN Y-2011-229-1/1

阿拉伯黄皮书
阿拉伯发展报告（2016～2017）
著(编)者：罗林　2018年6月出版 / 估价：99.00元
PSN Y-2014-381-1/1

北部湾蓝皮书
泛北部湾合作发展报告（2017～2018）
著(编)者：吕余生　2018年12月出版 / 估价：99.00元
PSN B-2008-114-1/1

北极蓝皮书
北极地区发展报告（2017）
著(编)者：刘惠荣　2018年7月出版 / 估价：99.00元
PSN B-2017-634-1/1

大洋洲蓝皮书
大洋洲发展报告（2017～2018）
著(编)者：喻常森　2018年10月出版 / 估价：99.00元
PSN B-2013-341-1/1

东北亚区域合作蓝皮书
2017年"一带一路"倡议与东北亚区域合作
著(编)者：刘亚政 金美花
2018年5月出版 / 估价：99.00元
PSN B-2017-631-1/1

东盟黄皮书
东盟发展报告（2017）
著(编)者：杨静林 庄国土　2018年6月出版 / 估价：99.00元
PSN Y-2012-303-1/1

东南亚蓝皮书
东南亚地区发展报告（2017～2018）
著(编)者：王勤　2018年12月出版 / 估价：99.00元
PSN B-2012-240-1/1

非洲黄皮书
非洲发展报告No.20（2017～2018）
著(编)者：张宏明　2018年7月出版 / 估价：99.00元
PSN Y-2012-239-1/1

非传统安全蓝皮书
中国非传统安全研究报告（2017～2018）
著(编)者：潘枫 罗中枢　2018年8月出版 / 估价：99.00元
PSN B-2012-273-1/1

国际安全蓝皮书
中国国际安全研究报告（2018）
著(编)者：刘慧　2018年7月出版 / 估价：99.00元
PSN B-2016-521-1/1

国际城市蓝皮书
国际城市发展报告（2018）
著(编)者：屠启宇　2018年2月出版 / 定价：89.00元
PSN B-2012-260-1/1

国际形势黄皮书
全球政治与安全报告（2018）
著(编)者：张宇燕　2018年1月出版 / 定价：99.00元
PSN Y-2001-016-1/1

公共外交蓝皮书
中国公共外交发展报告（2018）
著(编)者：赵启正 雷蔚真　2018年6月出版 / 估价：99.00元
PSN B-2015-457-1/1

海丝蓝皮书
21世纪海上丝绸之路研究报告（2017）
著(编)者：华侨大学海上丝绸之路研究院
2017年12月出版 / 定价：89.00元
PSN B-2017-684-1/1

金砖国家黄皮书
金砖国家综合创新竞争力发展报告（2018）
著(编)者：赵新力 李闽榕 黄茂兴
2018年8月出版 / 估价：128.00元
PSN Y-2017-643-1/1

拉美黄皮书
拉丁美洲和加勒比发展报告（2017～2018）
著(编)者：袁东振　2018年6月出版 / 估价：99.00元
PSN Y-1999-007-1/1

澜湄合作蓝皮书
澜沧江-湄公河合作发展报告（2018）
著(编)者：刘稚　2018年9月出版 / 估价：99.00元
PSN B-2011-196-1/1

欧洲蓝皮书
欧洲发展报告（2017～2018）
著(编)者：黄平 周弘 程卫东
2018年6月出版 / 估价：99.00元
PSN B-1999-009-1/1

葡语国家蓝皮书
葡语国家发展报告（2016～2017）
著(编)者：王成安 张敏 刘金兰
2018年6月出版 / 估价：99.00元
PSN B-2015-503-1/2

葡语国家蓝皮书
中国与葡语国家关系发展报告·巴西（2016）
著(编)者：张曙光
2018年8月出版 / 估价：99.00元
PSN B-2016-563-2/2

气候变化绿皮书
应对气候变化报告（2018）
著(编)者：王伟光 郑国光
2018年11月出版 / 估价：99.00元
PSN G-2009-144-1/1

全球环境竞争力绿皮书
全球环境竞争力报告（2018）
著(编)者：李建平 李闽榕 王金南
2018年12月出版 / 估价：198.00元
PSN G-2013-363-1/1

全球信息社会蓝皮书
全球信息社会发展报告（2018）
著(编)者：丁波涛 唐涛 2018年10月出版 / 估价：99.00元
PSN B-2017-665-1/1

日本经济蓝皮书
日本经济与中日经贸关系研究报告（2018）
著(编)者：张季风 2018年6月出版 / 估价：99.00元
PSN B-2008-102-1/1

上海合作组织黄皮书
上海合作组织发展报告（2018）
著(编)者：李进峰 2018年6月出版 / 估价：99.00元
PSN Y-2009-130-1/1

世界创新竞争力黄皮书
世界创新竞争力发展报告（2017）
著(编)者：李建平 李闽榕 赵新力
2018年6月出版 / 估价：168.00元
PSN Y-2013-318-1/1

世界经济黄皮书
2018年世界经济形势分析与预测
著(编)者：张宇燕 2018年1月出版 / 定价：99.00元
PSN Y-1999-006-1/1

世界能源互联互通蓝皮书
世界能源清洁发展与互联互通评估报告（2017）：欧洲篇
著(编)者：国网能源研究院
2018年1月出版 / 定价：128.00元
PSN B-2018-695-1/1

丝绸之路蓝皮书
丝绸之路经济带发展报告（2018）
著(编)者：任宗哲 白宽犁 谷孟宾
2018年1月出版 / 定价：89.00元
PSN B-2014-410-1/1

新兴经济体蓝皮书
金砖国家发展报告（2018）
著(编)者：林跃勤 周文
2018年8月出版 / 估价：99.00元
PSN B-2011-195-1/1

亚太蓝皮书
亚太地区发展报告（2018）
著(编)者：李向阳 2018年5月出版 / 估价：99.00元
PSN B-2001-015-1/1

印度洋地区蓝皮书
印度洋地区发展报告（2018）
著(编)者：汪戎 2018年6月出版 / 估价：99.00元
PSN B-2013-334-1/1

印度尼西亚经济蓝皮书
印度尼西亚经济发展报告（2017）：增长与机会
著(编)者：左志刚 2017年11月出版 / 定价：89.00元
PSN B-2017-675-1/1

渝新欧蓝皮书
渝新欧沿线国家发展报告（2018）
著(编)者：杨柏 黄森
2018年6月出版 / 估价：99.00元
PSN B-2017-626-1/1

中阿蓝皮书
中国-阿拉伯国家经贸发展报告（2018）
著(编)者：张廉 段庆林 王林聪 杨巧红
2018年12月出版 / 估价：99.00元
PSN B-2016-598-1/1

中东黄皮书
中东发展报告No.20（2017～2018）
著(编)者：杨光 2018年10月出版 / 估价：99.00元
PSN Y-1998-004-1/1

中亚黄皮书
中亚国家发展报告（2018）
著(编)者：孙力
2018年3月出版 / 定价：98.00元
PSN Y-2012-238-1/1

国别类

澳大利亚蓝皮书
澳大利亚发展报告（2017-2018）
著(编)者：孙有中 韩锋　2018年12月出版 / 估价：99.00元
PSN B-2016-587-1/1

巴西黄皮书
巴西发展报告（2017）
著(编)者：刘国枝　2018年5月出版 / 估价：99.00元
PSN Y-2017-614-1/1

德国蓝皮书
德国发展报告（2018）
著(编)者：郑春荣　2018年6月出版 / 估价：99.00元
PSN B-2012-278-1/1

俄罗斯黄皮书
俄罗斯发展报告（2018）
著(编)者：李永全　2018年6月出版 / 估价：99.00元
PSN Y-2006-061-1/1

韩国蓝皮书
韩国发展报告（2017）
著(编)者：牛林杰 刘宝全　2018年6月出版 / 估价：99.00元
PSN B-2010-155-1/1

加拿大蓝皮书
加拿大发展报告（2018）
著(编)者：唐小松　2018年9月出版 / 估价：99.00元
PSN B-2014-389-1/1

美国蓝皮书
美国研究报告（2018）
著(编)者：郑秉文 黄平　2018年5月出版 / 估价：99.00元
PSN B-2011-210-1/1

缅甸蓝皮书
缅甸国情报告（2017）
2017年11月出版 / 定价：98.00元
PSN B-2013-343-1/1

日本蓝皮书
日本研究报告（2018）
著(编)者：杨伯江　2018年4月出版 / 定价：99.00元
PSN B-2002-020-1/1

土耳其蓝皮书
土耳其发展报告（2018）
著(编)者：郭长刚 刘义　2018年9月出版 / 估价：99.00元
PSN B-2014-412-1/1

伊朗蓝皮书
伊朗发展报告（2017~2018）
著(编)者：冀开运　2018年10月 / 估价：99.00元
PSN B-2016-574-1/1

以色列蓝皮书
以色列发展报告（2018）
著(编)者：张倩红　2018年8月出版 / 估价：99.00元
PSN B-2015-483-1/1

印度蓝皮书
印度国情报告（2017）
著(编)者：吕昭义　2018年6月出版 / 估价：99.00元
PSN B-2012-241-1/1

英国蓝皮书
英国发展报告（2017~2018）
著(编)者：王展鹏　2018年12月出版 / 估价：99.00元
PSN B-2015-486-1/1

越南蓝皮书
越南国情报告（2018）
著(编)者：谢林城　2018年11月出版 / 估价：99.00元
PSN B-2006-056-1/1

泰国蓝皮书
泰国研究报告（2018）
著(编)者：庄国土 张禹东 刘文正
2018年10月出版 / 估价：99.00元
PSN B-2016-556-1/1

文化传媒类

"三农"舆情蓝皮书
中国"三农"网络舆情报告（2017~2018）
著(编)者：农业部信息中心
2018年6月出版 / 估价：99.00元
PSN B-2017-640-1/1

传媒竞争力蓝皮书
中国传媒国际竞争力研究报告（2018）
著(编)者：李本乾 刘强 王大可
2018年8月出版 / 估价：99.00元
PSN B-2013-356-1/1

传媒蓝皮书
中国传媒产业发展报告（2018）
著(编)者：崔保国
2018年5月出版 / 估价：99.00元
PSN B-2005-035-1/1

传媒投资蓝皮书
中国传媒投资发展报告（2018）
著(编)者：张向东 谭云明
2018年6月出版 / 估价：148.00元
PSN B-2015-474-1/1

非物质文化遗产蓝皮书
中国非物质文化遗产发展报告（2018）
著(编)者：陈平　2018年6月出版 / 估价：128.00元
PSN B-2015-469-1/2

非物质文化遗产蓝皮书
中国非物质文化遗产保护发展报告（2018）
著(编)者：宋俊华　2018年10月出版 / 估价：128.00元
PSN B-2016-586-2/2

广电蓝皮书
中国广播电影电视发展报告（2018）
著(编)者：国家新闻出版广电总局发展研究中心
2018年7月出版 / 估价：99.00元
PSN B-2006-072-1/1

广告主蓝皮书
中国广告主营销传播趋势报告No.9
著(编)者：黄升民 杜国清 邵华冬 等
2018年10月出版 / 估价：158.00元
PSN B-2005-041-1/1

国际传播蓝皮书
中国国际传播发展报告（2018）
著(编)者：胡正荣 李继东 姬德强
2018年12月出版 / 估价：99.00元
PSN B-2014-408-1/1

国家形象蓝皮书
中国国家形象传播报告（2017）
著(编)者：张昆　2018年6月出版 / 估价：128.00元
PSN B-2017-605-1/1

互联网治理蓝皮书
中国网络社会治理研究报告（2018）
著(编)者：罗昕 支庭荣
2018年9月出版 / 估价：118.00元
PSN B-2017-653-1/1

纪录片蓝皮书
中国纪录片发展报告（2018）
著(编)者：何苏六　2018年10月出版 / 估价：99.00元
PSN B-2011-222-1/1

科学传播蓝皮书
中国科学传播报告（2016~2017）
著(编)者：詹正茂　2018年6月出版 / 估价：99.00元
PSN B-2008-120-1/1

两岸创意经济蓝皮书
两岸创意经济研究报告（2018）
著(编)者：罗昌智 董泽平
2018年10月出版 / 估价：99.00元
PSN B-2014-437-1/1

媒介与女性蓝皮书
中国媒介与女性发展报告（2017～2018）
著(编)者：刘利群　2018年5月出版 / 估价：99.00元
PSN B-2013-345-1/1

媒体融合蓝皮书
中国媒体融合发展报告（2017～2018）
著(编)者：梅宁华 支庭荣
2017年12月出版 / 定价：98.00元
PSN B-2015-479-1/1

全球传媒蓝皮书
全球传媒发展报告（2017～2018）
著(编)者：胡正荣 李继东　2018年6月出版 / 估价：99.00元
PSN B-2012-237-1/1

少数民族非遗蓝皮书
中国少数民族非物质文化遗产发展报告（2018）
著(编)者：肖远平（彝）柴立（满）
2018年10月出版 / 估价：118.00元
PSN B-2015-467-1/1

视听新媒体蓝皮书
中国视听新媒体发展报告（2018）
著(编)者：国家新闻出版广电总局发展研究中心
2018年7月出版 / 估价：118.00元
PSN B-2011-184-1/1

数字娱乐产业蓝皮书
中国动画产业发展报告（2018）
著(编)者：孙立军 孙平 牛兴侦
2018年10月出版 / 估价：99.00元
PSN B-2011-198-1/2

数字娱乐产业蓝皮书
中国游戏产业发展报告（2018）
著(编)者：孙立军 刘跃军　2018年10月出版 / 估价：99.00元
PSN B-2017-662-2/2

网络视听蓝皮书
中国互联网视听行业发展报告（2018）
著(编)者：陈鹏　2018年2月出版 / 定价：148.00元
PSN B-2018-688-1/1

文化创新蓝皮书
中国文化创新报告（2017·No.8）
著(编)者：傅才武　2018年6月出版 / 估价：99.00元
PSN B-2009-143-1/1

文化建设蓝皮书
中国文化发展报告（2018）
著(编)者：江畅 孙伟平 戴茂堂
2018年5月出版 / 估价：99.00元
PSN B-2014-392-1/1

文化科技蓝皮书
文化科技创新发展报告（2018）
著(编)者：于平 李凤亮　2018年10月出版 / 估价：99.00元
PSN B-2013-342-1/1

文化蓝皮书
中国公共文化服务发展报告（2017~2018）
著(编)者：刘新成 张永新 张旭
2018年12月出版 / 估价：99.00元
PSN B-2007-093-2/10

文化蓝皮书
中国少数民族文化发展报告（2017～2018）
著(编)者：武翠英 张晓明 任乌晶
2018年9月出版 / 估价：99.00元
PSN B-2013-369-9/10

文化蓝皮书
中国文化产业供需协调检测报告（2018）
著(编)者：王亚南　2018年3月出版 / 定价：99.00元
PSN B-2013-323-8/10

文化蓝皮书
中国文化消费需求景气评价报告（2018）
著(编)者：王亚南　2018年3月出版 / 定价：99.00元
PSN B-2011-236-4/10

文化蓝皮书
中国公共文化投入增长测评报告（2018）
著(编)者：王亚南　2018年3月出版 / 定价：99.00元
PSN B-2014-435-10/10

文化品牌蓝皮书
中国文化品牌发展报告（2018）
著(编)者：欧阳友权　2018年5月出版 / 估价：99.00元
PSN B-2012-277-1/1

文化遗产蓝皮书
中国文化遗产事业发展报告（2017～2018）
著(编)者：苏杨 张颖岚 卓杰 白海峰 陈晨 陈叙图
2018年8月出版 / 估价：99.00元
PSN B-2008-119-1/1

文学蓝皮书
中国文情报告（2017～2018）
著(编)者：白烨　2018年5月出版 / 估价：99.00元
PSN B-2011-221-1/1

新媒体蓝皮书
中国新媒体发展报告No.9（2018）
著(编)者：唐绪军　2018年7月出版 / 估价：99.00元
PSN B-2010-169-1/1

新媒体社会责任蓝皮书
中国新媒体社会责任研究报告（2018）
著(编)者：钟瑛　2018年12月出版 / 估价：99.00元
PSN B-2014-423-1/1

移动互联网蓝皮书
中国移动互联网发展报告（2018）
著(编)者：余清楚　2018年6月出版 / 估价：99.00元
PSN B-2012-282-1/1

影视蓝皮书
中国影视产业发展报告（2018）
著(编)者：司若 陈鹏 陈锐
2018年6月出版 / 估价：99.00元
PSN B-2016-529-1/1

舆情蓝皮书
中国社会舆情与危机管理报告（2018）
著(编)者：谢耘耕
2018年9月出版 / 估价：138.00元
PSN B-2011-235-1/1

中国大运河蓝皮书
中国大运河发展报告（2018）
著(编)者：吴欣　2018年2月出版 / 估价：128.00元
PSN B-2018-691-1/1

地方发展类-经济

澳门蓝皮书
澳门经济社会发展报告（2017～2018）
著(编)者：吴志良 郝雨凡
2018年7月出版 / 估价：99.00元
PSN B-2009-138-1/1

澳门绿皮书
澳门旅游休闲发展报告（2017～2018）
著(编)者：郝雨凡 林广志
2018年5月出版 / 估价：99.00元
PSN G-2017-617-1/1

北京蓝皮书
北京经济发展报告（2017～2018）
著(编)者：杨松　2018年6月出版 / 估价：99.00元
PSN B-2006-054-2/8

北京旅游绿皮书
北京旅游发展报告（2018）
著(编)者：北京旅游学会
2018年7月出版 / 估价：99.00元
PSN G-2012-301-1/1

北京体育蓝皮书
北京体育产业发展报告（2017～2018）
著(编)者：钟秉枢 陈杰 杨铁黎
2018年9月出版 / 估价：99.00元
PSN B-2015-475-1/1

滨海金融蓝皮书
滨海新区金融发展报告（2017）
著(编)者：王爱俭 李向前　2018年4月出版 / 估价：99.00元
PSN B-2014-424-1/1

城乡一体化蓝皮书
北京城乡一体化发展报告（2017～2018）
著(编)者：吴宝新 张宝秀 黄序
2018年5月出版 / 估价：99.00元
PSN B-2012-258-2/2

非公有制企业社会责任蓝皮书
北京非公有制企业社会责任报告（2018）
著(编)者：宋贵伦 冯培
2018年6月出版 / 估价：99.00元
PSN B-2017-613-1/1

福建旅游蓝皮书
福建省旅游产业发展现状研究（2017~2018）
著(编)者：陈敏华 黄远水　2018年12月出版 / 估价：128.00元
PSN B-2016-591-1/1

福建自贸区蓝皮书
中国(福建)自由贸易试验区发展报告(2017~2018)
著(编)者：黄茂兴　2018年6月出版 / 估价：118.00元
PSN B-2016-531-1/1

甘肃蓝皮书
甘肃经济发展分析与预测（2018）
著(编)者：安文华 罗哲　2018年1月出版 / 定价：99.00元
PSN B-2013-312-1/6

甘肃蓝皮书
甘肃商贸流通发展报告（2018）
著(编)者：张应华 王福生 王晓芳
2018年1月出版 / 定价：99.00元
PSN B-2016-522-6/6

甘肃蓝皮书
甘肃县域和农村发展报告（2018）
著(编)者：包东红 朱智文 王建兵
2018年1月出版 / 定价：99.00元
PSN B-2013-316-5/6

甘肃农业科技绿皮书
甘肃农业科技发展研究报告（2018）
著(编)者：魏胜文 乔德华 张东伟
2018年12月出版 / 估价：198.00元
PSN B-2016-592-1/1

甘肃气象保障蓝皮书
甘肃农业对气候变化的适应与风险评估报告（No.1）
著(编)者：鲍文中 周广胜
2017年12月出版 / 定价：108.00元
PSN B-2017-677-1/1

巩义蓝皮书
巩义经济社会发展报告（2018）
著(编)者：丁同民 朱军　2018年6月出版 / 估价：99.00元
PSN B-2016-532-1/1

广东外经贸蓝皮书
广东对外经济贸易发展研究报告（2017～2018）
著(编)者：陈万灵　2018年6月出版 / 估价：99.00元
PSN B-2012-286-1/1

广西北部湾经济区蓝皮书
广西北部湾经济区开放开发报告（2017～2018）
著(编)者：广西壮族自治区北部湾经济区和东盟开放合作办公室
　　　　　广西社会科学院
　　　　　广西北部湾发展研究院
2018年5月出版 / 估价：99.00元
PSN B-2010-181-1/1

广州蓝皮书
广州城市国际化发展报告（2018）
著(编)者：张跃国　2018年8月出版 / 估价：99.00元
PSN B-2012-246-11/14

广州蓝皮书
中国广州城市建设与管理发展报告（2018）
著(编)者：张其学 陈小钢 王宏伟　2018年8月出版 / 估价：99.00元
PSN B-2007-087-4/14

广州蓝皮书
广州创新型城市发展报告（2018）
著(编)者：尹涛　2018年6月出版 / 估价：99.00元
PSN B-2012-247-12/14

广州蓝皮书
广州经济发展报告（2018）
著(编)者：张跃国 尹涛　2018年7月出版 / 估价：99.00元
PSN B-2005-040-1/14

广州蓝皮书
2018年中国广州经济形势分析与预测
著(编)者：魏明海 谢博能 李华
2018年6月出版 / 估价：99.00元
PSN B-2011-185-9/14

广州蓝皮书
中国广州科技创新发展报告（2018）
著(编)者：于欣伟 陈爽 邓佑满　2018年8月出版 / 估价：99.00元
PSN B-2006-065-2/14

广州蓝皮书
广州农村发展报告（2018）
著(编)者：朱名宏　2018年7月出版 / 估价：99.00元
PSN B-2010-167-8/14

广州蓝皮书
广州汽车产业发展报告（2018）
著(编)者：杨再高 冯兴亚　2018年7月出版 / 估价：99.00元
PSN B-2006-066-3/14

广州蓝皮书
广州商贸业发展报告（2018）
著(编)者：张跃国 陈杰 荀振英
2018年7月出版 / 估价：99.00元
PSN B-2012-245-10/14

贵阳蓝皮书
贵阳城市创新发展报告No.3（白云篇）
著(编)者：连玉明　2018年5月出版 / 估价：99.00元
PSN B-2015-491-3/10

贵阳蓝皮书
贵阳城市创新发展报告No.3（观山湖篇）
著(编)者：连玉明　2018年5月出版 / 估价：99.00元
PSN B-2015-497-9/10

贵阳蓝皮书
贵阳城市创新发展报告No.3（花溪篇）
著(编)者：连玉明　2018年5月出版 / 估价：99.00元
PSN B-2015-490-2/10

贵阳蓝皮书
贵阳城市创新发展报告No.3（开阳篇）
著(编)者：连玉明　2018年5月出版 / 估价：99.00元
PSN B-2015-492-4/10

贵阳蓝皮书
贵阳城市创新发展报告No.3（南明篇）
著(编)者：连玉明　2018年5月出版 / 估价：99.00元
PSN B-2015-496-8/10

贵阳蓝皮书
贵阳城市创新发展报告No.3（清镇篇）
著(编)者：连玉明　2018年5月出版 / 估价：99.00元
PSN B-2015-489-1/10

贵阳蓝皮书
贵阳城市创新发展报告No.3（乌当篇）
著（编）者：连玉明　　2018年5月出版 / 估价：99.00元
PSN B-2015-495-7/10

贵阳蓝皮书
贵阳城市创新发展报告No.3（息烽篇）
著（编）者：连玉明　　2018年5月出版 / 估价：99.00元
PSN B-2015-493-5/10

贵阳蓝皮书
贵阳城市创新发展报告No.3（修文篇）
著（编）者：连玉明　　2018年5月出版 / 估价：99.00元
PSN B-2015-494-6/10

贵阳蓝皮书
贵阳城市创新发展报告No.3（云岩篇）
著（编）者：连玉明　　2018年5月出版 / 估价：99.00元
PSN B-2015-498-10/10

贵州房地产蓝皮书
贵州房地产发展报告No.5（2018）
著（编）者：武廷方　　2018年7月出版 / 估价：99.00元
PSN B-2014-426-1/1

贵州蓝皮书
贵州册亨经济社会发展报告（2018）
著（编）者：黄德林　　2018年6月出版 / 估价：99.00元
PSN B-2016-525-8/9

贵州蓝皮书
贵州地理标志产业发展报告（2018）
著（编）者：李发耀 黄其松　　2018年8月出版 / 估价：99.00元
PSN B-2017-646-10/10

贵州蓝皮书
贵安新区发展报告（2017~2018）
著（编）者：马长青 吴大华　　2018年6月出版 / 估价：99.00元
PSN B-2015-459-4/10

贵州蓝皮书
贵州国家级开放创新平台发展报告（2017~2018）
著（编）者：申晓庆 吴大华 季泓
2018年11月出版 / 估价：99.00元
PSN B-2016-518-7/10

贵州蓝皮书
贵州国有企业社会责任发展报告（2017~2018）
著（编）者：郭丽　　2018年12月出版 / 估价：99.00元
PSN B-2015-511-6/10

贵州蓝皮书
贵州民航业发展报告（2017）
著（编）者：申振东 吴大华　　2018年6月出版 / 估价：99.00元
PSN B-2015-471-5/10

贵州蓝皮书
贵州民营经济发展报告（2017）
著（编）者：杨静 吴大华　　2018年6月出版 / 估价：99.00元
PSN B-2016-530-9/9

杭州都市圈蓝皮书
杭州都市圈发展报告（2018）
著（编）者：洪庆华 沈翔　　2018年4月出版 / 定价：98.00元
PSN B-2012-302-1/1

河北经济蓝皮书
河北省经济发展报告（2018）
著（编）者：马树强 金浩 张贵　　2018年6月出版 / 估价：99.00元
PSN B-2014-380-1/1

河北蓝皮书
河北经济社会发展报告（2018）
著（编）者：康振海　　2018年1月出版 / 定价：99.00元
PSN B-2014-372-1/3

河北蓝皮书
京津冀协同发展报告（2018）
著（编）者：陈璐　　2017年12月出版 / 定价：79.00元
PSN B-2017-601-2/3

河南经济蓝皮书
2018年河南经济形势分析与预测
著（编）者：王世炎　　2018年3月出版 / 定价：89.00元
PSN B-2007-086-1/1

河南蓝皮书
河南城市发展报告（2018）
著（编）者：张占仓 王建国　　2018年5月出版 / 估价：99.00元
PSN B-2009-131-3/9

河南蓝皮书
河南工业发展报告（2018）
著（编）者：张占仓　　2018年5月出版 / 估价：99.00元
PSN B-2013-317-5/9

河南蓝皮书
河南金融发展报告（2018）
著（编）者：喻新安 谷建全
2018年6月出版 / 估价：99.00元
PSN B-2014-390-7/9

河南蓝皮书
河南经济发展报告（2018）
著（编）者：张占仓 完世伟
2018年6月出版 / 估价：99.00元
PSN B-2010-157-4/9

河南蓝皮书
河南能源发展报告（2018）
著（编）者：国网河南省电力公司经济技术研究院
　　　　　　河南省社会科学院
2018年6月出版 / 估价：99.00元
PSN B-2017-607-9/9

河南商务蓝皮书
河南商务发展报告（2018）
著（编）者：焦锦淼 穆荣国　　2018年5月出版 / 估价：99.00元
PSN B-2014-399-1/1

河南双创蓝皮书
河南创新创业发展报告（2018）
著（编）者：喻新安 杨雪梅
2018年8月出版 / 估价：99.00元
PSN B-2017-641-1/1

黑龙江蓝皮书
黑龙江经济发展报告（2018）
著（编）者：朱宇　　2018年1月出版 / 定价：89.00元
PSN B-2011-190-2/2

湖南城市蓝皮书
区域城市群整合
著(编)者：童中贤 韩未名　　2018年12月出版 / 估价：99.00元
PSN B-2006-064-1/1

湖南蓝皮书
湖南城乡一体化发展报告（2018）
著(编)者：陈文胜 王文强 陆福兴
2018年8月出版 / 估价：99.00元
PSN B-2015-477-8/8

湖南蓝皮书
2018年湖南电子政务发展报告
著(编)者：梁志峰　　2018年5月出版 / 估价：128.00元
PSN B-2014-394-6/8

湖南蓝皮书
2018年湖南经济发展报告
著(编)者：卞鹰　　2018年5月出版 / 估价：128.00元
PSN B-2011-207-2/8

湖南蓝皮书
2016年湖南经济展望
著(编)者：梁志峰　　2018年5月出版 / 估价：128.00元
PSN B-2011-206-1/8

湖南蓝皮书
2018年湖南县域经济社会发展报告
著(编)者：梁志峰　　2018年5月出版 / 估价：128.00元
PSN B-2014-395-7/8

湖南县域绿皮书
湖南县域发展报告（No.5）
著(编)者：袁准 周小毛 黎仁寅
2018年6月出版 / 估价：99.00元
PSN G-2012-274-1/1

沪港蓝皮书
沪港发展报告（2018）
著(编)者：尤安山　　2018年9月出版 / 估价：99.00元
PSN B-2013-362-1/1

吉林蓝皮书
2018年吉林经济社会形势分析与预测
著(编)者：邵汉明　　2017年12月出版 / 定价：89.00元
PSN B-2013-319-1/1

吉林省城市竞争力蓝皮书
吉林省城市竞争力报告（2017~2018）
著(编)者：崔岳春 张磊
2018年3月出版 / 定价：89.00元
PSN B-2016-513-1/1

济源蓝皮书
济源经济社会发展报告（2018）
著(编)者：喻新安　　2018年6月出版 / 估价：99.00元
PSN B-2014-387-1/1

江苏蓝皮书
2018年江苏经济发展分析与展望
著(编)者：王庆五 吴先满
2018年7月出版 / 估价：128.00元
PSN B-2017-635-1/3

江西蓝皮书
江西经济社会发展报告（2018）
著(编)者：陈石俊 龚建文　　2018年10月出版 / 估价：128.00元
PSN B-2015-484-1/2

江西蓝皮书
江西设区市发展报告（2018）
著(编)者：姜玮 梁勇
2018年10月出版 / 估价：99.00元
PSN B-2016-517-2/2

经济特区蓝皮书
中国经济特区发展报告（2017）
著(编)者：陶一桃　　2018年1月出版 / 估价：99.00元
PSN B-2009-139-1/1

辽宁蓝皮书
2018年辽宁经济社会形势分析与预测
著(编)者：梁启东 魏红江　　2018年6月出版 / 估价：99.00元
PSN B-2006-053-1/1

民族经济蓝皮书
中国民族地区经济发展报告（2018）
著(编)者：李曦辉　　2018年7月出版 / 估价：99.00元
PSN B-2017-630-1/1

南宁蓝皮书
南宁经济发展报告（2018）
著(编)者：胡建华　　2018年9月出版 / 估价：99.00元
PSN B-2016-569-2/3

内蒙古蓝皮书
内蒙古精准扶贫研究报告（2018）
著(编)者：张志华　　2018年1月出版 / 定价：89.00元
PSN B-2017-681-2/2

浦东新区蓝皮书
上海浦东经济发展报告（2018）
著(编)者：周小平 徐美芳
2018年1月出版 / 定价：89.00元
PSN B-2011-225-1/1

青海蓝皮书
2018年青海经济社会形势分析与预测
著(编)者：陈玮　　2018年1月出版 / 定价：98.00元
PSN B-2012-275-1/2

青海科技绿皮书
青海科技发展报告（2017）
著(编)者：青海省科学技术信息研究所
2018年3月出版 / 定价：98.00元
PSN G-2018-701-1/1

山东蓝皮书
山东经济形势分析与预测（2018）
著(编)者：李广杰　　2018年7月出版 / 估价：99.00元
PSN B-2014-404-1/5

山东蓝皮书
山东省普惠金融发展报告（2018）
著(编)者：齐鲁财富网
2018年9月出版 / 估价：99.00元
PSN B2017-676-5/5

山西蓝皮书
山西资源型经济转型发展报告（2018）
著(编)者：李志强　2018年7月出版 / 估价：99.00元
PSN B-2011-197-1/1

陕西蓝皮书
陕西经济发展报告（2018）
著(编)者：任宗哲 白宽犁 裴成荣
2018年1月出版 / 定价：89.00元
PSN B-2009-135-1/6

陕西蓝皮书
陕西精准脱贫研究报告（2018）
著(编)者：任宗哲 白宽犁 王建康
2018年4月出版 / 定价：89.00元
PSN B-2017-623-6/6

上海蓝皮书
上海经济发展报告（2018）
著(编)者：沈开艳　2018年2月出版 / 定价：89.00元
PSN B-2006-057-1/7

上海蓝皮书
上海资源环境发展报告（2018）
著(编)者：周冯琦 胡静　2018年2月出版 / 定价：89.00元
PSN B-2006-060-4/7

上海蓝皮书
上海奉贤经济发展分析与研判（2017~2018）
著(编)者：张兆安 朱平芳　2018年3月出版 / 定价：99.00元
PSN B-2018-698-8/8

上饶蓝皮书
上饶发展报告（2016~2017）
著(编)者：廖其志　2018年6月出版 / 估价：128.00元
PSN B-2014-377-1/1

深圳蓝皮书
深圳经济发展报告（2018）
著(编)者：张骁儒　2018年6月出版 / 估价：99.00元
PSN B-2008-112-3/7

四川蓝皮书
四川城镇化发展报告（2018）
著(编)者：侯水平 陈炜　2018年6月出版 / 估价：99.00元
PSN B-2015-456-7/7

四川蓝皮书
2018年四川经济形势分析与预测
著(编)者：杨钢　2018年1月出版 / 定价：158.00元
PSN B-2007-098-2/7

四川蓝皮书
四川企业社会责任研究报告（2017~2018）
著(编)者：侯水平 盛毅　2018年5月出版 / 估价：99.00元
PSN B-2014-386-4/7

四川蓝皮书
四川生态建设报告（2018）
著(编)者：李晟之　2018年5月出版 / 估价：99.00元
PSN B-2015-455-6/7

四川蓝皮书
四川特色小镇发展报告（2017）
著(编)者：吴志强　2017年11月出版 / 定价：89.00元
PSN B-2017-670-8/8

体育蓝皮书
上海体育产业发展报告（2017~2018）
著(编)者：张林 黄海燕
2018年10月出版 / 估价：99.00元
PSN B-2015-454-4/5

体育蓝皮书
长三角地区体育产业发展报（2017~2018）
著(编)者：张林　2018年6月出版 / 估价：99.00元
PSN B-2015-453-3/5

天津金融蓝皮书
天津金融发展报告（2018）
著(编)者：王爱俭 孔德昌
2018年5月出版 / 估价：99.00元
PSN B-2014-418-1/1

图们江区域合作蓝皮书
图们江区域合作发展报告（2018）
著(编)者：李铁　2018年6月出版 / 估价：99.00元
PSN B-2015-464-1/1

温州蓝皮书
2018年温州经济社会形势分析与预测
著(编)者：蒋儒标 王春光 金浩
2018年6月出版 / 估价：99.00元
PSN B-2008-105-1/1

西咸新区蓝皮书
西咸新区发展报告（2018）
著(编)者：李扬 王军
2018年6月出版 / 估价：99.00元
PSN B-2016-534-1/1

修武蓝皮书
修武经济社会发展报告（2018）
著(编)者：张占仓 袁凯声
2018年10月出版 / 估价：99.00元
PSN B-2017-651-1/1

偃师蓝皮书
偃师经济社会发展报告（2018）
著(编)者：张占仓 袁凯声 何武周
2018年7月出版 / 估价：99.00元
PSN B-2017-627-1/1

扬州蓝皮书
扬州经济社会发展报告（2018）
著(编)者：陈扬
2018年12月出版 / 估价：108.00元
PSN B-2011-191-1/1

长垣蓝皮书
长垣经济社会发展报告（2018）
著(编)者：张占仓 袁凯声 秦保建
2018年10月出版 / 估价：99.00元
PSN B-2017-654-1/1

遵义蓝皮书
遵义发展报告（2018）
著(编)者：邓彦 曾征 龚永育
2018年9月出版 / 估价：99.00元
PSN B-2014-433-1/1

地方发展类-社会

安徽蓝皮书
安徽社会发展报告（2018）
著(编)者：程桦　2018年6月出版 / 估价：99.00元
PSN B-2013-325-1/1

安徽社会建设蓝皮书
安徽社会建设分析报告（2017~2018）
著(编)者：黄家海 蔡宪
2018年11月出版 / 估价：99.00元
PSN B-2013-322-1/1

北京蓝皮书
北京公共服务发展报告（2017~2018）
著(编)者：施昌奎　2018年6月出版 / 估价：99.00元
PSN B-2008-103-7/8

北京蓝皮书
北京社会发展报告（2017~2018）
著(编)者：李伟东
2018年7月出版 / 估价：99.00元
PSN B-2006-055-3/8

北京蓝皮书
北京社会治理发展报告（2017~2018）
著(编)者：殷星辰　2018年7月出版 / 估价：99.00元
PSN B-2014-391-8/8

北京律师蓝皮书
北京律师发展报告No.4（2018）
著(编)者：王隽　2018年12月出版 / 估价：99.00元
PSN B-2011-217-1/1

北京人才蓝皮书
北京人才发展报告（2018）
著(编)者：敏华　2018年12月出版 / 估价：128.00元
PSN B-2011-201-1/1

北京社会心态蓝皮书
北京社会心态分析报告（2017~2018）
北京市社会心理服务促进中心
2018年10月出版 / 估价：99.00元
PSN B-2014-422-1/1

北京社会组织管理蓝皮书
北京社会组织发展与管理（2018）
著(编)者：黄江松
2018年6月出版 / 估价：99.00元
PSN B-2015-446-1/1

北京养老产业蓝皮书
北京居家养老发展报告（2018）
著(编)者：陆杰华 周明明
2018年8月出版 / 估价：99.00元
PSN B-2015-465-1/1

法治蓝皮书
四川依法治省年度报告No.4（2018）
著(编)者：李林 杨天宗 田禾
2018年3月出版 / 定价：118.00元
PSN B-2015-447-2/3

福建妇女发展蓝皮书
福建省妇女发展报告（2018）
著(编)者：刘群英　2018年11月出版 / 估价：99.00元
PSN B-2011-220-1/1

甘肃蓝皮书
甘肃社会发展分析与预测（2018）
著(编)者：安文华 谢增虎 包晓霞
2018年1月出版 / 定价：99.00元
PSN B-2013-313-2/6

广东蓝皮书
广东全面深化改革研究报告（2018）
著(编)者：周林生 涂成林
2018年12月出版 / 估价：99.00元
PSN B-2015-504-3/3

广东蓝皮书
广东社会工作发展报告（2018）
著(编)者：罗观翠　2018年6月出版 / 估价：99.00元
PSN B-2014-402-2/3

广州蓝皮书
广州青年发展报告（2018）
著(编)者：徐柳 张强
2018年8月出版 / 估价：99.00元
PSN B-2013-352-13/14

广州蓝皮书
广州社会保障发展报告（2018）
著(编)者：张跃国　2018年8月出版 / 估价：99.00元
PSN B-2014-425-14/14

广州蓝皮书
2018年中国广州社会形势分析与预测
著(编)者：张强 郭志勇 何镜清
2018年6月出版 / 估价：99.00元
PSN B-2008-110-5/14

贵州蓝皮书
贵州法治发展报告（2018）
著(编)者：吴大华　2018年5月出版 / 估价：99.00元
PSN B-2012-254-2/10

贵州蓝皮书
贵州人才发展报告（2017）
著(编)者：于杰 吴大华
2018年9月出版 / 估价：99.00元
PSN B-2014-382-3/10

贵州蓝皮书
贵州社会发展报告（2018）
著(编)者：王兴骥　2018年6月出版 / 估价：99.00元
PSN B-2010-166-1/10

杭州蓝皮书
杭州妇女发展报告（2018）
著(编)者：魏颖
2018年10月出版 / 估价：99.00元
PSN B-2014-403-1/1

河北蓝皮书
河北法治发展报告（2018）
著(编)者：康振海　2018年6月出版 / 估价：99.00元
PSN B-2017-622-3/3

河北食品药品安全蓝皮书
河北食品药品安全研究报告（2018）
著(编)者：丁锦霞
2018年10月出版 / 估价：99.00元
PSN B-2015-473-1/1

河南蓝皮书
河南法治发展报告（2018）
著(编)者：张林海　2018年7月出版 / 估价：99.00元
PSN B-2014-376-6/9

河南蓝皮书
2018年河南社会形势分析与预测
著(编)者：牛苏林　2018年5月出版 / 估价：99.00元
PSN B-2005-043-1/9

河南民办教育蓝皮书
河南民办教育发展报告（2018）
著(编)者：胡大白　2018年9月出版 / 估价：99.00元
PSN B-2017-642-1/1

黑龙江蓝皮书
黑龙江社会发展报告（2018）
著(编)者：王爱丽　2018年1月出版 / 定价：89.00元
PSN B-2011-189-1/2

湖南蓝皮书
2018年湖南两型社会与生态文明建设报告
著(编)者：卞鹰　2018年5月出版 / 估价：128.00元
PSN B-2011-208-3/8

湖南蓝皮书
2018年湖南社会发展报告
著(编)者：卞鹰　2018年5月出版 / 估价：128.00元
PSN B-2014-393-5/8

健康城市蓝皮书
北京健康城市建设研究报告（2018）
著(编)者：王鸿春　盛继洪
2018年9月出版 / 估价：99.00元
PSN B-2015-460-1/2

江苏法治蓝皮书
江苏法治发展报告No.6（2017）
著(编)者：蔡道通　龚廷泰
2018年8月出版 / 估价：99.00元
PSN B-2012-290-1/1

江苏蓝皮书
2018年江苏社会发展分析与展望
著(编)者：王庆五　刘旺洪
2018年8月出版 / 估价：128.00元
PSN B-2017-636-2/3

民族教育蓝皮书
中国民族教育发展报告（2017·内蒙古卷）
著(编)者：陈中永
2017年12月出版 / 定价：198.00元
PSN B-2017-669-1/1

南宁蓝皮书
南宁法治发展报告（2018）
著(编)者：杨维超　2018年12月出版 / 估价：99.00元
PSN B-2015-509-1/3

南宁蓝皮书
南宁社会发展报告（2018）
著(编)者：胡建华　2018年10月出版 / 估价：99.00元
PSN B-2016-570-3/3

内蒙古蓝皮书
内蒙古反腐倡廉建设报告 No.2
著(编)者：张志华　2018年6月出版 / 估价：99.00元
PSN B-2013-365-1/1

青海蓝皮书
2018年青海人才发展报告
著(编)者：王宇燕　2018年9月出版 / 估价：99.00元
PSN B-2017-650-2/2

青海生态文明建设蓝皮书
青海生态文明建设报告（2018）
著(编)者：张西明　高华　2018年12月出版 / 估价：99.00元
PSN B-2016-595-1/1

人口与健康蓝皮书
深圳人口与健康发展报告（2018）
著(编)者：陆杰华　傅崇辉
2018年11月出版 / 估价：99.00元
PSN B-2011-228-1/1

山东蓝皮书
山东社会形势分析与预测（2018）
著(编)者：李善峰　2018年6月出版 / 估价：99.00元
PSN B-2014-405-2/5

陕西蓝皮书
陕西社会发展报告（2018）
著(编)者：任宗哲　白宽犁　牛昉
2018年1月出版 / 定价：89.00元
PSN B-2009-136-2/6

上海蓝皮书
上海法治发展报告（2018）
著(编)者：叶必丰　2018年9月出版 / 估价：99.00元
PSN B-2012-296-6/7

上海蓝皮书
上海社会发展报告（2018）
著(编)者：杨雄　周海旺
2018年2月出版 / 定价：89.00元
PSN B-2006-058-2/7

社会建设蓝皮书
2018年北京社会建设分析报告
著(编)者：宋贵伦 冯虹　2018年9月出版 / 估价：99.00元
PSN B-2010-173-1/1

深圳蓝皮书
深圳法治发展报告（2018）
著(编)者：张骁儒　2018年6月出版 / 估价：99.00元
PSN B-2015-470-6/7

深圳蓝皮书
深圳劳动关系发展报告（2018）
著(编)者：汤庭芬　2018年8月出版 / 估价：99.00元
PSN B-2007-097-2/7

深圳蓝皮书
深圳社会治理与发展报告（2018）
著(编)者：张骁儒　2018年6月出版 / 估价：99.00元
PSN B-2008-113-4/7

生态安全绿皮书
甘肃国家生态安全屏障建设发展报告（2018）
著(编)者：刘举科 喜文华
2018年10月出版 / 估价：99.00元
PSN G-2017-659-1/1

顺义社会建设蓝皮书
北京市顺义区社会建设发展报告（2018）
著(编)者：王学武　2018年9月出版 / 估价：99.00元
PSN B-2017-658-1/1

四川蓝皮书
四川法治发展报告（2018）
著(编)者：郑泰安　2018年6月出版 / 估价：99.00元
PSN B-2015-441-5/7

四川蓝皮书
四川社会发展报告（2018）
著(编)者：李羚　2018年6月出版 / 估价：99.00元
PSN B-2008-127-3/7

四川社会工作与管理蓝皮书
四川省社会工作人力资源发展报告（2017）
著(编)者：边慧敏　2017年12月出版 / 定价：89.00元
PSN B-2017-683-1/1

云南社会治理蓝皮书
云南社会治理年度报告（2017）
著(编)者：晏雄 韩全芳
2018年5月出版 / 估价：99.00元
PSN B-2017-667-1/1

地方发展类-文化

北京传媒蓝皮书
北京新闻出版广电发展报告（2017~2018）
著(编)者：王志　2018年11月出版 / 估价：99.00元
PSN B-2016-588-1/1

北京蓝皮书
北京文化发展报告（2017~2018）
著(编)者：李建盛　2018年5月出版 / 估价：99.00元
PSN B-2007-082-4/8

创意城市蓝皮书
北京文化创意产业发展报告（2018）
著(编)者：郭万超 张京成　2018年12月出版 / 估价：99.00元
PSN B-2012-263-1/7

创意城市蓝皮书
天津文化创意产业发展报告（2017~2018）
著(编)者：谢思全　2018年6月出版 / 估价：99.00元
PSN B-2016-536-7/7

创意城市蓝皮书
武汉文化创意产业发展报告（2018）
著(编)者：黄永林 汉泽桥　2018年12月出版 / 估价：99.00元
PSN B-2013-354-4/7

创意上海蓝皮书
上海文化创意产业发展报告（2017~2018）
著(编)者：王慧敏 王兴全　2018年8月出版 / 估价：99.00元
PSN B-2016-561-1/1

非物质文化遗产蓝皮书
广州市非物质文化遗产保护发展报告（2018）
著(编)者：宋俊华　2018年12月出版 / 估价：99.00元
PSN B-2016-589-1/1

甘肃蓝皮书
甘肃文化发展分析与预测（2018）
著(编)者：马廷旭 戚晓萍　2018年1月出版 / 定价：99.00元
PSN B-2013-314-3/6

甘肃蓝皮书
甘肃舆情分析与预测（2018）
著(编)者：王俊莲 张谦元　2018年1月出版 / 定价：99.00元
PSN B-2013-315-4/6

广州蓝皮书
中国广州文化发展报告（2018）
著(编)者：屈哨兵 陆志强　2018年6月出版 / 估价：99.00元
PSN B-2009-134-7/14

广州蓝皮书
广州文化创意产业发展报告（2018）
著(编)者：徐咏虹　2018年7月出版 / 估价：99.00元
PSN B-2008-111-6/14

海淀蓝皮书
海淀区文化和科技融合发展报告（2018）
著(编)者：陈名杰 孟景伟　2018年5月出版 / 估价：99.00元
PSN B-2013-329-1/1

河南蓝皮书
河南文化发展报告（2018）
著(编)者：卫绍生　2018年7月出版 / 估价：99.00元
PSN B-2008-106-2/9

湖北文化产业蓝皮书
湖北省文化产业发展报告（2018）
著(编)者：黄晓华　2018年9月出版 / 估价：99.00元
PSN B-2017-656-1/1

湖北文化蓝皮书
湖北文化发展报告（2017~2018）
著(编)者：湖北大学高等人文研究院
　　　　　中华文化发展湖北省协同创新中心
2018年10月出版 / 估价：99.00元
PSN B-2016-566-1/1

江苏蓝皮书
2018年江苏文化发展分析与展望
著(编)者：王庆五 樊和平　2018年9月出版 / 估价：128.00元
PSN B-2017-637-3/3

江西文化蓝皮书
江西非物质文化遗产发展报告（2018）
著(编)者：张圣才 傅安平　2018年12月出版 / 估价：128.00元
PSN B-2015-499-1/1

洛阳蓝皮书
洛阳文化发展报告（2018）
著(编)者：刘福兴 陈启明　2018年7月出版 / 估价：99.00元
PSN B-2015-476-1/1

南京蓝皮书
南京文化发展报告（2018）
著(编)者：中共南京市委宣传部
2018年12月出版 / 估价：99.00元
PSN B-2014-439-1/1

宁波文化蓝皮书
宁波"一人一艺"全民艺术普及发展报告（2017）
著(编)者：张爱琴　2018年11月出版 / 估价：128.00元
PSN B-2017-668-1/1

山东蓝皮书
山东文化发展报告（2018）
著(编)者：涂可国　2018年5月出版 / 估价：99.00元
PSN B-2014-406-3/5

陕西蓝皮书
陕西文化发展报告（2018）
著(编)者：任宗哲 白宽犁 王长寿
2018年1月出版 / 定价：89.00元
PSN B-2009-137-3/6

上海蓝皮书
上海传媒发展报告（2018）
著(编)者：强荧 焦雨虹　2018年2月出版 / 定价：89.00元
PSN B-2012-295-5/7

上海蓝皮书
上海文学发展报告（2018）
著(编)者：陈圣来　2018年6月出版 / 估价：99.00元
PSN B-2012-297-7/7

上海蓝皮书
上海文化发展报告（2018）
著(编)者：荣跃明　2018年6月出版 / 估价：99.00元
PSN B-2006-059-3/7

深圳蓝皮书
深圳文化发展报告（2018）
著(编)者：张晓儒　2018年7月出版 / 估价：99.00元
PSN B-2016-554-7/7

四川蓝皮书
四川文化产业发展报告（2018）
著(编)者：向宝云 张立伟　2018年6月出版 / 估价：99.00元
PSN B-2006-074-1/7

郑州蓝皮书
2018年郑州文化发展报告
著(编)者：王哲　2018年9月出版 / 估价：99.00元
PSN B-2008-107-1/1

❖ 皮书起源 ❖

"皮书"起源于十七、十八世纪的英国,主要指官方或社会组织正式发表的重要文件或报告,多以"白皮书"命名。在中国,"皮书"这一概念被社会广泛接受,并被成功运作、发展成为一种全新的出版形态,则源于中国社会科学院社会科学文献出版社。

❖ 皮书定义 ❖

皮书是对中国与世界发展状况和热点问题进行年度监测,以专业的角度、专家的视野和实证研究方法,针对某一领域或区域现状与发展态势展开分析和预测,具备原创性、实证性、专业性、连续性、前沿性、时效性等特点的公开出版物,由一系列权威研究报告组成。

❖ 皮书作者 ❖

皮书系列的作者以中国社会科学院、著名高校、地方社会科学院的研究人员为主,多为国内一流研究机构的权威专家学者,他们的看法和观点代表了学界对中国与世界的现实和未来最高水平的解读与分析。

❖ 皮书荣誉 ❖

皮书系列已成为社会科学文献出版社的著名图书品牌和中国社会科学院的知名学术品牌。2016年,皮书系列正式列入"十三五"国家重点出版规划项目;2013~2018年,重点皮书列入中国社会科学院承担的国家哲学社会科学创新工程项目;2018年,59种院外皮书使用"中国社会科学院创新工程学术出版项目"标识。

中国皮书网

（网址：www.pishu.cn）

发布皮书研创资讯，传播皮书精彩内容
引领皮书出版潮流，打造皮书服务平台

栏目设置

关于皮书：何谓皮书、皮书分类、皮书大事记、皮书荣誉、
　　　　　皮书出版第一人、皮书编辑部

最新资讯：通知公告、新闻动态、媒体聚焦、网站专题、视频直播、下载专区

皮书研创：皮书规范、皮书选题、皮书出版、皮书研究、研创团队

皮书评奖评价：指标体系、皮书评价、皮书评奖

互动专区：皮书说、社科数托邦、皮书微博、留言板

所获荣誉

2008 年、2011 年，中国皮书网均在全
国新闻出版业网站荣誉评选中获得"最具商
业价值网站"称号；

2012 年，获得"出版业网站百强"称号。

网库合一

2014 年，中国皮书网与皮书数据库端
口合一，实现资源共享。

权威报告·一手数据·特色资源

皮书数据库
ANNUAL REPORT(YEARBOOK)
DATABASE

当代中国经济与社会发展高端智库平台

所获荣誉

- 2016年，入选"'十三五'国家重点电子出版物出版规划骨干工程"
- 2015年，荣获"搜索中国正能量 点赞2015""创新中国科技创新奖"
- 2013年，荣获"中国出版政府奖·网络出版物奖"提名奖
- 连续多年荣获中国数字出版博览会"数字出版·优秀品牌"奖

成为会员

通过网址www.pishu.com.cn或使用手机扫描二维码进入皮书数据库网站，进行手机号码验证或邮箱验证即可成为皮书数据库会员（建议通过手机号码快速验证注册）。

会员福利

- 使用手机号码首次注册的会员，账号自动充值100元体验金，可直接购买和查看数据库内容（仅限使用手机号码快速注册）。
- 已注册用户购书后可免费获赠100元皮书数据库充值卡。刮开充值卡涂层获取充值密码，登录并进入"会员中心"—"在线充值"—"充值卡充值"，充值成功后即可购买和查看数据库内容。

数据库服务热线：400-008-6695　　　　　　图书销售热线：010-59367070/7028
数据库服务QQ：2475522410　　　　　　　图书服务QQ：1265056568
数据库服务邮箱：database@ssap.cn　　　　图书服务邮箱：duzhe@ssap.cn

更多信息请登录

皮书数据库
http://www.pishu.com.cn

中国皮书网
http://www.pishu.cn

皮书微博
http://weibo.com/pishu

皮书微信"皮书说"

请到当当、亚马逊、京东或各地书店购买，也可办理邮购

咨询 / 邮购电话：010-59367028　59367070

邮　　箱：duzhe@ssap.cn

邮购地址：北京市西城区北三环中路甲29号院3号楼
　　　　　华龙大厦13层读者服务中心

邮　　编：100029

银行户名：社会科学文献出版社

开户银行：中国工商银行北京北太平庄支行

账　　号：0200010019200365434